Terzibaschitsch

KREUZER
der U.S. NAVY

USS *Columbus* (CA-74), aufgenommen etwa zu Beginn der 50er Jahre im Mittelmeer. USN

Stefan Terzibaschitsch

KREUZER der U.S. NAVY

Von der **OMAHA**-Klasse (1922)
bis zur **LONG BEACH** (1962)

Koehlers Verlagsgesellschaft mbH · Herford

Bildnachweis:

Die am Ende der jeweiligen Foto-Texte angebrachten Kürzungen weisen auf die Hersteller der Fotos oder deren Sammlungen hin. Die Kürzungen haben folgende Bedeutung:

AB	Sammlung Arrigo Barilli (†), Bologna, Italien
AP	Associated Press Photo
BSt	Bethlehem Steel Corp., Quincy Yard, Quincy, Mass., USA
Cas	Sammlung Casoly (†), San Francisco, Cal., USA
GP	Giovanni Peditto, Messina, Italien
HF	Haime Fukaya (†), Japan
INRO	Sammlung »International Naval Research Organization«, USA
IWM	Imperial War Museum, London, England
LRC	Lary R. Cote, San Diego, Cal., USA
LGr	Luciano Grazioli, Messina, Italien
MB	Marius Bar, Toulon, Frankreich
NN	Newport News S. B. & D. D. Co., Newport News, Va., USA
ON	OUR NAVY-Sammlung, USA
Pa	Pavia, Malta
P&L	Pradignac & Leo, Nizza, Frankreich
RPh	Real Photographs, England
SF	Shizuo Fukui, Japan
SoW	Ships of the World, Tokio, Japan
Ta	Tailhook Association, Bonita, Cal., USA
Te	Verfasser
TM	Teruo Makino, Osaka, Japan
TS	Tedd Stone, USA
USN	United States Navy, official photograph
WD	Willi Donko, Schärding, Österreich
WI	Warship International, USA
WL	Wright & Logan, Portsmouth-Southsea, England
WN	Dr. Wolfgang Noecker (†), Lübeck

Hinter den Zeichnungen haben die Kürzel folgende Bedeutung:

Kürzel:	**KDS**	=	**Klaus-Dieter Schack**
	MR	=	**Franz Mrva**
ohne Kürzel:		=	**Eberhard Kaiser**

Auf dem **Schutzumschlag** wurden folgende Bilder verwendet:

Vorderseite
Oklahoma City (damals noch als CLG-5 klassifiziert), aufgenommen etwa Anfang der 60er Jahre. Das FLG Mk 34 wurde bereits entfernt. USN

Rückseite
Links oben:
Long Beach (CGN-9), aufgenommen im Juli 1983 vor North Island nach dem letzten Umbau. W. Donko

Rechts oben:
St. Paul (CA-73), letztes Aussehen vor der Außerdienststellung. Marine Photos

Links unten:
Springfield (damals noch CLG-7), aufgenommen etwa Ende der 60er Jahre USN

Rechts unten:
Chicago (CG-11), aufgenommen am 28. August 1975 vor San Diego. J. Kürsener

CIP-Kurztitelaufnahme der Deutschen Bibliothek

Terzibaschitsch, Stefan:
Kreuzer der U.S. Navy : von d. OMAHA-Klasse (1922) bis zur LONG BEACH (1962) / Stefan Terzibaschitsch.
– Herford : Koehler, 1984.
ISBN 3-7822-0348-8

ISBN 3 7822 0348 8; Warengruppe-Nr. 35

Schutzumschlaggestaltung: Ernst A. Eberhard, Bad Salzuflen, unter Verwendung der obengenannten Fotos
Layout und Produktion: Heinz Kameier
Satz und Druck: HB-Drucke Brackmann GmbH, Löhne
Bucheinband: Hunke & Schröder, Iserlohn
Printed in Germany

Inhaltsverzeichnis

Vorwort

Während der 30er Jahre, aber auch noch bis zum Beginn des Engagements der Vereinigten Staaten im Zweiten Weltkrieg, rangierten die Kreuzer in der Wertigkeit nach den Schlachtschiffen und den Flugzeugträgern an dritter Stelle. Als Ergebnis der während dieses Krieges gewonnenen Erkenntnisse verloren die Schlachtschiffe zunächst an Bedeutung, zumindest als Hauptelement offener Seeschlachten. Während der Jahre, in denen es keine aktiven Schlachtschiffe gab, rückten die Kreuzer in der Wertigkeit bei den Überwasserstreitkräften an die zweite Stelle, ohne Rücksicht darauf, daß die alten Schlachtschiffe zeitweilig während des Korea- und des Vietnamkrieges eine wichtige Rolle bei der Feuerunterstützung spielten. Diese zweite Stelle wird den Kreuzern auch nach dem ab Anfang 1983 erfolgten Neuzugang der reaktivierten Schlachtschiffe kaum mehr strittig gemacht werden können. Wie diese Schlachtschiffe, so rücken auch die Kreuzer der 80er Jahre zu den »Capital Ships« auf. Die Bedeutung beider Schiffsgattungen liegt gegenwärtig darin, daß sie bei Bedarf eine größere Menge Schiff/Schiff- bzw. Schiff/Luft-Flugkörper starten und sicher ins Ziel bringen können.

1975 erschien beim Stalling-Verlag in Oldenburg mein Buch »Die Kreuzer der U.S. Navy 1942–1975«, das inzwischen vergriffen ist. Entsprechend den damaligen Vorgaben bezüglich Umfang und Verkaufspreis konnten darin nur diejenigen Kreuzerklassen Berücksichtigung finden, die ab Kriegseintritt der USA gebaut worden waren. Die Begrenzung zur anderen Seite durch das Jahr 1975 war gegeben durch die Tatsache, daß der Kreuzerbau als solcher, der mit *Long Beach* (CGN-9) seine vorläufige Kulmination gefunden hatte, infolge der Umklassifizierung der bis zum 30. Juni 1975 so bezeichneten Lenkwaffen-Fregatten (DLG/DLGN) zu CG/CGN einen ganz neuen Stellenwert – vor allem auch bei der Aufgabenstellung – erhalten hat. Aus Platzgründen konnten in diesem ersten Kreuzerbuch diese ab 1975 auf dem Verwaltungswege hinzugekommenen Kreuzer nicht behandelt werden.

Die Zielsetzung bei der Herausgabe dieses zweiten Buches über U.S.-Kreuzer ist eine zweifache:

- ☐ Es sollen auch diejenigen Kreuzerklassen behandelt werden, die in den 20er und 30er Jahren dieses Jahrhunderts, zum Teil unter den Zwängen von Beschränkungen diverser Flottenkonferenzen, entstanden sind.
- ☐ In Form und Präsentation soll dieser Band dem Standard angepaßt werden, der mit der Herausgabe meiner beiden Flugzeugträgerbände beim Verlag Bernard & Graefe, München, gesetzt wurde.

Dieses Buch umfaßt zunächst die sieben Vorkriegs-Kreuzerklassen, aus denen zwischen 1922 und 1941 immerhin 37 Schiffe hervorgegangen sind, 19 Leichte und 18 Schwere Kreuzer. Zwischen 1942 und 1948 wurden aufgrund der Erfordernisse des Zweiten Weltkrieges weitere 42 Leichte und 20 Schwere Kreuzer fertiggestellt. 37 weitere sollten noch gebaut werden; ihr Bau wurde jedoch – dem Kriegsverlauf entsprechend und infolge anderer Prioritäten – bei Kriegsende bzw. auch schon früher suspendiert. Von den 62 während des Krieges erbauten Kreuzern wechselten ab Mitte der 50er Jahre elf Einheiten in die Lenkwaffen-»Branche«. 1961 wurde der letzte wirkliche und vom Gewicht her »echte« Kreuzer fertiggestellt, der Atom-Kreuzer *Long Beach* (CGN-9). Zur Zeit ist *Long Beach* der einzige Kreuzer, der aus dieser Serie übriggeblieben ist; er ist zugleich der, zeitlich gesehen, letzte, der in diesem Buch beschrieben wird. Aus Gründen der Ökonomie werden die Kreuzerklassen, die nach 1962 – damals noch als DLG/DLGN klassifiziert – entstanden sind, hier nicht behandelt, da über sie in meinem Buch »Seemacht USA« ausführlich berichtet wurde.

Das hier vorliegende Buch bietet – erstmalig im deutschen Sprachraum – in geschlossener Form ausführliche Informationen über die Entstehung und den Schiffsbestand der Kreuzerklassen innerhalb eines Zeitraums von 40 Jahren. Dies geschieht wie bei meinen anderen bisher veröffentlichten Büchern in Form von Illustrationen, Übersichtstabellen, Einzelangaben und allgemeinen Beschreibungen. Von jeder Klasse ist mindestens ein Seitenriß und ein Decksplan in gewohntem Maßstab 1 : 1250 vorhanden, von jedem Schiff ein bis mehrere Total- bzw. Detailfotos.

Die Auswertung neuester Fachliteratur führte dazu, daß die Abschnitte über Tarnanstriche, Waffen und insbesondere über die Schiffselektronik zu den ausführlichsten gehören, die ich bisher verfassen durfte. Diese Abschnitte sind auch bei der Beschäftigung mit meinen bisher erschienenen Büchern verwendbar. Ein Abschnitt befaßt sich mit der Vorstellung der auf Kreuzern zum Einsatz gekommenen Aufklärungsflugzeuge, wobei hier auch Folgerungen für die Verwendung derselben auf den Schlachtschiffen aufgezeigt werden.

Dieses Buch befaßt sich nicht mit den letzten technischen und schiffbaulichen Details der einzelnen Entwürfe, noch will es ein Seekriegsgeschichtsbuch sein. Dennoch werden hier – in Tabellenform – zahlreiche technische Details und zu jedem Schiff ausführliche, wenn auch nur stichpunktartige Operationsgeschichten (»Lebensläufe«) geboten. Dabei wurde u.a. versucht – soweit möglich –, die während des Krieges durchlaufenen Werftzeiten zeitlich zu erfassen; dies vor allem deswegen, weil Veränderungen bei den Schiffen stets im Anschluß an die jeweiligen Aufenthalte in der Werft sichtbar wurden. Im Mittelpunkt dieses Buches steht das jeweilige Aussehen eines jeden Schiffes, seine Veränderungen beim Ausrüstungs- und Ausstattungsstand. Hierzu wird eine ausführliche Fotodokumentation geboten. Dies gilt übrigens auch für Schiffe, die einst Kreuzer waren bzw. als solche konzipiert wurden oder mit diesen verwandt waren.

Ein längerer Abschnitt ist der administrativen und der operativen Gliederung der Kreuzer von 1925 bis zum Kriegsende 1945 gewidmet. Erfaßt sind hier sämtliche Kreuzerdivisionen. Für jedes Schiff werden die Unterstellungsverhältnisse während seiner ganzen Dienstzeit geschildert und in Tabellenform aufgelistet. Die operative Gliederung während des Krieges im Rahmen der »Task Forces« wird ebenfalls erläutert; sie steht im unmittelbaren Zusammenhang mit dem Lebenslauf eines jeden Schiffes. Die in diesem Abschnitt aufgezeigten Fakten erscheinen in dieser Konzentration im deutschen Sprachraum zum erstenmal.

An dieser Stelle möchte ich all denen danken, die mir im Laufe der letzten Jahre kritische Bewertungen meiner früher veröffentlichten Bücher zukommen ließen. Hierbei wurde deutlich, daß es in der Bundesrepublik, in Österreich und in der Schweiz für die einzelnen Sachbereiche der U.S. Navy etliche profunde Kenner der Materie gibt. Ich bin dankbar dafür, daß ich manchen von ihnen als Mitarbeiter gewinnen konnte, was einen positiven Einfluß auf die Qualität dieses Buches gehabt hat. In Verbindung damit sage ich folgenden Personen und Institutionen meinen Dank für Mitarbeit und erwiesene Hilfe:

Herrn Eberhard Kaiser, Reinbek, der auch für dieses Buch die neuen Zeichnungen lieferte,
Herrn Elmar Vitt, Berg. Gladbach, für seine zeitraubenden, akribischen Forschungen auf dem Gebiet der Bewaffnung, der Elektronik und der Tarnung von Schiffen im Zweiten Weltkrieg, für die Durchsicht von Manuskriptteilen sowie für manchen wichtigen Rat,
Herrn Jürg Kürsener, Lohn/Schweiz, für Erkundungsarbeiten bei der Naval History Division in Washington, D.C., und für die Beschaffung von profunden Unterlagen zum Thema Organisation und Gliederung der Kreuzer,
Herrn Heinz O. Vetters, Meersburg, der nicht nur die Auswertung von Mikrofilmen besorgte, sondern während vieler Monate den gesamten Inhalt derselben in Maschinenschrift übertrug, womit erst die Grundlage für die Zusammenstellungen im Abschnitt »Gliederung und Organisation« geschaffen wurde,
Herrn K. H. Rudolf, Rodenbach, und Mr. David Kimble, Seward, Nebraska, USA, für die Zusendung von Unterlagen über Gliederung und Tarnung von Kreuzern,
Herrn Willi Donko, Schärding, Österreich, der beträchtliche Teile des Handmanuskriptes in Maschinenschrift übertrug und außerdem etliche Fotos modernerer Kreuzer beisteuerte,
Mr. Robert Heller, San Bruno, Cal., USA, dafür, daß er in uneigennütziger Weise Fotos von Kreuzern aus der Sammlung des vor etlichen Jahren verstorbenen Mr. Casoly, San Francisco, zur Verfügung stellte,
Herrn Professor Dr. Jürgen Rohwer, Leiter der Bibliothek für Zeitgeschichte in Stuttgart, für die Erlaubnis, in seiner Bibliothek Auswertungen vorzunehmen,
dem Büro des »Chief of Naval Information« in Washington, D.C. – dort Mrs. A. Urband und Mr. R. A. Carlisle – für die Zusendung von Fotos und Einzelinformationen,
dem Büro der »Naval History Division« in Washington, D.C. – dort Cdr. R. T. Speer – für die Zusendung von noch fehlenden Schiffsoperationsgeschichten,
der »Tailhook Association« – dort Mr. Bob Lawson – in Bonita, Cal., für die Zusendung von Flugzeugfotos.

Auf den detaillierten Fotonachweis im Impressum des Buches wird hingewiesen.

Ich danke weiterhin allen, die in irgendeiner Weise dazu beigetragen haben, daß dieses Buch zustandegekommen ist; dies gilt an erster Stelle für die Leitung der Koehlers Verlagsgesellschaft in Herford.

Herbst 1984 *Stefan Terzibaschitsch*

Einleitung

Allgemeines

Schon in der ersten Phase ihrer allgemeinen Entwicklung waren Kreuzer die zweitwichtigsten Überwasserschiffe, gleich nach den Linienschiffen (»Ships of the line«), den späteren Schlachtschiffen. Nach Abwertung der Schlachtschiffe infolge der Erkenntnisse, die im Zweiten Weltkrieg gewonnen wurden, dies vor allem infolge des Aufrückens der Flugzeugträger an die erste Stelle, waren es wiederum die Kreuzer, die – neben den Zerstörern – deren Schutz übernommen haben. Erneut waren die Kreuzer auf Platz zwei zu finden, und zwar dort, wo die Hauptschlachten im Pazifik ausgefochten wurden, bei den »Carrier Strike Groups«. Dies ist bis zur Gegenwart so geblieben, wenngleich sich die Merkmale und die Aufgabenbereiche im Laufe der ersten 40 Jahre der Geschichte der **modernen** Kreuzer, denen dieses Buch gewidmet ist, z. T. grundlegend geändert haben. Aufgabe dieses Einleitungsabschnittes ist, einen kurzen Abriß zu geben über die Entwicklung, die Absichten bei der Konstruktion und über die Verwendung von U.S. Kreuzern während dieses, aus räumlichen Gründen auf 40 Jahre beschränkten, Zeitabschnittes. Der große Bogen umfaßt dabei den Zeitraum von der Einführung der – auch nach heutigen Begriffen – »schnellen« Kreuzer der *Omaha*-Klasse über die sogenannten »Vertragskreuzer«, d.h. die Leichten und Schweren Kreuzer der 20er und 30er Jahre, über die zahlreichen während des Zweiten Weltkrieges erstellten, von den Fesseln der vertraglichen Beschränkungen befreiten Kreuzerbauten, weiter über die ersten Lenkwaffen-Kreuzer-Umbauten der 50er Jahre bis zum letzten im eigentlichen Sinne »wirklichen« (von den Abmessungen her gesehen) Kreuzer *Long Beach* (CGN-9).

Bei Kriegsende 1918 bestand die Kreuzerflotte der U.S. Navy aus einer Anzahl von leichteren, relativ schwach geschützten und relativ langsamen Kreuzern, die zwischen 1892 und 1907 erbaut wurden. Dazu kam eine Anzahl von schwereren Einheiten mit stärkerer Bewaffnung und stärkerem Panzerschutz. Eine Auflistung all dieser Schiffe erfolgt weiter hinten im Abschnitt über die Klassifizierung. All diesen älteren Einheiten mangelte es an ausreichender Geschwindigkeit, derer es bedurfte, wenn sie den Aufgaben nachkommen sollten, die ihnen mit dem Aufkommen der Flotten-Torpedoboote und Zerstörer zufielen.

Abgesehen davon waren bei Kriegsende fast alle amerikanischen Kreuzer nach damaligen Begriffen veraltet. Auch die jüngsten von ihnen waren über 10 Jahre alt. So gab es unter anderem für die Flottenplaner der 20er Jahre drei wichtige Gründe für die Erneuerung der Kreuzerflotte:

- ☐ Der veraltete Kreuzerbestand mußte erneuert werden.
- ☐ Die Eigenschaften der künftigen Kreuzer mußten den hinzugekommenen Anforderungen angepaßt werden.
- ☐ Es mußten aber auch Antworten gefunden werden auf die japanischen Neuplanungen, die sich bereits in der ersten Hälfte der 20er Jahre abzuzeichnen begannen.

Daß diese Modernisierung nicht so ganz ohne Behinderungen vorgenommen werden konnte, dafür sorgten die Ergebnisse der Flottenkonferenz in Washington. Eines der Ergebnisse dieser Konferenz war die fortan bis in die 50er Jahre gültig gebliebene Unterteilung in Leichte und Schwere Kreuzer, wobei letztlich nicht die Wasserverdrängung maßgebend war, sondern die Bestückung mit Geschützen bis zu einem Kaliber von 15,5 cm oder darüber. Die Soll-Standardwasserverdrängung von 10000 ts war für beide Kategorien gleich. Bei ihren Kreuzer-Neubauten hielten sich die Amerikaner denn auch bis zum Ende der 30er Jahre strikt an die einschränkenden Vorschriften, und dies nicht nur bei den Kreuzern.

Mit der *Omaha*-Klasse gelang es den Amerikanern auf Anhieb, Schiffe zu schaffen, die zugleich leicht, schnell und auch gut bewaffnet waren und die dazu noch eine beachtliche Zuladung an Flugzeugen hatten. Als nach Erweiterung des ursprünglichen Entwurfes die Anzahl

der 15,2-cm-Rohre L/53 von acht auf zwölf erhöht wurde, waren diese Schiffe im Grunde überbewaffnet, und es gab Probleme mit der Stabilität. Dies mag der Grund dafür gewesen sein – vom relativ hohen Alter einmal abgesehen –, daß diese Einheiten während des Zweiten Weltkrieges so gut wie gar nicht umgebaut bzw. wesentlich modernisiert wurden. Im Gegenteil, die Anzahl der 15,2-cm-Rohre wurde auf den meisten Schiffen um zwei verringert. Die relativ geringe Reichweite war es u. a., die den Aufgabenbereich der *Omahas* auf das beschränkte, wofür sie gebaut waren, auf die Kooperation mit Zerstörerverbänden und den Schutz derselben. Die Gelegenheit, sich auch nach der Landungsfeuerunterstützung zu beteiligen, bestand allzeit bei Schiffen, deren Geschützkaliber sich für solche Aufgaben eignete. Der Einsatz in fernen Gebieten war dagegen ohne gesicherte Zwischenbetankung undenkbar.
Anders war es bei der Kategorie der Schweren Kreuzer, die zwar erst später als solche klassifiziert wurden, die aber von vornherein 20,3-cm-Geschütze erhalten sollten. Sie und ihre Eigenschaften sind bereits Produkte der Washingtoner Verträge, zugleich aber auch Antwort auf japanische Neuentwicklungen. Bemerkenswert ist hier zunächst die Neigung zu größerer Reichweite und Geschwindigkeit sowie zu stärkerer Bestückung, dies unter Verzicht auf ausreichenden Panzerschutz. Letzerer wurde bei späteren Klassen etwas verbessert. Die Anzahl von zehn 20,3-cm-Rohren auf der *Pensacola*-Klasse ist ebenso einmalig geblieben wie auch die Anzahl von fünf Drillingstürmen 15,2 cm auf den Leichten Kreuzern der *Brooklyn*-Klasse. Letztere waren unübersehbar die Antwort der U. S. Navy auf die japanischen Kreuzer der *Mogami*-Klasse.
Bei Ende des Ersten Weltkrieges konnte die Aufgabenstellung der Kreuzer wie folgt umrissen werden:

- ☐ Sicherung der Hochseeflotte durch Abwehr feindlicher Torpedoboot- und Zerstörerangriffe,
- ☐ Schutz der eigenen Torpedoboote und Zerstörer gegen Angriffe durch überlegene feindliche Überwasserstreitkräfte,
- ☐ visuelle Aufklärung für das Gros der Schlachtflotte,
- ☐ sonstige Tätigkeiten wie Auslands- und Stationsdienst, Verwendung als Flaggschiffe von Zerstörer-Flottillen usw.

Während drei CL der *Omaha*-Klasse erst Ende der 30er Jahre als DESFLOT-Flaggschiffe durch Kreuzer anderer Klassen ersetzt wurden, veränderte der Zugang von Bord-Aufklärungsflugzeugen in relativ großer Anzahl die Qualität der Kreuzer schon bei Fertigstellung wesentlich. Die Aufgabe der visuellen Aufklärung entfiel aus zweierlei Gründen:

- ☐ Die Bordflugzeuge besorgten dieses Geschäft viel schneller und buchstäblich von »höherer Warte« aus, weit über den Horizont hinweg,
- ☐ es gab – wie nachfolgend noch zu erläutern sein wird – kein eigentliches »Gros« der Schlachtflotte mehr, für das eine Aufklärung gefahren werden mußte.

Durch den Einsatz der Aufklärungsflugzeuge wurde u. a. auch die Jagd auf Handelsstörkreuzer erleichtert, eine Aufgabe, die ebenfalls den Kreuzern oblag. Wieviel Wert seinerzeit bei der Planung der Kreuzerklassen auf eine möglichst hohe Flugzeugkapazität gelegt wurde, ersieht man aus der Tatsache, daß auf den meisten Kreuzern mindestens vier Maschinen wetterfest im Hangar mitgeführt werden konnten. Eine Kulmination hierbei bildete zweifellos die *Brooklyn*-Klasse mit ihrem geräumigen Hangar im Achterschiff. Dagegen bestand die Aufgabe der Flugzeuge an Bord von Schlachtschiffen vornehmlich in der Beobachtung der eigenen Trefferergebnisse; für diese Flugzeuge waren auf den Schlachtschiffen keine Hangars vorgesehen.
Der Mangel an Reichweite bei den kleinen Schiffen der *Omaha*-Klasse wurde später bei den größeren Schweren Kreuzern wettgemacht. Hierdurch, aber auch angesichts des Vorhandenseins der weiter reichenden 20,3-cm-Geschütze, eigneten sich Schwere Kreuzer ebenfalls als Begleitschiffe für gelegentlich detachierte Flugzeugträger. So gesehen, bestehen hier bereits Ähnlichkeiten mit dem erst im Zweiten Weltkrieg entstandenen und praktizierten »Task Force«-Konzept. Daß dann später mit der *Brooklyn*-Klasse ebenfalls Schiffe mit größerer Reichweite geplant wurden, lag daran, daß sich diese Schiffe nach damaligem Verständnis noch mehr für die »Fleet Support«-Rolle eigneten, weil sie – insbesondere nachts und bei schlechtem Wetter – wirksamer gegen schnell fahrende Zerstörer schießen konnten. Die Dichte in der Schußfolge der 20,3-cm- und der 15,2-cm-Geschütze lag im Verhältnis von 3 : 9 Schuß in der Minute. Während also ein Schwerer Kreuzer mit einer Breitseite in einer Minute 27 Schuß abfeuern konnte, waren es bei einem *Brooklyn*-Kreuzer mit seinen fünf Türmen immerhin 135 Schuß, die dadurch mehr »Eisen« ins Ziel bringen konnten als die – allerdings weiter reichenden – Geschütze der Schweren Kreuzer. Unter diesem Aspekt ist der Bau von so vielen Leichten Kreuzern der *Cleveland/Fargo*-Klassen durchaus verständlich. Der eine

Drillingsturm, der hier gegenüber den *Brooklyns* fehlte, wurde durch die größere Zahl der Schiffe wettgemacht. Ein definitiver Ausgleich zwischen der Schußfolge der beiden Kaliber wurde erst bei Einführung der vollautomatischen 20,3-cm-Türme Mk 16 auf der *Des Moines*-Klasse erreicht, dies aber zu einem Zeitpunkt, als Seeschlachten alten Stils bereits der Vergangenheit angehörten. Dies mag eine der Ursachen dafür gewesen sein, daß in Friedenszeiten allgemein die Leichten Kreuzer der »Battle Fleet« zugeteilt waren, während die Schweren Kreuzer – zumindest nominell – der »Scouting Fleet« im Atlantik angehörten, unbeschadet der Tatsache, daß sie sehr oft auch für längere Zeit mit der »Battle Fleet«, also im Pazifik, operierten.

Der Tendenz in den 30er Jahren, wegen der größeren Reichweite auch größere Kreuzer zu bauen, standen wiederum Bestimmungen des Londoner Flottenvertrages von 1936 entgegen. Dort war die Wasserverdrängung für Kreuzer auf 8000 ts Standard herabgesetzt worden. Ausgehend von dieser Größe konnten diese Schiffe angeblich bestenfalls fünf 15,2-cm-Doppeltürme aufnehmen; diese standen dann jedoch innerhalb des erforderlichen Zeitraumes nicht zur Verfügung. Aus der Not eine Tugend machend, entschied man sich – auch unter dem Aspekt der besseren Nutzung der zugestandenen Tonnage – für einen 6000-ts-Typ mit der imponierenden Anzahl von gepanzerten Doppellafetten (eigentlich leichte Geschütztürme!) des Kalibers 12,7 cm L/38. Dies führte dann zur Realisierung der *Atlanta*-Klasse, mit der Seebefehlshaber der damaligen Zeit zunächst nicht allzuviel anzufangen wußten, die sich dann aber im Verlauf des Krieges hervorragend bewährt hat. Zwar konnte es bei der Vergabe des zweiten Quartetts dieses Typs (*Oakland*-Klasse) noch keine gesicherten positiven Erfahrungen geben; daß aber dennoch diese Schiffe zum Bau vergeben wurden, mag darin begründet sein, daß man erst einmal möglichst viele Einheiten eines bereits durchgeplanten Schiffsentwurfes der Flotte zugänglich machen wollte. Diese Kleinen Kreuzer wurden denn auch auf Hellingen gebaut, die für den Bau von Kreuzern der *Cleveland*-Klasse zu klein waren.

Zum Bau der 8000-Tonner mit 15,2-cm-Doppeltürmen kam es dann gar nicht mehr, weil bei Kriegsbeginn sämtliche Beschränkungen der Flottenverträge nichtig wurden und man gleich begann, größere Leichte Kreuzer mit ausreichendem Aktionsradius und mit größerer Waffenkapazität zu bauen.

Kurz vor Ende der 30er Jahre kam der Plan zum Bau von »großen« Kreuzern auf. Dies geschah angeblich als Reaktion auf Meldungen über den – später doch nicht realisierten – Bau von ähnlichen japanischen Schiffen. Was die Navy dabei bezwecken wollte, war der Bau eines Kreuzertyps mit Geschützen des Kalibers 30,5 cm, der allen gegnerischen Schweren Kreuzern an Geschwindigkeit ebenbürtig, an Reichweite und Feuerkraft jedoch überlegen sein sollte. Es gab in dieser Richtung mehrere Konzepte, die dann letztlich zur *Alaska*-Klasse führten, der einzigen Klasse, die aus diesem Programm realisiert wurde.

Schon von Anfang an, als man begonnen hatte, Flugzeuge bei der Flotte zu verwenden, war vorauszusehen, daß das Flugzeug als Waffe eine zunehmend bedeutendere Rolle zu spielen haben würde. Man machte sich daher Gedanken – die in der Gegenwart mit anderen Vorzeichen immer noch sehr lebendig sind –, auf welche Weise man neben den eigentlichen Flugzeugträgern, deren Tonnage insgesamt durch die Washingtoner Flottenverträge ebenfalls begrenzt war, die Gattung der Kreuzer wenigstens zum Teil ebenfalls mit einer größeren Anzahl von Flugzeugen in Verbindung bringen könnte, d.h. über das Maß der damals schon geläufigen Dotierung hinaus. Auch hier gab es mehrere Anläufe und Versuche, »Flugdeckkreuzer« einzuführen, aber über Entwurfsstudien kam man dabei aus verschiedenen Ursachen nicht hinaus*.

Kurz vor Beginn des Zweiten Weltkrieges wurde deutlich, daß sämtliche für den Bau vorgesehenen Kreuzer der späteren *Cleveland*- und *Baltimore*-Klasse wegen Fehlens der ausreichenden Werftkapazität nicht würden auf einmal gebaut werden können. Da die Leichten Kreuzer als Begleitschiffe für Flugzeugträger ihrer dichteren Schußfolge wegen favorisiert wurden, wurde deren Bau vorgezogen. Hier wird deutlich, daß sich bereits vor dem Kriege das Konzept der späteren »Carrier Strike Force« so deutlich abzeichnete, daß der geplante Umfang der Trägerflotte weitgehend bestimmend war für den Umfang und die Zusammensetzung der Kreuzerflotte. Es war daher eher eine Notmaßnahme, wenn dann gerade aus der Serie der so dringend benötigten Schiffe der *Cleveland*-Klasse neun Einheiten abgezweigt wurden, um als Leichte Flugzeugträger umgeplant und umgebaut zu werden. Damals wurden jedoch Flugzeugträger noch dringender benötigt; so verstärkten also diese leichten Träger ab 1943 die infolge erlittener Verluste so stark zusammengeschrumpfte amerikanische Trägerflotte.

Der Bau der Schweren Kreuzer der *Baltimore*-Klasse wurde jedenfalls erst eingeleitet, als ausreichend *Cle-*

---

* Siehe zu diesem Thema den Abschnitt »Flugdeckkreuzer« in meinem Buch »Flugzeugträger der U.S. Navy«, Band II, erschienen 1979 beim Verlag Bernard & Graefe in München (Seite 26 bis 30).

velands vom Stapel gelaufen waren. Die Bevorzugung der Leichten Kreuzer spiegelte sich auch in der deutlich höheren Stückzahl. Wie auch immer, eine der wichtigsten Aufgaben war angesichts der Bedrohung durch japanische Flugzeuge für alle Kreuzer, die Leichten und die Schweren, die alten und die neuen, der Fla-Schutz der Trägerverbände. So wurden sie alle, insbesondere ab 1943/44, beträchtlich mit leichter Maschinenflak vollgepackt, oft bis an die Grenzen der Stabilität. Dies war auch der Grund dafür, daß – mit Ausnahme der *Omahas* – die meisten der zu jenem Zeitpunkt noch in Dienst stehenden Kreuzer z. T. erheblich umgebaut wurden, wobei stets u. a. eine Verringerung der Topplastigkeit angestrebt wurde.

Weniger bekannt war dagegen bisher die nicht realisierte Absicht der Navy, etwa 1941 die Kreuzer der *Omaha*-Klasse zu Fla-Kreuzern umzubauen.

Die bei den Salomonen gemachten schlechten Erfahrungen mit der zu langsamen Schußfolge der 20,3-cm-Geschütze waren die Triebfeder zum beschleunigten Beginn der Entwicklung der vollautomatischen 20,3-cm-Drillingstürme, die dann mit der *Des Moines*-Klasse eingeführt wurden. Allein die Abmessungen dieser neuen Türme und der entsprechenden Geschoßmagazine waren Ursachen für die starke Vergrößerung der Abmessungen und für die Erhöhung der Wasserverdrängung bei dieser Klasse. Wie schon erwähnt, kamen diese Geschütze zu spät, um sich noch in Überwasserschlachten Schiff gegen Schiff zu bewähren.

Interessant war auch, daß die Navy schon relativ früh – unter dem Aspekt der Schaffung von größeren Bestreichungswinkeln für die Maschinenflak – die Modifizierung der Grundtypen *Cleveland* und *Baltimore* geplant hatte, die im Grunde die gleichen Eigenschaften hatten wie ihre Vorgänger, jedoch wegen der kompakteren Anlage der Aufbauten und wegen der Zusammenfassung der beiden Schornsteine zu einem etwas breiteren eine völlig veränderte Erkennungscharakteristik aufwiesen. So gesehen, mag es etwas befremdlich anmuten, wenn die hierdurch entstandenen neuen Klassen CL-106 *(Fargo)* den CA-122 *(Oregon City)* sogar in amtlichen Veröffentlichungen den Grundklassen CL-55 bzw. CA-68 zugeschlagen wurden. Von diesen modifizierten Typen sollte noch eine beträchtliche Anzahl an Schiffen gebaut werden. Das abzusehende Kriegsende machte dies überflüssig, und so blieb es bei nur zwei bzw. drei Einheiten, die fertiggebaut und in Dienst gestellt wurden.

Nicht erst die später erwiesene Nützlichkeit der kleinen Fla-Kreuzer führte zur Entwicklung der doppelt so schweren Schiffe der *Worcester*-Klasse. Hierbei sollte das erreicht werden, was unter den Beschränkungen der Flottenverträge nicht möglich gewesen war: Der Einsatz von sechs vollautomatischen 15,2-cm-Doppeltürmen auf Schiffen mit einer großen Reichweite. Auch hier bedingte das Kriegsende die Suspendierung des Baubeginns von mehreren Schiffen der Klasse, so daß letztlich nur zwei übrigblieben, bereits bei Fertigstellung dazu verurteilt, in ihrer Wertigkeit durch das Aufkommen der gelenkten Flugkörper gemindert zu werden. Diese Lenkwaffen waren dann aber Grund und Ursache für den Beginn der Planungen für diverse Kreuzer-Umbauten der 50er und der frühen 60er Jahre, die in diesem Buch ebenfalls vorgestellt werden.

Unterstellungsverhältnisse zwischen den Weltkriegen

Die Ideenwelt der USN-Planer in den 20er und den 30er Jahren, d.h. zwischen dem Ende des Ersten Weltkrieges und der Etablierung der »Two Ocean Fleet« durch den energischen Präsidenten F. D. Roosevelt, spiegelt sich nicht allein in der Art und der Anzahl der realisierten bzw. nicht realisierten Schiffbauprojekte, sondern auch in der administrativen Gliederung der Flotte. So wurde die übergeordnete Gliederung der Hauptschiffe der Flotte im Grunde vom alten Europa übernommen. Es gab da den Hochsee-Flottenverband, die »Battle Force«, später in »Battle Fleet« umbenannt; dies war die Schlachtflotte, die durch das Gros der Hauptschiffe, der Schlachtschiffe, repräsentiert wurde. Zur »Battle Fleet« gehörten auch in Friedenszeiten zugeteilte Kreuzer und Zerstörer. Dann aber gab es noch den zweitwichtigsten Verband, die »Scouting Force«, später »Scouting Fleet«, also die Aufklärungsflotte, die aus zumeist Schweren Kreuzern bestand, aber ebenfalls auch aus Zerstörern. Diese beiden übergeordneten Begriffe stammten noch aus der Zeit des Ersten Weltkrieges, u.a. aus der Gliederung in der Schlacht im Skagerrak. Nach den Ergebnissen und den Erkenntnissen nach dieser Schlacht waren jedoch die Begriffe praktisch überholt. Auch bei den Briten verschwand der Ausdruck »Aufklärung« relativ schnell nach dem Ersten Weltkrieg. Dennoch übernahmen die Amerikaner beide Bezeichnungen, und diese Organisationsform hielt sich immerhin noch bis 1939.

Die Vereinigten Staaten verfügen über zwei langgezogene Küsten, von denen aus nach Osten bzw. Westen Verbindungen mit dem Rest der Welt aufrechterhalten werden. Vom Osten, aber auch vom Westen konnten jeweils einer oder mehrere potentielle Gegner kommen. Es war – und ist auch heute noch – die wichtigste Aufgabe der U.S. Navy, die Küsten der USA zu schützen, die Offenhaltung der Seewege zu den Alliierten in Europa und Fernen Osten zu garantieren und einen möglichen Seekrieg so weit wie möglich vom Kontinent Nordamerika fernzuhalten. Dies war zumindest in der Theorie so gedacht gewesen. Die Praxis sah so aus, daß im Ersten Weltkrieg Hauptgegner das kaiserliche Deuschland mit seiner damals beachtlichen Schlachtflotte war, während sich Japan auf der Seite der Alliierten befand. Die USA traten erst 1916 in den Krieg ein, zu einem Zeitpunkt, als es galt, die entscheidende Wendung zum Sieg der westlichen Alliierten herbeizuführen.

Nach Beendigung des Ersten Weltkrieges ergab sich für die Vereinigten Staaten eine ganz neue Situation. Nach dem Sieg der Alliierten gab es im Atlantik für die USA praktisch keinen potentiellen Gegner mehr. Dagegen konnte man sich durchaus vorstellen, daß das politisch wie militärisch expandierende Japan einmal zum Gegner werden könnte. So konzentrierte man also die Hochseeflotte, die »Battle Fleet«, im pazifischen Raum, wobei Pearl Harbor nach seiner Fertigstellung zum bedeutendsten vorgeschobenen Stützpunkt der U.S. Navy wurde. Weiterhin wurden nacheinander auch Guam und Wake als Depotstationen eingerichtet. Den atlantischen Bereich wollte man jedoch nicht ganz ohne Seestreitkräfte belassen; so gab es an der Ostküste die Masse der Schweren Kreuzer, eine Anzahl von Zerstörergeschwadern und andere Schiffe. Die Kreuzer waren dabei in der »Scouting Fleet« zusammengefaßt. Über die weitere administrative Gliederung der Kreuzer folgen in einem der späteren Abschnitte detaillierte Ausführungen.

Während der 20er und 30er Jahre gab es längere Perioden tiefer wirtschaftlicher Depression, während welcher der Kongreß der USA gründlich sparen mußte. Der Navy wäre es kaum gelungen, den Kongreß davon zu überzeugen, daß an der Ostküste etwa die Hälfte der Flotte stationiert werden mußte, obwohl es hier keinen potentiellen Gegner gab. So gab es – praktisch aus fiskalischen Gründen – eine »U.S. Fleet«, deren Hauptkomponente mit der Masse der Schlachtschiffe die »Battle Fleet« war und im Pazifik stationiert war, während die »Scouting Fleet« weit weg von dieser (für die sie eigentlich zuständig sein sollte), gewissermaßen als Filiale, an der Ostküste stationiert war. Die »Scouting Fleet« sowie der Rest der dort vorhandenen Streitkräfte nannte sich »Atlantic Squadron«, was eine mehr als bescheidene Bezeichnung für den schiffreichen Verband an der Ostküste war. Wie schon erwähnt, änderte sich dies 1939, als klar wurde, daß – etwa ab 1935 bereits absehbar – Deutschland und dann wohl auch Italien durchaus zu den möglichen potentiellen Gegnern der USA gezählt werden mußten. Bei der – auch fiskalisch fundierten – Teilung der Flotte in eine Atlantische und eine Pazifische Flotte verschwanden die Begriffe »Battle Fleet« und »Scouting Fleet«.

Kehren wir aber in die Zeit vor dieser Teilung zurück! Selbst wenn die »Battle Fleet« und die »Scouting Fleet« im Pazifik vereint gewesen wären, so wäre deren gemeinsamer Einsatz unter den damals gegebenen Voraussetzungen höchst fraglich gewesen. Eine Konfrontation der beiden potentiellen gegnerischen

Schlachtflotten hätte in den 20er Jahren vermutlich niemals stattfinden können, weil

- ☐ die Reichweite der Schlachtschiffe – und erst recht der Kreuzer – unzureichend war,
- ☐ sich das Stützpunktsystem der U.S. Navy noch im Ausbau befand,
- ☐ die damalige Hilfsschiff-Flotte noch sehr unterentwickelt und an eine In-See-Betankung größeren Ausmaßes nicht zu denken war.

Man muß sich dabei vergegenwärtigen, daß die zu bewältigenden Entfernungen enorm groß waren. Vom Panamakanal bis Pearl Harbor betrug die Entfernung ca. 4700 Meilen, von San Diego bis Pearl Harbor waren es immerhin auch noch ca. 2000 Meilen. Zum Vergleich im atlantischen Bereich: die kürzeste Entfernung zwischen Halifax auf Neufundland und der britischen Insel beträgt ca. 2400 Meilen. Wenn es aber richtig ist, daß eine Seeschlacht mitten im Pazifik nicht zu erwarten stand, so waren die überkommenen Bezeichnungen für die Schlachtflotte und die Aufklärungsflotte mit Sicherheit obsolet. Sie entsprachen rein traditionellen Gepflogenheiten, und dies nahezu 20 Jahre lang.

Ein weiterer Grund zur Aufrechterhaltung der Aufklärungsflotte entfiel spätestens, nachdem Flugzeuge zum festen Inventar von Schlachtschiffen und Kreuzern wurden und nachdem auch die Funkortung und -überwachung zur gewohnten Praxis geworden waren. Es wäre noch zu erwähnen, daß auch noch bei der deutschen Kriegsmarine der Begriff »Aufklärungsstreitkräfte« – obwohl vermutlich unter anderen Vorzeichen – bis zum Zweiten Weltkrieg verwendet wurde. Bei der britischen Marine hatte man diese Bezeichnung bereits in den 20er Jahren fallengelassen.

Dem Panamakanal kam bei der räumlichen Trennung der Seestreitkräfte eine ganz hervorragende Bedeutung zu. Wie schon erwähnt, wechselten die Schweren Kreuzer oft zur Westküste, wo sie von San Pedro in Kalifornien aus operierten und nach Pearl Harbor zu länger andauernden Manövern fuhren. Von dort mußten sie – zumeist zur Instandsetzung – wieder zur Ostküste zurückkehren. Der Panamakanal war demzufolge von entscheidender Bedeutung für die Möglichkeit, die Schlachtschiffe im Pazifik durch die Schweren Kreuzer im Atlantik zu verstärken.

In Friedenszeiten oblag amerikanischen Kreuzern auch die Wahrung der amerikanischen Interessen und der Schutz amerikanischer Bürger in Übersee, dies insbesondere im Fernen Osten, in dem stets unruhigen südchinesischen Seeraum wie auch in südamerikanischen Gewässern. Die als Kommando von der übrigen Flotte unabhängige »Asiatic Fleet« mit jeweils einem bis drei Kreuzern und einer geringen Anzahl von Zerstörern wurde zumeist durch die »Scouting Fleet« beschickt, obwohl zeitweise auch Leichte Kreuzer der *Omaha*-Klasse dort Stationsdienst machten. Von den ersten acht Schweren Kreuzern waren immerhin drei (CA-29, 30 und 31) als Flaggschiffe ausgerüstet. Ihre Reichweite prädestinierte sie geradezu für den Dienst in Übersee.

Die Größe der neueren, während des Zweiten Weltkrieges erbauten Kreuzer war nicht nur vorteilhaft für die Möglichkeit, zahlreiche Maschinenflak zusätzlich zu der ursprünglichen Bewaffnung aufzunehmen; diese Schiffe waren so solide gebaut, daß sie – in elf Exemplaren – in den 50er und 60er Jahren zu Lenkwaffenschiffen umgebaut wurden und danach noch bis weit in die 70er Jahre bei der Flotte Dienst taten, zumeist sogar als Flaggschiffe.

Zwischen 1922 und 1962 erbaute bzw. umgebaute Kreuzer-Klassen der U.S. Navy

zwischen den Kriegen erbaut

Klasse	Anzahl
Omaha	10
Pensacola	2
Northampton	6
Portland	2
New Orleans	7
Wichita	1
Brooklyn	9
insgesamt	37

Während des Zweiten Weltkrieges erbaut

Klasse	Anzahl
Atlanta	4
Cleveland	26
Oakland/Juneau	7
Fargo	2
Baltimore	14
Oregon City	3
Worcester	2
Des Moines	3
Alaska	2
insgesamt	63

Lenkwaffen-Neu- und Umbauten der 50er und 60er Jahre

Klasse	Anzahl
Boston	2
Galveston	2
Little Rock	4
Albany	3
Long Beach	1
insgesamt	12

Kreuzer nach 1962 *

Die modernen Kreuzer, die während der 60er und 70er Jahre erbaut wurden, haben nur drei Dinge mit ihren Vorgängern gemeinsam:

☐ die aus Traditionsgründen beibehaltene Bezeichnung als zweitwichtigste Schiffe der Überwasserstreitkräfte,
☐ in etwa die Größe,
☐ den angestammten Platz als Schutzschiffe von Trägerverbänden.

Wenn man Größenvergleiche zwischen den älteren und den modernen Kreuzern anstellt, so beginnen hier schon die Diskrepanzen. Die letzteren sind nämlich durchweg kleiner als ihre Vorgänger, sieht man einmal vom Sonderfall *Long Beach* (CGN-9) ab, der – letztlich – auch als »echter« Kreuzer entworfen und gebaut wurde. Die danach erbauten Schiffe, die bis 1975 offiziell zu den (großen) »Fregatten« gehörten, waren ja eher etwas hochgestochene Zerstörer, deren Wasserverdrängung von im Zweiten Weltkrieg etwa 3500 ts allmählich bis um ca. 8000 ts gesteigert wurde. Daß man diesen »Fregatten« seinerzeit einen Sonderstellenwert zuerkannte, lag vermutlich daran, daß sie für einen Zerstörer zu schwer und für einen Kreuzer zu leicht waren. Das zweite ist, daß diese Schiffe im Gegensatz zu den Vorgängern Mehrzweckschiffe sind, bei denen die Hauptbetonung zwar auf der Flugzeugabwehr durch Lenkwaffen liegt, jedoch mit einer beträchtlichen Kapazität an U-Jagd-Mitteln. Allein infolge der Unterbringung dieser beiden unterschiedlichen Arten von Kampfsystemen mußten diese Schiffe schwerer sein als die vormaligen Zerstörer.

Dann aber war die Möglichkeit gegeben, auch Überwasserschiffe mit dem so vorteilhaften Atomantrieb auszustatten; hier aber liegt auch noch gegenwärtig die unterste Grenze immer noch bei ca. 9000 ts. Auch die beiden letzten Klassen mit Atomantrieb, *California* (CGN-36) und *Virginia* (CGN-38) wurden noch als DLGN geplant, bevor sie 1975 aufgewertet wurden. Bei dieser Aufwertung ging es dem damaligen Chef der Seekriegsleitung (CNO), Admiral Holloway, u.a. auch darum, zwischen der Anzahl von sowjetischen und amerikanischen Kreuzern einen gewissen Proporz zu erreichen. Bei allen Zählungen standen die Sowjets stets vorn mit weit mehr Kreuzern, als die USN besaß, obwohl diese sicherlich kaum bedeutender waren als die letzteren.

Im Gegensatz zu den Flugzeugträgern, den Hauptschiffen der Flotte, die auf absehbare Zeit sämtlich Atomantrieb haben werden, scheint die Navy gegenwärtig die sehr hohen Ausgaben zu scheuen, die für den Bau von atomangetriebenen Kreuzern anfallen würden. So ist gegenwärtig abzusehen, daß keine weiteren Atomkreuzer der bereits vorgesehenen CGN-42-Klasse (vermutlich *Virginia* + AEGIS!) überhaupt gebaut werden.

Wie sehr gegenwärtig die Bezeichnung »Kreuzer« von der Funktion und der Wichtigkeit der Tätigkeit bei der Flotte abhängig ist und wie relativ wenig von der Wasserverdrängung, erkennt man deutlich bei einem Vergleich der *Ticonderoga*-Klasse (CG-47) mit der *Spruance*-Klasse (DD-963), aus der sie entstanden ist. Hierbei ist zwar bei der Wasserverdrängung ein Zuwachs von ca. 20% zu verzeichnen, die Abmessungen jedoch sind die gleichen. *Ticonderoga* verdankt seine Klassifizierung als Kreuzer vor allem der überragenden Bedeutung der beiden AEGIS-Kampfanlagen. Besonders wichtig erscheint hier die Fähigkeit, einen Zweitschlag zu führen und gegen FK-Treffer halbwegs resistent zu sein (wenn eine Kampfanlage ausfallen sollte, so gibt es noch eine zweite!). Doppelte Anlagen machen auch doppelte FK-Magazine erforderlich, und diese benötigen viel Raum, was den Bau von größeren Schiffen zur Folge hat.

Die im Vergleich zu den während des Krieges erbauten Kreuzer niedrigere Wasserverdrängung gewinnt zusätzlich an Bedeutung, wenn man berücksichtigt, daß sich gegenwärtig eine doch weit höhere Anzahl von größer und schwerer gewordenen elektronischen Anlagen an Bord von modernen Schiffen befinden. Dabei darf nicht übersehen werden, daß ja die Kreuzer nicht **allein** Träger von komplexen Kampfsystemen sind, sondern – in jeweils abgestufter Form – ebenso auch Zerstörer und Fregatten, von Atom-Unterseeschiffen ganz zu schweigen. Die wichtigsten Merkmale moderner Kreuzer liegen

☐ in der besonders hohen Feuerkraft in Verbindung mit Zweitschlag-Kapazität,
☐ in der Fähigkeit, auch selbständig in Gebieten mit hoher Bedrohung und ohne wirksamen Schutz durch Trägerflugzeuge zu operieren und zu überstehen,
☐ in der Fähigkeit, als regelrechte Führungsschiffe eines Verbandes vielschichtige Flugabwehr-, Überwasser-Offensiv- und Unterwasseroperationen zu führen und zu koordinieren,

wobei sich hier in manchen Bereichen vermutlich Parallelen zu den Aufgaben der reaktivierten Schlachtschiffe ergeben könnten.

* Siehe hierüber in dem vom Autor verfaßten Buch »Seemacht USA«, das 1982 beim Verlag Bernard & Graefe in München erschienen ist.

Ein wesentlicher Faktor für die relative Niedrighaltung der jährlichen Operationskosten ist darin zu finden, daß die modernen Kreuzer ebenso wie alle anderen Schiffsneubauten mit wesentlich weniger Besatzungsangehörigen auskommen als die Vorgänger. Dies verdankt man der hohen Automation der fast überall computerisierten Anlagen. Ob dies in einem wirklich »heißen« Kriege denn auch alles so gut funktionieren würde, darüber mag man streiten. Es bleibt der Wunsch und die Hoffnung, daß hierzu die Probe aufs Exempel niemals statuiert werden möge.

Gegenwärtiger Bestand an modernen Kreuzern

Bei Redaktionsschluß für dieses Buch verfügt die U.S. Navy über 29 aktive Kreuzer (CG + CGN).

Aktive Kreuzerklassen im Bestand der U.S. Navy
Stand Mitte 1984

Klasse	Klassenbezeichnung	Anzahl der Schiffe	Wasser-verdrängung
CGN-38	*Virginia*	4	11260 ts
CGN-36	*California*	2	10150 ts
CGN-35	*Truxtun*	1	9200 ts
CGN-25	*Bainbridge*	1	8580 ts
CGN-9	*Long Beach*	1	17350 ts
CG-47	*Ticonderoga*	2 (+24)	9600 ts
CG-26	*Belknap*	9	7930 ts
CG-16	*Leahy*	9	7800 ts
		29 (+24)	

Abschließende Bemerkungen

Wie schon erwähnt, verzichtet die U.S. Navy gegenwärtig noch auf den Bau der ca. 1,5 Milliarden $ teuren Atomkreuzer der CGN-42-Klasse. Vorerst wird dagegen, je nach Höhe der zur Verfügung stehenden Mittel, der Bau von Schiffen der *Ticonderoga*-Klasse mit etwa drei Einheiten pro Jahr fortgesetzt. Hier wird neben Ingalls als zweite Bauwerft noch Bath Iron Works erschlossen. Von etwa 26 geplanten Schiffen dieser Klasse sind für die ersten dreizehn bereits die Bauaufträge vergeben worden. Die Navy versichert, ohne diese Schiffe nicht auskommen zu können. Bis auf die letzten sechs CGN haben alle übrigen CG/CGN bereits die Hälfte ihrer normalen aktiven Dienstzeit hinter sich. Selbst nach Durchführung von lebensverlängernden Maßnahmen dürften sie kaum länger als insgesamt 35 Jahre im aktiven Dienst verbleiben. Wenn nicht noch mehr in der Zwischenzeit geschehen sollte, werden deren Ersatz nicht mehr Kreuzer sein, sondern Lenkwaffen-Zerstörer der *Arleigh Burke*-Klasse (DDG-51), die kleiner sein werden als Schiffe der CG-47-Klasse und auch eine etwas kleinere AEGIS-Anlage an Bord haben werden als diese.

Unter der Voraussetzung, daß wirklich alles in dieser Weise abläuft, könnte das definitive Ende der Kreuzer-Gattung für nach dem Jahrtausendwechsel prognostiziert werden.

Klassifikation und Namensgebung

Klassifikation

Unter dem Begriff »Klassifikation« versteht man die Absicht, Schiffe verschiedener Gattungen und Kategorien zusammenzufassen und ihnen nach einem bestimmten Kennungssystem Kennbuchstaben zuzuteilen. Die ersten Versuche in dieser Richtung reichen bei der U.S. Navy bis ins 18. Jahrhundert zurück. Die seitdem benutzten Buchstabenkombinationen sind so zahlreich, wie es die Schiffsgattungen und -kategorien sind, die während des Wachsens der amerikanischen Marine im Laufe von nun mehr als zwei Jahrhunderten entwickelt wurden. Die Geschichte der Schiffsklassifikation ist zugleich Bestandteil und ergänzende Dokumentation der Gattungen und Kategorien, aber auch der einzelnen Schiffsklassen der USN.
Eine Straffung erfuhr bei der U.S. Navy die Schiffsklassifikation im Jahre 1920. Damals wurde der Grund gelegt für die präzise Unterscheidung von Gattungen und Untergattungen = Kategorien, die im Prinzip bis in die Gegenwart ihre Gültigkeit behalten hat, obwohl die Klassifikationsliste selbst immer wieder ergänzt bzw. aktualisiert wurde. Gegenwärtig unterscheidet man zwischen

- ☐ Schiffsgattungen, d.h. Schiffen, die für einen bestimmten Zweck gebaut sind und damit eine bestimmte Bauform aufweisen,
- ☐ Schiffskategorien, die im Rahmen einer bestimmten Gattung auf eine spezielle Aufgabenstellung bzw. Verwendung hinweisen.

Seit 1920 hat sich die USN-Klassifikation stetig weiterentwickelt. Ihre gegenwärtige Form ist zugleich auch Basis für die gemeinsame Klassifikation aller NATO-Staaten, dies zumindest bei den Gattungen, von denen jede durch einen bzw. zwei Buchstaben gekennzeichnet ist. So unterscheiden wir gegenwärtig folgende Kennzeichnungen:

B für Schlachtschiffe
CV für Flugzeugträger
(R bei nichtamerikanischen NATO-Staaten)
C für Kreuzer
D für Zerstörer
F für Fregatten
S für Unterwasserfahrzeuge
P für Wachfahrzeuge
L für amphibische Schiffe
M für Minenfahrzeuge
A für Hilfsschiffe
Y für Hafen- und Depotfahrzeuge

Innerhalb der einzelnen Gattungen gibt es jeweils eine bis mehrere Kategorien, die durch zwei oder mehr Buchstaben gekennzeichnet sind. Diese Kategorien sind es, die die Basis der amerikanischen Schiffsklassifikation bilden. Nicht jedes Fahrzeug der U.S. Navy muß unbedingt einen Namen erhalten; jedes Fahrzeug führt hingegen eine Kennung, die aus den Buchstaben der Kategorie besteht und aus einer fortlaufenden Nummer, die innerhalb einer Kategorie normalerweise nur einmal vergeben wird. Die Schiffe selbst führen in der Regel als Kennung nicht die Buchstaben, sondern nur die laufende Nummer; Hilfsschiffe und Hafenfahrzeuge bilden eine Ausnahme. Bedingt durch die Vielzahl der vorhandenen Kategorien, ist die Tatsache zu erklären, daß zahlreiche Schiffe ein und dieselbe Nummer als Bugkennung führen. Da also eine einwandfreie Klassifikation und Erkennung allein durch die außen sichtbare Kennummer nicht möglich ist, kommt der eigentlichen Erkennung des Schiffstyps aufgrund anderer Kriterien eine besondere Bedeutung zu. Die Klassifikation und Unterscheidung von Kriegsschiffen anderer NATO-Marinen ist einfacher, weil zu deren außen sichtbaren Kennung nicht nur eine Nummer gehört, sondern – davorgesetzt – auch der Kennbuchstabe der Gattung.

Ausgehend vom Gattungsbuchstaben C (für »Cruiser«) hatten sich zunächst als die beiden wichtigsten Kategorien herauskristallisiert

- ☐ CL für »Light Cruisers« (Leichte Kreuzer),
- ☐ CA für »Heavy Cruisers« (Schwere Kreuzer).

Doch diese generelle Einteilung hatte erst seit den 20er Jahren bis hin in die 30er und 40er Jahre diese Bedeutung, d.h., daß es diese beiden Kennungen schon vorher gegeben hat, nur daß sie zuvor eine andere Bedeutung gehabt hatten. So hatten etliche frühere Schiffe die Kennung CL, wobei sie als »Protected Cruisers« (geschützte Kreuzer) bezeichnet wurden. Lange vor dem Zugang der *Pensacola*-Klasse gab es ebenfalls etliche Schiffe mit der Kennung CA, nur daß es sich dabei damals um sogenannte »Armoured Cruisers« (praktisch Panzerkreuzer) handelte. Da die gerade erwähnten frühen Kreuzer nicht Gegenstand der Betrachtungen dieses Buches sind, sollen als Information lediglich die Namen derselben aufgelistet werden, wobei festgestellt werden kann, daß einige Kennummern überhaupt nicht vergeben wurden. Noch komplizierter wird die Angelegenheit, wenn man erfährt, daß

- ☐ die ganz alten CA vormals die inoffizielle Kennung ACR führten und ein Teil von ihnen gar nur die Kennung C mit einer Nummer dahinter,
- ☐ sowohl CA wie auch CL eine Nummersequenz hatten, d.h. – in der Regel – durchnumeriert wurden,
- ☐ diese Regel jedoch gelegentlich etwas durcheinandergeriet,
- ☐ die als CL-1 bis 3 klassifizierten Schiffe zunächst die Kennung CS führten.

Vor der Auflistung all derjenigen zur Kreuzer-Kategorie gehörenden Schiffe, die vor der *Omaha*-Klasse vorhanden waren, folgt zunächst eine Übersicht über alle Kategoriebezeichnungen und deren Bedeutung innerhalb der Gattung der Kreuzer. Dabei werden auch Hinweise auf die Einführungs- und Eliminierungszeit gegeben.

Übersicht über die Kategorie-Buchstabensymbole

Buchstaben-symbol	englische Bedeutung	deutsche Bedeutung	Bemerkungen
ACR	Armored Cruiser	gepanzerter Kreuzer	kein offizielles Symbol, nachträglich zum besseren Vergleich eingeführt
C	Cruiser	Kreuzer	nachträglich eingeführtes Symbol zur Kennzeichnung der geschützten und ungeschützten Kreuzer
CA	Cruiser, first line	Kreuzer erster Klasse	
CA	Heavy Cruiser	Schwerer Kreuzer	1920 noch zur Unterscheidung von CL in bezug auf Größe und Bedeutung verwendet; erst ab 1931 für Kreuzer mit Geschützen von mehr als 20,3 cm verwendet
CAG	Guided Missile Heavy Cruiser	schwerer Lenkwaffenkreuzer	Symbol für Lenkwaffenkreuzer, die auch über Geschütze vom Kaliber 20,3 cm verfügten
CB	Large Cruiser	Große Kreuzer	nur für *Alaska*-Klasse verwendet
CBC	Large Tactical Command Ship	Großes taktisches Führungsschiff	1952 eingeführt zur Verwendung bei den vorgesehenen Umbauten der *Alaska*-Klasse; nicht realisiert
CC	Battle Cruiser, first line	Schlachtkreuzer erster Klasse	1920 bis 1928 reserviert für Schlachtkreuzer der nicht realisierten *Lexington*-Klasse
CC	Command Ship	Führungsschiff	1952 eingeführt für USS *Northampton* als Nachfolgesymbol für CLC; bildeten ab 1952 eigene Gattungen; LCC = Führungsschiff bei der amphibischen Flotte
CF	Flying Deck Cruiser	Flugdeckkreuzer	in den 30er Jahren reserviert für nicht realisierte Flugdeckkreuzer-Entwürfe
CG	Guided Missile Cruiser	Lenkwaffenkreuzer	1958 Symbol für Kreuzerumbauten, die neben Lenkwaffen keine schw. Art. an Bord hatten; in den 70er Jahren Symbol für alle Lenkwaffenumbauten, die noch vorhanden waren; ab 1. 7. 1975 für alle ehemaligen DLG außer *Farragut*-Klasse, später für *Ticonderoga*-Klasse
CGN	Guided Missile Cruiser, nuclear powered	Atomangetriebene Lenkwaffenkreuzer	zunächst ab 1962 als CG(N) für USS *Long Beach*; ab 3. 10. 1967 als CGN; ab 1. 7. 1975 für ehemalige DLGN und alle Neubauten
CL	Light Cruiser	Leichte Kreuzer	siehe Anmerkung bei CA; ab 1931 Kennzeichnung von Kreuzern, die über Geschütze von 15,5 cm oder weniger verfügten
CLAA	Antiaircraft Light Cruiser	Leichte Flugabwehrkreuzer	1949 bis 1968 Bezeichnung für *Atlanta*- und *Oakland*-Klasse
CLC	Task Fleet Command Ship	Kampfgruppen-Flaggschiff	bis 1952 Symbol für USS *Northampton* als Gegenstück zu CBC

Buchstaben-symbol	englische Bedeutung	deutsche Bedeutung	Bemerkungen
CLG	Guided Missile Light Cruiser	Leichte Lenkwaffenkreuzer	Gegenstück zu CAG für Kreuzerumbauten, die auch 15,2-cm-Geschütze an Bord hatten; in den 70er Jahren zugunsten von CG eliminiert
CLGM	Guided Missile Light Cruiser	Leichte Lenkwaffenkreuzer	bei der USN nicht in Gebrauch; Symbol von nichtamerikanischen Schiffen, die über eine gemischte Sortierung von SAM- und SSM-Waffen verfügen
CLK	Cruiser, Hunter Killer	U-Jagdkreuzer	nach dem Zweiten Weltkrieg vorgesehen für U-Jagdschiffe in Kreuzergröße, die später »Frigates« (DL) wurden
CM	Mine Layer, first line	Minenkreuzer	bis Ende der 20er Jahre bei den Kreuzern geführt, bis zur Eingliederung in die Gattung der Minenschiffe
CS	Scout Cruiser	Spähkreuzer	nachträglich eingeführtes Symbol zur Kennzeichnung der Spähkreuzer aus der Zeit vor den 20er Jahren
CV	Aircraft Carrier, first line	Flugzeugträger	ursprünglich wurden Träger bei den Kreuzern geführt, aus dem damaligen Verständnis als Aufklärungsschiffe; ab 6. 6. 1928 bildeten Träger unter Beibehaltung des Symbols CV ihre eigene Gattung

Vor der *Omaha*-Klasse als Kreuzer geführte Schiffe der U.S. Navy

Kenn-Nr.	Name	Indienststellung	Bemerkungen
Gepanzerte Kreuzer			
ACR-1	*Maine*	17. 9. 1895	18. 11. 1890 als "2nd class battleship" eingestuft
ACR-2	*Rochester*	1. 8. 1893	17. 7. 1920 als CA-2 umklassifiziert; ex *Saratoga*, ex *New York;* 8200 ts
ACR-3	*Brooklyn*	1. 12. 1896	17. 7. 1920 als CA-3 umklassifiziert; 9215 ts
ACR-4	*Pittsburg*	9. 3. 1905	17. 7. 1920 als CA-4 umklassifiziert; ex *Pennsylvania*, ex *Nebraska;* 13680 ts
ACR-5	*Huntington*	23. 2. 1905	17. 7. 1920 als CA-5 umklassifiziert; ex *West Virginia;* 13680 ts
ACR-6	*San Diego*	1. 8. 1907	17. 7. 1920 als CA-6 umklassifiziert; ex *California;* 13680 ts
ACR-7	*Pueblo*	19. 1. 1905	17. 7. 1920 als CA-7 umklassifiziert; ex *Colorado;* 13680 ts
ACR-8	*Frederick*	18. 4. 1905	17. 7. 1920 als CA-8 umklassifiziert; ex *Maryland;* 13680 ts
ACR-9	*Huron*	27. 1. 1908	17. 7. 1920 als CA-9 umklassifiziert; ex *South Dakota;* 13680 ts
ACR-10	*Memphis*	17. 7. 1906	17. 7. 1920 als CA-10 umklassifiziert; ex *Tennessee;* 14500 ts
ACR-11	*Seattle*	7. 8. 1906	17. 7. 1920 als CA-11 umklassifiziert; ex *Washington;* 14500 ts
ACR-12	*Charlotte*	7. 5. 1908	17. 7. 1920 als CA-12 umklassifiziert; ex *North Carolina;* 14500 ts
Geschützte Kreuzer			
C-1	*Newark*	2. 2. 1891	4083 ts
C-2	*Charleston*	26. 12. 1889	3730 ts
C-3	*Baltimore*	7. 1. 1890	17. 7. 1920 als CM-1 umklassifiziert; 4413 ts
C-4	*Philadelphia*	28. 7. 1890	17. 7. 1920 als IX-24 umklassifiziert; 4324 ts
C-5	*San Francisco*	15. 11. 1890	17. 7. 1920 als CM-2 umklassifiziert; 4088 ts
C-6	*Olympia*	5. 2. 1895	17. 7. 1920 als CA-15 umklassifiziert; 5586 ts
C-7	*Cincinnati*	16. 6. 1894	3183 ts
C-8	*Raleigh*	17. 4. 1894	3183 ts
C-9	*Montgomery*	21. 6. 1894	14. 3. 1918 in *Arlington* umbenannt; 2094 ts
C-10	*Detroit*	20. 7. 1894	2094 ts
C-11	*Marblehead*	2. 4. 1894	17. 7. 1920 als PG-27 umklassifiziert; 2094 ts
C-12	*Columbia*	23. 4. 1894	17. 7. 1920 als CA-16 umklassifiziert; 7375 ts
C-13	*Minneapolis*	13. 12. 1894	17. 7. 1920 als CA-17 umklassifiziert; 7375 ts
C-14	*Denver*	17. 5. 1904	17. 7. 1920 als PG-28 umklassifiziert; 3200 ts
C-15	*Des Moines*	5. 3. 1904	17. 7. 1920 als PG-29 umklassifiziert; 3200 ts
C-16	*Chattanooga*	11. 10. 1904	17. 7. 1920 als PG-30 umklassifiziert; 3200 ts
C-17	*Galveston*	15. 2. 1905	17. 7. 1920 als PG-31 umklassifiziert; 3200 ts
C-18	*Tacoma*	20. 1. 1904	17. 7. 1920 als PG-32 umklassifiziert; 3200 ts
C-19	*Cleveland*	2. 11. 1903	17. 7. 1920 als PG-33 umklassifiziert; 3200 ts
C-20	*St. Louis*	18. 8. 1906	17. 7. 1920 als CA-18 umklassifiziert; 9700 ts
C-21	*Milwaukee*	10. 12. 1906	9700 ts
C-22	*Charleston*	17. 10. 1905	17. 7. 1920 als CA-19 umklassifiziert; 9700 ts

Schwere Kreuzer

CA-1 bis 19 siehe vorstehend bei den Bemerkungen bei ACR bzw. C
CA-20 bis 23 Kennummern nicht belegt
ab CA-24: *Pensacola*-Klasse

Leichte Kreuzer

Kenn-Nr.	Name	Indienst-stellung	Bemerkungen
CL-1	*York*	25. 4. 1908	ex CS-1; ex *Chester;* 3750 ts
CL-2	*Birmingham*	11. 4. 1908	ex CS-2; 3750 ts
CL-3	*Salem*	1. 8. 1908	ex CS-3; 3750 ts
CL-4 – CL-13	*Omaha*-Klasse		
CL-14	*Chicago*	17. 4. 1889	16. 7. 1928 als IX-5 umklassifiziert
CL-15	*Olympia*	5. 2. 1895	17. 2. 1941 als IX-40 umklassifiziert
CL-16	*Denver*	17. 5. 1904	ex PG-28
CL-17	*Des Moines*	5. 3. 1904	ex PG-29
CL-18	*Chattanooga*	11. 10. 1904	ex PG-30
CL-19	*Galveston*	15. 2. 1905	ex PG-31
CL-20	*Tacoma*	30. 1. 1904	ex PG-32
CL-21	*Cleveland*	2. 11. 1903	ex PG-33
CL-22	*New Orleans*	18. 3. 1898	ex PG-34; 8. 8. 1921 wieder PG-34
CL-23	*Albany*	20. 5. 1900	

CL-24 bis CL-38 *(Pensacola-, Northampton-* und *New Orleans*-Klasse) wurden am 1. Juli 1931 als CA-24 bis CA-38 umklassifiziert; nur CA-39 *Quincy* war vorher nicht als CL klassifiziert. Danach wurden CL und CA in fortgesetzter Nummernsequenz weiter beziffert (CL-40 = *Brooklyn*-Klasse, CL-51 = *Atlanta*-Klasse, CL-55 = *Cleveland*-Klasse,
CA-68 = *Baltimore*-Klasse usw.

Namensgebung

Seit Anbeginn wurden Kreuzer der U.S. Navy nach amerikanischen Städten benannt. Eine Ausnahme bildet USS *Canberra* (CA-70). Auf Anordnung des Präsidenten F. D. Roosevelt wurde CA-70 nach der australischen Stadt Canberra benannt, um den australischen Schweren Kreuzer desgleichen Namens zu ehren, der im Gefecht bei der Insel Savo am 9. August 1942 mit drei amerikanischen Schweren Kreuzern untergegangen war.

Der letzte Kreuzer, der nach diesem Traditionsprinzip benannt wurde, war *Long Beach* (CGN-9). Nachdem am 1. Juli 1975 umfangreiche Änderungen bei der gesamten Schiffsklassifikation gültig wurden, gab es folgende Abweichungen von der bis dato üblichen Praxis der Namensgebung:

- ☐ sämtliche von DLG/DLGN auf CG/CGN umklassifizierten Schiffe behielten ihre Namen, mit denen verdiente Seeoffiziere geehrt wurden,
- ☐ ab *California*-Klasse (CGN-36) erhalten CGN Namen nach Bundesstaaten der Vereinigten Staaten, dies übrigens als »capital ships« parallel mit den SSBN der *Ohio*-Klasse (Strategische Unterseeschiffe),
- ☐ ab *Ticonderoga*-Klasse (CG-47) erhalten Kreuzer, die mit dem Kampfsystem AEGIS ausgestattet sind, Namen nach historischen Orten bzw. Traditionsnamen vorangegangener Schiffe.

Organisation und Gliederung der U.S.-Kreuzer

Allgemeines

Seitdem es bei der U.S. Navy Kreuzer gibt, waren diese in Kreuzer-Divisionen (»Cruiser Division« = CRUDIV) zusammengefaßt. In den Jahren vor dem Zweiten Weltkrieg gab es nur diese Gliederung, ohne daß jedoch alle Einheiten einer CRUDIV stets zusammen in einem Verband operierten. Es war vielmehr so, daß oft ein Kreuzer zwar in administrativer Hinsicht seiner Division angehörte, dennoch aber in eigener Funktion Flaggschiff eines übergeordneten oder anders gearteten Verbandes war. So war z.B. USS *Indianapolis* (CA-35) trotz seiner langjährigen Zugehörigkeit zu CRUDIV 4 und 6 fast durchweg Flaggschiff aller Kreuzer der Aufklärungsflotte im pazifischen Bereich, später – kurz vor seinem tragischen Verlust – Flaggschiff der 5. Flotte. Die kleineren Kreuzer waren – im einzelnen oder im Divisionsverband – im Fernen Osten bei der »Asiatic Fleet« eingesetzt, oder aber sie waren Flaggschiffe von Zerstörern, Zerstörer-Flottillen oder von großen U-Boot-Verbänden.

Die Anzahl der Divisionen stieg allmählich mit der wachsenden Anzahl der hinzukommenden Kreuzer. Es waren in einer Division stets entweder nur Leichte oder nur Schwere Kreuzer versammelt. Die Zahl der Schiffe einer Division schwankte zwischen zwei und sechs. In der Regel waren es vier Schiffe. Aus logistischen Erwägungen war man stets bemüht, in einer Division Schiffe einer Klasse zu vereinen, oder zumindest einer ähnlichen.

Zur weiteren Verdeutlichung der organisatorischen Zusammenhänge sei an dieser Stelle dargelegt, daß vor 1940 das Gros der amerikanischen Flotte im Pazifik stationiert war. Dort gab es die Schlachtflotte (»Battle Force«) mit allen Schlachtschiffen und Flugzeugträgern. Im Atlantik gab es die Aufklärungsstreitkräfte (»Scouting Force«). Bei jedem dieser übergeordneten Verbände gab es auch Kreuzer und Zerstörer. Weitere Bestände waren die »Submarines, U.S. Fleet«, dann die »Atlantic Squadron, U.S. Fleet«, die »Asiatic Fleet« und letztlich u.a. die »Base Force, U.S. Fleet«, mit ihren logistischen Einheiten, wie wir heute sagen würden; zu jener Zeit war dieses Wort jedoch noch nicht gebräuchlich. Solange es noch die »U.S. Fleet« gab, führte jede Kreuzer-Division den Zusatz mit der übergeordneten Zugehörigkeit, z.B. »CRUDIV 2, Battle Force«. Wenn damals von der »U.S. Fleet« gesprochen wurde, so war das Gros der Flotte gemeint, das sich im Pazifik befand und auf die Stützpunkte Pearl Harbor, San Diego, San Pedro, Long Beach u.a.m. verteilt war. Die zahlenmäßig weit geringeren Seestreitkräfte im Atlantik waren unter dem Oberbegriff »Atlantic Squadron« zusammengefaßt, wobei manche Schiffe nach England, andere nach Südamerika oder auch ins Mittelmeer abkommandiert wurden.

1940, als die Flotte sehr zu wachsen begann und Präsident F. D. Roosevelt die »Two-Ocean-Navy« etablierte, kam es zur regelrechten Teilung in die nunmehr gleichberechtigten »U.S. Pacific Fleet« und »U.S. Atlantic Fleet«. Zugleich hörte die seit vielen Jahren etablierte »Asiatic Fleet« nominell auf zu bestehen.

Kurz vor dem Kriegseintritt der USA wurde dann neben der administrativen auch die einsatzmäßige Befehlskette (»Task Fleet Organization«) eingeführt. Es wurden Einsatzflotten gegründet, von denen jede in mehrere zweckgebundene Einsatzverbände, genannt »Task Force«, untergliedert wurde. Dabei gab es numerierte »Carrier Task Forces« mit einem oder mehreren Flugzeugträgern nebst Begleitschiffen (Kreuzern und Zerstörern), weiterhin »Fire Support Task Forces« mit Schlachtschiffen, Kreuzern und Zerstörern. Es gab weiterhin Task Forces nur mit U-Booten und solche mit Landungs- oder Transportschiffen. Ja, sogar die nicht auf Schiffe gestützten Flugzeugverbände, die jedoch dem Flotten-Befehlshaber unterstanden, bildeten eigene Task Forces. Die gängige Abkürzung für die Task Forces war TF, die unterstellten, kleineren Verbände waren dann Task Groups (TG), Task Units (TU) und – in einem Fall – auch »Taffies« (in der Schlacht von Samar!). Die »Task Force Organization« besteht gegenwärtig immer noch, und es ist zumeist so, daß während

der Abkommandierung bei einer Flotte der Befehlshaber eines administrativen Verbandes zugleich TF- bzw. TG-Befehlshaber ist.
Es muß nochmals vermerkt werden, daß gelegentlich, keineswegs immer, z. B. eine CRUDIV – oder auch eine CARDIV – geschlossen im Rahmen einer TF operierte. In der Zeit nach dem Zweiten Weltkrieg wurde die Zahl der Kreuzer drastisch abgebaut und somit auch die Zahl der CRUDIV. 1961 bzw. 1962 erfolgte dann bei der Pazifischen bzw. Atlantischen Flotte eine generelle Reorganisation in administrativer Hinsicht, bei der infolge der stark verminderten Anzahl der Kreuzer diese zusammen mit den Zerstörern zunächst in »Cruiser-Destroyer Flottillas« (CRUDESFLOT), später in »Cruiser-Destroyers Groups« (CRUDESGRU) zusammengefaßt wurden. Danach gehörten zu jeder Gruppe ein bis zwei Kreuzer (einer davon als Flaggschiff) und mehrere »Destroyer Squadrons« (DESRON). – An der Anlage und der Form der »Task Force Organization« hat sich bis zur Gegenwart nur in Nuancen etwas geändert. – Der Verfasser hat sich zur Aufgabe gemacht, die gesamte organisatorische Zuordnung sämtlicher Kreuzer aufgrund von amtlichen und halbamtlichen Unterlagen so transparent wie möglich zu präsentieren. Dies geschieht in Form von mehreren Übersichten, die im Anschluß abgedruckt sind.*

Legende für die Übersicht »Administrative Gliederung der U. S.-Kreuzer 1925 bis 1945«

In den nachfolgenden Übersichten wird die CRUDIV-Zugehörigkeit eines jeden bis 1945 fertiggestellten U. S.-Kreuzers dokumentiert. Zahlreiche Kreuzer blieben während der ganzen Kriegszeit bei einer CRUDIV, andere wieder wechselten die CRUDIV und gelegentlich auch die Zugehörigkeit zur Pazifischen bzw. Atlantischen Flotte. In den Übersichten werden Kürzungen verwendet, deren Bedeutung nachfolgend als Beispiel erläutert wird.

Kürzung	Bedeutung in Englisch
Vor der Trennung PAC-/LANTFL	
a) Flaggschiffe	
FS	Flagship »Scouting Force, U. S. Fleet«
FAS	Flagship »Aircraft Scouting Force, U. S. Fleet«
F/AS	Flagship »Asiatic Fleet«
F/SA	Flagship »South Atlantic Force«
FSUB	Flagship »Submarine Force, U. S. Fleet«
FCB	Flagship »Cruisers Battle Force, U. S. Fleet«
FCS	Flagship »Cruisers Scouting Force, U. S. Fleet«
FDB	Flagship »Destroyers Battle Force, U. S. Fleet«
FDPAT	Flagship »Destroyers Patrol Force, U. S. Fleet«
FDFL1B	Flagship »DESFLOT 1 Battle Force, U. S. Fleet«
F3B	Flagship »CRUDIV 3 Battle Force, U. S. Fleet«
F4S	Flagship »CRUDIV 4 Scouting Force, U. S. Fleet«
F7LANTSQ	Flagship »CRUDIV 7 Atlantic Squadron«
b) Sonstige Kreuzer-Zugehörigkeit	
3/AS	»CRUDIV 3, Asiatic Fleet«
3B	»CRUDIV 3 Battle Force, U. S. Fleet«
4S	»CRUDIV 4 Scouting Force, U. S. Fleet«
PATFOR	»Patrol Forces, U. S. Fleet« (spätere Bezeichnung für die vormalige »Atlantic Squadron«)
7PATFOR	»CRUDIV 7, Patrol Force«
Nach der Trennung PAC-/LANTFL	
a) Flaggschiffe	
FS/PAC	Flagship »Scouting Force, Pacific Fleet«
FCB/PAC	Flagship »Cruisers Battle Force, Pacific Fleet«
FCS/PAC	Flagship »Cruisers Scouting Force, Pacific Fleet«
FC/PAC (/LANT)	Flagship »Cruisers, Pacific (Atlantic) Fleet«
FDB/PAC	Flagship »Destroyers Battle Force, Pacific Fleet«
F9B/PAC	Flagship »CRUDIV 9, Pacific Fleet«
F4/PAC	Flagship »CRUDIV 4, Pacific Fleet«
b) Sonstige Kreuzer-Zugehörigkeit	
4S/PAC	»CRUDIV 4 Scouting Force, Pacific Fleet«
8/LANT	»CRUDIV 8, Atlantic Fleet«

In den nachfolgenden Übersichten – getrennt nach PACFL und LANTFL – wird nur die nominelle Zuordnung der einzelnen Schiffe zu den CRUDIV dokumentiert, ohne Rücksicht darauf, ob sich ein Schiff z. B. wegen eines Werftaufenthaltes zeitweilig nicht bei der Division befand oder aber temporär zu anderen Aufgaben abkommandiert war. Insbesondere bei Kriegsende 1944/45 wurden noch nicht fertiggestellte Kreuzer lange Zeit vor ihrer Fertigstellung und Indienststellung den CRUDIV zugeteilt. Die Dokumentation entspricht in den nachfolgenden Übersichten dem Nachweis der amtlichen Stelle.

Administrative Gliederung der Kreuzer 1925 bis 1937

1925	FDB	CL-4 *Omaha*
	2/LANT	CL-9 *Richmond* (F), -5 *Milwaukee,* -6 *Cincinnati,* -11 *Trenton*
	3S/LANT	CL-8 *Detroit,* -12 *Marblehead,* -7 *Raleigh,* -13 *Memphis*
	FDFL/LANT	CL-10 *Concord*
1927	FDB	CL-4 *Omaha*
	3/AS	CL-9 *Richmond* (F), -6 *Cincinnati,* -12 *Marblehead*
	FDFL/LANT	CL-10 *Concord*
	2S/LANT	CL-11 *Trenton* (F), -5 *Milwaukee,* -7 *Raleigh,* -13 *Memphis*
1928	FDB	CL-4 *Omaha*
	3S/LANT	CL-9 *Richmond* (F), -6 *Cincinnati*
	FDFL/LANT	CL-10 *Concord*
	2/AS	CL-11 *Trenton* (F), -5 *Milwaukee,* -13 *Memphis,* -7 *Raleigh* (in Europa)

* Beim Gesamtabschnitt »Organisation und Gliederung« hat Herr H. O. Vetters mit großem Fleiß und Beharrlichkeit die Voraussetzungen für eine nahezu lückenlose Dokumentation geschaffen.

1929	FDFL/PAC	CL-4 *Omaha*
	2S/LANT	CL-9 *Richmond*, -11 *Trenton*, -12 *Marblehead*, -13 *Memphis*
	3S/LANT	CL-6 *Cincinnati*, -5 *Milwaukee*, -7 *Raleigh*, -8 *Detroit*
	FDFL/LANT	CL-10 *Concord*
1931	FS	CA-31 *Augusta*
	2S	CL-13 *Memphis*, -9 *Richmond* -11 *Trenton*, -12 *Marblehead*
	3S	CL-10 *Concord*, -5 *Milwaukee*, -4 *Omaha*, -6 *Cincinnati*
	4S	CA-26 *Northampton*, -24 *Pensacola*, -27 *Chester*
	5S	CA-29 *Chicago*, -25 *Salt Lake City*, -29 *Louisville*
	F/AS	CA-30 *Houston*
1933	2B	CL-11 *Trenton* (F), -12 *Marblehead*, -13 *Memphis*
	3B	CL-10 *Concord* (F), -6 *Cincinnati*, -5 *Milwaukee*, -4 *Omaha*
	FDFLB	CL-8 *Detroit*
	FS	CA-35 *Indianapolis*
	4S	CA-26 *Northampton* (F), -24 *Pensacola*, -33 *Portland*
	5S	CA-29 *Chicago* (F), -28 *Louisville*, -25 *Salt Lake City*
	FDFLS	CL-7 *Raleigh*
1934	2B	CL-13 *Memphis* (F), -12 *Marblehead*, -9 *Richmond*
	3B	CL-10 *Concord* (F), -6 *Cincinnati*, -5 *Milwaukee*, -4 *Omaha*
	FDFLB	CL-8 *Detroit*
	FS	CA-35 *Indianapolis*
	4S	CA-26 *Northampton* (F), -25 *Pensacola*, -25 *Salt Lake City*
	5S	CA-29 *Chicago*, -27 *Chester*, -35 *Indianapolis*
	6S	CA-30 *Houston*, -28 *Louisville*, -33 *Portland*
	FDFLS	CL-7 *Raleigh*
	F/AS	CA-31 *Augusta*
	F/SA	CL-11 *Trenton*
	FDB	CL-8 *Detroit*
1935	2B	CL-11 *Trenton* (F), -12 *Marblehead*, -9 *Richmond*
	3B	CL-10 *Concord* (F), -6 *Cincinnati*, -5 *Milwaukee*, -4 *Omaha*
	FDB	CL-8 *Detroit*
	FS	CA-35 *Indianapolis*
	4S	CA-26 *Northampton* (F), -27 *Chester*, -24 *Pensacola*, -25 *Salt Lake City*
	5S	CA-29 *Chicago* (F), -33 *Portland*, -30 *Houston*
	6S	CA-28 *Louisville* (F), -35 *Indianapolis*, -32 *New Orleans*, -38 *San Francisco*
	7S	CA-34 *Astoria*, -36 *Minneapolis*, -37 *Tuscaloosa*
	FDS	CL-7 *Raleigh*
	FAS	CA-31 *Augusta*
	F/SA	CL-13 *Memphis*
1936	2B	CL-11 *Trenton* (F), -12 *Marblehead*, -13 *Memphis*, -9 *Richmond*
	3B	CL-10 *Concord* (F), -6 *Cincinnati*, -5 *Milwaukee*
	FDFLB	CL-8 *Detroit*
	FS	CA-35 *Indianapolis*
	4S	CA-26 *Northampton* (F), -24 *Pensacola*, -25 *Salt Lake City*
	5S	CA-29 *Chicago* (F), -27 *Chester*, -30 *Houston*
	6S	CA-28 *Louisville*, -35 *Indianapolis*, -33 *Portland*
	7S	CA-34 *Astoria* (F), -36 *Minneapolis*, -32 *New Orleans*
	8S	CA-38 *San Francisco*, -39 *Quincy*, -37 *Tuscaloosa*
	FDFLS	CL-7 *Raleigh* (z. Zt. in Europa)
	FAS	CA-31 *Augusta*
	F/SA	CL-4 *Omaha*
1937	2B	CL-11 *Trenton* (F), -12 *Marblehead*, -13 *Memphis*, -9 *Richmond*
	3B	CL-10 *Concord* (F), -6 *Cincinnati*, -5 *Milwaukee*, -4 *Omaha*
	8B	CL-41 *Philadelphia* (F), -40 *Brooklyn*
	FDFL1B	CL-7 *Raleigh* (z. Zt. in Europa)
	FDFL2B	CL-8 *Detroit*
	FS	CA-35 *Indianapolis*
	4S	CA-26 *Northampton* (F), -30 *Houston*, -24 *Pensacola*, -25 *Salt Lake City*
	5S	CA-29 *Chicago* (F), -27 *Chester*, -28 *Louisville*, -33 *Portland*
	6S	CA-36 *Minneapolis* (F), -34 *Astoria*, -32 *New Orleans*, -35 *Indianapolis*
	7S	CA-38 *San Francisco* (F), -39 *Quincy*, -37 *Tuscaloosa*, -44 *Vincennes*
	F/AS	CA-31 *Augusta*
1939	FCB	CL-48 *Honolulu* (im Atlantik)
	FDB + FDFL2B	CL-10 *Concord*
	FDFL1B	CL-7 *Raleigh*
	2B	CL-11 *Trenton* (F), -13 *Memphis*
	3B	CL-8 *Detroit*, -6 *Cincinnati*, -5 *Milwaukee*
	8B	CL-41 *Philadelphia*, -40 *Brooklyn*, -42 *Savannah*, -43 *Nashville*
	9B	CL-48 *Honolulu* (F), -46 *Phoenix*, -47 *Boise*, -49 *St. Louis*
	FS	CA-35 *Indianapolis*
	4S	CA-26 *Northampton* (F), -30 *Houston*, -24 Pensacola, -25 *Salt Lake City*
	5S	CA-29 *Chicago* (F), -27 *Chester*, -28 *Louisville*, -33 *Portland*
	6S	CA-36 *Minneapolis* (F), -34 *Astoria*, -32 *New Orleans*, -35 *Indianapolis*
	7S	CA-38 *San Francisco* (F), -39 *Quincy*, -37 *Tuscaloosa*, -44 *Vincennes* (alle im Atlantik)
	FSUB	CL-9 *Richmond*
	AS	CA-31 *Augusta* (F), CL-12 *Marblehead*

Administrative Gliederung der Kreuzer 1939 bis 1945 (Pazifik)

Kenn-Nr.	Name	30. 6. 1939	30. 9. 1939	6. 1. 1940	1. 2. 1940	1. 7. 1940	15. 8. 1940	15. 10. 1940	26. 12. 1940	27. 1. 1941	Bemerkungen
CL-4	*Omaha*	3B	3B	3B	3B			FDES-PATFOR	FDES-PATFOR +FDFL9/PATFOR		
CL-5	*Milwaukee*	3B	3B	3B	3B	3B	3B	3B	3B		
CL-6	*Cincinnati*	3B	3B	3B	3B	3B	3B	3B	3B		
CL-7	*Raleigh*	FDFL1/B	FDFL1/B	FDFL1/B	FDFL1/B	FDFL1/B	FDFL1/B	FDFL1/B	FDB+ FDFL1/B	FDFL1/B	
CL-8	*Detroit*	FDB+ FDFL2/B	FDB+ FDFL2/B	FDB+ FDFL2/B	FDB+ FDFL2/B	FDB+ FDFL2/B	FDB+ FDFL2/B	FDB+ FDFL2/B	FDFL2/B	FDB+ FDFL2/B	
CL-9	*Richmond*	FSUB	FSUB	FSUB	FSUB	FSUB	FSUB	FSUB	FSUB/S	FSUB/S	
CL-10	*Concord*	F3B	F3B	F3B	F3B	F3B	F3B	F3B	F3B	F3B	
CL-11	*Trenton*		3B	3B			/LANT*	3B	3B	3B	* temporär
CL-12	*Marblehead*										
CL-13	*Memphis*	FAS	FAS	FAS	FAS	FAS		PATFOR	FDFL8/PATFOR		
CA-24	*Pensacola*	4S	4S	4S	4S	4S	4S	4S	4S	5S	
CA-25	*Salt Lake City*	4S	4S	4S	4S	4S	4S	4S	4S	5S	
CA-26	*Northampton I*	F4S	F4S	F4S	F4S	F4S	F4S	F5S	F5S	F5S	
CA-27	*Chester*	5S	5S	5S	5S	5S		7/PATFOR	7/PATFOR	5S	
CA-28	*Louisville*	5S	5S	5S	5S	5S		7/PATFOR	7/PATFOR	4S	
CA-29	*Chicago I*	FCS+F5S	FCS+F5S	FCS+F5S	FCS+F5S	FCS+F5S		F4S	FCS+F4S	FCS+F4S	
CA-30	*Houston I*	4S	4S	4S	4S*	4S**	4S**	4S**	**	**	* Ersatz-Flaggschiff von CINCUSFL ** designiertes Flagschiff Asiatic Fleet 11/40
CA-31	*Augusta*						4S	PATFOR	PATFOR*	*	* ab 1. 5. 1941 F PATFOR
CA-33	*Portland*	5S	5S	5S	5S	5S		5S	5S	4S	
CA-35	*Indianapolis*	FS+6S	FS+6S	FS+6S*	FS+6S	FS+6S	FS+6S	FS+4S	FS+4S	FS+4S	* CA-30 FS bis zum 4. 2. 1940
CA-32	*New Orleans*	6S	6S	6S	6S	6S	6S	6S	6S	6S	
CA-34	*Astoria I*	6S	6S	6S	6S	6S	6S	6S	6S	6S	
CA-36	*Minneapolis*	F6S	F6S	F6S	F6S	F6S	F6S	F6S	F6S	F6S	
CA-37	*Tuscaloosa*	7/LANT	7/LANT	7/LANT	7/LANT	7/LANT	7/LANT	7/PATFOR	7/PATFOR		
CA-38	*San Francisco*	F7/LANT	F7/LANT	F7/LANT	6S	6S	6S	6S	6S	6S	
CA-39	*Quincy I*	7/LANT	7/LANT	7/LANT	7/LANT	7/LANT	7/LANT	7/PATFOR	7/PATFOR		
CA-44	*Vincennes I*	7/LANT	7/LANT	7/LANT	7/LANT	7/LANT	7/LANT	7/PATFOR	7/PATFOR		
CA-45	*Wichita*	7/LANT	7/LANT	7/LANT	F7/LANT	F7/LANT	F7/LANT	F7/PATFOR	F7/PATFOR		
CL-40	*Brooklyn*	8B	8B	8B	8B	8B	8B	8B	8B	8B	
CL-41	*Philadelphia*	F8B	F8B	F8B	F8B	F8B	F8B	F8B	F8B	F8B	
CL-42	*Savannah*	8B	8B	8B	8B	8B	8B	8B	8B	8B	
CL-43	*Nashville*	8B	8B	8B	8B	8B	8B	8B	8B	8B	
CL-46	*Phoenix*	9B	9B	9B	9B	9B	9B	9B	9B	9B	
CL-47	*Boise*	9B	9B	9B	9B	9B	9B	9B	9B	9B	
CL-48	*Honolulu*	FCB+F9B	FCB+F9B	FCB+F9B	FCB+F9B	FCB+F9B	FCB+F9B	FCB+F9B	FCB+F9B	FCB+F9B	
CL-49	*St. Louis*	9B	9B	9B	9B	9B	/LANT*	9B	9B	9B	* temporär
CL-50	*Helena I*				9B	9B	/LANT*	9B	9B	9B	* temporär

Kenn-Nr.	Name	3. 4. 1941	27. 6. 1941	1. 10. 1941	23. 3. 1942	6. 5. 1942	8. 8. 1942	20. 1. 1943	31. 3. 1943	28. 4. 1943	Bemerkungen
CL-7	*Raleigh*	FDFL1B/PAC	FDFL1B/PAC	FDFL1B/PAC	FDFL1B/PAC	FDFL1/PAC	*	1/PAC	1/PAC	1/PAC	* ohne CRUDIV-Zuteilung
CL-8	*Detroit*	FDB/PAC+ FDFL2B/PAC	FDB/PAC+ FDFL2B/PAC	FDB/PAC+ FDFL2B/PAC	FDB/PAC+ FDFL2B/PAC	FD/PAC+ FDFL2B/PAC	*	1/PAC	1/PAC	1/PAC	* ohne CRUDIV-Zuteilung
CL-9	*Richmond*	FSUBS/PAC	3B/PAC	3B/PAC	3B/PAC			F1/PAC	F1/PAC	F1/PAC	
CL-10	*Concord*	F3B/PAC	F3B/PAC	F3B/PAC	F3B/PAC						
CL-11	*Trenton*	3B/PAC	3B/PAC	3B/PAC	3B/PAC						
CA-24	*Pensacola*	5S/PAC	5S/PAC	5S/PAC	5S/PAC	5/PAC	5/PAC	5/PAC	5/PAC	5/PAC	
CA-25	*Salt Lake City*	5S/PAC	5S/PAC	5S/PAC	5S/PAC	5/PAC	5/PAC	5/PAC	5/PAC	5/PAC	

Kenn-Nr.	Name	3. 4. 1941	27. 6. 1941	1. 10. 1941	23. 3. 1942	6. 5. 1942	8. 8. 1942	20. 1. 1943	31. 3. 1943	28. 4. 1943	Bemerkungen
CA-26	*Northampton I*	F5S/PAC	F5S/PAC	F5S/PAC	F5S/PAC	F5/PAC	F5/PAC				
CA-27	*Chester*	5S/PAC	5S/PAC	5S/PAC	5S/PAC	5/PAC	5/PAC	F5/PAC	F5/PAC	F5/PAC	
CA-28	*Louisville*	4S/PAC	4S/PAC	4S/PAC	4S/PAC	F4/PAC	F4/PAC	F4/PAC	F4/PAC	F4/PAC	
CA-29	*Chicago I*	F4S/PAC	F4S/PAC	F4S/PAC	FCS/PAC+ F4S/PAC			4/PAC			
CA-33	*Portland*	4S/PAC	4S/PAC	4S/PAC	4S/PAC	4/PAC	4/PAC	4/PAC	4/PAC	4/PAC	
CA-35	*Indianapolis*	FS/PAC +4S/PAC	FS/PAC +4S/PAC	FS/PAC +4S/PAC	FS/PAC +4S/PAC	FC/PAC +4/PAC	FC/PAC +4/PAC	FC/PAC +4/PAC	FC/PAC +4/PAC	FC/PAC +4/PAC	
CA-32	*New Orleans*	6S/PAC	6S/PAC	6S/PAC	6S/PAC	6/PAC	6/PAC	6/PAC	6/PAC	6/PAC	
CA-34	*Astoria I*	6S/PAC	6S/PAC	6S/PAC	6S/PAC	6/PAC	6/PAC				
CA-36	*Minneapolis*	F6S/PAC	F6S/PAC	F6S/PAC	F6S/PAC	F6/PAC	F6/PAC	F6/PAC	F6/PAC	F6/PAC	
CA-38	*San Francisco*	6S/PAC	6S/PAC	6S/PAC	6S/PAC	6/PAC	6/PAC	6/PAC	6/PAC	6/PAC	
CA-39	*Quincy I*						6/PAC				
CL-40	*Brooklyn*	8B/PAC									
CL-41	*Philadelphia*	F8B/PAC									
CL-42	*Savannah*	8B/PAC									
CL-43	*Nashville*	8B/PAC				9/PAC	9/PAC	9/PAC	9/PAC	9/PAC	
CL-46	*Phoenix*	9B/PAC	9B/PAC	9B/PAC	9B/PAC						
CL-47	*Boise*	9B/PAC	9B/PAC	9B/PAC	9B/PAC	9/PAC	9/PAC				
CL-48	*Honolulu*	FCB/PAC+ F9B/PAC	FCB/PAC+ F9B/PAC	FCB/PAC F9B/PAC	FCB/PAC+ F9B/PAC	F9/PAC	F9/PAC	F9/PAC	F9/PAC	F9/PAC	
CL-49	*St. Louis*	9B/PAC	9B/PAC	9B/PAC	9B/PAC	9/PAC	9/PAC	9/PAC	9/PAC	9/PAC	
CL-50	*Helena I*	9B/PAC	9B/PAC	9B/PAC	9B/PAC	9/PAC	9/PAC	9/PAC	9/PAC	9/PAC	
CA-44	*Vincennes I*					4/PAC	4/PAC				
CA-45	*Wichita*							6/PAC	6/PAC	6/PAC	
CL-51	*Atlanta I*						F11/PAC				
CL-52	*Juneau I*						11/PAC				
CL-53	*San Diego*						11/PAC	F11/PAC	F11/PAC	F11/PAC	
CL-54	*San Juan*						11/PAC	11/PAC	11/PAC	11/PAC	
CL-55	*Cleveland*						12/PAC	12/PAC	12/PAC	12/PAC	
CL-56	*Columbia*						12/PAC	12/PAC	12/PAC	12/PAC	
CL-57	*Montpelier*						F12/PAC	F12/PAC	F12/PAC	F12/PAC	
CL-58	*Denver*						12/PAC	12/PAC	12/PAC	12/PAC	
CL-60	*Santa Fe*								F13/PAC	F13/PAC	
CL-62	*Birmingham*								13/PAC	13/PAC	
CL-63	*Mobile*								13/PAC	13/PAC	
CA-68	*Baltimore*							F10/PAC	F10/PAC	F10/PAC	
CA-69	*Boston*							10/PAC	10/PAC	10/PAC	
CA-70	*Canberra*								10/PAC	10/PAC	
CL-95	*Oakland*								11/PAC	11/PAC	

Kenn-Nr.	Name	20. 7. 1943	15. 10. 1943	1. 1. 1944	1. 3. 1944	1. 7. 1944	1. 10. 1944	1. 2. 1945	1. 5. 1945	1. 7. 1945	Bemerkungen
CL-7	*Raleigh*	F1/PAC	1/PAC	1/PAC	1/PAC						
CL-8	*Detroit*	1/PAC	1/PAC	1/PAC	1/PAC			1/PAC	1/PAC	1/PAC	
CL-9	*Richmond*	1/PAC	F1/PAC	F1/PAC	F1/PAC	F1/PAC	F1/PAC	F1/PAC	F1/PAC	F1/PAC	
CL-10	*Concord*					1/PAC	1/PAC	1/PAC	1/PAC	1/PAC	
CL-11	*Trenton*					1/PAC	1/PAC	1/PAC	1/PAC	1/PAC	
CA-24	*Pensacola*	5/PAC	5/PAC	5/PAC	5/PAC	5/PAC	5/PAC	5/PAC	5/PAC	5/PAC	
CA-25	*Salt Lake City*	5/PAC	5/PAC	5/PAC	5/PAC	5/PAC	5/PAC	5/PAC	5/PAC	5/PAC	
CA-27	*Chester*	F5/PAC	F5/PAC	F5/PAC	F5/PAC	F5/PAC	F5/PAC	F5/PAC	F5/PAC	F5/PAC	
CA-28	*Louisville*	F4/PAC	F4/PAC	F4/PAC	F4/PAC	F4/PAC	F4/PAC	F4/PAC	F4/PAC	F4/PAC	
CA-33	*Portland*	4/PAC	4/PAC	4/PAC	4/PAC	4/PAC	4/PAC	4/PAC	4/PAC	4/PAC	
CA-35	*Indianapolis*	FC/PAC +4/PAC	FC/PAC +4/PAC	FC/PAC +4/PAC	FC/PAC +4/PAC	FC/PAC +4/PAC	FC/PAC +4/PAC	FC/PAC +4/PAC	FC/PAC +4/PAC	FC/PAC +4/PAC	
CA-32	*New Orleans*	6/PAC	6/PAC	6/PAC	6/PAC	6/PAC	6/PAC	6/PAC	6/PAC	6/PAC	
CA-36	*Minneapolis*	F6/PAC	F6/PAC	6/PAC	6/PAC	6/PAC	6/PAC	6/PAC	6/PAC	6/PAC	
CA-37	*Tuscaloosa*						4/PAC	6/PAC	6/PAC	6/PAC	
CA-38	*San Francisco*	6/PAC	6/PAC	6/PAC	6/PAC	6/PAC	6/PAC	F6/PAC	F6/PAC	F6/PAC	
CL-42	*Savannah*								9/PAC	9/PAC	
CL-43	*Nashville*	9/PAC				15/PAC	15/PAC	15/PAC	15/PAC	15/PAC	
CL-46	*Phoenix*					F15/PAC	F15/PAC	F15/PAC	F15/PAC	F15/PAC	
CL-47	*Boise*					15/PAC	15/PAC	15/PAC	15/PAC	15/PAC	

Kenn-Nr.	Name	20. 7. 1943	15. 10. 1943	1. 1. 1944	1. 3. 1944	1. 7. 1944	1. 10. 1944	1. 2. 1945	1. 5. 1945	1. 7. 1945	Bemerkungen
CL-48	*Honolulu*	F9/PAC	F9/PAC	F9/PAC	F9/PAC	F9/PAC	F9/PAC	F9/PAC	F9/PAC	F9/PAC	
CL-49	*St. Louis*	9/PAC	9/PAC	9/PAC	9/PAC	9/PAC	9/PAC	9/PAC	9/PAC	9/PAC	
CL-53	*San Diego*	F11/PAC	F11/PAC	F11/PAC	F11/PAC	F11/PAC	F11/PAC	F11/PAC	F11/PAC	F11/PAC	
CL-54	*San Juan*	11/PAC	11/PAC	11/PAC	11/PAC	11/PAC	11/PAC	11/PAC	11/PAC	11/PAC	
CL-95	*Oakland*	11/PAC	11/PAC	11/PAC	11/PAC	11/PAC	11/PAC	11/PAC	11/PAC	11/PAC	
CL-96	*Reno*	11/PAC	11/PAC	11/PAC	11/PAC	11/PAC	11/PAC	11/PAC	11/PAC	11/PAC	
CL-97	*Flint*					11/PAC	11/PAC	11/PAC	11/PAC	11/PAC	
CL-98	*Tucson*						11/PAC	11/PAC	11/PAC	11/PAC	
CA-45	*Wichita*	6/PAC	6/PAC	F6/PAC	F6/PAC	F6/PAC	F6/PAC	4/PAC	F4/PAC	4/PAC	
CL-55	*Cleveland*	12/PAC	12/PAC	12/PAC	12/PAC	12/PAC	12/PAC	12/PAC	12/PAC	12/PAC	
CL-56	*Columbia*	12/PAC	12/PAC	12/PAC	12/PAC	12/PAC	12/PAC	12/PAC	12/PAC	12/PAC	
CL-57	*Montpelier*	F12/PAC	F12/PAC	F12/PAC	F12/PAC	F12/PAC	F12/PAC	F12/PAC	F12/PAC	F12/PAC	
CL-58	*Denver*	12/PAC	12/PAC	12/PAC	12/PAC	12/PAC	12/PAC	12/PAC	12/PAC	12/PAC	
CL-60	*Santa Fe*	F13/PAC	F13/PAC	F13/PAC	F13/PAC	F13/PAC	F13/PAC	13/PAC	13/PAC	13/PAC	
CL-62	*Birmingham*	13/PAC	13/PAC	13/PAC	13/PAC	13/PAC	13/PAC	F13/PAC	F13/PAC	F13/PAC	
CL-63	*Mobile*	13/PAC	13/PAC	13/PAC	13/PAC	13/PAC	13/PAC	13/PAC	13/PAC	13/PAC	
CL-64	*Vincennes II*		F14/PAC*	F14/PAC	F14/PAC	F14/PAC	F14/PAC	F14/PAC	F14/PAC	F14/PAC	* ab 1. 11. 1943
CL-65	*Pasadena*					F17/PAC	F17/PAC	F17/PAC	F17/PAC	F17/PAC	
CL-66	*Springfield*					17/PAC	17/PAC	17/PAC	17/PAC	17/PAC	
CL-67	*Topeka*					18/PAC	F18/PAC	F18/PAC	F18/PAC	F18/PAC	
CA-68	*Baltimore*	F10/PAC	F10/PAC	F10/PAC	F10/PAC	F10/PAC	F10/PAC	F10/PAC	F10/PAC	F10/PAC	
CA-69	*Boston*	10/PAC	10/PAC	10/PAC	10/PAC	10/PAC	10/PAC	10/PAC	10/PAC	10/PAC	
CA-70	*Canberra*	10/PAC	10/PAC	10/PAC	10/PAC	10/PAC	10/PAC	10/PAC	10/PAC	10/PAC	
CA-71	*Quincy II*			10/PAC	10/PAC	10/PAC	10/PAC	10/PAC	10/PAC	10/PAC	
CA-72	*Pittsburgh*					F19/PAC	F19/PAC	F19/PAC	F19/PAC	F19/PAC	
CA-73	*St. Paul*					19/PAC	19/PAC	19/PAC	19/PAC	19/PAC	
CA-74	*Columbus*							F21/PAC	F21/PAC	F21/PAC	
CL-80	*Biloxi*		13/PAC	13/PAC	13/PAC	13/PAC	13/PAC	13/PAC	13/PAC	13/PAC	
CL-81	*Houston II*		14/PAC*	14/PAC	14/PAC	14/PAC	14/PAC	14/PAC	14/PAC	14/PAC	* ab 1. 11. 1943
CL-82	*Providence*						20/PAC	F20/PAC	F20/PAC	F20/PAC	
CL-86	*Vicksburg*					14/PAC	14/PAC	14/PAC	14/PAC	14/PAC	
CL-87	*Duluth*						18/PAC	18/PAC	18/PAC	18/PAC	
CL-89	*Miami*		14/PAC*	14/PAC	14/PAC	14/PAC	14/PAC	14/PAC	14/PAC	14/PAC	* ab 1. 11. 1943
CL-90	*Astoria II*			14/PAC	14/PAC	17/PAC	17/PAC	17/PAC	17/PAC	17/PAC	
CL-91	*Oklahoma City*						F20/PAC	20/PAC	20/PAC	20/PAC	
CL-92	*Little Rock*						20/PAC	20/PAC	20/PAC	20/PAC	
CL-101	*Amsterdam*						20/PAC	20/PAC	20/PAC	20/PAC	
CL-102	*Portsmouth*									22/PAC	
CL-93	*Galveston*									22/PAC*	* Schiff nicht in Dienst gestellt
CL-103	*Wilkes Barre*					17/PAC	17/PAC	17/PAC	17/PAC	17/PAC	
CL-104	*Atlanta II*					18/PAC	18/PAC	18/PAC	18/PAC	18/PAC	
CL-105	*Dayton*					18/PAC	18/PAC	18/PAC	18/PAC	18/PAC	
CL-106	*Fargo*									F22/PAC	
CL-107	*Huntington*									22/PAC	
CA-130	*Bremerton*					19/PAC	19/PAC	19/PAC	19/PAC	19/PAC	
CA-131	*Fall River*					19/PAC	19/PAC	19/PAC	19/PAC	19/PAC	
CA-132	*Macon*							21/PAC	21/PAC	21/PAC	
CA-135	*Los Angeles*							21/PAC	21/PAC	21/PAC	
CA-136	*Chicago II*							21/PAC	21/PAC	21/PAC	
CB-1	*Alaska*					F16/PAC	F16/PAC	F16/PAC	F16/PAC	F16/PAC	
CB-2	*Guam*					16/PAC	16/PAC	16/PAC	16/PAC	16/PAC	

Administrative Gliederung der Kreuzer 1939 bis 1945 (Atlantik)

Kenn-Nr.	Name	1. 2. 1941	1. 4. 1941	1. 7. 1941 6. 10. 1941	29. 1. 1942	26. 4. 1942	5. 8. 1942	16. 11. 1942	15. 3. 43	15. 7. 1943	Bemerkungen
CL-4	*Omaha*	FD/LANT+ FDFL8+9/ LANT	FD/LANT+ FDFL9/LANT	2/LANT	2/LANT	2/LANT	2/LANT	2/LANT	F2/LANT	F2/LANT	
CL-5	*Milwaukee*	2/LANT	2/LANT	2/LANT	2/LANT	2/LANT	2/LANT	2/LANT	2/LANT	2/LANT	
CL-6	*Cincinnati*	2/LANT	2/LANT	2/LANT	2/LANT	2/LANT	2/LANT	2/LANT	2/LANT	2/LANT	
CL-12	*Marblehead*						2/LANT	2/LANT	2/LANT	2/LANT	
CL-13	*Memphis*	F2/LANT	F2/LANT	F2/LANT	F2/LANT	F2/LANT	F2/LANT	F2/LANT	2/LANT	2/LANT	
CA-28	*Louisville*	7/LANT									
CA-31	*Augusta*	*	*	F/LANT	F/LANT +7/LANT	F/LANT +7/LANT	F/LANT+7/ LANT	F/LANT+7/ LANT	F/LANT+7/ LANT	F/LANT+7/ LANT	* Stellvertreten- des F/LANT
CA-37	*Tuscaloosa*	7/LANT	7/LANT	7/LANT	7/LANT	7/LANT	7/LANT	7/LANT	F7/LANT	F7/LANT	
CA-39	*Quincy I*	7/LANT	7/LANT	7/LANT	7/LANT	7/LANT		7/LANT			
CL-40	*Brooklyn*			8/LANT	8/LANT	8/LANT	8/LANT	8/LANT	8/LANT	8/LANT	
CL-41	*Philadelphia*		FC/LANT+ F8/LANT	FC/LANT+ F8/LANT	FC/LANT+ F8/LANT	FC/LANT+ F8/LANT	FC/LANT+ F8/LANT	FC/LANT + F8/LANT	F8/LANT		
CL-42	*Savannah*			8/LANT	8/LANT	8/LANT	8/LANT	8/LANT	8/LANT	8/LANT	
CL-43	*Nashville*			8/LANT	8/LANT						
CA-44	*Vincennes I*	7/LANT	7/LANT	7/LANT	7/LANT						
CA-45	*Wichita*	FC/LANT+ F7/LANT	FC/LANT+ F7/LANT	F7/LANT	F7/LANT	F7/LANT	F7/LANT	F7/LANT			
CL-47	*Boise*								8/LANT	8/LANT	
CL-51	*Atlanta I*			F10/LANT	F10/LANT						
CL-52	*Juneau I*			10/LANT	10/LANT	8/LANT	8/LANT				
CL-53	*San Diego*			10/LANT	10/LANT						
CL-54	*San Juan*			10/LANT	10/LANT						
CL-60	*Santa Fe*						F13/LANT	F13/LANT			
CL-62	*Birmingham*						13/LANT	13/LANT			
CL-63	*Mobile*							13/LANT			

Kenn-Nr.	Name	4. 12. 1943	6. 5. 1944	5. 8. 1944	1. 11. 1944	1. 12. 1944	5. 3. 1945	27. 12. 1945			Bemerkungen
CL-4	*Omaha*	F2/LANT	F2/LANT	F2/LANT	F2/LANT	F2/LANT	F2/LANT				
CL-5	*Milwaukee*	2/LANT	2/LANT	2/LANT							
CL 6	*Cincinnati*	2/LANT	2/LANT	2/LANT	2/LANT	2/LANT	2/LANT				
CL-12	*Marblehead*	2/LANT	2/LANT	2/LANT	2/LANT	2/LANT	2/LANT				
CL-13	*Memphis*	2/LANT	2/LANT	2/LANT	2/LANT	2/LANT	2/LANT				
CA-31	*Augusta*		7/LANT	7/LANT	7/LANT	F7/LANT					
CA-37	*Tuscaloosa*		F7/LANT	F7/LANT	F7/LANT						
CL-40	*Brooklyn*	8/LANT	8/LANT	8/LANT	8/LANT	8/LANT	8/LANT				
CL-41	*Philadelphia*	F8/LANT	F8/LANT	F8/LANT	F8/LANT	F8/LANT	F8/LANT				
CL-42	*Savannah*	8/LANT	8/LANT	8/LANT	8/LANT	8/LANT	8/LANT				
CL-81	*Houston II*							10/LANT			
CL-82	*Providence*							F10/LANT			
CL-92	*Little Rock*							10/LANT			
CL-102	*Portsmouth*							10/LANT			
CL-106	*Fargo*							F12/LANT*			* CRUDIV-Nr. fraglich
CL-107	*Huntington*							12/LANT*			* CRUDIV-Nr. fraglich
CL-145	*Roanoke*							12/LANT*			* CRUDIV-Nr. fraglich
CA-71	*Quincy II*					7LANT		12/LANT*			* CRUDIV-Nr. fraglich
CL-144	*Worcester*										

Zusammensetzung der Kreuzer-Divisionen bei Höchststand am Ende des Zweiten Weltkrieges

Pacific Fleet, Stand 1. 10. 1945

CRUDIV 1	CRUDIV 4	CRUDIV 5
CL-8 _Detroit F**_	CA-28 _Louisville F_	CA-27 _Chester F_
CL-11 _Trenton_	CA-45 _Wichita_	CA-24 _Pensacola_
		CA-25 _Salt Lake City_

CRUDIV 6	CRUDIV 9	CRUDIV 10
CA-38 _San Francisco F_	CL-49 _St. Louis_	CA-68 _Baltimore F_
CA-32 _New Orleans_		CA-69 _Boston_
CA-36 _Minneapolis_		CA-70 _Canberra_
CA-37 _Tuscaloosa_		CA-71 _Quincy_

CRUDIV 11	CRUDIV 12*	CRUDIV 13
CL-54 _San Juan F_	CL-57 _Montpelier F_	CL-60 _Santa Fe F_
CL-95 _Oakland_	CL-55 _Cleveland_	CL-63 _Mobile_
CL-96 _Reno_	CL-56 _Columbia_	CL-62 _Birmingham_
CL-97 _Flint_	CL-58 _Denver_	CL-80 _Biloxi_
CL-98 _Tucson_		
CL-119 _Juneau II_		

CRUDIV 14	CRUDIV 15	CRUDIV 16
CL-64 _Vincennes II F_	CL-43 _Nashville_	CB-1 _Alaska F_
CL-86 _Vicksburg_		DB-2 _Guam_
CL-89 _Miami_		

CRUDIV 17	CRUDIV 18	CRUDIV 19
CL-65 _Pasadena F_	CL-67 _Topeka F_	CA-73 _Saint Paul F_
CL-66 _Springfield_	CL-87 _Duluth_	CA-130 _Bremerton_
CL-90 _Astoria II_	CL-104 _Atlanta II_	CA-131 _Fall River_
CL-103 _Wilkes Barre_	CL-105 _Dayton_	

CRUDIV 20	CRUDIV 21	CRUDIV 23
CL-91 _Oklahoma City F_	CA-74 _Columbus F_	CA-75 _Helena II_
CL-101 _Amsterdam_	CA-135 _Los Angeles_	
	CA-136 _Chicago II_	

CRUDIV 22 wurde offensichtlich zu diesem Zeitpunkt etabliert, ohne daß hier die zugeteilten Schiffe genannt werden.

Atlantic Fleet, Stand 27. 12. 1945

CRUDIV 10	CRUDIV 12*
CL-82 _Providence F_	CL-106 _Fargo F_
CL-81 _Houston II_	CL-107 _Huntington_
CL-92 _Little Rock_	CL-144 _Worcester_
CL-102 _Portsmouth_	CL-145 _Roanoke_

* Widerspruch in den Unterlagen
** F = Flaggschiff

Zugehörigkeit von Kreuzern zu Task Forces, Task Groups und Task Units während wichtiger Unternehmen des Zweiten Weltkrieges

Atlantik

Datum	Unternehmen	Kampfeinheit	beteiligte Kreuzer
1. 7. 41	Island	TF 19	CL-40 *Brooklyn*, -43 *Nashville*
11/41	Geleitzug WS-124	TG14.4	CA-39 *Quincy*, -44 *Vincennes*
7/42	Geleitzug PQ-17		CA-45 *Wichita*, -37 *Tuscaloosa*
8/42	Operation »Easy-Unit«		CA-37 *Tuscaloosa*
9/41	South Atlantic Force	TF3	CL-13 *Memphis*, -6 *Cincinnati*, -4 *Omaha*, -5 *Milwaukee*,
3/43	4th Fleet		dazu CL-12 *Marblehead*
11/42	Landung in Französisch-Marocco	TF34	Flaggschiff CA-31 *Augusta*
	»Operation Torch«	TG34.1	CA-45 *Wichita*, -37 *Tuscaloosa*
		TG34.8	CL-42 *Savannah*
		TG34.9	CA-31 *Augusta*, CL-40 *Brooklyn* CL-55 *Cleveland*
		TG34.10	CL-41 *Philadelphia*
10. 7. bis 17. 8. 43	Eroberung Siziliens	TG86.1	CL-40 *Brooklyn*, -62 *Birmingham*
		TG81.5	CL-47 *Boise*, -42 *Savannah*
		TG85.3	CL-41 *Philadelphia*
9. 9. bis 13. 10. 43	Landung bei Salerno	TG81.5	CG-41 *Philadelphia*, -42 *Savannah*, -47 *Boise*, -40 *Brooklyn*
22. 1. 44	Landung bei Anzio	TG81.8	CL-40 *Brooklyn*
6. 6. 44	Landung in der Normandie	TF122	CA-31 *Augusta*
		TF125 } TF129 }	CA-37 *Tuscaloosa* -39 *Quincy*
15. 8. 44	Operation »Dragoon« (Landung in Süd-Frankreich)	TF86	CA-31 *Augusta*, CL-4 *Omaha*, -6 *Cincinnati*
		TF84	CA-71 *Quincy*
		TF85	CL-41 *Philadelphia*
		TF87	CA-37 *Tuscaloosa*, CL-40 *Brooklyn*, -12 *Marblehead*

Pazifik

Datum	Unternehmen	Kampfeinheit	beteiligte Kreuzer
7. 12. 41	in Pearl Harbor anwesend		CL-7 *Raleigh*, -8 *Detroit*, -46 *Phoenix*, -50 *Helena*, -48 *Honolulu*, CA-32 *New Orleans*, -38 *San Francisco*,
8. 12. 41	in den Philippinen	TF5	Flaggschiff CA-30 *Houston*, CL-47 *Boise*
	im Bereich Borneo		CL-12 *Marblehead*
1-2/42	»ABDA-Command« (U.S. Asiatic Fleet)	TF5	Flaggschiff CA-30 *Houston*, CL-47 *Boise*, -12 *Marblehead*
27. 2. 42	Gefecht in der Java-See		CA-30 *Houston*
28. 2. 42	Gefecht vor der Sundastraße		CA-30 *Houston* +
13. 4. 42	»Tokyo-Raid«	TF16	CA-26 *Northampton*, -25 *Salt Lake City*, -44 *Vincennes*, CL-43 *Nashville*
5/42	Schlacht im Korallenmeer	TG17.2	CA-36 *Minneapolis*, -32 *New Orleans*, -34 *Astoria*, -27 *Chester*, -33 *Portland*
		TG17.3	CA-29 *Chicago*
6/42	Seeschlacht bei Midway	TG17.2	CA-34 *Astoria*, -33 *Portland*
		TG16.2	CA-32 *New Orleans*, -36 *Minneapolis*, -44 *Vincennes*, -26 *Northampton*, -24 *Pensacola*, CL-51 *Atlanta*
5/42	Aleüten	TG8.6	CA-35 *Indianapolis*, -28 *Louisville*, CL-43 *Nashville*, -49 *St. Louis*, -48 *Honolulu*
15. 6. 42	nach Reorganisation der Träger-Kampfgruppen infolge Zugangs von 10 Schiffen aus dem Atlantik	TF11	CA-36 *Minneapolis*, -32 *New Orleans*, -34 *Astoria*
		TF16	CA-28 *Louisville*, -33 *Portland*, -27 *Chester*, CL-51 *Atlanta*
		TF17	CA-26 *Northampton*, -25 *Salt Lake City*, -24 *Pensacola*, CL-53 *San Diego*
		TF18	CA-39 *Quincy*, -44 *Vincennes*, -38 *San Francisco*, CL-54 *San Juan*

Datum	Unternehmen	Kampf-einheit	beteiligte Kreuzer
6-8/42	South Pacific Force Landungen auf Tulagi und Guadacanal; Nachtgefecht bei Savo;	TG61.1	CA-36 *Minneapolis,* -32 *New Orleans,* -33 *Portland,* CL-51 *Atlanta*
		TG62.2	CA-29 *Chicago*
		TG62.3	CA-44 *Vincennes,* + -39 *Quincy,* + -34 *Astoria* +
		TG62.4	CL-54 *San Juan*
24. 8. 42	Seeschlacht bei den Ost-Salomonen	TF11	CA-36 *Minneapolis,* -32 *New Orleans*
		TF16	CA-33 *Portland,* CL-51 *Atlanta*
		TF18	CL-54 *San Juan,* CA-38 *San Francisco,* -25 *Salt Lake City*
11.–12. 10. 42	Nachtgefecht bei Cape Esperance	TF64	CA-38 *San Francisco,* -25 *Salt Lake City,* CL-47 *Boise,* -50 *Helena*
26.–27. 10. 42	Seeschlacht bei Santa Cruz	TF17	CA-33 *Portland,* CL-54 *San Juan*
		TF17	CA-26 *Northampton,* -24 *Pensacola* CL-53 *San Diego,* -52 *Juneau*
		TF64	CA-38 *San Francisco,* CL-50 *Helena,* -51 *Atlanta*
12.–15. 11. 42	Nachtschlachten bei Guadalcanal	TG67.4	CA-38 *San Francisco,* -24 *Pensacola,* -33 *Portland,* CL-50 *Helena,* -52 *Juneau* +
		TG62.4	CL-51 *Atlanta* +
		TF16	CA-26 *Northampton,* CL-53 *San Diego*
30. 11. 42	Nachtgefecht von Tassafaronga	TG67.2	CA-36 *Minneapolis,* -32 *New Orleans,* -24 *Pensacola,* -26 *Northampton,* + CL-48 *Honolulu*
29.–30. 1. 43	Schlacht bei Rennel	TF18	CA-45 *Wichita,* -29 *Chicago,* + -28 *Louisville,* CL-57 *Montpelier,* -55 *Cleveland,* -56 *Columbia*
5.–13. 7. 43	Nachtgefechte bei Kula Gulf und Kolombangara	TG36.1	CL-48 *Honolulu,* -50 *Helena,* + -49 *St. Louis*
2. 11. 43	Seegefecht bei der Kaiserin-Augusta-Bucht	TF39	CL-57 *Montpelier,* -55 *Cleveland,* -56 *Columbia,* -58 *Denver* (CRUDIV 12)
7. 8. 43	Beschuß von Kiska (Alëuten)		CA-35 *Indianapolis,* -28 *Louisville,* CL-48 *Honolulu,* -43 *Nashville,* -49 *St. Louis*

Datum	Unternehmen	Kampf-einheit	beteiligte Kreuzer
18. 2. 43	Beschuß von Attu (Alëuten)		CL-7 *Richmond,* CA-35 *Indianapolis*
26. 3. 43	Seegefecht bei den Komandorski-Inseln		CL-7 *Richmond,* CA-25 *Salt Lake City*
4.–8. 12. 43	Angriff auf Kwajalein und Nauru	TG50.1	CA-68 *Baltimore,* -38 *San Francisco,* -32 *New Orleans,* -36 *Minneapolis,* CL-95 *Oakland*
		TG50.3	CA-33 *Portland,* CL-63 *Mobile,* -60 *Santa Fe,* -54 *San Juan,* -53 *San Diego*
11.–29. 5. 43	Operation »Landcrab« (Besetzung von Attu)	TG16.6	CL-7 *Raleigh,* -8 *Detroit,* -9 *Richmond,* -60 *Santa Fe*
		TG16.7	CA-45 *Wichita,* -38 *San Francisco,* -28 *Louisville*
10. 11. – 10. 12. 43	Operation »Galvanic« (Eroberung der Gilbert-Inseln)	TG52.2	CA-36 *Minneapolis,* -38 *San Francisco,* -32 *New Orleans,* -68 *Baltimore*
		TG53.4	CL-63 *Mobile,* -60 *Santa Fe,* CA-33 *Portland,* -35 *Indianapolis*
		TG50.3	CA-27 *Chester,* -24 *Pensacola,* -25 *Salt Lake City,*
		TG50.4	CL-95 *Oakland* CL-53 *San Diego,* -54 *San Juan*
29. 1. – 23. 2. 44	Operationen »Flintlock« und »Catchpole« (Marshall-Inseln)	TG52.8	CA-36 *Minneapolis,* -32 *New Orleans,* -38 *San Francisco*
		TG53.5	CA-28 *Louisville,* CL-63 *Mobile,* -60 *Santa Fe,* CA-35 *Indianapolis,* CL-80 *Biloxi*
		TG58.1	CL-95 *Oakland*
		TG58.2	CL-53 *San Diego*
		TG58.3	CA-45 *Wichita*
		TG58.4	CA-69 *Boston,* -68 *Baltimore,* CL-54 *San Juan*
		TG50.15	CA-27 *Chester,* -24 *Pensacola,* -25 *Salt Lake City*
17. – 18. 2. 44	Truk	TG58.1	CL-60 *Santa Fe,* -63 *Mobile,* -80 *Biloxi,* -95 *Oakland*
		TG58.2	CL-53 *San Diego,* CA-38 *San Francisco,* -45 *Wichita,* -68 *Baltimore*
		TG58.3	CA-36 *Minneapolis,* -32 *New Orleans*

Datum	Unternehmen	Kampfeinheit	beteiligte Kreuzer
22. 4. – 13. 5. 44	Hollandia	TF75	CL-46 *Phoenix*, -43 *Nashville*
6.–8. 44	Operation »Forager« (Landungen auf Saipan und Tinian)	TG52.17	CA-35 *Indianapolis*, CL-62 *Birmingham*, CA-28 *Louisville*, CL-57 *Montpelier*, -55 *Cleveland*
		TG52.10	CL-48 *Honolulu*, CA-36 *Minneapolis*, -38 *San Francisco*, -45 *Wichita*, -32 *New Orleans*, CL-49 *St. Louis*
19. 6. – 20. 6. 44	Schlacht in der Philippinensee	TG58.1	CA-69 *Boston*, -68 *Baltimore*, -70 *Canberra*, CL-54 *San Juan*, -95 *Oakland*
		TG58.2	CL-60 *Santa Fe*, -63 *Mobile*, -80 *Biloxi*
		TG58.3	CA-35 *Indianapolis*, CL-96 *Reno*, -57 *Montpelier*, -55 *Cleveland*, -62 *Birmingham*
		TG58.4	CL-53 *San Diego*, -64 *Vincennes*, -81 *Houston*, -89 *Miami*
		TG58.7	CA-45 *Wichita*, -36 Minneapolis, -32 *New Orleans*, -38 *San Francisco*
21. 7. – 10. 8. 44	Eroberung von Guam	TG53.5	CL-48 *Honolulu*, CA-36 *Minneapolis*, -38 *San Francisco*, -45 *Wichita*, -32 *New Orleans*, CL-49 *St. Louis*, CA-35 *Indianapolis*
24. – 25. 10. 44	Schlacht in der Straße von Surigao	TG77.2	CA-28 *Louisville*, -33 *Portland*, -36 *Minneapolis*, CL-58 *Denver*, -52 *Columbia*, -46 *Phoenix*, -47 *Boise*
25. – 26. 10. 44	Schlacht von Cape Engaño	TG38.2	CL-80 *Biloxi*, -64 *Vincennes*, -89 *Miami* CL-60 *Santa Fe*,
		TG38.3	-63 *Mobile*, -96 *Reno* CA-32 *New Orleans*,
		TG38.4	-45 *Wichita*
17. – 25. 10. 44	Invasion von Leyte	TG77.1	CL-43 *Nashville*
		TG78.3	CL-58 *Denver*, -56 *Columbia*
		TG79.4	CA-28 *Louisville*, -33 *Portland*, -36 *Minneapolis*, CL-48 *Honolulu*, -58 *Denver*, -56 *Columbia*
		TG77.3	CL-46 *Phoenix*, -47 *Boise*
		TG38.1	CA-45 *Wichita*, -69 *Boston*, -70 *Canberra*, CL-81 *Houston*
		TG30.2	CA-27 *Chester*, -24 *Pensacola*, -25 *Salt Lake City*
		TG38.2	CL-64 *Vincennes*, -89 *Miami*, -53 *San Diego*, -95 *Oakland*
		TG38.3	CL-60 *Santa Fe*, -63 *Mobile*, -62 *Birmingham*, -96 *Reno*
		TG38.4	CA-32 *New Orleans*, CL-80 *Biloxi*
1. 45	Invasion von Luzon	TG77.1	CL-47 *Boise*
		TG77.2	CA-36 *Minneapolis*, -28 *Louisville*, -33 *Portland*, CL-56 *Columbia*
		TG77.3	CL-46 *Phoenix*, -57 *Montpelier*, -58 *Denver*
1. 12. 44 – 23. 1. 45	Organisation der 3. Flotte	TG38.1	CA-38 *San Francisco*, -68 *Baltimore*, -69 *Boston*, CL-90 *Astoria*, -53 *San Diego*, -95 *Oakland*
		TG38.2	CL-65 *Pasadena*, -54 *San Juan*, -89 *Miami*, -103 *Wilkes Barre*
		TG38.3	CL-60 *Santa Fe*, -63 *Mobile*, -80 *Biloxi* -64 *Vincennes*, -97 *Flint*
2.–4. 45	Befreiung der Philippinen		
28. 2. 45	Palawan	TG74.2	CL-58 *Denver*, -57 *Montpelier*, -55 *Cleveland*
10. – 18. 3. 45	Zamboanga	TG74.3	CL-46 *Phoenix*, -47 *Boise*
18. 3. 45	Panay	TG74.2	CL-55 *Cleveland*
29. 3. 45	Negros		
26. 3. 45	Cebu	TG78.2	CL-46 *Phoenix*
17. – 18. 4. 45	Mindanao	TG74.2	CL-57 *Montpelier*, -58 *Denver*, -55 *Cleveland*
10. – 18. 2. 45	Trägerangriffe gegen japanische Heimatinseln	TG58.1	CL-64 *Vincennes*, -89 *Miami*, -54 *San Juan*
		TG58.2	CA-38 *San Francisco*, -69 *Boston*
		TG58.3	CB-1 *Alaska*, -35 *Indianapolis*, CL-65 *Pasadena*, -103 *Wilkes Barre*, -90 *Astoria*

Datum	Unternehmen	Kampf-einheit	beteiligte Kreuzer
		TG58.4	CL-60 *Santa Fe*, -*80 Biloxi*, -53 *San Diego*
		TG58.5	CA-68 *Baltimore*, CL-97 *Flint*
14. 3. – 30. 6. 45	Eroberung von Okinawa	5FL. TF54	CA-35 *Indianapolis* CA-37 *Tuscaloosa*, -38 *San Francisco*, -36 *Minneapolis*, CL-62 *Birmingham*, -49 *St. Louis*, CA-45 *Wichita*, -24 *Pensacola*, -33 *Portland*, CL-80 *Biloxi*, CA-25 *Salt Lake City* -32 *New Orleans*, CL-63 *Mobile*

Datum	Unternehmen	Kampf-einheit	beteiligte Kreuzer
		TG58.1	CA-68 *Baltimore*, -72 *Pittsburgh*, CL-64 *Vincennes*, -89 *Miami*, -86 *Vicksburg*, -54 *San Juan*,
		TG58.2	CL-60 *Santa Fe*
		TG58.3	CA-35 *Indianapolis*, CL-65 *Pasadena*, -66 *Springfield*, -90 *Astoria*, -103 *Wilkes Barre*
		TG58.4	CB-1 *Alaska*, -2 *Guam*, CL-49 *St. Louis*, -97 *Flint*, -95 *Oakland*, -53 *San Diego*

Ab 7. 4. 45 wurde die Zugehörigkeit der einzelnen Schiffe zu den TG geändert.

Kriegsverluste amerikanischer Kreuzer im Zweiten Weltkrieg 1941 bis 1945

Die U. S. Navy verlor während des Zweiten Weltkrieges durch Kampfhandlungen insgesamt 10 Kreuzer, hier in der Reihenfolge der aufsteigenden Kenn-Nummern aufgeführt:

CA-26	*Northampton (Northampton*-Klasse)	Torpedotreffer durch japanische Zerstörer bei Tassafaronga am 30. 11. 42
CA-29	*Chicago (Northampton*-Klasse)	Treffer durch japanische Flugzeugtorpedos bei den Salomonen am 29./30. 1. 43
CA-30	*Houston (Northampton*-Klasse)	Artillerie- und Torpedotreffer durch japanische Kriegsschiffe in der Sunda-Straße am 1. 3. 42
CA-34	*Astoria (New Orleans*-Klasse)	Artillerietreffer durch japanische Kriegsschiffe bei Savo am 9. 8. 42
CA-35	*Indianapolis (Portland*-Klasse)	Torpedotreffer durch japanisches U-Boot in der Philippinischen See am 29. 7. 45
CA-39	*Quincy (New Orleans*-Klasse)	Artillerie- und Torpedotreffer japanischer Kriegsschiffe bei Savo am 9. 8. 42
CA-44	*Vincennes (New Orleans*-Klasse)	Torpedotreffer japanischer Kriegsschiffe bei Savo am 9. 8. 42
CL-50	*Helena (Brooklyn*-Klasse)	Torpedotreffer japanischer Kriegsschiffe im Kula Gulf am 6. 7. 43
CL-51	*Atlanta (Atlanta*-Klasse)	Torpedotreffer japanischer Kriegsschiffe bei Guadalcanal am 13. 11. 42
CL-52	*Juneau (Atlanta*-Klasse)	wie *Atlanta*

Vorstehende Übersicht zeigt, daß sämtliche Totalverluste bei Kreuzer-Klassen zu beklagen waren, die vor 1942 fertiggestellt wurden. Dies mag einmal der verbesserten Qualität der neueren Kreuzer zuzuschreiben sein, von denen später viele zum Teil schwer beschädigt worden waren, jedoch noch stets gerettet werden konnten. Dieses Ergebnis ist andererseits zugleich Beweis dafür, daß die älteren Klassen zu Beginn des Pazifikkrieges der vollen Wucht der noch ungebrochenen japanischen Flotte ausgesetzt waren. – Weder während des Korea- noch während des Vietnamkrieges traten Totalverluste bei amerikanischen Kreuzern ein.

Farb- und Tarnanstriche

Auch nach Beginn der Verwendung von Radarortungsanlagen konnte man auf die visuelle Erkennung von Kriegsschiffen nicht verzichten. Auf dem Radarschirm konnte zwar die Entfernung zu einem Schiff oder zu einem Verband exakt festgestellt werden, die Schiffsart jedoch nicht. Bestenfalls gab es eine Unterscheidung zwischen großen, größeren und kleineren Schiffen. Wollte man erfahren, mit welcher Schiffsart oder gar Klasse man es zu tun hat, so mußte man visuell aufklären. Nur selten konnte dies durch Unterseeschiffe geschehen; zumeist wurden hierfür Aufklärungsflugzeuge eingesetzt, die es jedoch aus Sicherheitsgründen kaum wagen konnten, sich dem konzentrierten Fla-Feuer eines größeren Kriegsschiffes auszusetzen, möglicherweise noch bevor die Aufklärungsmeldung abgesetzt werden konnte. Bei dem Versuch einer positiven Identifikation eines Kriegsschiffes aus größerer Höhe gibt es jedoch zunehmend Schwierigkeiten. Diese Schwierigkeiten noch zu vergrößern, ist Aufgabe der Schiffstarnung. Die Tarnung insgesamt manifestiert sich als die Summe all derjenigen Maßnahmen, die

- ☐ der Erschwerung der Schätzung der Entfernung, des Kurses oder der Geschwindigkeit sowie
- ☐ der Erschwerung der Identifikation einer Schiffsklasse dienen.

Was die Erschwerung der Identifikation der Schiffsklasse betrifft, so denke man daran, daß z. B. durch einfache Verwendung von Segeltuchflächen verblüffende Veränderungen der Schiffssilhouette bewirkt werden können. Insbesondere bei Hilfskreuzern war es üblich, daß durch Verwendung von Schornsteinattrappen und zusätzlichen Aufbauattrappen die Zugehörigkeit zu einer anderen Klasse erfolgreich vorgetäuscht wurde.

Für die U. S. Navy war jedoch der Tarnanstrich das geläufige Hilfsmittel der Tarnung, sowohl im Ersten wie auch insbesondere im Zweiten Weltkrieg. Dabei wurden die Richtlinien für die Anwendung diverser Tarnschemata (»measures«) ständig modifiziert, um veränderten Umständen oder neueren Erkenntnissen Rechnung zu tragen.

In den Jahren vor dem Zweiten Weltkrieg, genau bis 1940, waren die amerikanischen Kreuzer hellgrau angestrichen. Die Farbtönung wurde als »light gray«, ab September 1937 als »light gray a« gekennzeichnet (verwendete Farbe: no. 5 »outside Navy gray«). Dieser Anstrich – in diesem Sinne noch keineswegs als Tarnanstrich aufzufassen – wurde auch als »friedensgrau« bezeichnet. Die Schiffsdecks waren – soweit aus Stahlplatten bestehend – dunkelgrau (verwendete Farbe: no. 20 »outside Deck gray«) gepönt, die Holzbeplankung blieb naturfarben. Der Wasserpaß und die Schornsteinkappen (soweit vorhanden) wurden schwarz angestrichen. Der Ordnung halber sei erwähnt, daß für andere Schiffsarten, z. B. für Unterseeschiffe, aber auch für die in Friedenszeiten nicht der Navy unterstellten Schiffe der Küstenwache (USCG), andere Farbrichtlinien galten.

Schon vor dem eigentlichen Eintritt der USA in den Zweiten Weltkrieg, d. h. im Januar 1941, wurden neue Richtlinien für die Schiffsanstriche erlassen. Es gab dabei verschiedene Tarnsysteme, die als »measures« (Schemata) bezeichnet wurden. Auf Kreuzern wurden damals folgende Schemata geführt:

Schema 1

DARK GRAY SYSTEM – Sämtliche Vertikalflächen und Stahldecks wurden dunkelgrau (»dark gray«, 5-D) angestrichen, nur die Aufbautenteile sowie Maste oberhalb der Schornsteinkappe waren hellgrau (»light gray«, 5-L). Die Holzdecks blieben auch weiterhin naturfarben.

Schema 3

LIGHT GRAY SYSTEM – Dieses Schema war dem »Friedensgrau« ähnlich, jedoch war der Farbton leicht verändert, und zwar in »light gray«, 5-L. Die Decks wurden sinngemäß wie bei Schema 1 gehalten.

Schema 5

PAINTED BOW WAVE – In Verbindung mit Schema 1 benutzt, wurde hier mit weißer Farbe (»white«, 5U) eine künstliche Bugwelle an der Bordwand aufgetragen.

Obwohl die vorstehend beschriebenen Schemata bereits im September 1941 abgeschafft und durch neue ersetzt wurden, dauerte es einige Zeit, bis alle Schiffe entsprechend den neuen Richtlinien umgepönt waren.

Schema 1 z.B. war noch bei Kriegsbeginn im Dezember 1941 sehr verbreitet. Bei kleineren Schiffen findet man es z.T. noch bis in das Jahr 1943 hinein.
Die neuen Schemata – soweit sie von Kreuzern geführt wurden – waren:

Schema 11
SEA BLUE SYSTEM – Alle Vertikalflächen waren hier seeblau (»sea blue«, 5-S), alle Decksflächen – auch die mit Holzplanken – schwarzblau (»deck blue«, 20-B).

Schema 12
GRADED SYSTEM – Hier waren alle Vertikalflächen des Schiffskörpers vom Wasserpaß (dieser wie immer in schwarz!) aufwärts bis zum Hauptdeck seeblau (»sea blue«, 5-S), die Aufbauten darüber ozeangrau (»ocean gray«, 5-O), Mastspitzen und hohe Aufbautenteile dunstgrau (»haze gray«, 5-H). Die Trennlinie zwischen seeblau und ozeangrau entsprach dem Verlauf der Hauptdeckslinie, auch wenn diese nicht gradlinig verlief, sondern geschwungen war. Die Decksbemalung entsprach der von Schema 11.

Schema 12 »splotch«
als Variante von Schema 12 hatte anstelle der klaren Trennlinien unregelmäßige Fleckmuster, auf dem Schiffskörper seeblau mit ozeangrauen Klecksen im oberen Bereich, auf den Aufbauten ozeangrau mit dunstgrauen Flecken.

Schema 12 »mottled«
Eine weitere Variante von Schema 12, die dem »splotch«-System ähnelte, jedoch gesprenkelt in Mäander-Muster.

Schema 14
OCEAN GRAY SYSTEM – Sämtliche Vertikalflächen ozeangrau (»ocean gray«, 5-O), Mastspitzen und hohe Aufbautenteile dunstgrau (»haze gray«, 5-H). Decks wie Schema 11.
Im Juni 1942 wurden die Tarnsysteme erneut geändert. Offiziell blieb nur Schema 14 bestehen, alle anderen Schemata wurden eliminiert. Es dauerte aber wiederum einige Zeit, bis alle Schiffe umgepönt werden konnten. Schema 12 »splotch« hielt sich z.B. bis Ende 1942 auf zahlreichen Schiffen. Neu eingeführt wurden damals:

Schema 16
THAYER SYSTEM – Dieses und das nächste Schema waren für die Verwendung in nördlichen Gewässern mit langen Tageslichtperioden bestimmt. Hier waren die Vertikalflächen weiß (»white«, 5-U) und hellblau (»Thayer blue«, 5-B), die Trennlinie folgte bestimmten geometerischen Figuren, deren Muster auf den beiden Schiffsseiten unterschiedlich war.

Schema 17
war ein experimentelles System zur Erprobung der später eingeführten »dazzle patterns«. Die Vertikalflächen waren hier vermutlich marineblau (»navy blue«, 5-N), ozeangrau (»ocean gray 5-O) und dunstgrau (»haze gray«, 5-H) in einem geometrischen Muster, das an Backbord und Steuerbord gleich war – eine Ausnahme, die nur diesem Schema eigen war.

Schema 21
NAVY BLUE SYSTEM – Dieses Schema wurde am häufigsten benutzt. Die Vertikalflächen waren allesamt marineblau (»navy blue«, 5-N).

Schema 22
GRADED SYSTEM – Die Vertikalflächen des Schiffskörpers von der Wasserlinie bis zu einer gedachten Linie parallel zur Wasserlinie durch den tiefsten Punkt des Hauptdecks wurden hier marineblau gepönt, alles darüber, sowohl Reste des Schiffskörpers wie auch die Aufbauten, waren ozeangrau. Zum Unterschied von Schema 12 verläuft hier die Trennlinie parallel zur Wasserlinie.
Alle vorstehend beschriebenen Schemata haben gemeinsam, daß der Wasserpaß schwarz (»dull black«, BK) war, das Deck schwarzblau (»deck blue«, 20-B) und die unteren Flächen der Überhänge weiß (»white«, 5-U).
Im März 1943 wurden wiederum neue Richtlinien erlassen und zugleich weitere Tarnanstriche eingeführt. Diesmal blieben – mit Ausnahme von Schema 17 – alle vorher in Gebrauch befindlichen Tarnsysteme bestehen, d.h. 14, 16, 21 und 22. Neu hinzu kamen jetzt die sogenannten »dazzle patterns«, die Systeme mit Verwirrmustern.
Die »dazzles« wurden aus einer Vielzahl von Farben nach genau bestimmten geometrischen Figuren zusammengesetzt. Das Schema selbst gibt dabei nur die zu verwendenden Farbtöne an. Die Aufteilung der Farben geschah nach bestimmten Farbplänen, die »designs« (Muster) genannt wurden. Diese waren mit einer Zahlen-/Buchstaben-Kombination versehen, wobei der Buchstabe die Schiffsgattung kennzeichnete, für die das Muster ursprünglich entworfen war. Dabei bedeutet »a« Flugzeugträger, »b« Schlachtschiffe, »c« Kreuzer, »d« Zerstörer usw. usw. Bemerkenswerterweise führten Kreuzer zumeist Muster, die für Zerstörer entworfen waren.
Die Schemata (»measures«) und Muster (»designs«) wurden nun beliebig miteinander kombiniert. Schema »32/10c« bedeutet also, daß Farbtöne des Schemas 32 und Farbmuster gemäß Plan 10c miteinander gepaart wurden. Bei allen »dazzle«-Schemata waren die Far-

ben entweder schwarzblau, oder die Decks wurden mit einem Muster aus schwarzblau und ozeangrau versehen.
Neu eingeführt wurden ab März 1943:

Schema 31/. . .
DARK PATTERN SYSTEM – Dieses Schema sah überwiegend dunkle Farben vor; die Verwendung auf Kreuzern konnte noch nicht nachgewiesen werden.

Schema 31a/. . .
MEDIUM PATTERN SYSTEM, LOW CONTRAST – Hier wurden mittlere Farbtöne mit geringem Kontrast benutzt. Bei Mustern mit nur zwei Farben wurden marineblau und dunstgrau verwendet. Bei Mustern mit drei Farben kam ozeangrau hinzu. Diese Farben galten stets nur für die Vertikalflächen. Die Decks wurden wie vorstehend schon beschrieben angestrichen.

Schema 32/. . .
MEDIUM PATTERN SYSTEM, HIGH CONTRAST – Bei diesem Schema verwendete man stark kontrastierende Farben. Der Gesamteindruck war »mittelhell«. Für Muster mit zwei Farben wurde hellgrau (»light gray«, 5-L) und schwarz (»dull black«, BK) gepaart, bei dreifarbigen Mustern kam noch ozeangrau hinzu.

Schema 33/. . .
LIGHT PATTERN SYSTEM – Dies war ein Schema mit helleren Farben: Bei zweifarbigen Mustern wurde ozeangrau und hellgrau, bei dreifarbigen Mustern marineblau, dunstgrau und fahlgrau (»pale gray«, 5-P) verwendet.
Der Ordnung halber soll darauf hingewiesen werden, daß z.B. bei Flugzeugträgern »dazzle pattern«-Tarnanstriche manchmal bis zu sechs verschiedene Farbabstufungen aufwiesen.
Die nächste Änderung der Tarnrichtlinien kam im März 1945. Die aus der Luft gut erkennbaren »dazzle«-Schemata (31 bis 33) wurden wegen der aufkommenden Bedrohung durch Kamikaze-Flugzeuge aufgegeben. Beibehalten wurden jedoch auch weiterhin die Schemata 14, 21 und 22, obwohl um diese Zeit kaum Kreuzer mit Schema 14 anzutreffen waren. Neu hinzukamen eine Modifikation des bekannten Schemas 12 sowie das Schema 13. Letzteres war zwar schon im September 1941 freigegeben, es kam allerdings erst bei Kriegsende zur Anwendung.

Schema 12 mod.
MODIFIED GRADED SYSTEM – Die Schiffskörper führten hier vom Wasserpaß bis zur Hauptdeckslinie entweder marineblau (»navy blue«, 5-N) oder marinegrau (»navy gray«, 5-N). Alles über der Hauptdeckslinie war ozeangrau und die Decksflächen schwarzblau. Vom Schema 22 war dieses Schema daran zu unterscheiden, daß der Verlauf der Trennlinie hier dem Hauptdecksverlauf folgte. Auch war der Kontrast zwischen den Vertikalflächen des Schiffskörpers und der Aufbauten nicht so stark wie bei Schema 22.

Schema 13
HAZE GRAY SYSTEM – Hier waren alle Vertikalflächen dunstgrau und die Decksflächen schwarzblau. Offensichtlich wirkte sich die Einführung von Schema 13 erst nach Ende des Krieges aus; davor gibt es keine Evidenz für die Verwendung auf Kreuzern. Das Schema 13 wurde denn auch das Standard-Anstrichschema bis 1953, als erneut neue Richtlinien herausgegeben wurden.
Die ab März 1953 eingeführten Systeme waren:

Schema US 17,
das dem früheren Schema 14 entspricht. Alle Vertikalflächen werden in ozeangrau (»ocean gray«, no. 17) gepönt, die Decks in dunkelgrau (»dark gray«, A/B). Soweit bekannt, wurde dieses Schema von Kreuzern nicht geführt.

Schema US 27
entspricht dem früheren Schema 13: Die Vertikalflächen sind hier dunstgrau (»haze gray«, no. 27), die Decks dunkelgrau.
Soweit bekannt, gab es für Kreuzer weder im Korea- noch im Vietnamkrieg besondere Richtlinien in bezug auf Tarnanstriche.

Auflistung der matt-blaugrauen Tarnfarben in der Reihenfolge der Schattierung von hell zu dunkel

weiß	white, 5-U
hellblau	Thayer blue, 5-B
fahlgrau	pale gray, 5-P
hellgrau	light gray, 5-L
dunstgrau	haze gray, 5-H
ozeangrau	ocean gray, 5-O
seeblau	sea blue, 5-S
marineblau	navy blue, 5-N
dunkelgrau	dark gray, 5-D
schwarzblau	deck blue, 20-B
schwarz	dull black, BK

Vorstehend sind nur diejenigen Farben aufgelistet, die auf Kreuzern Verwendung fanden. Außer diesen gab es noch zahlreiche andere Tönungen, die z.B. auf Schlachtschiffen, auf kleinen Kampfschiffen, Landungsschiffen und Hilfsschiffen zur Anwendung kamen.

Übersicht

Verwendung von Tarnmustern bei U.S.-Kreuzern im Zweiten Weltkrieg

Zahlreiche U.S.-Kreuzer führten zu Beginn und bei Ende des Zweiten Weltkrieges mehrfarbige »Dazzle«-Tarnmuster. Nur *Pensacola* (CA-24) erhielt nacheinander zwei solche Tarnmuster, alle anderen Schiffe hatten im Laufe ihrer Dienstzeit nur eines. Es ist bemerkenswert, daß die meisten Kreuzer Tarnmuster führten, die vom Ursprung her für Zerstörer bestimmt waren, wie aus der nachfolgenden Übersicht ersehen werden kann. Einige dieser Tarnmuster wurden mit unterschiedlichen Tarnschemata gepaart.

Tarnmuster	Verwendung auf den Kreuzern
11a	CL-57, 87
2c	CL-48, 49
7c	CB-2
10c	CL-101
1d	CL-7, 56, 81, 89, CB-1,
3d	CL-8, 9, 58, 64
5d	CL-46
6d	CA-28, CL-62, 80, 86
7d	CA-33, 35
9d	CA-27
10d	CA-24
13d	CA-37, 38
14d	CA-24, 25
16d	CA-68
18d	CA-70, 71, 72
22d	CL-54, 97
24d	CL-53, 65, 66, 67, 90, 96, 103, 104

Es gab noch zwei weitere »Dazzle«-Tarnmuster ohne Nummernbezeichnung. Sie wurden beide in Verbindung mit besonderen, selten geführten Tarnschemata verwendet, nämlich
mit Schema 16 (»Thayer-System«) auf CL-43,
mit Schema 17 auf CA-31.

Übersicht

Verwendung von »Dazzle«-Tarnanstrichen auf U.S.-Kreuzern (nach Klassen geordnet)

Kenn-Nr. des Kreuzers	Tarnanstrich	Kenn-Nr. des Kreuzers	Tarnanstrich
CL-7	32/1d	CL-56	33/1d
CL-8	33/3d	CL-57	32/11a
CL-9	32/3d	CL-58	33/3d
CL-11	32/2f	CL-62	33/6d
CA-24	33/10d	CL-64	33/3d
CA-24	32/14d	CL-65	32/24d
CA-25	33/14d	CL-66	33/24d
CA-27	32/9d	CL-67	33/24d
CA-28	32/6d	CL-80	32/6d
CA-31	17 dazzle	CL-81	32/1d
CA-33	33/7d	CL-86	33/6d
CA-35	32/7d	CL-87	32/11a
CA-37	33/13d	CL-89	32/1d
CA-38	33/13d	CL-90	33/24d
CL-43	16 Thayer dazzle	CL-101	31a/10c
CL-46	32/5d	CL-103	32/24d
CL-48	32/2c	CL-104	33/24d
CL-49	32/2c	CA-68	32/16d
CL-53	33/24d	CA-70	32/18d
CL-54	32/22d	CA-71	32/18d
CL-96	31a/24d	CA-72	32/18d
CL-97	33/22d	CB-1	32/1d
		CB-2	32/7c

Bezüglich der übrigen Tarnanstriche wird auf die ausführliche Übersicht am Ende des Buches verwiesen.

Bewaffnung *

Geschütze

Im Zweiten Weltkrieg gab es für die U.S.-Kreuzer vornehmlich drei Aufgaben:

- ☐ Bekämpfung feindlicher Überwasserschiffe und Geleitzüge,
- ☐ Schutz der eigenen Flottenverbände gegen feindliche Luftangriffe,
- ☐ Feuerunterstützung bei Landungsunternehmen.

Vor dem Zweiten Weltkrieg war jedoch zunächst die Hauptartillerie der wichtigste Bestandteil der Bewaffnung, während die Flugzeugabwehr erst im Laufe des Krieges voll ausgebaut wurde, als zunehmend praktisch jeder freie Raum auf den Decks und anderswo bis an die Grenzen der Schiffsstabilität genutzt wurde, um zusätzliche Maschinenflak anzubringen.

Die Hauptartillerie der Schweren Kreuzer bestand bereits seit deren Etablierung Ende der 20er Jahre aus Geschützen des Kalibers 20,3 cm, während die Leichten Kreuzer über 15,2-cm-Geschütze verfügten; deren Geschoßwirkung war zwar nicht so groß wie die der 20,3-cm-Rohre, dafür konnten sie aber eine schnellere Schußfolge aufweisen.

Lediglich die Hauptartillerie der Fla-Kreuzer der *Atlanta*- und der *Oakland*-Klasse bestand aus Doppelzweckgeschützen des Kalibers 12,7 cm.

Die Wirksamkeit der unerschrocken angreifenden japanischen Marineflugzeuge brachte sehr bald eine gänzlich neue Situation mit sich. Der Gefahr der Angriffe aus der Luft konnte man schon bald nach Kriegsbeginn nicht mehr allein durch das Sperrfeuer der 12,7-cm-Geschütze begegnen; es ergab sich die Notwendigkeit, die angreifenden Flugzeuge direkt und auf wesentlich nähere Distanz zu bekämpfen, was nur durch schnell feuernde Maschinenflak bewerkstelligt werden konnte. Wie man der nachfolgenden Übersicht entnehmen kann, gab es sowohl bei der Hauptartillerie wie auch bei der Flak eine kontinuierliche Entwicklung, die erst bei Ende des Zweiten Weltkrieges ihren Höhepunkt erreicht hatte. Verschiedene Modelle von 20,3-cm- und 15,2-cm-Geschützrohren und -türmen wurden bei jeweils neuen Klassen eingeführt, wobei es bei Kriegsende Kulminationen gab in der Form der Einführung

- ☐ der vollautomatischen 20,3-cm-Drillingstürme auf der *Des Moines*-Klasse,
- ☐ der vollautomatischen 15,2-cm-Zwillingstürme auf der *Worcester*-Klasse,
- ☐ der vollautomatischen 12,7-cm-Einzeltürme L/54 Mk 42
- ☐ sowie der vollautomatischen Doppeltürme 7,6 cm L/70 Mk 23,

wobei die beiden letzten dann aber vornehmlich die Waffe der Flugzeugträger und der Zerstörer wurden.

Dramatisch war auch die Entwicklung der Fla Maschinenwaffen. Die Wirksamkeit der aus der Zeit vor dem Zweiten Weltkrieg stammenden 12,7-mm-Fla-Maschinengewehre war gering. Diese Waffe verschwand von den Kreuzern kurz nach Kriegsbeginn. Die etwa bei Kriegsbeginn eingeführte wassergekühlte 28-mm-Vierlingsflak Mk 2 hatte auf den ersten Blick eine imposante Schußweite. Ihre Wirksamkeit lag jedoch weit unter den gestellten Erwartungen, auch was die Bedienung und die Instandsetzungsfähigkeit betraf. Im Weiterverlauf des Krieges findet man dann noch häufig die von den Kreuzern ab 1942 entfernten 28-mm-Vierlinge auf Zerstörern und Geleitschiffen. Fast gleichzeitig mit der 28-mm-Flak wurden die ersten 20-mm-Oerlikons eingesetzt, deren Anzahl auf allen Schiffsarten bis zum Ende des Krieges enorm gesteigert wurde.

Den wohl entscheidenden Einfluß auf die Wirksamkeit der amerikanischen Schiffsflak hatte ab 1942/43 der Zugang der 40-mm-Bofors-Flak, die – auch auf Kreuzern – in Zwillings- und Vierlingslafetten eingesetzt

* Weitere ausführliche Informationen und technische Angaben zum Thema »Bewaffnung« findet der Leser in dem 1983 bei Conway in London erschienenen Spezialbuch »U. S. Naval Weapons« von Norman Friedman.

wurde. Es ist kaum zu fassen, in welch großer Stückzahl die amerikanische Waffenindustrie imstande gewesen ist, diese Waffen auszustoßen, die praktisch auf allen Überwasserschiffen eingesetzt wurden. Die 20-mm- und die 40-mm-Flak trugen bis zum letzten Kriegstage die größte Last des Nahkampfes gegen die angreifenden japanischen Kamikaze-Flieger.

Aber gerade während der beiden letzten Kriegsjahre stellte sich die bittere Erkenntnis ein, daß auch die 40-mm-Bofors – geschweige denn die 20-mm-Oerlikon – nicht imstande waren, entscheidende Erfolge gegen die ohne Rücksicht auf das eigene Leben angreifenden japanischen Piloten zu erzielen. Sehr oft konnten diese Maschinen, die vollgespickt waren mit Einschüssen, dennoch nicht zum Absturz gebracht werden, bevor sie sich auf ein Schiff stürzten. Zahlreiche U.S.-Schiffe wurden 1944 und 1945 durch Kamikaze zum Teil schwer beschädigt oder gar versenkt.

Aus der Erkenntnis heraus, daß solche Flugzeuge bereits in größerer Entfernung zum Abschuß gebracht werden mußten, bevor sie ein Schiff gefährden konnten, begann man noch während des Krieges, die halbautomatische 7,6-cm-Flak L/50 Mk 22 zu entwickeln, die vor allem Geschosse mit Annäherungszünder verschießen sollte. Diese Entwicklung wurde aber erst nach Kriegsende abgeschlossen, und der Einsatz – auch auf den damals aktiven Kreuzern – begann erst zu Beginn der 50er Jahre, dies also kurz bevor die Rohrbewaffnung bereits Schritt für Schritt durch radargesteuerte Flugkörper ersetzt wurde.

Nicht unerwähnt darf die Tatsache bleiben, daß die Zielgenauigkeit aller Rohrwaffen durch generelle, jedoch abgestufte Einführung von Schießmethoden mit Hilfe von Radar ab etwa 1942 gesteigert wurde. Dies galt allerdings zunächst vor allem für die Hauptartillerie und die schwere 12,7-cm-Flak. Bei der letzteren gab es – aus Gewichts- und anderen Gründen – zunächst zu wenig FLG, um alle Geschütze radargesteuert schießen zu lassen, ein Problem, das bis zum Kriegsende nicht zur vollen Zufriedenheit gelöst werden konnte. Ähnlich war es mit der 40-mm-Bofors-Flak, wo erst die Einführung der FLG Mk 51 Mod. 3 bzw. Mk 63 die Chance zur Durchführung des Blindfeuers bot.

In der nachfolgenden Übersicht findet man die wichtigsten Typen von Geschützen, die auf U.S.-Kreuzern zum Einsatz gekommen sind, wobei hier wiederum die Kreuzer, die erst 1975 solche geworden sind, nicht berücksichtigt sind. Von den vor 1962 fertiggestellten Kreuzern verfügt lediglich *Long Beach* (CGN-9) seit 1982 über zwei der neuen 20-mm-Nahabwehrgeschützanlagen CIWS Mk 15 Phalanx.

Übersicht

Geschütze auf Kreuzern der U.S. Navy

Kaliber in inch	Kaliber in cm	Bezeichnung	Schußweite Schußhöhe m	Bemerkungen
12	30,5 L/50	Mk 8	33650	Drillingstürme auf *Alaska*-Klasse
8	20,3 L/55	Mk 9	25600	Zwillings- und Drillingstürme (»mounts«) auf *Pensacola*-Klasse
8	20,3 L/55	Mk 14	29000	Drillingstürme auf *Northampton*- und *Portland*-Klasse
8	20,3 L/55	Mk 12	27800	Drillingstürme auf *Wichita*- und *New Orleans*-Klasse
8	20,3 L/55	Mk 15	27800	Drillingstürme auf *Baltimore*- und *Oregon City*-Klasse
8	20,3 L/55	Mk 16	27800	Drillingstürme auf *Des Moines*-Klasse
6	15,2 L/53	Mk 18	24000	Einzellafetten und Zwillingstürme (»mounts«) auf *Omaha*-Klasse
6	15,2 L/47	Mk 16	23800	Drillingstürme auf *Brooklyn*-, *Cleveland*-, *Fargo*- und Doppeltürme auf *Worcester*-Klasse
5	12,7 L//25	Mk 13	13200	Einzellafetten auf Vorkriegs-Kreuzern
5	12,7 L/38	Mk 12	16000 9800	Doppeltürme (»mounts«) auf *St. Louis*, *Helena* und den Kriegsbauten
3	7,6 L/50	Mk 22	13300 8900	auf diversen aktiven CA und CL nach dem Zweiten Weltkrieg
3	7,6 L/70	Mk 23	17800	auf CLK-(DL-)1 *Norfolk*
	40 mm	Mk 2	10000 6900	Vierlingslafetten, auf den meisten Kreuzern ab 1942
	40 mm	Mk 1	10000 6900	Zwillingslafetten, auf zahlreichen Kreuzern ab 1942
	28 mm	Mk 2	6700 5800	Vierlingslafetten, auf zahlreichen älteren Kreuzern bis 1942
	20 mm	Mk 2, Mk 4	4400 3000	Einzel- bzw. Zwillingslafetten, auf allen U.S.-Kreuzern ab 1942

Lenkwaffen

Gegenwärtig, d.h. etwa Mitte der 80er Jahre, stehen sämtliche amerikanischen Kreuzerklassen in engster Verbindung mit Lenkwaffen, ja sie sind, neben den Zerstörern, die eigentlichen Lenkwaffenträger der U.S. Navy. Dabei kommt ab Ende der 70er Jahre den Schiff/Schiff-Lenkwaffen eine zunehmende Bedeutung zu, nachdem die Schiff/Luft-Lenkwaffen in den letzten drei Jahrzehnten eine stetige Entwicklung hinter sich gebracht haben, und die dazugehörige Elektronik ebenfalls.

Die raummäßige Beschränkung dieses Buches auf Kreuzerklassen bis 1962 ermöglicht und gestattet nur einen kurzen Abriß bezüglich der Relation Schiff/Lenkwaffen. Hierbei ist zu unterscheiden zwischen

- ☐ Schiff/Land-Lenkwaffen (ICBM),
- ☐ Schiff/Luft-Lenkwaffen (SAM) und
- ☐ Schiff/Schiff-Lenkwaffen (SSM).

Nach Jahren der relativen Vernachlässigung spielen gegenwärtig die SSM-Systeme Harpoon und Tomahawk eine besonders wichtige Rolle bei der Flotte, und wiederum sind – neben den reaktivierten alten Schlachtschiffen – die Kreuzer ihre Hauptträger.

Zu Beginn der Lenkwaffen-Ära jedoch gab es nur einen ernsthaften, d.h. realisierten Versuch, Schiffe auf große Distanz durch Marschflugkörper zu bekämpfen. Dies geschah im Rahmen des Regulus-Programms in den 50er Jahren. Der dabei eingesetzte Flugkörper war zunächst Regulus I mit ca. 500 Meilen Reichweite und einem Gewicht von 4,7 t. Er flog gerade noch im Unterschallbereich und wurde ab 1953 auf Unterseeschiffen eingesetzt. Ab 1957 erfolgte der Einsatz auf den vier Schweren Kreuzern der *Baltimore*-Klasse, nämlich auf *Helena* (CA-75), *Los Angeles* (CA-135), *Macon* (CA-132) und *Toledo* (CA-133). Hierbei war ein nennenswerter Umbau der Schiffe nicht vonnöten. Auf dem Achterschiff wurde an der Backbordseite eine über die Bordkante hinausreichende Plattform angebracht, von der aus ohne einen besonderen Starter der FK gestartet wurde. Im vormaligen Flugzeughangar konnten bis zu drei Regulus I-FK untergebracht werden. Zur Lenkung der FK wurden verbesserte Radarantennen des Typs SP benutzt, die dabei die Bezeichnung SPQ-2 erhielten. Lediglich zur Ergänzung: auch zehn der damals aktiven Flugzeugträger wurden für den Betrieb der Regulus I eingerichtet. Insgesamt war dieses System an Bord nicht beliebt; auf den Kreuzern vor allem deswegen, weil die Erfordernisse beim FK-Betrieb doch gelegentlich mit den Erfordernissen der Operationen als Flaggschiff kollidierten. Das Nachfolgesystem Regulus II mit ca. 1000 Meilen Reichweite kam nicht zum Zuge und wurde 1958 definitiv suspendiert. Davor bestanden jedoch Planungen,

- ☐ CGN-9 *Long Beach,*
- ☐ die drei CG der *Albany*-Klasse sowie
- ☐ DL-1 *Norfolk*

mit Regulus II auszustatten. Das Regulus-Programm wurde angesichts der Entscheidung für die Einführung des Polaris-Systems (interkontinentale ballistische FK) suspendiert, obwohl die Zielsetzung der beiden FK-Arten hier grundverschieden war. Das Polaris-System wurde letztlich Domäne der Unterwasserschiffe. Man erinnert sich jedoch daran, daß seinerzeit geplant war, Frachtschiffe mit Polaris-Startrohren auszustatten und sie mit multinationalen Besatzungen diverser NATO-Nationen operieren zu lassen. Außerdem gab es eine Zeitlang die Absicht, die drei CG der *Albany*-Klasse mit acht Startrohren für Polaris im Mittelschiff zu versehen, nachdem der für Regulus II reservierte Raum verwaist war. Dann aber entschied man sich definitiv nur für Unterseeschiffe (SSBN) als Träger der ICBM; auf den *Albanys* wurde letztlich ASROC aufgestellt, ebenso auch auf *Long Beach.*

Neben den Versuchsschiffen *Mississippi* (AG-128), *Norton Sound* (AVM-1) und *Gyatt* (DDG-1, ex DD-712) waren es die Kreuzer, die zunächst als erste mit den in den 50er Jahren eingeführten SAM-Anlagen Talos, Terrier und Tartar ausgestattet wurden. Dies geschah zunächst einmal

- ☐ durch den Teilumbau von acht vorhandenen Schweren und Leichten Kreuzern der danach entstandenen Klassen *Boston, Galveston* und *Little Rock,*
- ☐ durch die Totalumbauten der Schweren Kreuzer *Albany, Chicago* und *Columbus,*
- ☐ durch den Neubau von *Long Beach,*

dann aber, mit zeitlicher Versetzung

- ☐ durch die Neubauten der *Farragut*-Klasse (DLG-6) sowie der *Charles F. Adams*-Klasse (DDG-2)
- ☐ sowie aller nachfolgenden DLG/DLGN-Klassen, die ab Mitte 1975 alle zu Kreuzern »befördert« wurden.

In der Weiterentwicklung ersetzte dann der Standard-Flugkörper die »3 Ts« mit den Versionen

- ☐ Standard Medium Range anstelle der Tartar,
- ☐ Standard Extended Range anstelle der Terrier,
- ☐ während Talos – zumindest vom Gewicht her – ohne direkten Nachfolger blieb.

Erst vor relativ kurzer Zeit wurden auch in der Fachpresse Informationen freigegeben, wonach es seinerzeit zahlreiche Erwägungen hinsichtlich Umbaumöglichkeiten vorhandener Schiffe gab. Sie alle betrafen zu jener Zeit vorhandene Kreuzerklassen, d.h. es wurden für einen Umbau zu Lenkwaffenschiffen bereits Einheiten der Klassen *Cleveland, Worcester, Baltimore, Oregon City* und *Des Moines* selektiert, die mit verschiedenen Kombinationen von Talos, Terrier und Tartar ausgestattet werden sollten. Letztlich wurden nur die elf oben erwähnten Umbauten und der Neubau *Long Beach* der Flotte zugeführt, während weitere Umbauten zugunsten von Neuentwicklungen zurückgestellt wurden. Auch die sehr hohen Kosten mögen weitere Umbauten verhindert haben.

Übersicht

Flugkörper auf Kreuzern der U.S. Navy

letzte Bezeichnung	FK-Typ	Länge m	Reichweite Meilen	Gewicht kg
RIM-2	Terrier BW-O	4,5	10	1362
RIM-2	Terrier BT-3	4,1	20	1362
RIM-8	Talos	10,1	50	3175
RIM-24A	Tartar	4,6	7,5	590
RIM-24B	Tartar (impr.)	4,7	17,5	595
RIM-66	Standard SM-2(MR)	4,3	40	636
RIM-67	Standard SM-2(ER)	7,9	75	1316
RGM-6	Regulus I	10,2	500	4680
RGM-84	Harpoon	4,6	75	694
RGM-15	Tomahawk	6,2	300/500/2000	1452
RUR-5	ASROC	4,6	6	450

U-Jagd-Waffen

Im Zweiten Weltkrieg war die Jagd auf gegnerische Unterseeschiffe nicht Angelegenheit der Kreuzer. Dies galt auch für die in den 60er/70er Jahren operierenden Lenkwaffenkreuzer der *Boston,- Galveston-* und *Little Rock*-Klasse, die selbst vor U-Schiffen geschützt werden mußten. Anders war dies bei den Lenkwaffenkreuzern der *Albany*-Klasse und bei *Long Beach,* die als Mehrzweckschiffe im Verband mit Flugzeugträgern fuhren. Bedingt durch ihre Größe konnten sie mit einer kompletten U-Jagd-Waffenanlage ausgestattet werden. Diese bestand jeweils aus

- ☐ einer Rumpfsonaranlage SQS-23,
- ☐ einer entsprechenden Waffenleitanlage,
- ☐ einem Achtfachwerfer ASROC mit U-Jagd-Raketentorpedos bzw. einer nuklearen Wasserbombe und
- ☐ zwei Drillingssätzen von U-Jagd-Torpedorohren Mk 32 für kurze Torpedos Mk 44 bzw. später Mk 46.

Dies ist das Potential, mit dem moderne Kreuzer der U.S. Navy im großen und ganzen auch heute noch fahren.

Außer den *Albanys* und der *Long Beach* war es natürlich die als U-Jagd-Kreuzer entworfene *Norfolk* (CLK-1, später DL-1), die seinerzeit über ein Sortiment von damals eingeführten U-Jagdwaffen verfügte, nämlich über

- ☐ vier U-Abwehr-Raketenwerfer Mk 108 »Weapon Alfa«,
- ☐ acht Torpedorohre Mk 24 für drahtgesteuerte lange Torpedos,
- ☐ eine der damaligen Sonaranlagen und später eben auch
- ☐ einen ASROC-Werfer und
- ☐ 6 UTR Mk 32, unter Stillegung der Mk 24-Rohre.

Elektronische Anlagen

Einleitung

Bis zum Eintritt der USA in den Zweiten Weltkrieg gab es – bis auf wenige Versuche – nur wenige elektronische Anlagen auf Kreuzern der U. S. Navy. Die Kreuzer selbst waren ja diejenigen Schiffe, die für das Gros der Flotte – die Schlachtschiffe – Aufklärung betreiben sollten, wobei sie den gegnerischen Verband buchstäblich visuell ausmachen und sich danach mit Hilfe der höheren Geschwindigkeit unter den Feuerschutz der eigenen Schlachtflotte begeben sollten. Nachdem auf Schlachtschiffen und Kreuzern Aufklärungsflugzeuge eingesetzt wurden, wurde die Reichweite der Aufklärung bis weit über den Horizont hinaus vergrößert.

Ähnlich war dies auch bei der Geschützfeuerleitung. Ein wirksames Schießen war von der Qualität der damals ausschließlich optischen Geräte und von der Tüchtigkeit und Erfahrung der Geschützbesatzungen abhängig. Aber alles spielte sich bis zur Sichtgrenze am Horizont ab. Gezieltes Feuer über den Horizont hinweg wurde ebenfalls erst möglich, als Bordflugzeuge zur Beobachtung des Schießerfolges eingesetzt werden konnten.

Die Möglichkeiten, die sich durch den Einsatz von elektronischen Ortungsanlagen zu Beginn der 40er Jahre ergaben, revolutionierten sowohl die Aufklärung wie auch die Geschützfeuerleitung. Diese beiden Bereiche waren es denn auch, die den nachfolgenden »Krieg im Dunkeln« möglich machten, wobei sich einzelne Schiffe auf große Entfernungen bekämpften, ohne sich überhaupt zu sehen. Die permanente Weiterentwicklung der Schiffselektronik, nicht zuletzt in Verbindung mit der Verwendung von weitreichenden Flugkörpern, machten es möglich, daß gegenwärtig die Kampfentfernungen noch viel größer sind als vor 35 Jahren, geschweige denn zur Zeit des Zweiten Weltkrieges.

Der Gesamtkomplex der Schiffselektronik ist zwischenzeitlich so komplex geworden, daß hierüber allein schon ganze Bücher geschrieben werden könnten. In der Tat wurde dies auch schon ausgiebig getan, zumindest, was die technische Wirkungsweise betrifft. Was indessen die U. S. Navy betrifft, so war man im Hinblick auf die diversen Feuerleit- und Ortungsgeräte lange Zeit hindurch nur auf eigene Beobachtungen und Einzelinformationen angewiesen. Erst das 1981 publizierte Buch »Naval Radar« von Norman Friedman brachte Licht in das Dunkel der Annahmen und Vermutungen. In Zusammenwirkung mit den bereits bekannten Fakten über die Elektronik der letzten 20 Jahre war dieses Buch vor allem dort vom großen Nutzen, wo es darum ging, die Menge an elektronischen Geräten zu identifizieren, die während des Zweiten Weltkrieges und gute 20 Jahre danach auf Kriegsschiffen oft rasch hintereinander eingeführt und wieder durch neuere ersetzt worden waren. Mitunter waren diese Geräte recht klein, mitunter hatten sie jedoch besondere Formen und erreichten Abmessungen, die sie für den Betrachter durchaus identifizierbar machten.

Aufgabe dieses Abschnitts ist, dem Leser die wichtigsten dieser elektronischen Geräte vorzuführen und auch das Mindestnotwendige über deren Aufgaben, Leistung, Reichweite und Verwendung auszusagen. Das vorstehend erwähnte Buch »Naval Radar« ist so spät erschienen, daß dessen Ergebnisse für meine Bücher

- ☐ Flugzeugträger der U.S. Navy, Band I + II (1978/79),
- ☐ Seemacht USA (1981)

nicht mehr zur Auswertung herangezogen werden konnten. Der Vollständigkeit wegen und aus der Forderung der erwünschten Kontinuität heraus, die bei allen meinen Büchern angestrebt wird, erstreckt sich die Vorstellung der elektronischen Anlagen – vor allem ihrer nur außen sichtbaren Anlagen – auch auf Kreuzer, die am 1. Juli 1975 durch Reklassifizierung zu solchen wurden. Viele dieser Geräte findet man auch auf U. S.-Schlachtschiffen und Flugzeugträgern. So gesehen, bilden die nachfolgenden Ausführungen eine Ergänzung zu den relativ kurzen Elektronik-Abschnitten der früheren Bücher und sind die bisher umfangreichste Darstellung der amerikanischen Schiffselektronik in einem deutschsprachigen Werk. In den nachfolgenden Bildunterschriften wird auf die einzelnen elektronischen Anlagen eingegangen.

Getrennt werden hierbei erfaßt:

- ☐ Geschütz- und Lenkwaffen-Feuerleitanlagen,
- ☐ Feuerleitradar für Geschütze,
- ☐ Feuerleitradar für Lenkwaffen,
- ☐ Ortungsradaranlagen,
- ☐ sonstige wichtigere elektronische Anlagen.

Geschütz- und Lenkwaffen-Feuerleitanlagen

Vor der Einführung der elektronischen Feuerleitung durch Radar gab es auf großen Schiffen nur optische Basis- und Rechengeräte, die sehr oft in einige oder auch in alle schweren Geschütztürme integriert waren. Dies waren recht präzise Geräte, mit deren Hilfe im Rahmen der vorhandenen Reichweite ausgezeichnete Schießerfolge erzielt wurden. Die ab etwa 1942 eingeführten Radargeräte wurden nicht allein zur eigentlichen Schiffs- bzw. Flugzeugortung eingesetzt; ein Teil von ihnen wurde unmittelbar bei der Feuerleitung verwendet, womit erstmalig auch über den Horizont hinweg, und dies auch zur Nachtzeit, relativ genau geschossen werden konnte. Die nunmehr nacheinander in mehreren Modellen entwickelten Radarantennen wurden zunächst für sich allein installiert (z. B. FL-Radar Mk3/FC), dann aber entweder den vorhandenen FL-Geräten vorgesetzt (z. B. Mk 4/FD) oder auf dieselben aufgesetzt (z. B. Mk 12/22).

Es ist bemerkenswert, daß es auf Schlachtschiffen der U.S. Navy erst seit dem Zugang der *North Carolina*-Klasse (BB-55) sehr große, getrennt aufgestellte Entfernungsmeßgeräte gegeben hat. Bei den älteren Schlachtschiffen – und auch Kreuzern – befanden sich die Beobachter im Großtopp des vorderen und achteren Mastes, ansonsten gab es nur mittlere Basisgeräte, die

- ☐ entweder in die Geschütztürme integriert
- ☐ oder auf die Turmdecken aufgesetzt waren
- ☐ oder aber einzeln oder paarweise auf Mastkonsolen ruhten.

Im Verlaufe der Weiterentwicklung kamen ab Beginn des Zweiten Weltkrieges und in der Zeit danach immer mehr Feuerleitgeräte hinzu, die mit elektronischen Geräten gekoppelt waren. Es folgt hier die Übersicht über die wichtigsten auf Schlachtschiffen und auf Kreuzern eingesetzten FL-Geräte. Hierbei wird nachdrücklich auch auf die Aussagen in den Bildunterschriften verwiesen.

Feuerleitgeräte für die Hauptartillerie

FLG Mk 6 Mod. 8
war das FLG für die 15,2-cm-Artillerie der *Omaha*-Klasse, die außerdem z. T. über
FLG Mk 8 und Mk 16
verfügte. Eine positive Identifikation ist hier kaum möglich.

FLG Mk 18
war das erste FLG für die 20,3-cm-Artillerie der *Pensacola*-Klasse und befand sich im Großtopp der beiden Schiffe. Später durch Mk 35 ersetzt.

FLG Mk 24
war für die Feuerleitung der Hauptartillerie auf Schiffen der *Northampton*-Klasse zuständig. Wurde später durch Mk 31 ersetzt.

FLG Mk 27
war für die 20,3-cm-Artillerie der *Portland*-Klasse zuständig; es wurde im Laufe des Krieges durch Mk 34 ersetzt. Während des Krieges Paarung mit FLR Mk3.

FLG Mk 31
Ersatz für Mk 24 auf *Northampton*-Klasse, außerdem auf *New Orleans*-Klasse. Im Kriege Paarung mit FLR Mk3.

FLG Mk 34
wurde ab *Brooklyn*-Klasse eingeführt. Es war zuständig für die 15,2-cm-Artillerie für alle Leichten Kreuzer außer *Omaha-/Atlanta-/Oakland-/Roanoke*-Klasse, für die 20,3-cm-Artillerie der Klassen *Wichita, Baltimore* und *Oregon City*. Im Laufe des Krieges wurden durch Mk 34 auf anderen Kreuzern ältere Geräte ersetzt. Mk 34 war auch auf den Schlachtschiff-Totalumbauten *California, Tennessee* und *West Virginia* für die Hauptartillerie 35,6 cm und 40,6 cm zuständig. Im Laufe des ersten Kriegsjahres wurde Mk 34 mit FL-Radar gekoppelt, zunächst mit Mk 1 (auf *Wichita),* mit Mk 3 (sehr selten), mit Mk 8, Mk 8 Mod. 3 und Mk 13, wobei die beiden letztgenannten Radarantennen gleiches Aussehen hatten und somit voneinander nicht unterschieden werden konnten.

FLG Mk 35
ersetzte auf *Pensacola*-Klasse FLG Mk 18 und war zunächst auch für *New Orleans*-Klasse vorgesehen.

FLG Mk 38
ist ein großes Basis-E-Meßgerät für die Hauptartillerie auf Schlachtschiffen der *North Carolina-, South Dakota-* und *Iowa*-Klasse und auf den CB der *Alaska*-Klasse; es befindet sich stets in zwei Exemplaren an Bord, auf dem vorderen Gefechtsturm sowie auf den achteren Aufbauten. Im Laufe des Krieges kam zunächst – in getrennter Aufstellung – FLR Mk 3 hinzu. Später wurden FLR Mk 8 bzw. Mk 13 direkt auf Mk 38 draufgesetzt. Unabhängig davon wurde danach bei manchen Schlachtschiffen (etwa bei Kriegsende) das kleine FL-Radar Mk 27 auf die Decke der Zitadelle gesetzt, wo einst Mk 3 aufgestellt war. Die ab 1982 reaktivierten Schlachtschiffe der *Iowa*-Klasse führen immer noch die Kombination Mk 38/Mk 13.

Mk 54
stand nur in Verbindung mit der 20,3-cm-Artillerie auf den drei Einheiten der *Des Moines*-Klasse. Besonders gut zu erkennen ist dieses FLG an dem langen, nach oben konisch zulaufenden Unterbau. Das dazugehörige Radar war Mk 13. Lange Zeit hindurch wurde dieses Gerät als Mk 39 angesprochen.

Feuerleitgeräte für die Flak-Artillerie

FLG Mk 19
Eingeführt 1927; zuständig für die 12,7-cm-Geschütze L/25 auf *Pensacola*-Klasse (dort erst 1943 ersetzt durch Mk 33), *Northampton*-Klasse und *Portland*-Klasse (hier seitlich der Brücke angebracht und ebenfalls durch Mk 33 ersetzt).

FLG Mk 28
Übergangsmodell zu Mk 33. Eingeführt auf den ersten fünf Einheiten der *New Orleans*-Klasse für die 12,7-cm-Flak L/25. Später durch Mk 33 ersetzt.

FLG Mk 33
war ein weit verbreitetes Fla-FLG für die 12,7-cm-Flak auf älteren Flugzeugträgern, Kreuzern und Zerstörern. Es war eine Parallelentwicklung zu Mk 28, hat sich aber besser durchsetzen können. Dieses Gerät fand bis zum Ende des Zweiten Weltkrieges überall dort Verwendung, wo die Voraussetzung für den Einbau des schwereren FLG Mk 37 nicht gegeben war. Es gab zwei Formen von Mk 33; eine war oben offen, die andere geschlossen. In beiden Formen war der Rechner im Gerät selbst untergebracht. Von der Form war u.a. auch abhängig, ob das früh im Kriege dazugekommene FL-Radar Mk 4 vor die Vorderfront vorgehängt oder auf das Dach des Gerätes montiert wurde. Die bei Kriegsende teilweise benutzte FL-Radarantenne Mk 28 befand sich stets an der Vorderfront. Die FL-Radarkombination Mk 12/22 war jedoch zu gewichtig, um auf Mk 33 draufgesetzt zu werden.

FLG Mk 37
wurde etwa 1939 eingeführt und vorerst hauptsächlich auf Zerstörern zur Lenkung der 12,7-cm-Flak L/38 eingesetzt. Es gab im Laufe der fast 40jährigen Benutzung zahlreiche, jeweils modifizierte und verbesserte Modelle, die erst zu Beginn der 80er Jahre mit der Aussonderung der letzten FRAM-I-Zerstörer aus der Flotte verschwanden. Im Laufe des Krieges fand Mk 37 auf allen Schiffsarten – bis zu den Hilfsschiffen – Einzug. Der dazugehörige Rechner befand sich hier im Gegensatz zu Mk 33 nicht im Gerät selbst, sondern im Schiffsinneren. Mk 37 war das erste Gerät, das im Hinblick auf die Verwendung von FL-Radar konzipiert wurde. Dieses Gerät wurde nacheinander gepaart mit FL-Radar Mk 4/FD, Mk 12/22 und Mk 25, jedoch nur ganz selten mit Mk 28. Eine Sonderversion von Mk 37 befand sich, zugleich mit FL-Radar Mk 25 Mod. 7, an Bord des Waffenversuchsschiffes *Mississippi* (AG-128) und des Lenkwaffenkreuzers *Boston* (CAG-1) als Vorgänger der SPQ-5.

FLG Mk 44
war ein kleines, unkompliziertes Sichtgerät für die noch anfangs des Krieges eingesetzte 28-mm-Vierlingsflak. Mit einem solchen Gerät konnten mehrere nahe beieinander stehende Geräte kontrolliert werden.

FLG Mk 50
war ebenfalls ein kaum wahrnehmbares Sichtgerät für die 7,6-cm-Flak auf der *Omaha*-Klasse.

FLG Mk 51
wurde ab 1942 eingesetzt; es beinhaltete das bereits bewährte Sichtgerät Mk 14 (dieses für sich wiederum war mit der 20-mm-Flak gekoppelt!). Mk 51 war für die 40-mm-Flak zuständig. Auf Schiffen, die zu leicht waren, um Mk 37 aufzunehmen, konnte man Mk 51 auch zur Leitung der 12,7-cm-Flak benutzen. Mk 51 Mod. 1 und 2 hatten noch kein FL-Radar, Mod. 3 dagegen wurde mit Mk 28 gepaart, wobei das Gerät selbst zu leicht war, um die Radarantenne zu beherbergen. Aus diesem Grunde wurde sie direkt auf die Geschützlafette montiert. Grundsätzlich wurde jeder 40-mm-Lafette ein Gerät Mk 51 zugeteilt. Nach Hinzunahme von FL-Radar wurden ab 1944 je zwei oder drei 12,7-cm-Geschütze einem weiteren FLG Mk 51 zugeteilt, das dann in Zusammenwirkung mit Mk 37 ein radargesteuertes Blindschießen ermöglichte.

FLG Mk 56
wurde kurz nach dem Zweiten Weltkrieg eingeführt, in der Hauptsache bestimmt zur Lenkung der damals neuen 7,6-cm-Flak L/50 Mk 22. Das Spektrum dieses Gerätes war jedoch sehr breit. Mit seinem FL-Radar Mk 35 (später SPG-35) konnte es auch für die Feuerleitung der 40-mm-Flak benutzt werden. So erhielten nach dem Kriege die vier Schlachtschiffe der *Iowa*-Klasse zwar Mk 56-FLG, jedoch niemals die dazugehörigen 7,6 cm L/50. In den 60er Jahren wurden dann die Mk 56 mit den 12,7 cm L/38 von Fregatten der *Garcia*- und der *Brooke*-Klasse gekoppelt. – Die Entwicklung von Mk 56 begann bereits 1942; Ende der 70er Jahre wurden – mit Ausnahme derer auf den o.g. Fregatten – alle auf Hilfsschiffen und amphibischen Schiffen befindlichen Mk 56 entfernt.

FLG Mk 57
wurde ab Oktober 1944 auf *Alaska* und *Guam* eingeführt und von vorneherein mit FL-Radar Mk 29 gekoppelt, so daß hierdurch der Blindbeschuß der 40-mm-Flak gewährleistet war.

FLG Mk 58
war ein Übergangsgerät zu Mk 63, das für die 40-mm-Flak der Kreuzer *Mobile* und *Oakland* zuständig war. Die hier eingesetzten Geräte hatten bereits die weiterentwickelte Form von Mk 63.

FLG Mk 63
wurde Ende 1944 als radargestützte Anlage eingeführt; es war zunächst für die 40-mm- und – später – für die 7,6-cm-Flak zuständig, wobei auch hier zunächst FL-Radar Mk 28 (auf den Geschützen montiert!) verwendet wurde und danach Mk 34 – mit der späteren Bezeichnung SPG-50. Mit Mk 63 konnten die Geschütze blind schießen. Dies waren ebenso kleine und für die Schiffserkennung nicht belangreiche Geräte, deren Unterscheidung von Mk 51 Mod. 3 bzw. Mk 57 Mod. 2 und 4 kaum möglich war. Bei der Schiffserkennung gab es folgende Alternativen: Entweder man stellte 7,6-cm-Flak L/50 mit Radarschirm fest, dann war eine der vorstehenden kleinen Anlagen zugeordnet, oder es gab hier **keinen** Radarschirm, dann war Mk 56 vorhanden und ohnehin deutlich erkennbar.

FLG Mk 67
war das erste speziell für die neue 12,7-cm-Kanone L/54 Mk 42 entworfene Gerät. Es war mit Mk 25-FLR gekoppelt und in nur wenigen Exemplaren eingesetzt, nämlich auf *Mississippi* (AG-128), *Northampton* (CLC-1) und auf den vier DL der *Mitscher*-Klasse. Wegen des etwas zu hohen Gewichtes wurde Mk 67 zugunsten des etwas leichteren

FLG Mk 68
ausgesondert, das fortan unter Hinzunahme von FL-Radar SPG-53 serienmäßig mit der Mk 42-Kanone gekoppelt wurde. Es ist gegenwärtig immer noch das Hauptgerät für die Mk-42-Kanone, wird aber ab 1982 z.T. (z.B. auf drei Einheiten der DDG-2-Klasse) gegen Mk 86 ausgetauscht.

FLG Mk 86
ist vor allem entwickelt worden zur Feuerleitung der 12,7-cm-Leichtgewicht-Kanone L/54 Mk 45. Zu den äußeren Hauptkomponenten zählen hier die Überwasser-FL-Radarantenne SPQ-9 und der Radarbeleuchter SPG-60 (STIR), durch den auch FK-Lenkung möglich ist. Hinzu kommt noch ein elektro-optischer Sensor. Mk 86 gibt es bereits in mehreren Modellen. Bei Mod. 9 (auf CG-47-Klasse) wird auf SPG-60 verzichtet. Dies wird dadurch möglich, daß sich auf Schiffen der *Ticonderoga*-Klasse im Rahmen der FL-Anlage Mk 99 bereits vier Radarbeleuchter SPG-62 an Bord befinden. Die Einführung von Mk 86 erfolgte ab 1970.

FLG Mk 92
wird auf Kreuzern nicht geführt. Es ist eine aus der HSA-Anlage M25 und M27 für die U.S. Navy adaptierte FL-Anlage für Fregatten und kleinere Schiffe. Mk 92 Mod. 2 beinhaltet ebenfalls SPG-60 STIR, das z.B. auf Lenkwaffenfregatten der FFG-7-Klasse für die Feuerleitung der Standard-FK zuständig ist. Ab Mitte der 80er Jahre werden Maßnahmen zur generellen Verbesserung der Anlage eingeleitet.

Feuerleitanlagen für Lenkwaffensysteme

Die nachfolgenden Bezeichnungen gelten jeweils für die gesamte Feuerleitanlage, zu der u.a. auch noch besondere Radarbeleuchter gehören.

FLA Mk 71
gab es in einer Ausführung – für Terrier-FK zuständig – auf den beiden ersten Lenkwaffenkreuzern CAG-1 *Boston* und CAG-2 *Canberra*, gepaart (auf *Boston*) zunächst mit FLR Mk 25 Mod. 7, später (auf beiden Schiffen) mit SPQ-5.

FLA Mk 73
war ebenfalls für die Feuerleitung von Terrier-FK zuständig, und zwar auf CLG-6 bis 8 und auf (damals!) DDG-6 bis 8, in Zusammenwirkung ebenfalls mit SPQ-5. Auf den letzteren durch Mk 76-FLA ersetzt.

FLA Mk 74
gab es in doppelter Ausfertigung – zunächst für Tartar-FK – auf den drei CG der *Albany*-Klasse, gepaart mit Radarbeleuchtern SPG-51. Weitere Modelle findet

man auf Schiffen der Klassen DDG-2, DDG-993, CGN-36 und CGN-38, die allesamt die kürzeren Standard-FK »Medium Range« führen.

FLA Mk 76
ist für die lange Standardversion »Extended Range« bestimmt, wie sie – früher – von CV-63, 64 und 66 sowie – gegenwärtig – von den Schiffen der Klassen DDG-37, CG-16, CG-26, CGN-9, CGN-25 und CGN-35 geführt wurden, bzw. werden. Sie stehen jeweils in Zusammenwirkung mit zwei Radarbeleuchtern des Typs SPG-55.

FLA Mk 77
ist eine Talos-Leitanlage, stets in Zusammenwirkung mit je 2 Radarbeleuchtern SPG-49 und SPW-2. Man fand sie bis zur restlosen Aussonderung 1981 auf CGN-9, CG-10 bis 12 und CLG-3, 4 und 5. Ende der 60er Jahre sollten die SPG-49-Geräte durch SPG-61 ersetzt werden, doch entfiel dies wegen zu hoher Kosten und wegen des zu hohen Gewichtes der gesamten Talos-Starteranlage.

FLA Mk 91
steht in Verbindung mit dem Startersystem Mk 29 des NATO-Sea Sparrow-Nahabwehrbereichssystems BPDMS. Hauptsächlich auf Zerstörern, Flugzeugträgern und großen Hilfsschiffen eingesetzt. Die dazugehörigen Radarbeleuchter führen offensichtlich auch die Bezeichnung Mk 91, wenngleich nicht auszuschließen ist, daß diese auch noch eine eigene Bezeichnung führen. Mk 91-FLA ist die Nachfolgerin von Mk 115

FLA Mk 99
findet man auf den AEGIS-Schiffen der CG-47-Klasse, wo sie zuständig ist für die dort zum Einsatz kommenden FK des Typs Standard SM-2 »Medium Range«. Jeder AEGIS-Kreuzer hat zwei solche Anlagen, die jeweils mit zwei SPG-62-Radarbeleuchtern in Zusammenwirkung stehen.

FLA Mk 115
ist die ältere FL-Anlage für das BPDMS-System um den Starter Mk 25 herum, das ab Beginn der 80er Jahre zunehmend gegen Mk 29 ausgetauscht wird. Das dazugehörige FLG führt die Bezeichnung Mk 76.

FLA Mk 114, Mk 116 und Mk 117
sind U-Jagd-Feuerleitanlagen, die mit verschiedenen Sonarsystemen und auch mit dem U-Jagdsystem ASROC in Verbindung stehen und somit auch auf modernen Kreuzern zu finden sind.

Feuerleitradar für Geschütze

Mk 1 (CXAS)
wurde auch unter der anfänglichen Bezeichnung FA geführt. Der Prototyp wurde im Juni 1941 auf *Wichita* (CA-45) eingeführt. Die Ortungsreichweite betrug ca. 50 km. Es wurden in allem nur zehn Anlagen gebaut und vor allem in Zusammenwirkung mit FLG Mk 34 eingeführt. Wurde sehr bald von Mk 3 abgelöst.

Mk 3
wurde auch unter der Bezeichnung FC geführt. Dies war die erste nennenswerte und auch für die Schiffserkennung belangreiche FL-Radarantenne. Es gab hier zwei verschiedene Erscheinungsformen,

- ☐ eine Antenne in Form eines Zylinderabschnittes (Mk 3 Mod. 1 und 3) mit den Abmessungen 1,80 x 1,80 m und
- ☐ die weit häufiger eingesetzte und daher bekanntere Antenne Mk 3 (Mod. 0 und Mod. 2) mit den Abmessungen 3,70 x 0,90 m.

Die letztere kam – auch separat vom eigentlichen FLG postiert – jeweils in zwei Exemplaren auf Schlachtschiffen und Kreuzern zum Einsatz, wo sie stets der Feuerleitung der jeweiligen Hauptartillerie dienten, in Verbindung mit den FLG Mk 38 bzw. Mk 34 Mod. 1 war wegen des geringeren Gewichtes auf Zerstörern eingesetzt. Die ersten Exemplare mit der langen Antenne wurden im Oktober 1941 auf dem Leichten Kreuzer *Philadelphia* installiert. Bei einer Antennenanbringung in 24 m Höhe konnte mit Mk 3 ein im Wasser aufschlagendes 40,6-cm-Geschoß in einer Entfernung von ca. 18 km geortet werden, ein aufgetauchtes U-Boot auf 11 km und ein Bomber in 3000 m Höhe auf 41 km. Bis 1944 wurden 139 Mk 3 ausgeliefert. Die Ablösung kam hier durch FL-Radar Mk 8.

Mk 4
wurde auch unter der Bezeichnung FD geführt. Mk 4 wurde parallel zu Mk 3 im September 1941 eingeführt. Dies war das Radar der FL-Geräte Mk 33 und Mk 37, die für die Feuerleitung der 12,7-cm-Artillerie zuständig waren. Die Mk 4-Antenne bestand praktisch aus zwei halben Segmenten der Antenne Mk 3 Mod. 2, die um 90° versetzt angebracht waren. Die Ortungsreichweiten waren hier:

☐ 12,7-cm-Geschoßaufschlag im Wasser	auf 11,0 km
☐ Schlachtschiff	auf 27,0 km
☐ Zerstörer	auf 18,3 km
☐ U-Boot	auf 11,0 km
☐ Bombenflugzeug	auf 36,5 km

Nicht ganz zufriedenstellend waren die Eigenschaften bei Blindbeschuß und bei der Erfassung von tieffliegenden Flugzeugen. Die Folge war die spätere Ablösung durch die FL-Radarkombination Mk 12/22 bzw. bei FLG Mk 33 durch FL-Radar Mk 28. Insgesamt wurden zwischen 1941 und 1944 667 Anlagen ausgeliefert.

Mk 8 (CXEM)

Dies ist die Nachfolgeanlage von Mk 3 auf Schlachtschiffen und Kreuzern. Die auf die FLG Mk 38 bzw. Mk 34 aufgesetzte Antenne bestehend aus einem nach vorn abgeflachten Kasten von 1,0 x 3,0 m, auf dessen Vorderfront 3 x 14 Radiatoren angebracht waren, so daß von vorne eine gewisse Ähnlichkeit mit einem Igel oder auch mit einem Stachelschwein bestand. Einige Ortungsreichweiten:

- ☐ Schlachtschiff auf 36,5 km
- ☐ Zerstörer auf 28,3 km
- ☐ U-Boot auf 9,1 km
- ☐ Bombenflugzeug auf 27,4 km

Bis 1943 sind 205 Anlagen ausgeliefert worden, von denen etliche zu Mk 8 Mod. 3 modifiziert wurden, wobei die Antenne nunmehr der von Mk 13 entsprach, durch die sie später auch ersetzt wurde.

Mk 10

war als FL-Radar mit den FLG Mk 50 kombiniert, die zur Feuerleitung der 7,6-cm-Geschütze auf den Leichten Kreuzern der *Omaha*-Klasse bestimmt waren. Mk 10 Mod. 3, von dem nur 20 Anlagen gefertigt wurden, war ein engmaschiger Parabolspiegel, dem 1944 weitere 37 Anlagen vom Mod. 5 folgten, die aus einem ca. 1,15 m im Durchmesser vermessenden Parabolspiegel bestanden.

Mk 12

war die Ersatzanlage für Mk 4 auf den FLG Mk 37. Die Antenne sah Mk 4 sehr ähnlich. Die Auslieferung begann 1943. 801 Sätze wurden bis Kriegsende ausgeliefert, zuletzt jedoch zumeist in der Kombination mit dem Höhenradar Mk 22. Diese Kombination war zu gewichtig, um auch mit FLG Mk 33 gepaart zu werden, weswegen dieser FLG dann FL-Radar Mk 28 erhielt.

Mk 13

ersetzte während des Krieges Mk 8 FL-Radar auf Schlachtschiffen und Kreuzern. Anstelle des »Stachelschweines« kam eine 2,40 x 0,60 m vermessende Halbwalze als Antenne zum Einsatz. Manche Mk 8-Geräte wurden bis Ende 1945 zur Version Mod. 3 modifiziert und erhielten die gleiche veränderte Antenne. Mk 13 war das letzte FL-Radar, das für die Feuerleitung von großkalibrigen Geschützen entwickelt wurde. Man findet es heute noch auf den reaktivierten Schlachtschiffen der *Iowa*-Klasse.

Mk 22

war als »height-finder«, also als Radar zur Erfassung des Höhenbereiches als Parabolscheibe (»Orangenschale«) entwickelt worden, mit Abmessungen 1,80 x 0,45 m. 995 Einheiten wurde ab 1943 geliefert. Mk 22 wurde – soweit bekannt – fast ausschließlich in Kobination mit Mk 12 installiert, ganz selten mit Mk 4.

Mk 25

war das erste FL-Radargerät, das nach dem Zweiten Weltkrieg entstand. Es stand von Anbeginn mit FLG Mk 37 in Verbindung, als Ersatz für Mk 12/22. Die Antenne bestand aus einer engmaschigen Parabolscheibe von 1,5 m Durchmesser. Mit 50 kW Stromaufnahme konnte hier die Reichweite wesentlich vergrößert werden, zunächst auf über 45 km, später auf das Doppelte. Die Entwicklung begann im März 1944, letztlich aber kam die Version Mod. 2 zur Serienproduktion, die ab Mai 1947 mit über 400 Exemplaren zur Flotte kam. Später gab es noch Mod. 3 mit einer Stromaufnahme von 250 kW und einer Reichweite von ca. 137 km. Dies war Anlaß dafür, daß sämtliche Mod. 2 bis 1952 auf Mod. 3 modifiziert wurden. Bei dieser Version war es möglich, eigene Geschosse während des Fluges zu verfolgen.

Mk 25 Mod. 7 war – mit einem größeren Parabolspiegel ausgestattet – das erste FL-Radar für Terrier-Flugkörper. Verwendung auf *Mississippi* (AG-128) und *Boston* (CAG-1).

Mk 27

Bereitschafts-FL-Radar für die Feuerleitung der Hauptbatterien auf Schlachtschiffen und Kreuzern. Ersetzte zumeist Mk 3 auf der Zitadelle. Zur Anwendung kam hier die Ortungs-Radarantenne SJ mit den Abmessungen 1,5 x 0,9 m. Die Anlage wurde ab 1944 eingeführt und in nur 41 Exemplaren ausgeliefert.

Mk 28

FL-Radar für solche FLG, die zu leicht waren, um Mk 12/22 aufzunehmen, also hauptsächlich für FLG Mk 33, bei dem die Antenne an der Stirnseite vorgehängt wurde. Es gab aber auch einige wenige Geräte Mk 37, auf denen die Kombination Mk 28/22 angebracht wurde, weil sie zur Aufnahme von Mk 12 nicht geeignet waren. In der Leistungsskala stand Mk 28 zwischen Mk 4 und Mk 12. Die spätere Version Mk 28 Mod. 2 war mit dem optischen Zielgerät Mk 63 gekoppelt, wobei die Parabolantenne an der Lafette der 40-mm-Bofors-Zwillinge bzw. -Vierlinge angebracht war. Sie hatte einen Durchmesser von 1,14 m. Ausgeliefert wurden während der Jahre 1944 und 1945 550 Anlagen. Die Produktion lief ab Juli 1945 in Form von Mk 34 Mod. 2 weiter. Die Erfassungsreichweiten lagen hier

- ☐ für einen Bomber bei 18,3 km
- ☐ für ein Jagdflugzeug bei 13,7 km

Mk 32
war lediglich der IFF-Teil für die FL-Radaranlagen Mk 3, Mk 4 und Mk 12.

Mk 34
war das Nachfolgegerät von Mk 28 und in dieser Funktion gekoppelt mit den leichteren Sichtgeräten Mk 63 Mod. 1 und 2 sowie Mk 57 Mod. 3 und 4. Der Parabolspiegel hatte einen Durchmesser von 90 cm. Hiermit konnte ein Bomber auf eine Entfernung von ca. 23 km erfaßt werden. Mk 34 wurde nach dem Zweiten Weltkrieg entwickelt und eingeführt. Mk 34 Mod. 17, eine spätere Version, erhielt nachfolgend die Bezeichnung SPG-34; diese Anlage erhielt eine Parabolantenne aus Fiberglas mit einem Durchmesser von 1 m. Sie war an den 7,6-cm-Geschützen L/50 angebracht, da das hierfür zuständige Sichtgerät Mk 63 für sie zu klein und schwach war.

Mk 35
war das FL-Radar für das FLG Mk 56 und damit für die Feuerleitung von 7,6- und 12,7-cm-Geschützen L/38 zuständig. Die Serienfertigung erfolgte in den frühen 50er Jahren. Die Parabolantenne hatte hier einen Durchmesser von 1,2 m.

SPG-50
ist ein aufpoliertes FL-Radar SPG-34 für das Sichtgerät Mk 63. Auch diese Antenne hatte einen Durchmesser von 1 m und war an den 7,6-cm-Geschützen angebracht. Diese Anlage konnte Luftziele verfolgen, die sich mit einer Geschwindigkeit von 800 km/h bewegten. Die Auslieferung begann 1956 und endete nach der Produktion von 196 Einheiten.

SPG-53
ist das FL-Radar für das FLG Mk 68, das auf zahlreichen modernen Kreuzern für die 12,7-cm-Kanone L/54 Mk 42 zuständig ist. Im Laufe der Jahre wurden die Versionen A bis F entwickelt. Die Antenne besteht ebenfalls aus einem Parabolspiegel und ist auf das FLG Mk 68 oben aufgesetzt.

SPG-60 STIR
ist Bestandteil der FL-Anlage Mk 86, der neuerdings nicht nur für die 12,7-cm-Leichtgewichtkanone 12,7 cm Mk 45, sondern auch für die ältere und schwerere Mk 42 adaptiert wird. Die zusätzliche Bezeichnung STIR bedeutet »Separate Tracking and Illuminating Radar«. SPG-60 kann auf Lenkwaffenschiffen als zusätzlicher Radarbeleuchter für die Lenkung von FK (z.B. Standard oder Sea Sparrow) genutzt werden. Man findet SPG-60 auf allen ab 1970 gebauten Kreuzern, außer auf denen der *Ticonderoga*-Klasse.

SPQ-9
ist die zweite FL-Radarantenne, die zum FLG Mk 86 gehört. Sie ist dort für den Überwasserbereich zuständig und in diesem Fall mit einem Radom versehen, der kennzeichnend ist für alle Kreuzer, die nach 1970 gebaut wurden. Es gibt hier noch eine Version für eine begrenzte Luftraumüberwachung; die Antenne wird in diesem Falle offen geführt. Bislang konnte diese Version auf U.S.-Schiffen noch nicht beobachtet werden. Die Umdrehungszahl der Antenne beträgt 60 U/Min, und es sollen angeblich bis zu 120 Ziele erfaßt werden können. SPQ-9 beinhaltet auch IFF- und ECCM-Komponenten.

Phalanx-Radar
Phalanx ist zwar die gegenwärtig gebräuchliche Bezeichnung für die gesamte Nahbereichs-Abwehranlage gegen tieffliegende Flugkörper; im Grunde aber ist Phalanx selbst nur das zu diesem System gehörende FL-Radar, das sich über dem sechsröhrigen 20-mm-Vulcan-Geschütz befindet. Im Einsatz gegen feindliche FK wirkt Phalanx völlig autonom in einem vorselektierten Bereich, kann aber unter Zuhilfenahme anderer Bordsysteme auch gegen Überwasserziele, z.B. Schnellboote, Luftkissenfahrzeuge oder auch gegen tieffliegende Flugzeuge, eingesetzt werden. Phalanx-Radar führt keine Mk- oder SPG-Bezeichnung. Vor der Einführung waren die beiden BPDMS-Anlagen, deren Starter die Bezeichnungen Mk 25 bzw. Mk 29 führen, die einzigen Abwehrmittel gegen tief anfliegende Flugzeuge und Kampfboote. Jede dieser Anlagen verfügte über ihr eigenes FL-Radar. Keines dieser beiden Systeme befindet sich auf derzeitigen Kreuzern im Einsatz.

Feuerleitradar für Lenkwaffen

Mk 25 Mod. 7
war das erste FL-Radar für Terrier-FK. Dies war eine Parabolscheibe, die einen größeren Durchmesser hatte als die normalen Mk 25-Modelle. Sie wurde relativ hoch auf ein FLG Mk 37 draufgesetzt. Der Einsatz erfolgte in den 50er Jahren nur auf dem Waffenversuchsschiff *Mississippi* (AG-128, ex BB-41) und eine Zeitlang auf *Boston* (CAG-1), wo letztlich die Ablösung durch SPQ-5 erfolgte.

SPQ-5
ist das erste Serien-Verfolgungsradar, das für das Terrier-System entwickelt wurde. Es hatte große Ähnlich-

keit mit SPG-49, das für Talos zuständig gewesen war. SPQ-5 wurde auf allen Kreuzern der *Boston-, Little Rock-* und *Galveston*-Klasse eingesetzt, die über Terrier-Anlagen verfügten. Dies galt damals auch für vier Einheiten der *Farragut*-Klasse (damals DLG-6- heute DDG-37-Klasse!). Beim Wechsel von Terrier I auf Terrier II wurden alle SPQ-5 durch die etwas leichteren FL-Radarantennen SPG-55 ersetzt. Der Prototyp von SPQ-5 wurde auf USS *Norton Sound* (AVM-1) erprobt, die erste Serienanlage kam auf *Canberra* (CAG-2) zum Einbau.

SPQ-2
war die neue Bezeichnung für eine zur FK-Führung modifizierte Radarantenne des noch aus dem Zweiten Weltkrieg stammenden Typs SP. Sie wurde zur Leitung des Marschflugkörpers Regulus I verwendet und befand sich 1958/59 auf den vier Schweren Kreuzern, die Regulus I an Bord hatten.

SPG-49
ist das FL-Radar des FK-Systems Talos. Es wurde 1962 eingeführt und wirkte stets in Zusammenwirkung mit SPW-2 (siehe nachfolgend). Äußerlich hatte die sehr voluminöse Antenne große Ähnlichkeit mit SPQ-5. Ursprünglich war SPG-49 bereits im Jahr 1947 als kombiniertes FL-Radar für FK- **und** Geschützlenkung konzipiert. Die Antenne sollte auf der Basis von Mk 37-FLG aufgestellt werden. Unter bestimmten Konditionen war die Gesamtleistung von SPG-49 nicht gerade berauschend, und dies war vor allem der Grund dafür, daß bereits 1979 die Talos-Anlagen aus der Flotte ausgesondert wurden. Die Ortungsreichweite eines Objektes von 5 m^2 betrug ca. 270 km.

SPW-2
war der computergesteuerte Radarbeleuchter für die Talos-FK. Jede Talos-Anlage verfügte über zwei SPG-49-Geräte mit zwei angeschlossenen SPW-2.

SPG-51
steht in Verbindung mit der Lenkwaffen-FL-Anlage Mk 74 und ist Radarbeleuchter für Tartar-FK und einige Nachfolgemodelle des Typs Standard MR, die sich sowohl auf den Kreuzern der *Albany-, California-* und *Virginia*-Klasse befinden wie auch auf zahlreichen amerikanischen und ausländischen Lenkwaffenschiffen (DDG und FFG). Es sind mehrere Versionen von SPG-51 vorhanden, der Durchmesser der Parabolantenne beträgt bei allen 2,40 m. Die Entwicklung begann bereits 1952, der serienmäßige Einsatz erfolgte gut zehn Jahre später auf den Klassen CG-10 und DDG-2.

SPG-55
wirkt in Verbindung mit der Lenkwaffen-FL-Anlage Mk 76 und hat eine Reichweite von ca. 180 km. Inzwischen gibt es auch hier mehrere Versionen, die allesamt für die Terrier-FK zuständig sind. Dabei können sie sowohl die »beam riding« wie auch die »semi-active« Terrier-FK leiten wie auch alle Nachfolgemodelle des Typs Standard ER – auch in ihrer Nuklear-Version. SPG-55 befindet sich auf Schiffen der Klassen CGN-9, CG-16, 26, CGN-25 und 35 sowie DDG-37.

SPG-62
ist das Nachfolge-FL-Radar von SPG-51, jedoch nur in Verbindung mit der FL-Anlage Mk 99 auf den AEGIS-Kreuzern. Die Parabolantenne sieht SPG-51 sehr ähnlich. Auf den AEGIS-Kreuzern ist sie zuständig für die Lenkung der FK vom Typ Standard MR, und zwar nur in der letzten Phase des Anflugs ins Ziel.

Mk 115
ist das FL-Radar für das ältere BPDMS-System um den Starter Mk 25 herum. Hierbei ist eine Doppelantenne – je eine für die Übermittlung bzw. für den Empfang der Impulse – vorhanden. Mk 115 wurde seit 1963 entwickelt und ab 1967 eingesetzt. Die Reichweite beträgt hier vier Meilen. Mk-25-Starter waren seit 1967 vor allem auf Flugzeugträgern eingesetzt, wo sie in den 80er Jahren durch Mk 29 ersetzt werden, sowie auf Fregatten der *Knox*-Klasse, wo sie ebenfalls in den 80er Jahren durch CIWS Mk 15 Phalanx ersetzt werden. Leitgerät hierzu: Mk 76 Mod. 0.

Mk 91
ist dagegen das FL-Radar für das neuere NATO-Sea-Sparrow-System mit dem Werfer Mk 29 zuständig. Hier gibt es zwei Konfigurationen:

- ☐ Mk 0 mit einer Antenne, wie sie auf den amerikanischen Schiffen Verwendung findet, und
- ☐ Mk 1 mit einer Doppelantenne, in Verwendung bei befreundeten Marinen, die über das Mk-29-System verfügen. Auf amerikanischen Schiffen besteht dabei Zusammenwirkung mit den Nahbereich-Ortungsradarantennen SPS-58/65 bzw. IPD/TAS Mk 23.

Ortungs-Radaranlagen

CXAM

Nach einigen wenigen Versuchstypen kam CXAM als erste größere einsatzfähige Schiffsradarantenne Mitte 1940 in sechs Exemplaren zur Flotte. Der Einbau erfolgte auf BB *California*, CV *Yorktown* und auf den CA *Pensacola, Northampton, Chester* und *Chicago*. Die Antenne der in Pearl Harbor stark beschädigten *California* wurde geborgen und 1942 auf CV *Hornet* installiert. Die Antennenabmessungen waren 5,2 x 5,5 m. Die Leistungen im Vertikalbereich waren nicht besonders gut, im Horizontalbereich mäßig. Einige Ortungsreichweiten:

- ☐ Schlachtschiff oder Kreuzer — auf 16 Meilen
- ☐ Zerstörer — auf 12 Meilen
- ☐ Flugboot in 3300 m Höhe — auf 70 Meilen
- ☐ Jagdflugzeug in 3300 m Höhe — auf 50 Meilen

CXAM-1

Ende 1941 kam auf 14 Einheiten diese Antenne mit verbesserten Leistungsparametern zum Einsatz; sie wurde bis Ende 1943 beibehalten. Die Installation erfolgte auf

CV *Lexington, Saratoga, Ranger, Enterprise* und *Wasp*,

BB *Texas, Pennsylvania, West Virginia, North Carolina, Washington*,

CL *Cincinnati*,

AV *Curtiss* und *Albemarle*.

SC, SC-1 (XAR*)

Dies war ein mißlungener Versuch, mit Hilfe einer kleineren Antenne mit Abmessungen 2,3 x 2,6 m die Leistungen von CXAM zu erreichen. Tatsächlich wurden die Ortungsreichweiten z. T. geringer, nämlich:

- ☐ für einen Bomber — 30 Meilen
- ☐ für ein Jagdflugzeug — 23 Meilen
- ☐ für ein Schlachtschiff — 10 Meilen
- ☐ für einen Zerstörer — 3 Meilen

SC wurde ab Ende 1941 eingeführt, jedoch bereits ab Anfang 1942 folgte die Version SC-1 mit doppelten Reichweiten. Daraufhin wurden alls SC-Sätze zu SC-1 umgebaut. Insgesamt wurden ca. 400 Einheiten ausgeliefert.

---

* in Klammern werden die älteren Bezeichnungen wiedergegeben, die noch aus der Aufbauphase der Radarortung stammen und deren erster eingeführter Vertreter CXAM war.

SC-2, 3, 4, 5

SC-2 war eine verbesserte SC-1-Anlage mit einer rechteckigen Antenne von 1,4 x 4,6 m, die einen IFF-Teil hatte. Die Reichweiten betrugen hier

- ☐ für einen Bomber in 3300 m Höhe — 80 Meilen
- ☐ für ein Jagdflugzeug in 3300 m Höhe — 40 Meilen
- ☐ für ein großes Schiff — 20 Meilen

Nach Auslieferung von 415 SC-2 folgte ab Dezember 1943 die Produktion von jeweils leicht verbesserten 200 Exemplaren SC-3 und 250 SC-4, die Ende 1944 abgeschlossen wurde. 1945 folgten noch 100 Anlagen SC-5; all diese Anlagen benutzten die rechteckige Antenne von SC-2 mit z. T. geringfügigen Abweichungen. SC-2 bis 5 waren hauptsächlich Zerstörer-Anlagen, wurden aber auch gelegentlich auf Schlachtschiffen und Kreuzern, insbesondere aber auf Flugzeugträgern (dort zumeist als Zweitantenne) installiert. Die letzten SC-5-Anlagen verschwanden erst 1963 aus dem Inventar der Flotte.

SG, SG-1 (SXGR)

Dies war die erste reine Überwasser-Ortungsanlage der U. S. Navy, die bereits im Juni 1941 auf dem umgebauten Zerstörer *Semmes* erprobt wurde. Der Ersteinsatz erfolgte im April 1942 auf dem Kreuzer *Augusta*. Bis zum November 1943 wurden insgesamt 955 Sätze SG und SG-1 produziert. SG gehörte bis zum Kriegsende zur Standard-Radarausrüstung von Schiffen, die größer waren als Zerstörer. Zahlreiche Schiffe – auch Kreuzer – hatten zwei SC-Antennen an Bord, zur Gesamtabdeckung des 360°-Horizontes. Einige Reichweiten:

- ☐ für einen Bomber in 150 m Höhe — 15 Meilen
- ☐ für ein Schlachtschiff — 22 Meilen
- ☐ für einen Zerstörer — 15 Meilen

SK (SXFA)

war die leistungsstärkste Luftraumüberwachungsanlage der U.S. Navy in der zweiten Kriegshälfte. Dies war im wesentlichen eine SC-2-Anlage mit einer neuen 5,2 m im Quadrat vermessenden, mit zusätzlichem IFF-Balken versehenen Antenne. Sie wurde in großer Anzahl auf Kampf- und Hilfsschiffen installiert, die größer waren als Zerstörer. Ein mittlerer Bomber in Höhe von 3000 m konnte hierdurch auf ca. 100 Meilen geortet werden. Zwischen Januar 1943 und April 1944 wurden insgesamt 250 Anlagen ausgeliefert.

SK-2
basierte auf der davorliegenden Anlage SC-3, hatte aber eine Rundantenne mit einem Durchmesser von 5,2 m; diese war in der Reihenfolge der direkte Nachfolger von SK, wurde jedoch in nur 75 Exemplaren zwischen April und Dezember 1944 gebaut. Sowohl SK wie auch SK-2 zeigten Unzulänglichkeiten bei der Ortung von sehr hoch fliegenden Flugzeugen, ein Mangel, der später durch eine etwas verbesserte Antenne SK-3 ausgeglichen werden sollte.

SM (CXBL)
war die erste Radaranlage, mit der man eigene Flugzeuge kontrollierte. Die Rundantenne mit einem Durchmesser von 2,4 m war zusammen mit den IFF-Zusatzgeräten BO bzw. BL ca. 2 t schwer und konnte daher zunächst nur auf Flugzeugträgern eingesetzt werden. Ein Bomber in 3000 m Höhe konnte auf 50 Meilen und ein Schlachtschiff auf 25 Meilen geortet werden. Ersteinsatz erfolgte im März 1943 auf *Lexington* (CV-16). Bis Oktober 1944 wurden 23 Anlagen ausgeliefert.

SP (CXDT)
war die Nachfolge-Anlage von SM; sie war vor allem leichter und hatte eine kleinere Rundantenne mit einem Durchmesser von 1,8 m. Die Leistungen entsprachen SM, wurden jedoch später noch verbessert. SP wurde auch nach dem Kriege auf wenigen Kreuzern und Radar-Zerstörern eingesetzt, die meisten der ab Herbst 1944 ausgelieferten Anlagen findet man jedoch auf Flugzeugträgern. In den 50er Jahren wurde SP als Basis für die FL-Radaranlage SPQ-2 verwendet, die mit der Lenkung des Marschflugkörpers Regulus I in Verbindung stand.

SR-2
Im April 1945 wurde der Prototyp dieser Anlage getestet, die ursprünglich für den Einsatz auf Geleitschiffen gedacht war, deren Antenne sich jedoch hierfür als zu schwer erwies. Zudem gab es hier keinen integrierten IFF-Teil, so daß eine getrennte, rotierende IFF-Antenne erforderlich wurde. Die Leistungen waren keineswegs zufriedenstellend, so daß nach Kriegsende von 200 bestellten Anlagen nur 18 ausgeliefert wurden; der Rest wurde suspendiert. Installiert wurden diese Anlagen u. a. auf den drei damals neuen Trägern der *Midway*-Klasse, auf dem Leichten Flugzeugträger *Saipan* sowie auf einem Schweren und sieben Leichten Kreuzern, auf zwei Zerstörern und auf vier Radar-U-Booten. Auf den größeren Schiffen erfolgte sehr bald Ablösung durch SPS-6.

SR-3, 6
ist die Anlage mit jener Antenne, deren Bezeichnung bis in die jüngste Zeit nicht identifiziert werden konnte, eine schmale, rotierende Antenne, deren IFF-Teil fast genausolang war wie die Antenne selbst. Die Leistungen dieser Anlage, die als Ersatz für SK bzw. SK-2 bestimmt war, war – nicht zuletzt wegen der zu niedrigen Umdrehungszahl der Antenne – so unzureichend, daß nach Installation von 22 Anlagen die weitere Beschaffung gestoppt wurde. Dennoch fand man SR-3 ab 1948 auf allen drei Einheiten der *Midway*-Klasse, auf zwei Schlachtschiffen, elf Schweren und fünf Leichten Kreuzern sowie auf dem Versuchsschiff *Mississippi* (AG-128). Ein Leichter Kreuzer erhielt eine Leichtgewicht-Version SR-6. Alle diese Anlagen erhielten nachfolgend die SPS-6A- bzw. SPS-6B-Antennen, wodurch die Leistungen wesentlich verbessert wurden.

SX (SXHR)
war der erste eigentliche »height finder«, eine Übergangsanlage für die Kontrolle der eigenen Flugzeuge, die dann zur Entwicklung von SPS-8 führte. SX hatte eine unregelmäßig wirkende Doppelantenne, deren beide Teile um 90° versetzt auf einer senkrechten Achse angebracht waren. SX war Nachfolger-Anlage von SM und SP in diesem Spezialbereich. Es gab 1945 zwei Prototypen. Insgesamt wurden 45 Anlagen produziert, von denen die ersten vier auf den drei CVB der *Midway*-Klasse und auf CV *Tarawa* zum Einbau kamen. 1948 waren jedoch noch insgesamt 25 dieser Anlagen in Betrieb. Man findet SX auf *Mississippi* (AG-128) und auf allen aktiven Flugzeugträgern der damaligen Zeit, nämlich auf *Boxer, Leyte, Antietam, Princeton, Valley Forge* und *Philippine Sea.* Es ist bislang nicht bekanntgeworden, daß auch Kreuzer diese Anlage geführt haben.

SPS-2
verfügte seinerzeit über die größte schiffsgestützte Radarantenne, bei der besonderer Wert auf große Reichweite gelegt wurde, was zu Lasten der Ortungsexaktheit ging. Es sollten damit die damaligen Flugkörper wie die deutsche V 2 und ähnliche über eine Strecke von 300 Meilen geortet werden. Die etwas skurril aussehende Antenne maß 6,1 x 12,2 m und wog allein für sich schon 23 t, so daß hier zur Unterstützung ein normaler Mast nicht mehr ausreichte, sondern ein solider Unterbau benötigt wurde. In der Tat konnte ein schwerer Bomber auf 300 Meilen geortet werden und ein Luftgegenstand von 1 m² Fläche noch auf 165 Meilen. Leider stand die Genauigkeit der Messungen in keinem Verhältnis zur großen Reichweite. SPS-2 hatte vom

System her Einfluß auf die späteren Anlagen SPS-11, 13, 34 und 44, von denen keine serienmäßig auf Schiffen zum Einsatz kam. SPS-2 selbst war seinerzeit in nur zwei Exemplaren auf See, auf CLC-1 *Northampton* und auf CLG-4 *Little Rock*. Die Installation auf den beiden CAG der *Boston*-Klasse und auf CLG-3 *Galveston* war geplant. Wegen des hohen Gewichtes und wohl auch wegen der nicht ausreichenden Genauigkeit wurde dieses Vorhaben aber aufgegeben, so daß letztlich die beiden einzigen Anlagen auch von Bord kamen. Direkter Nachfolger von SPS-2 als »height finder« war dann SPS-30, aber nicht zuletzt auch all die dreidimensionalen Anlagen, die unter dem Sammelbegriff FRESCAN bekanntgeworden sind.

SPS-3 (XDK)

gab es in nur einem Exemplar etwa 1954 auf CLC-1 *Northampton*; es war dies der erste Versuch einer hemisphärischen Radaranlage, die sich jedoch wegen zu schwacher Leistungen (Jagdflugzeug in 12200 m Höhe auf zehn Meilen) nicht durchsetzen konnte. CXRX, ein modifiziertes SPS-8-Gerät, das bessere Leistungen aufwies, diente eine Zeitlang als hemisphärisches Radar.

SPS-6, 6A, 6B, 6C sowie D und E

nachdem SPS-6 als Nachfolger von SR-3 und SR-6 bereits 1948 auf *Macon* (CA-132) getestet worden waren, setzten sich letztlich die Anlagen SPS-6B und C durch, die mit ihren 1,5 x 5,5 m vermessenden Antennen zu den am zahlreichsten verbreiteten gehörten. Sie wurden auf allen Schiffsarten eingesetzt. Sie waren die ersten Luftraum-Ortungsantennen, man findet sie jedoch noch gegenwärtig auf etlichen früher amerikanischen Schiffen bei befreundeten Nationen. Auch hier ein Beispiel für die Ortungsreichweite. Mit einer SPS-6B-Antenne konnte ein schwerer Bomber in 9500 m Höhe auf 145 Meilen geortet werden. Zunächst wurden ausgeliefert 25 SPS-6, 45 SPS-6A und 110 SPS-6B, und dies zwischen 1948 und 1952. Danach folgten in sehr großen Stückzahlen die Versionen C bis E, deren Antennen allerdings von SPS-6B nicht mehr unterschieden werden konnten. Erst ab etwa 1958 erfolgte hier Ersatz durch die große Serie der »Matratzen«-Antennen SPS-17, 28, 29 und 37, nachdem eine kleine Anzahl schon vorher durch SPS-12 ersetzt worden war.

SPS-8, CXRX, SPS-8A, -8B

waren auch »height finder«, praktisch aus SX weiterentwickelt, mit ebenso skurril geformten Antennen. Die Hauptaufgabe lag in der Lenkung der eigenen Jagdflugzeuge. Ein Jagdflugzeug konnte bei SPS-8A und B auf 72 Meilen geortet werden. SPS-8 selbst, d.h. die früheste Anlage, die schwächere Ortungsreichweiten aufwies, wurde ab 1952 ausgeliefert. SPS-8 und 8A hatten die gleiche Antenne. SPS-8B wurde 1956 auf AG-128 *Mississippi* erprobt und ab 1959 eingeführt, u.a. auf *Independence* (CV-62) und *Kitty Hawk* (CV-63). Unter Verwendung dieser Antennen sollten nachfolgend die Versionen SPS-8C und D eingeführt werden, jedoch deutete sich bereits um diese Zeit die Weiterentwicklung in Richtung SPS-30 an.

CXRX war eine modifizierte Version von SPS-8, mit einer veränderten Antenne, durch die ein Bombenflugzeug auf 20 Meilen geortet werden konnte. Je eine Versuchsanlage befand sich ab 1955 für mehrere Jahre auf den ersten Lenkwaffenkreuzern *Boston* und *Canberra* (CAG-1 bzw. 2). Die Antennenabmessungen betrugen hier ca. 3,4 x 5,2 m. Wäre diese Anlage in Serie gegangen, hätte sie die Bezeichnung SPS-27 erhalten. CXRX wurde letztlich ebenfalls durch SPS-30 ersetzt.

SPS-10

hat sich seit der Einführung im Oktober 1953 bis in die Gegenwart als die zuverlässigste Überwasser-Ortungsantenne bewährt. Nachdem ein nur 1 m über der Wasseroberfläche herausragendes Sehrohr eines U-Bootes auf ca. 9200 m geortet werden konnte, wurde SPS-10B zunächst auf allen Kampfschiffarten eingesetzt, bis hinunter zu den Geleitschiffen und später auch zu den Minenräumern und Hilfsschiffen. Die Länge der Antenne betrug 3,1 m, und es gab bis zur Gegenwart noch die Versionen E, F und G. Erst ab 1982 erfolgte hier der Einsatz der Anlage SPS-67 als Ersatz für SPS-10, wobei jedoch die alte Antenne von SPS-10 weiter verwendet wurde.

SPS-12

Neben SPS-29/37 war SPS-12 der frühere Ersatz für SPS-6B, vor allem auf größeren Schiffen, jedoch auch auf etlichen kanadischen, japanischen und italienischen Fregatten, hier noch bis zur Gegenwart. Das Antennengewicht betrug hier ca. 550 kg und die Abmessungen 2,4 x 7,6 m. Die Auslieferung von SPS-12 begann ab September 1953. Ein Bomber konnte auf ca. 60 Meilen geortet werden. In den USA wurden insgesamt 139 Serienexemplare ausgeliefert; etliche wurden in Italien in Lizenz gebaut.

SPS-13

hatte eine gewisse Ähnlichkeit mit SPS-2, war aber kleiner, und die Ortungsreichweite betrug hier nur etwas über 200 Meilen. Im Höhenbereich konnten noch

Informationen über Luftziele in ca. 29 km Höhe auf 140 Meilen geliefert werden. Die ca. 5 t schwere Antenne hatte die Abmessungen 2,8 x 6,1 m und war damit für die Verwendung auf Zerstörern zu gewichtig. Sie sollte zu Beginn der 60er Jahre Ersatz für SPS-8 und 12 auf Terrier-Lenkwaffenschiffen werden, und die Produktion in größeren Stückzahlen war bereits vorprogrammiert, als dann die Summe der Vorteile bei der FRESCAN-Entwicklung um SPS-39 herum erkannt wurde, so daß letztlich SPS-13 im Januar 1958 mit nur einem Exemplar auf *Canberra* zur Aufstellung kam.

SPS-17
war die erste Anlage in einer Reihe von weiteren, die später zu SPS-28, 29 und 37 wurden. SPS-17 hatte eine rechteckige 3,0 x 5,3 m vermessende Antenne. Ein Jagdflugzeug konnte in 12000 m Höhe auf ca. 200 Meilen geortet werden. Dies war die erste Anlage, die auf den Lenkwaffen-Umbauten der CLG-3- und CLG-4-Klasse jeweils auf dem vorderen Mast zur Aufstellung kam. Entwickelt wurde die Anlage etwa 1952/53, und getestet wurde sie auf der damaligen »Fregatte« *Willis A. Lee* (DL-4) vom Februar bis zum April 1957. 20 Anlagen wurden 1956 für die Verwendung auf den ozeanischen Radar-Stationsschiffen (AGR) bestellt. Angesichts der Weiterentwicklung zu SPS-28 und 29 wurden weitere Bestellungen unterlassen. Es gab hier noch die Version SPS-17A unter Verwendung der 12,8 m langen Antenne, die später als SPS-37A bzw. SPS-43A bekannt wurde. Sie wurde ebenfalls auf den AGR installiert.

SPS-26
war die erste Anlage in der FRESCAN-Serie. Die Antenne entsprach der späteren SPS-39. Lediglich ein Versuchsexemplar wurde im August 1957 auf *Norfolk* (DL-1) installiert, auf demjenigen Schiff also, das damals in manchen Bereichen als Versuchsschiff diente. Hier gab es maximale Reichweiten bei der Flugzeugortung bis zu 160 Meilen und ca. 23000 m Höhe. Man fand jedoch, daß sich SPS-26 trotzdem nicht als Primäranlage auf Schiffen eignete, sondern bestenfalls in Zusammenwirkung mit anderen weitreichenden Luftraum-Überwachungsanlagen. Da sie auch sonst nicht sehr zuverlässig war, ging sie nicht in Serienproduktion, sondern wurde zu SPS-39 weiterentwickelt.

SPS-28
war die Leichtgewicht-Version von SPS-17, unter Verwendung der gleichen Antenne. Die erste Auslieferung erfolgte Anfang 1957, und man findet die Anlage vor allem auf den Radarfrühwarn-Geleitschiffen (DER), aber auch auf Zerstörern.

SPS-29
war dann die Nachfolgeanlage von SPS-28, die in weit umfangreicherem Maße auf Kreuzern und Zerstörern zum Einsatz kam. Die Gewichte waren ähnlich wie bei SPS-28, die 3,4 x 5,5 m vermessende Antenne war nur wenig verändert, zumindest bei den ersten drei Versionen. SPS-29D hatte eine im Vergleich zu den anderen veränderte Antenne, aus Winkelsegmenten bestehend, die in erster Linie auf den größeren Schiffen der U.S. Coast Guard, der Küstenwache, eingesetzt wurde. Sie hat Ähnlichkeit mit dem Profil der später eingesetzten Antenne SPS-37A/43A. SPS-29 hatte eine Reichweite von ca. 270 Meilen. Zwischen 1959 und 1960 wurden insgesamt 89 Anlagen ausgeliefert.

SPS-30
war der letzte »height finder« auf U.S.-Schiffen, der ab Mai 1962 SPS-8A und 8B ersetzte; er selbst blieb bei Ende der 70er Jahre ohne Ersatz – die Leistungen von SPS-48 machten dies entbehrlich. Die ungleichmäßige Antenne (3,7 x 4,6 m) ermöglichte eine Ortung bis zu 240 Meilen. Insgesamt wurden 57 Anlagen abgeliefert, die auf Trägern, Kreuzern, Radarfrühwarn-Zerstörern und Amphibischen Flaggschiffen zum Einsatz kamen. Die Aussonderung auf Kreuzern und Flugzeugträgern wurde Ende der 70er Jahre vollzogen.

SPS-32/33
arbeitete nach dem SCANFAR-Prinzip; zur Verwendung kamen hier paarweise an vier Kanten des Brükkenhauses angebrachte Flächenantennen, deren Abmessungen und Gewichte sehr groß waren. Abmessungen:

- ☐ SPS-32 = 6,1 x 12,2 m,
- ☐ SPS-33 = 6,1 x 7,6 m.

In dieser Kombination betrug die Ortungsreichweite ca. 400 Meilen; sie stand aber in keinem Verhältnis zur Aufwendigkeit der Anlage und vor allem zu ihrem Gesamtgewicht. Der nicht sehr überzeugende Erfolg dieses Systems dokumentierte sich in der Tatsache, daß es auf lediglich zwei Einheiten beschränkt blieb, auf den Flugzeugträger *Enterprise* (CVN-65) und auf den Lenkwaffenkreuzer *Long Beach* (CGN-9). Während der Halbzeitmodernisierungen gaben beide Schiffe 1980/81 diese Anlagen ab und erhielten dafür SPS-48 und 49.

SPS-37
stellt eine Weiterentwicklung von SPS-29 dar, unter Beibehaltung der gleichen rechteckigen Antenne. Ortungsreichweite war hier ca. 233 Meilen. Der Einsatz erfolgte auf zahlreichen Kreuzern und Zerstörern so-

wie auch auf Flugzeugträgern. Bei Verwendung der 12,8 m langen Antenne (dergleichen, die bereits für SPS-17A entwickelt wurde!) erhielt man die Version SPS-37A, wobei die Reichweite hier auf ca. 300 Meilen gesteigert werden konnte. Von den 46 ausgelieferten Anlagen SPS-37 wurde die erste ab September 1960 auf dem Kreuzer *Los Angeles* (CA-135) installiert.

SPS-39
gehörte zu den dreidimensional ortenden FRESCAN-Anlagen. Sie wurden ab Januar 1960 auf Lenkwaffenkreuzern und -zerstörern eingeführt; assoziiert war die gleiche Antenne wie bei SPS-26. Sie hatte die Form eines leicht geneigt angebrachten Zylindermantels und wog 1,3 t. Hiermit war eine Ortungsreichweite von ca. 160 Meilen möglich. Die SPS-39-Anlage blieb lange Zeit auf Lenkwaffenzerstörern der USN und anderer Marinen erhalten, zumeist (etwa ab 1963) unter Austausch gegen eine etwas kleinere Flächenantenne, die später bei der Anlage SPS-52 automatisch verwendet wurde. Deren Ortungsreichweite betrug ca. 145 Meilen. Es war daher lange Zeit – und ist es auch gegenwärtig noch – kaum möglich, aufgrund der Antenne allein zu erkennen, ob sich nun SPS-39 oder SPS-52 an Bord befindet – eine Schwierigkeit, die bei einigen anderen elektronischen Anlagen ebenfalls zu finden ist. Neben diesen kleineren Antennen gab es – in nur einer Ausfertigung gebaut – SPS-39B, eine der SPS-39-Originalantenne ähnelnde, jedoch deutlich größere Antenne, die von CLG-3 *Galveston* geführt wurde und mit der auf ca. 175 Meilen geortet werden konnte. Zwischenzeitlich wurden die meisten alten SPS-39-Anlagen durch SPS-52 bzw. durch SPS-48 ersetzt. Alternativ zu SPS-39 gab es noch SPS-42, eine Anlage, die über die gleiche Antenne verfügte, jedoch für die Zusammenwirkung mit der Informations-Darstellungsanlage NTDS (»Naval Tactical Data System«) eingerichtet war. Somit befand sich SPS-42 seinerzeit hauptsächlich auf den Terrier-Lenkwaffenkreuzern.

SPS-40
kam ab Juni 1961 zur Flotte und wurde seitdem auf allen möglichen Schiffsarten installiert. Generationsmäßig war SPS-40 Nachfolger der Radarfamilie SPS-17/28/29/37, zum Teil aber auch noch von SPS-6 und SPS-12. Entwickelt wurde SPS-40 jedoch aus der Anlage SPS-31, die zwischen 1958 und 1962 in einem einzig gebliebenen Exemplar auf dem seinerzeitigen Radar-Frühwarnzerstörer *Furse* (DD-, ex DDR-882) erprobt wurde. Die Erprobung von SPS-40 selbst erfolgte auf DD-849 *Richard E. Kraus*. Ursprünglich sollte diese Anlage nur auf Zerstörern installiert werden, wegen der guten Leistungen jedoch wurde sie die Standard-Leichtgewichtanlage auf zahlreichen Schiffsarten für die folgenden Jahre bis in die Gegenwart, und dies ebenso auf vielen nichtamerikanischen Schiffen. Deswegen verzögerte sie die Einführung von SPS-49 um gut ein Jahrzehnt. Die Version SPS-40B erhielt eine bessere IFF-Komponente. Ab 1978 brachten die Versionen SPS-40C und D eine 40%ige Verbesserung der Leistungen, und auf Zerstörern und Fregatten wird demnächst auch SPS-40E Einzug halten.

SPS-43
ist eine weiter verbesserte SPS-37-Anlage, die jedoch gegen ECM-Beeinflussung resistent ist. Es wurde hier sowohl die kleinere Antenne von SPS-37 benutzt (vor allem auf denjenigen Lenkwaffenkreuzern, die vormals DLG/DLGN waren!) wie auch – als SPS-43A – die bereits bei SPS-17A und 37A verwendete prominente Antenne von12,8 m Länge. SPS-43A fand man vor allem auf Flugzeugträgern, wo sie zu Beginn der 80er Jahre allmählich durch SPS-49 ersetzt wurde. Seit der Einführung im März 1961 wurden insgesamt 49 Anlagen ausgeliefert.

SPS 48
In der Serie der dreidimensional ortenden FRESCAN-Anlagen stellt SPS-48 die vorerst wirksamste Variante dar. Die Notwendigkeit zur Entwicklung ergab sich 1959, als klar wurde, daß die Leistungen von SPS-39/42 für die Verwendung beim weitreichenden Lenkwaffensystem Talos nicht ausreichend waren. Bereits 1960 konnte der Auftrag zum Bau der ersten beiden Anlagen erteilt werden. Bis zur ersten Borderprobung auf USS *Preble* (damals DLG-15) dauerte es jedoch noch drei Jahre. Das erste Serienexemplar wurde angeblich im März 1965 auf DLG-18 *Worden* installiert. Die Reichweite betrug damals ca. 230 Meilen. Die Antenne ist mit 5,2 x 5,3 m quadratisch und wiegt etwas über 2 t. Bereits zu jener Zeit wurde die Leistung von einem SPS-48 mit der von zehn SPS-8 oder von zwei SPS-2 verglichen. Sämtliche vorhandenen SPS-48A-Anlagen wurden inzwischen zu SPS-48C aufgewertet. Die neueste Version SPS-48E steht u.a. im Zusammenhang mit dem Programm »New Threat Upgrade« für Standard-SM-2-ER-Anlagen. Neben SPS-49 ist SPS-48 zu Beginn der 80er Jahre eine der besten Standardanlagen, und dies nicht nur auf Lenkwaffenschiffen.

SPS-49
ist eine zweidimensional ortende Anlage, die ab Ende der 70er Jahre parallel zu SPS-40 auftritt. Die ersten Entwürfe hierfür stammen aus den frühen 60er Jahren.

Die Erprobung fand vom Juli 1964 bis zum Januar 1965 auf USS *Gyatt* (DD-712, ex DDG-1) statt. Zu jener Zeit aber wurde der verbesserten Ausführung von SPS-40 gerade der Vorzug gegeben, weil diese preiswerter war. So verzögerte sich die Einführung der seitdem weit verbesserten Anlage SPS-49 bis 1976, als die erste Serienanlage auf USS *Dale* (CG-19) installiert wurde. Seitdem wird SPS-49 auf Kreuzern der CG-47-Klasse und auf Lenkwaffenfregatten der FFG-7-Klasse serienmäßig installiert. Als 31. Einheit der *Spruance*-Klasse wurde DD-997 *Hayler* auch – als erstes Schiff dieser Klasse – gleich mit SPS-49 fertiggestellt. – Auf Flugzeugträgern ersetzt SPS-49 zu Beginn der 80er Jahre SPS-43A. Die ursprüngliche Reichweite betrug hier 250 Meilen; sie dürfte inzwischen größer sein. Die Antenne hat die Ausmaße 7,3 x 4,3 m, und sie ist ca. 1,5 t schwer.

SPS-52
ist eine Weiterentwicklung von SPS-39 in der Familie der 3-D-Anlagen, die in der letzten Zeit nicht nur auf Lenkwaffenschiffen, sondern auch auf den amphibischen Mehrzweckschiffen (LHA) eingesetzt werden. Die SPS-52-Antenne, die wesentlich leichter ist als SPS-48, wurde auch in Verbindung mit der alten Anlage SPS-39 verwendet. Sie ermöglicht die Ortung eines kleinen Flugzeuges auf 60 Meilen, während die größte Reichweite bei 245 Meilen liegt. SPS-52C mit einer etwas modifizierten Antenne ist der wichtigste Sensor für die Anlage SYS-1, die zum IADT-System (»Integrated Automatic Detection and Tracking System«) gehört.

SPS-67
ist eine neue Überwasser-Ortungsanlage, die erstmals auf *Long Beach* (CGN-9) nach deren Umbau 1981/82 eingeführt wurde. Im wesentlichen entspricht SPS-67 der alten SPS-10-Anlage, deren Antenne sie auch verwendet; ihr »Innenleben« ist jedoch moderner und in der Wartung wirtschaftlicher.

SPY-1
ist das neueste Multifunktionsradar des Luftabwehrsystems AEGIS auf (vorerst) Lenkwaffenkreuzern der CG-47-Klasse. Je Anlage sind vier 3,7 x 3,7 m vermessende, nicht rotierende Flächenantennen in Phasenanordnung vorhanden, die zur Deckung des 360°-Horizontes in vier verschiedene Richtungen ausgerichtet sind. Die Entwicklung begann 1965. AEGIS steht in Zusammenwirkung mit der Lenkwaffen-FL-Anlage Mk 99, die auf Schiffen der *Ticonderoga*-Klasse für die Feuerleitung von Standard SM-2 zuständig ist. AEGIS selbst beinhaltet Ortungs-, Verfolgungs-, IFF-, ECM- und ECCM-Funktionen. Mit SPY-1 können zugleich Hunderte von Luftzielen auf mehrere hundert Meilen geortet, verfolgt und bekämpft werden. Von AEGIS-Schiffen aus können auch die Luftabwehranlagen anderer Schiffe des Verbandes integriert werden. Das gesamte AEGIS-System wurde ab 1974 auf *Norton Sound* (AVM-1) auf See getestet. Die erste Serienanlage wurde ab 1982 auf USS *Ticonderoga* (CG-47) eingesetzt.

Flugzeuge und Hubschrauber als verlängerter Arm der Kreuzer

Einleitung

Nach dem Ersten Weltkrieg erfuhr die Seeluftwaffe auch bei der U. S. Navy einen enormen Auftrieb. Frühzeitig hatten die Verantwortlichen die Bedeutung der »Waffe Flugzeug« erkannt und danach folgerichtig alles darangesetzt, um diese Waffe zum wirksamen Mittel der Seestreitkräfte wachsen zu lassen. Dies geschah in sekundärer Hinsicht durch die Verwendung von landgebundenen Radflugzeugen bei Überwachungsaufgaben der Navy oder von Trainings-, Hilfsdienst- und sonstigen Staffeln, aber auch durch den Einsatz von Kampf- und Jagdstaffeln des Marine Corps. Primär jedoch lag die Wichtigkeit der jungen Flugwaffe darin, daß man ihr »Seebeine« gab, d.h. die Flugzeuge auch dort zum Einsatz brachte, wo deren Eigenschaften zum Vorteil der eigenen und zum Nachteil der gegnerischen Seestreitkräfte genutzt werden konnten. Die Ergebnisse dieser Bemühungen reihen sich nahtlos aneinander von den ersten Jahren der Einführung der Flugzeuge über die »Fleet Problems«, die zahlreichen umfangreichen Übungen und Manöver der 20er und der 30er Jahre, bis zur Kulmination des Einsatzes der seegestützten Luftwaffe im Zweiten Weltkrieg, durch welchen Seeschlachten auch in der Luft erfolgreich entschieden und letztlich der Krieg gewonnen werden konnte.

Es ist hier nicht der Platz, um über die Flugzeugträgerwaffe zu berichten; dies geschah bereits ausführlich in anderen Büchern. Das zweite Seebein der bordgestützten Seeluftwaffe bildeten jene relativ kleinen und oft nur schwach bewaffneten Schwimmerflugzeuge, die auf Schlachtschiffen und Kreuzern zum Einsatz kamen. Infolge zahlreicher Übereinstimmungen wird hier auch auf diejenigen Flugzeuge eingegangen, die auf Schlachtschiffen eingesetzt waren und die summarisch unter dem Begriff »Beobachtungs- und Aufklärungsflugzeuge« rangieren. Während die Trägerwaffe bis zur Gegenwart immer noch weiterentwickelt wird, beschränkt sich die Verwendung der Beobachtungs- und Aufklärungsmaschinen auf einen Zeitraum von nur knapp 20 Jahren, etwa von der Mitte der 20er Jahre bis zum Ende des Zweiten Weltkrieges.

Aufgabenbereiche und Art der Verwendung

Im Ersten Weltkrieg und in der Zeit kurz danach waren die Kreuzer das »weitreichende Auge der Flotte«, deren Gros die alles entscheidenden Schlachtschiffe waren. Die Kreuzer waren zwar um einiges schneller als die Schlachtschiffe, dennoch war der Geschwindigkeitsunterschied gering, so daß die Kreuzer allein keine sehr großen Seeräume überwachen konnten; dies um so mehr, als man sich nach eventuell erfolgter Sichtung des gegnerischen Gros tunlichst wieder unter den Schutz der eigenen Schlachtschiffe begeben mußte. Parallel dazu war der Schießerfolg der Schlachtschiffe nicht nur von der Reichweite der Geschütz-Feuerleitgeräte abhängig, sondern auch von der Präzision des Beschusses und diese wiederum von der Güte der Schiffsgeschütze. Da die schweren Geschütze weit über den Horizont schießen konnten, war die Beobachtung der Schießerfolge stets begrenzt. Auch die besten Ferngläser reichten nun einmal nicht weiter als bis zum Horizont. Für diese beiden Bereiche eröffnete die möglich gewordene Verwendung von Flugzeugen die erwarteten Chancen. Entsprechend den vorstehend beschriebenen Leistungsmöglichkeiten gab es für den Anfang des Bordeinsatzes auf Schlachtschiffen und Kreuzern die beiden Oberbegriffe

- ☐ Observation = Beobachtung,
- ☐ Scouting = Aufklärung.

Wiewohl diese beiden Begriffe für beide Schiffsgattungen Gültigkeit hatten, waren die Prioritäten doch schon sehr früh deutlich gesetzt:

- ☐ Observation bei Schlachtschiffen zur zusätzlichen Feuerleitung,
- ☐ Scouting bei Kreuzern zur weitreichenden Aufklärung

und dies, obwohl auf beiden Schiffsgattungen zumeist die gleichen Flugzeugtypen stationiert waren. So führten ab Ende der 30er Jahre

- ☐ die auf den Schlachtschiffen eingesetzten Flugzeuge die Bezeichnung VSO,
- ☐ die auf Kreuzern eingesetzten Flugzeuge die Bezeichnung VOS.

Im Laufe ihrer Verwendung mauserten sich die Bordmaschinen buchstäblich zu »Mädchen für alles«. Zu den Aufgabenbereichen zählten dann zuletzt

- ☐ Beobachtung,
- ☐ Aufklärung,
- ☐ Rettung von Besatzungen gesunkener Schiffe und abgestürzter Flugzeuge aus Seenot,
- ☐ Sicherung des eigenen Schiffes gegen leichte Seestreitkräfte und U-Boote sowie Bekämpfung derselben durch Maschinenwaffen und leichte Bomben,
- ☐ Post- und Versorgungsflüge,
- ☐ Personenverkehr von Flagg- und Stabsoffizieren,
- ☐ alles übrige, wozu die Flugeigenschaften und die dazugehörige Geschwindigkeit genutzt werden konnten.

Wie wichtig und unersetzlich die Verwendung von Flugzeugen auf den großen Überwasserschiffen geworden war, kann schon daraus ersehen werden, daß es nach dem Ersten Weltkrieg keine Schlachtschiff-Klasse und (mit einer Ausnahme) auch keine Kreuzer-Klasse gegeben hat, die nicht dafür konzipiert war, so viele Flugzeuge mitzuführen wie nur möglich.

Anzahl der Flugzeuge je Schiff und Art der Unterbringung

Bei der Untersuchung der Bestrebungen, möglichst viele Flugzeuge auf einem Schiff unterzubringen, muß differenziert werden zwischen dem, was maximal möglich war, und dem, was üblich war unter gleichzeitiger Vermeidung des »Gedränges« an Bord. Die Leichten Kreuzer der *Omaha*-Klasse führten zwei Maschinen. Alle anderen Kreuzer mit oder ohne Hangar führten üblicherweise zwei bis vier Maschinen. Die Fla-Kreuzer der *Atlanta*-Klasse waren als einzige nicht zur Aufnahme von Flugzeugen vorgesehen.

Zum »Üblichen« bei den Divisions- oder sonstigen Flaggschiffen gehörte die Mitnahme einer fünften Maschine als persönliches Flugzeug des Admirals (»Flag Unit«!). Nachweislich gab es eine solche fünfte Maschine auf den Kreuzern *Chicago* (CA-29), *Indianapolis* (CA-35) und *San Francisco* (CA-38), vermutlich aber auch noch auf einigen anderen.

Die »mögliche« Mitnahme weiterer Maschinen war eindeutig davon abhängig, ob Schiffe einer Klasse über einen Hangar verfügten oder nicht. Die *Omahas* und *Pensacolas* hatten keinen. In der Mitte zwischen den beiden Katapulten hätte man notfalls noch eine oder zwei Maschinen mit abgeklappten Tragflächen lagern können. Dann hätten aber die beiden auf den Katapulten aufgestellten Maschinen dort während der langen Seezeit ausharren müssen, auch bei Orkanen und anderen Sturmwinden, bei denen sie stark gefährdet sein würden. Ähnliches gilt auch für die *Cleveland*- und *Baltimore*-Klasse, obwohl hier die »Parkfläche« auf dem Achterdeck nicht so beengt war. Anders verhielt es sich bei der *Alaska*-Klasse und bei den restlichen Vorkriegsklassen, die allesamt über Hangars verfügten. So **konnten** CA der *New Orleans*-Klasse theoretisch bis zu acht Maschinen aufnehmen:

- ☐ vier mit beigeklappten Tragflächen im Hangar,
- ☐ zwei mit beigeklappten Tragflächen an Deck zwischen den Katapulten,
- ☐ zwei auf den Katapulten in Bereitschaft.

Außerordentlich geräumig waren die im Achterschiff der *Brooklyn*-Klasse befindlichen Hangars, deren Ausdehnung nach vorne bis zur Barbette des achteren Drillingsturmes reichte. In diesem konnten wetterfest untergebracht werden

- ☐ sechs Maschinen des Typs SOC mit gefalteten Tragflächen,

- ☐ eine weitere Maschine im zerlegten Zustand,
- ☐ mehrere Kolbenmotore.

Die Flugzeuge wurden mittels eines Kranes an Deck bzw. in den Hangar gebracht. Berücksichtigt man hier den Freiraum an Deck und die beiden Katapulte, so ergibt sich eine theoretische Mitnahmemöglichkeit von elf Flugzeugen, was aber wohl niemals praktiziert wurde. Auch hier operierte man im Normalfall mit vier, höchstens mit fünf Maschinen, wobei allerdings die Chance für einen pausenlosen Aufklärungseinsatz gegeben war.

Die Art der Verwendung von VSO/VOS auf den Schlachtschiffen und Kreuzern unterschied sich verständlicherweise grundlegend von der auf den Flugzeugträgern. Die ausreichend langen Startbahnen auf den letzteren gestatteten über mehr als ein Jahrzehnt lang den unbeschleunigten Start von Radflugzeugen durch eigene Kraft. Dort wurden erst bei Kriegsbeginn die ersten Katapulte installiert, dies aber vor allem zum Zweck der Beschleunigung der Startfolge.

Obwohl der erste Start eines Flugzeuges durch eigene Kraft von einem Kreuzer erfolgte, gestaltete sich auch die Weiterentwicklung der leichten Aufklärungsmaschinen derart, daß sie immer gewichtiger wurden. Sehr frühzeitig erhielten daher sowohl Schlachtschiffe wie auch Kreuzer eine bis mehrere Flugzeugschleudern, auch Katapulte genannt, mit deren Hilfe jederzeit, jedoch unter der Voraussetzung eines ausreichend guten Flugwetters, Flugzeuge gestartet werden konnten. In der Regel waren auf Kreuzern zwei Katapulte vorhanden, bei *Brooklyn-/Wichita* und bei späteren Klassen ganz achtern auf der Schanz, bei *Alaska*-Klasse und auf den restlichen Vorkriegskreuzern in der Schiffsmitte, gepaart mit je einem leistungsstarken Boots- und Flugzeugkran. Bei diesen letzterwähnten Klassen gab es eine recht hohe und voluminöse Basis mit ca. 4 m Durchmesser als Drehpunkt für eine etwa 21 m lange Katapultbahn. Es ist bemerkenswert, daß auch der Raum innerhalb dieser Basis genutzt wurde durch Unterbringung von Ersatzteillagern, kleinen Werkstätten und sogar von kleinen Foto-Labors zur Entwicklung der Filme, die von den heimkehrenden Aufklärern an Bord gebracht wurden.

Sollte ein startbereites Flugzeug auf den Weg gebracht werden, so schwenkte man den Katapultausleger etwas nach Backbord bzw. Steuerbord, und das Schiff drehte gegen den Wind. Ein »Dolly«, d.h. der Gleitwagen, auf dem das Flugzeug mit seinem Hauptschwimmer ruhte, wurde durch die Explosion einer Treibladung schlagartig nach vorne bis an das Ende des Auslegers beschleunigt, wobei dem Flugzeug soviel Anfangsgeschwindigkeit (ca. 70 Meilen/h) verliehen wurde, daß es mit auf Volltouren laufendem Motor abheben konnte. Die relativ hohe Anbringung des Katapultauslegers erklärt sich gewiß aus der Absicht, dem startenden Flugzeug nach dem Verlassen des Katapultes noch die Chance zum geringfügigen Durchsacken zu bieten, ohne dabei in Berührung mit der Wasseroberfläche zu kommen.

Die Wiederaufnahme der landenden Maschine war mit weit mehr Gefahr für Schiff und Flugzeug verbunden, dies insbesondere bei rauher See. Vor der Landung des Flugzeuges ging das Schiff gegen den Wind und verlangsamte die Fahrt. Es produzierte dadurch eine Zone des »beruhigten« Wassers, in der nun das Flugzeug landete. Vom Schiff aus wurde vor das landende Flugzeug eine Art von Matte (»Landesegel«) zu Wasser gelassen. Die obere Fläche der Matte war mit einem Netz aus Tauwerk versehen, in das nun ein Haken auf der Unterseite des Hauptschwimmers faßte. Danach konnte der Flugzeugmotor abgestellt und die Maschine vom langsam fahrenden Schiff geschleppt werden, bis es von einem der Kräne an den Haken genommen und entweder aufs Katapult oder auf die Fläche vor dem Hangar herabgelassen wurde. Bei dieser Bergungsmethode, bei der es einer gut eingeübten Mannschaft bedurfte, konnte das Schiff wenigstens in Fahrt bleiben, was angesichts der möglichen Nähe gegnerischer Flugzeuge und U-Boote von Wichtigkeit war. Die umständliche Abschaltung der Schiffsmaschinen während der Bergung des Flugzeuges hätte viel zu viel Zeit in Anspruch genommen und das gefährdete Schiff in eine zeitweilig hilflose Situation gebracht.

Der Einsatz der Bordflugzeuge war recht gefährlich. Der Gegner wußte um deren wichtige Aufgaben und bekämpfte sie, wo er konnte, mit Flugzeugen und mit Flak. Nicht immer war dabei Schutz durch eigene Jagdflugzeuge gewährleistet, so daß es auch Verluste gab.

Organisation

Die Organisation der auf den Schlachtschiffen und Kreuzern stationierten Flugzeuge war relativ unkompliziert. Vor Juli 1937 gab es

- ☐ VO-Staffeln (Oberservation Squadrons) für VOS-Maschinen auf den Schlachtschiffen und
- ☐ VS-Staffeln (Scouting Squadrons) für VSO-Maschinen auf den Kreuzern.

Diese Staffeln waren nach den jeweiligen BATDIV bzw. CRUDIV orientiert. Zu jeder Schiffsdivision ge-

hörte eine VO- bzw. VS-Staffel. Ab Juli 1937 erhielten die bei den Kreuzerdivisionen eingesetzten Staffeln die Bezeichnung VCS (»Cruiser Scouting Squadrons«). Deren Nummer entsprach von da an stets der Nummer der Kreuzerdivision. Wechselte ein Schiff zu einer anderen CRUDIV, so erhielt die entsprechende Sektion der Staffel die neue Nummer, und ihre Flugzeuge erhielten neue Markierungen.
Je nach Zusammensetzung der Division variierte zahlenmäßig auch die Stärke der Staffel. VCS 2 und VCS 3 hatten z.B. in der Regel sechs bis acht Maschinen, während die VCS der Divisionen mit *Brooklyn*-Kreuzern gar 16 bis 20 Maschinen führten.
Einige Gesamtzahlen mögen hier von Interesse sein. So gab es 1939 in allem 124 VSO-Maschinen auf den aktiven Kreuzern und 38 VOS-Maschinen auf den Schlachtschiffen. Insgesamt gab es bis Mitte 1941 an die 2000 VOS/VSO-Maschinen, von denen der größte Teil auf dem Festland stationiert war. Alle Aufklärungstypen waren konvertibel, d.h. ihre Fahrwerke konnten ohne großen Aufwand gegen Schwimmer ausgetauscht werden. Dies galt auch als zeitlich begrenzte Maßnahme bei solchen Maschinen, deren Schiffe gerade in der Werft lagen. Bei Kriegsende am 30. Juni 1945 gab es dann nur noch 1093 VOS/VSO-Maschinen; durch das Hinzukommen von mehr Schlachtschiffen und Kreuzern war dabei der Prozentsatz der an Bord befindlichen Flugzeuge zwar größer, der Bedarf an entsprechenden Landflugzeugen demgegenüber jedoch kleiner geworden.

Zum Einsatz gekommene Flugzeuge

Die Herstellerwerke Curtiss und Chance Vought waren über viele Jahre hinweg zuständig für die Planung, Entwicklung und Produktion von insgesamt sieben verschiedenen Typen, die von der Mitte der 20er Jahre bis zum Kriegsende auf Schlachtschiffen und Kreuzern eingesetzt waren. Manche dieser Typen, wie z.B. SOC Seagull und OS2U Kingfisher, wurden in großen Stückzahlen gebaut und über lange Zeiträume eingesetzt.

Vought VE-9

Die VE-9 war die navalisierte Version des Radflugzeuges VE-7, das bereits 1918 eingeführt wurde. Wie bei allen späteren Modellen bestand die Navalisierung darin, daß die Räder gegen einen Hauptschwimmer und zwei Stützschwimmer ausgetauscht werden konnten. Dieser Typ wurde erstmals im Juni 1922 eingeführt, und zwar auf USS *Nevada* (BB-36). Im Gegensatz zum Stamm-Typ VE-7 waren die meisten VE-9 unbewaffnet. Insgesamt wurden 21 VE-9 gebaut. Die letzte Maschine dieses Typs verließ im September 1928 die Flotte. Ersetzt wurde sie durch

Vought UO,

die in vier jeweils geringfügig verbesserten Versionen in 163 Exemplaren gebaut wurde. Ihre Zelle entsprach der von VE-7, der Motor war mit 200 PS jedoch stärker. Wie VE-7 war auch UO ein Doppeldecker mit zwei Mann Besatzung und unbewaffnet. Bereits im Juni 1924 erfolgte der Ersteinsatz auf USS *Tennessee* (BB-43). Die Staffel wurde bis Ende 1929 verwendet.

Vought O2U/O3U Corsair

Ab 1926 geplant, befand sich O2U bereits bei den auf Schlachtschiffen eingesetzten Staffeln VO-3B, -4B und -5B. Dieser Typ verfügte über eine starre Maschinenkanone und ein Doppel-MG im Beobachtersitz und konnte auch kleine Bomben unter den Tragflächen mitführen. Ab 1930 wurde dann das verbesserte Modell O3U-1 eingeführt, von dem 87 Maschinen hergestellt wurden. Auch diese Version wurde auf Schlachtschiffen, Kreuzern und – als Radmaschine – auf Flugzeugträgern eingesetzt. Dieser Typ verschwand erst Mitte 1941 aus den Staffeln. Währenddessen kam die

Curtiss SOC Seagull

zum Einsatz, und zwar ab Herbst 1935. Obwohl die Produktion Mitte 1939 eingestellt wurde, blieb dieser u.a. wegen seiner klappbaren Flächen erfolgreiche Doppeldecker auf etlichen Schiffen bis nach Kriegsende 1945 erhalten. SOC operierte von Schlachtschiffen und Kreuzern aus, beginnend ab Ende 1935 bei VS-5B. Seine Dienstzeit wurde auch vor allem deswegen gestreckt, weil sein Nachfolger-Typ. Von den Seagulls wurden 64 in den Flugzeugfabriken der Navy gebaut; sie führten die Bezeichnung SON.

Curtiss SO3C Seamew,

ein Eindecker, war nicht so erfolgreich. Hier erfolgte die erste Staffelverwendung ab Mitte 1942 bei VCS-12 auf USS *Cleveland* (CL-55). Doch bereits nach dem Bau von 141 Exemplaren wurde im Januar die Produktion

Dieses Schwimmerflugzeug vom Typ VE-7G entsprach im Aussehen der VE-9, dem ersten Serien-Aufklärungsflugzeug, das – ab 1922 – zunächst auf Schlachtschiffen zum Einsatz kam. Die Aufnahme entstand am 19. Oktober 1922. USN/TA

1932 entstand diese Aufnahme einer O3U-1 Corsair, die der Staffel VO-3S angehörte. Das Flugzeug überfliegt gerade ein Schlachtschiff der *Colorado*-Klasse. Beachtenswert sind hier die noch offenen Cockpits. USN/TA

Eine UO-1, aufgenommen etwa 1931. Das Flugzeug gehört zum Schlachtschiff *Tennessee* (BB-43), wie auch an der relativ großen Markierung zu ersehen ist. USN/TA

eingestellt. Ab März 1944 endete hier die Verwendung in den Staffeln, während bereits ausgesonderte SOC deren Stelle einnahmen.

Die Vought OS2U Kingfisher

kam ab August 1940 als die wohl beliebteste Aufklärungsmaschine zunächst zu VO-4, d. h. zu BATDIV 4. Bis zum November 1942 wurden 1218 Maschinen aus-

Diese SOC-3 Seagull – hier aufgenommen auf dem Flugplatz Oakland – war auf dem Schlachtschiff *Pennsylvania* (BB-38) stationiert und gehörte der Staffel VO-1 an. Hier findet man erstmals wetterfest verschließbare Cockpits. Das Seitenleitwerk war in diesem Falle voll in rot angestrichen. Die Tragflächen waren von Hand beiklappbar, so daß die Maschinen in den engen Hangars dicht gestaut werden konnten. Ein Exemplar des Typs SOC wurde etwa 1938/39 auf dem deutschen Leichten Kreuzer *Leipzig* probeweise eingesetzt. USN/TA

Die SC-1 Seahawk war der letzte Bordaufklärer der U. S. Navy, der auf Schlachtschiffen und Kreuzern eingesetzt wurde. Er konnte von der Kingfisher an der dickeren Strebe zum Hauptschwimmer unterschieden werden, aber auch an dem kürzeren Ein-Mann-Cockpit, dem nach vorne auslaufenden Seitenleitwerk und der etwas bulligeren Motorenabdeckung. Die Aufnahme entstand am 25. Juli 1947 über der Hawaii-Insel Oahu. Das Flugzeug gehörte der Staffel VO-1B an.

geliefert, 129 davon als OS2N, von der Navy selbst gebaut. Ein Nachteil war darin zu sehen, daß hier die Tragflächen nicht beiklappbar waren. Somit wurde dieser Typ zunächst und vor allem auf den neueren Kreuzern und auf den Schlachtschiffen eingesetzt, die über keine Hangars verfügten, während die älteren Kreuzer wegen der günstigeren Staumöglichkeiten auf die SOC nicht verzichten wollten, wobei hier Ausnahmen die Regel bestätigten. Die Kingfisher blieb bis zum 31. Mai 1946 bei den VO/VOC-Staffeln.

Eine OS2U-1 Kingfisher, aufgenommen am 8. Juni 1945 vor Okinawa. Die Aufnahme verdeutlicht auch das Aussehen des Backbordkatapultes sowie den Mechanismus der Hangarabdeckung und den Kran des dazugehörigen (Leichten oder Schweren) Kreuzers. Die Kingfisher konnte insbesondere an ihrem langgezogenen Zwei-Mann-Cockpit mit Plexiglasabdeckung erkannt werden. Die Zelle war durch drei Streben auf den Hauptschwimmer abgestützt.
USN/TA

Curtiss SC Seahawk

war der letzte Bordaufklärer-Typ, der erst recht spät, im Oktober 1944 auf USS *Guam* (CB-2) eingeführt wurde. Immerhin wurden von diesem Typ dann noch 577 Maschinen – nicht nur für den Borddienst – fertiggestellt, bevor die Staffelverwendung im Oktober 1949 auslief. Die Tragflächen waren hier faltbar.

In der nachfolgenden Übersicht werden für die vorstehend erwähnten Typen die wichtigsten technischen Informationen zusammengefaßt.

Typ	volkst. Bezeichnung	Hersteller-Werk	Anfang der Verwendung bei	Ende der Staffelverw.	Bes.	Antrieb PS	Gewicht max. kg	Dienstgipfelhöhe, m	Reichweite Meilen	Bewaffnung	Bemerkung
VE-9		Vought	6/1922 auf BB-36 *Nevada*	30. 9. 28	1	180	945	4575	291	–	21 gebaut
UO		Vought	14. 6. 24 auf BB-43 *Tennessee*	31. 12. 29	1	200	1037	5700	398	–	Versionen UO-1, -2, -5; in allem 163 gebaut
O2U O3U	Corsair	Vought	15. 7. 30 bei VO-3B	30. 6. 41	2	450	1635	5700	608	3 Mk 0,30'	Versionen O2U-1, -2, -3, -4; in allem 291 gebaut auch O3U-1, -3; 330 gebaut
SOC	Seagull	Curtiss	12. 11. 35 bei VS-5B	30. 11. 46	2	600	2446	4544	675	2 MK 0,30' 2 Bomben je 150 kg	Versionen SOC-1, -2, -3, SON-1; in allen 259 gebaut
SO3C	Seamew	Curtiss	7/1942 bei VCS-12 auf CL-55 *Cleveland*	31. 3. 44	2	600	3150	4819	1150	je 1 MK 0,30' und 0,50' 2 Wasserbomben je 150 kg oder 2 Bomben je 45 kg	Versionen SO3C-1, -2, -2C, -3; 141 gebaut
OS2U	Kingfisher	Vought	16. 8. 40 bei VO-4	31. 5 46	2	450	2700	3965	805	2 MK 0,30'	Versionen OS2U-1, -2, -3, OS2N-1; in allen 1218 gebaut
SC	Seahawk	Curtiss	22. 10. 44 bei VCS-16 auf CB-2 *Guam*	1. 10. 49	1	1350	4050	11376	625	2 Mk 0,50' 2 Bomben je 150 kg	Version SC-1,SC-2, in allem 141 gebaut

Erkennungshilfen bei den VO/VCS-Staffeln

Nur relativ kurz, in der Zeitspanne zwischen etwa 1939 und 1941, konnten auch Flugzeuge der VO- und der VCS-Staffeln visuell unterschieden werden, und zwar nach den Farbmarkierungen am Seitenleitwerk, das bei den VO-Staffeln voll angestrichen war, bei den VCS-Staffeln jedoch nur Farbstreifen aufwies. Etwa bei Kriegseintritt der USA wurden jedoch solche Unterscheidungsmarkierungen aufgegeben.

Farbmarkierungen der VO/VCS-Staffeln zwischen 1939 und 1941

VO BATDIV	VCS CRUDIV	Farbmarkierung
1		rot
2		weiß
3		blau
4		schwarz
5		gelb
	2	
	3	roter Doppelstreifen
	4	blauer Streifen
	5	gelber Streifen
	6	schwarzer Streifen
	7	grüner Streifen
	8	schwarzer Doppelstreifen
	9	grüner Doppelstreifen
	CL-7 + 8	blauer Doppelstreifen

Bordhubschrauber als Nachfolger der Flugzeuge?

Bei Kriegsende im Jahre 1945 war der Höhepunkt der Verwendung von Schwimmerflugzeugen längst überschritten. Auf den wenigen im aktiven Dienst verbliebenen Schlachtschiffen und Kreuzern – hier bei *New Orleans*-Kl. – wurde zum Teil noch während des Krieges aus Gewichtsgründen einer von zwei Flugzeugkränen entfernt. Nach Kriegsende wurden die Flugzeugeinrichtungen stillgelegt, die Katapulte nacheinander entfernt, die einzelnen verbliebenen Kräne jedoch belassen. Alle alten Schlachtschiffe und Kreuzer kamen ohnedies sehr schnell nach Kriegsende außer Dienst, und die zum Teil geräumigen Hangars wurden zur Lagerung der Verkehrsboote verwendet, wobei die verbliebenen Kräne gute Dienste leisteten.

Im wesentlichen mögen zwei Gründe für die Stillegung der Flugzeuganlagen maßgebend gewesen sein:

- ☐ Die Aufklärung und Feuerleitung durch Flugzeuge war infolge der Entwicklung der Radar- und der Feuerleitelektronik überholt,
- ☐ zugleich erreichten die ersten Hubschrauber ihre Bord-Einsatzfähigkeit. Ihre Start- und Landeeigenschaften ließen eine günstigere Verwendung zu, wobei auf gewichtige Anlagen an Bord der Schiffe verzichtet werden konnte.

Indessen konnten die neuen Hubschrauber nur zu einem geringen Teil als Nachfolger der früheren Flugzeuge angesehen werden. Von den oben aufgeführten Aufgabenbereichen verblieben zunächst für die Hubschrauber nur

- ☐ der Personenverkehr von Flagg- und Stabsoffizieren sowie Besuchern,
- ☐ Rettung aus Seenot,
- ☐ Post- und Kurierflüge.

Mehr konnten diese gänzlich waffenlosen Hubschrauber zunächst nicht leisten. Zwischen 1946 und 1962 gab es auf den Flaggkreuzern mehrere Hubschraubertypen, auf deren genaue Beschreibung hier aus Raumgründen verzichtet werden muß. Auf die entsprechenden Bildtexte wird hingewiesen.

DASH und LAMPS – zwei Hubschrauber-Waffensysteme für Kreuzer, Zerstörer und Fregatten

Mitte der 60er Jahre scheiterte ein großangelegter Versuch der U.S. Navy, das Hubschrauberdrohnen-U-Jagdsystem DASH (»Drone Anti-Submarine Helicopter«) auf zahlreichen Fregatten (DLG/DLGN), Zerstörern (DD) und Geleitschiffen (DE) operativ zum Einsatz zu bringen. Von Einzelverwendungen abgesehen, war dieser Versuch ein Mißerfolg. Die kleinen Drohnen hatten lediglich die Aufgabe, als Waffenträger für kurze U-Jagdtorpedos oder Wasserbomben zu fungieren. Der Mißerfolg war vor allem auf dem Gebiet der noch nicht ausreichend bewältigten Fernlenkung der Drohnen zu suchen, aber auch in einer gewissen Rivalität zwischen den »Surface«-Mannschaften der Schiffe und den zur »Naval Aviation« gehörenden Besatzungen der DASH-Teams.

Darauf folgte 1971 die Einführung des LAMPS-I-Waffensystems (LAMPS = »Light Aircraft Multi-purpose System«), dessen wichtigste Komponente der relativ leichte Hubschrauber SH-2D/F wurde. Dieser Hubschrauber, in Verbindung mit den entsprechenden Anlageteilen im Schiff selbst, war nun der verlängerte Arm der »Surface Combatants« für den Bereich Ortung und Bekämpfung von Unterseeschiffen. 13 Jahre nach der Einführung wird das LAMPS-I-System immer noch aufrechterhalten, ja sogar durch den Bau von neuen SH-2 erweitert. Ursprünglich sollte LAMPS I ein Interims-System sein, bis LAMPS III frontreif wurde. LAMPS III aber ist so kostenintensiv, daß die Ablieferung an die Navy – etwa ab 1984 – nur zögernd vor sich gehen wird, und insgesamt wird die Anzahl der mit LAMPS III ausgestatteten Schiffe niedriger sein als ursprünglich geplant. LAMPS III allerdings ist eine profunde Weiterentwicklung, bei der vorsichtige Parallelen zu den Flugzeugen aus der Ära der klassischen Geschützkreuzer erlaubt sein mögen: u. a. verfügen auch moderne Kreuzer wieder über einen luftgestützten verlängerten Arm für die Ortung und Bekämpfung gegnerischer Über- und Unterwasserziele. Denn LAMPS III spielt nicht nur bei der U-Schiffsbekämpfung eine wesentliche Rolle, sondern auch bei der elektronischen Kampfführung, bei der FK-Leitung usw., wobei die klassischen Aufgabenbereiche auch weiterhin erhalten blieben.

Die beiden LAMPS-Systeme kommen u. a. auf denjenigen großen Lenkwaffenschiffen zum Einsatz, die Mitte 1975 auf dem Verwaltungswege von Fregatten (DLG/DLGN) zu Kreuzern (CG/CGN) »befördert« wurden. Diese aber sind nicht Gegenstand der Beschreibung dieses Buches.*

* Der Doppelband des Verfassers SEEMACHT USA (Bernard & Graefe Verlag, München 1981) enthält weitere Informationen über das LAMPS I und LAMPS-III-System, auch in Verbindung mit deren Verwendung auf modernen Kreuzern.

In den 60er und 70er Jahren findet man Hubschrauber als Kurier- und Flagg-Maschinen. Die Abbildung links zeigt eine UH-2B Seasprite vor der Landung auf *Albany* (CG-10) am 21. April 1972. Rechts sieht man eine H-3 Sea King, aufgenommen 1963 in Hamburg an Bord von *Newport News* (CA-148).

Te

Kreuzerklassen 1922 bis 1941

CL *Omaha*-Klasse

Dies war die erste Klasse von »echten« Leichten Kreuzern der U.S. Navy; ihr Konzept entsprach den Erfahrungen, die im Ersten Weltkrieg gemacht wurden. Zusammen mit den Zerstörern, die damals bereits respektable Geschwindigkeiten erreichten, sollten diese Schiffe die schnelle Aufklärungsvorhut der Flotte bilden. Sie sollten gleichzeitig den gegnerischen Zerstörern überlegen sein und sie mit ihren 15,2-cm-Geschützen bekämpfen. Die Entwicklung eines solchen Typs war u.a. auch als Folge der Erfahrungen zu werten, die mit britischen und deutschen Kreuzern des Ersten Weltkrieges gemacht wurden.
Mit den vier paarweise eingesetzten, schlanken Schornsteinen erinnerten Schiffe der *Omaha*-Klasse stark an die viel kleineren Vier-Schornstein-Zerstörer, die ihnen zeitlich vorangegangen waren. Dies waren zugleich die ersten amerikanischen Schiffe, die vorne einen Dreibeinmast erhielten und – mit Ausnahme der *Atlanta-/Oakland* Klasse – die einzigen amerikanischen Kreuzer, die während des Zweiten Weltkrieges Torpedorohre führten.
Ein besonderes Merkmal dieser Klasse war die Anordnung ihrer 15,2-cm-Hauptartillerie. Es war zunächst vorgesehen, nur acht 15,2-cm-Kanonen in Kasematten (je vier an jeder Seite) zu installieren. Der letzte Entwurf jedoch sah die zusätzliche Unterbringung von je einem 15,2-cm-Zwillingsturm vorn und achtern in der Schiffsachse vor, wonach diese Schiffe vom Gewicht her als überbewaffnet angesehen wurden. Aus Gewichtsgründen wurde denn auch später auf fünf Schiffen die Anzahl der 15,2-cm-Geschütze reduziert, wobei achtern die jeweils tiefer liegenden Kasemattrohre entfernt wurden. Dies waren die ersten amerikanischen Schiffe mit einer wechselweisen Anordnung von Kessel- und Turbinenräumen, eine Anordnung, die dann auch auf anderen Kreuzerklassen praktiziert wurde. Zur Zeit ihrer Fertigstellung waren diese Schiffe mit ca. 32 kn Geschwindigkeit die schnellsten Kreuzer der U.S. Navy.

Das Vorhandensein von je einem Flugzeugkatapult auf jeder Bordkante vergrößerte nur die ohnedies schon vorhandenen Gewichtsprobleme, so daß im Laufe des Zweiten Weltkrieges auf einigen Schiffen die Katapulte entfernt wurden. Ansonsten erfuhren diese Schiffe während des Zweiten Weltkrieges keine umfangreiche Modernisierung. Lediglich die Fla-Bewaffnung wurde durch Hinzufügung von 20- und 40-mm-Geschützen aufgestockt, und es wurden nacheinander Radaranlagen angebracht.

Milwaukee (CL-5) wurde von 1944 bis 1949 an die sowjetische Marine ausgeliehen, wo sie unter dem Namen *Murmansk* fuhr. Kurz nach Kriegsende wurden alle Schiffe dieser Klasse ausgesondert und verschrottet. Bezüglich der differierenden 15,2-cm-Rohrbewaffnung wird auf die Fotos und auf die weiter hinten abgedruckten Tabellen hingewiesen. Kein einziges Schiff dieser Klasse ging während des Krieges verloren.

Omaha (CL-4)

24. 2. 23	Indienststellung Atlantikflotte; bis zu Beginn des Zweiten Weltkrieges Trainingsfahrten, Routine-Operationen mit zahlreichen Hafenbesuchen, auch im Mittelmeer und in der Karibik,
1939/1940	Neutralitätspatrouille Mittelatlantik; danach
7. 12. 41	Fortsetzung der Überwachungsfahrten im Südatlantik; Jagd auf deutsche Blockadebrecher bis
2/44	
3/44	Fahrt nach Neapel zur Vorbereitung der Landung in Südfrankreich,
19.–25. 8. 44	Beschuß von Toulon; danach Rückkehr in den Südatlantik. Patrouillendienst bis Kriegsende am
15. 8. 45,	danach Rückkehr zur Ostküste am
1. 9. 45,	und am
1. 11. 45	Außerdienststellung.

Diese Aufnahme der *Omaha* entstand am 10. Februar 1943 vor der Marinewerft New York. Nur noch zehn 15,2-cm-Rohre; die beiden achteren, tiefer befindlichen, wurden entfernt. Die exakte Anbringungsart des Tarnschemas 22 in Verbindung mit dem sehr niedrigen Achterschiff bewirkt, daß der dunklere Anstrich beinahe wie ein zu hoch geratener Wasserpaß erscheint.
USN

Omaha (CL-4), aufgenommen am 20. März 1939 vor Toulon. Alle zwölf 15,2-cm-Rohre sind noch vorhanden. Zwei SOC-Aufklärer befinden sich auf den Katapulten.
MB

Milwaukee (CL-5)

20. 6. 23	Indienststellung; Einfahrprobefahrt nach Australien; in den beiden Dekaden zwischen den Weltkriegen hauptsächlich Operationen im Pazifik,
3. 1. 38	Kreuzfahrt in den Fernen Osten bis
27. 4. 38,	danach Ostküste; am
14. 2. 39	größte Tiefe im Atlantik vermessen, mit rund 9220 m; hiernach wurde die Stelle als »Milwaukee depth« benannt,
7. 12. 41	Werftzeit bei New York N.Sh.,
31. 12. 41	Abfahrt zur Geleitzugsicherung in der Karibik,
31. 1. 42	Panamakanal-Passage; Geleitzugsicherung zu den Gesellschaftsinseln; Rückkehr durch Panamakanal am
7. 3. 42,	danach Kommandierung zur »South Atlantic Patrol Force« von Recife aus; von dort aus die nächsten beiden Jahre operiert,
8. 2. 44	Abfahrt Bahia nach New York N.Sh.; dort bis
27. 2. 44,	danach Geleitfahrt nach Belfast
29. 3. 44	Geleitfahrt nach Murmansk; am
20. 4. 44	wurde das Schiff leihweise an die Sowjetunion abgegeben und dort als *Murmansk* in Dienst gestellt. In dieser Eigenschaft Geleitzugsicherung im Nordatlantik bis Kriegsende,
16. 3. 49	Rückgabe an die USN.

Dieses Werftfoto wurde am 28. August 1943 vom Achterschiff der *Milwaukee* nach vorne aufgenommen. Die wichtigsten Zahlen haben folgende Bedeutung: (3) Plattform für das neu hinzugekommene Radargerät SK, (7) neu hinzugekommenes Torpedo-Leitgerät, (8) 40-mm-Zwillings-Bofors mit Splitterschutzschild, (9) neu hinzugekommene 20-mm-Flak. USN

Milwaukee (CL-5), aufgenommen Ende der 30er Jahre. Das vordere obere Steuerbord-Kasematt-Geschütz ist nach achtern geschwenkt. Die beiden achteren Schornsteine sind von vier Scheinwerfern umgeben. Gut zu identifizieren ist das E-Meßgerät MK 16 auf dem Brückenhaus. USN

Cincinnati (CL-6)

1. 1. 24	Indienststellung; Einfahrprobefahrt nach Südamerika,
6/24	zur »Scouting Force«; dabei Einsatzfahrten entlang der Ostküste und im Bereich Karibik; im Frühjahr
1925	Manöver in der Panamakanal-Zone, danach Fortsetzung der Operationen an der Ostküste bis Anfang 1927,
17. 2. 27	Fahrt nach Shanghai und Manila, insgesamt bis
4/28,	auf der Rückkehr zur Ostküste Teilnahme an Manövern bei Hawaii,
25. 7. 28	Ankunft Newport, R.I.; Operationen Ostküste; Anfang
1932	Wechsel zur Pazifikflotte, dort bei der »Battle Force«,
4–7/34	mit der Flotte Fahrt zur Ostküste und Teilnahme am
31. 5. 34	an der Flottenparade vor New York; danach Rückkehr zur Westküste,
1935–1938	Schulungsfahrten mit Marine-Reservisten,
1939	Wechsel zur Atlantikflotte,
4/40	erneut in Pearl Harbor stationiert, von dort aus Fahrten nach Guam und zu den Philippinen,
3/41	Rückkehr in den Atlantik; ab
1941	bei Eintritt der USA in den Krieg Wach- und Geleitfahrten im Westatlantik; Blockade von Martinique und Suche nach deutschen Blockadebrechern. Anfang
1944	Werftüberholung in New York,
3–7/44	Geleitzugfahrten zwischen New York und Belfast,
28. 7. 44	Abfahrt von Norfolk ins Mittelmeer, dort Teilnahme an der Invasion in Südfrankreich,
9. 9. 44	Rückkehr nach New York, dort Werftzeit,
17. 11. 44	Kommandierung zur 4. Flotte nach Recife, Brasilien; Wachfahrten bis Kriegsende; im Sommer
1945	zwei Kadetten-Schulungsfahrten,
1. 11. 45	Außerdienststellung.

Diese Vorkriegsaufnahme zeigt *Cincinnati* (CL-6) beim Verlassen der Marinewerft in New York. Typisch für Schiffe dieser Klasse ist die nach achtern recht spitz zulaufende Heckpartie. Das tiefere Paar der achteren 15,2-cm-Kasematt-Geschütze fehlt hier bereits. USN

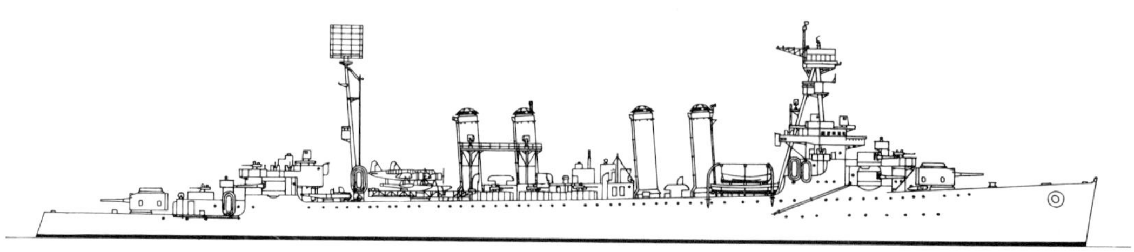

Cincinnati (CL-6), Aussehen Juli 1942. CXAM-1-Radar befindet sich an der Spitze des achteren Mastes. FL-Geräte MK 16 sieht man über der Reihe der Brückenfenster und achtern auf dem Aufbau über den Torpedorohren. SG-Radarantenne und FL- Radar Mk 3 sind nur einmal vertreten, u. zw. auf dem Vormast. Hier gibt es noch drei 28-mm-Fla-Vierlinge mit FLG 44.

Gegenüberliegende Seite:

Diese beiden Aufnahmen zeigen *Cincinnati* am 8. Juli 1942, getarnt nach Schema 12. Schon vor Anbringung der schweren Radarantenne CXAM-1 wurde der achtere Mast mit Stahlseilen abgespannt. Man erkennt vorn und achtern 28-mm-Vierlinge, aber auch bereits 20-mm-Oerlikons sowie achtern eine 7,6-cm-Kanone. Auf dem vorderen Masttopp befinden sich die Radarantennen Mk 3 und SG. Bemerkenswert ist, daß auch die Schornsteine abgespannt sind. USN

Raleigh (CL-7)

6. 2. 24	Indienststellung; danach Restausrüstung bei New York N.Sh.; ab
16. 4. 24	Einfahrprobefahrt vor Kap Virginia,
30. 7. 24	zur »Light Cruiser Division, Scouting Fleet« in nordeuropäischen Gewässern (Island, Grönland),
3. 9. 24	Reparaturen bei New York N.Sh.,
16. 10. 24	Manöver Ostküste, Westküste und Hawaii,
13. 7. 25	Werftzeit bei Boston N.Sh.; für die nächsten zwei Jahre Operationen Ostküste,
5. 2. 27	Landung von Marine-Corps-Truppen in Nicaragua,
1928	in der ersten Jahreshälfte Operationen vor Kalifornien und Hawaii,
26. 6. 28	Rückkehr nach Boston,
15. 4. 28	Flaggschiff der »Commander Naval Forces, Europe«; Besuche mehrerer europäischer Häfen,
4. 9. 29	Rückkehr nach Norfolk; zu »Light Cruiser Division 3, Scouting Force«; mehrere Jahre von Boston aus Operationen Ostküste; ab
15. 8. 33	Westküste, gestützt auf San Diego,
27. 4. 36	Wechsel zur Ostküste,
15. 6. 36	Werftzeit bei Norfolk N.Sh.; ab
27. 9. 36	Sicherheitsoperationen im spanischen Bürgerkrieg,
28. 4. 38	Ablösung durch *Omaha* (CL-4), ab
13. 5. 38	Werftzeit bei Norfolk N.Sh.,
16. 8. 38	zu »Flottila 1, Destroyer Squadrons, Battle Force«; zugleich Wechsel zur Westküste,
5. 9. 38	Ankunft San Diego; mehrere Fahrten in die Karibik und Hawaii als Flaggschiff von Flottilla 1,
7. 12. 41	Beschädigungen durch Torpedotreffer in Pearl Harbor,
12/41–2/42	Reparaturen in Pearl Harbor; Geleitfahrt nach San Francisco,
3–7/42	Reparaturen bei Mare Island N.Sh.,
23. 7. 42	zu TF 15; Geleitfahrten nach Hawaii, Samoa, Fiji-Inseln,
24. 11. 42	Ankunft Dutch Harbor, Alaska,
10. 1. 43	zu TG 8.6; Besetzung von Amchitka,
23. 3. 43	Werftzeit bei Puget Sound N.Sh.,
22. 4. 43	zu TG 16.6 in Adak,
2.–12. 8. 43	Beschuß von Kiska,
8–9/43	Werftzeit bei Mare Island N.Sh.,
15. 9. 43	erneut vor den Aleuten,
1. 2. 44	mit TG 94.6 Beschuß von Kurilen-Inseln,
3–5/44	Werftzeit bei Puget Sound N.Sh.,
6. 6. 44	zu TF 94, jedoch bald Ausfall der halben Maschinenanlage; Reparaturen bei Puget Sound N.Sh.; Wechsel zur Ostküste; ab
7/44	zwei Kadetten-Trainingsfahrten Karibik und Ostküste,
2. 11. 44	Außerdienststellung.

So sah im Juli 1942 *Raleigh* (CL-7) nach beendeter Werftzeit bei Mare Island N.Sh. aus. Der dunkle Anstrich des Schemas 21 kommt hier deutlich zum Ausdruck. Neben 20-mm-Maschinenflak befinden sich bereits auch 40-mm-Zwillinge an Bord. SC-Radar befindet sich auf dem achteren Mast. Immer noch vier Scheinwerfer im Bereich der achteren Schornsteingruppe. Nur ein FL-Radar Mk 3. USN

Richmond (CL-9), Aussehen März 1944. SK-Radarantenne befindet sich auf dem Vormast. SG und Mk 3-FL-Radar jetzt in doppelter Ausfertigung vorn und achtern. Mk 16 FLG immer noch an Bord. 40-mm-Doppelflak ist mit FLG Mk 51 liiert. 14-20-mm Flak sind zu sehen wie auch zwei OS2U Kingfisher-Flugzeuge auf den Mk 4-Katapulten.

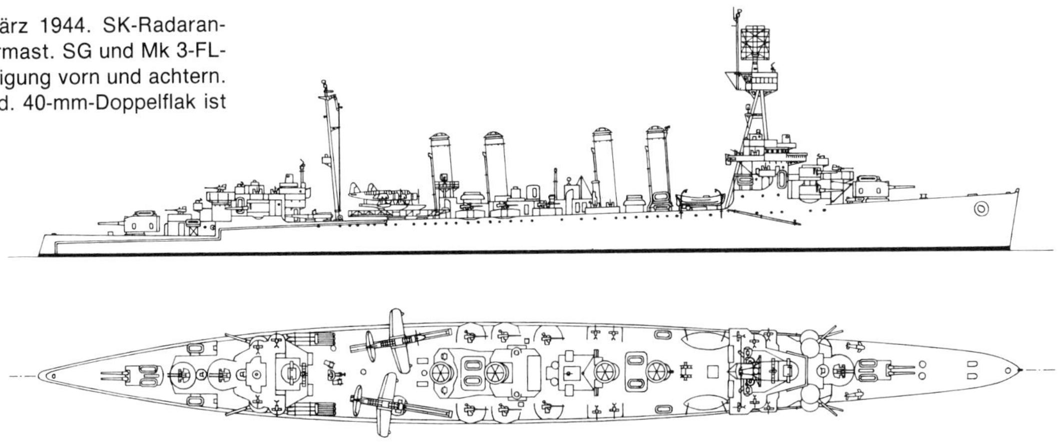

Nach der Werftzeit bei Puget Sound N.Sh. präsentiert sich *Raleigh* nunmehr am 25. Mai 1944 mit Tarnanstrich nach Schema 32/1d. Ein zweites FL-Radar Mk 3 ist hinzugekommen, zwei Scheinwerfer wurden dagegen entfernt. Ein Deckshaus befand sich schon länger zwischen den beiden Schornsteingruppen. Im Bereich des vorderen Masttopps sind Veränderungen sichtbar: Mk-3-FL-Radar wurde etwas nach vorne gerückt, um der SK-Antenne Platz zu machen; hinzugekommen ist die Maststenge, auf der sich SG-Radar befindet. USN

Detroit (CL-8)

31. 7. 23	Indienststellung; Einfahrprobefahrt Mittelmeer; mit der »Scouting Force« Fahrten und Übungen im Mittelmeer und entlang der Ostküste,
9–10/24	Relaisschiff für Weltumrundung von Einheiten der Heeres-Luftwaffe, dann nur bis
23. 11. 24	Flaggschiff des »Commander Light Cruiser Divisions«,
12/24–1/25	Werftzeit bei Boston N.Sh.,
2. 2. 25	Wechsel zur Pazifikflotte; Manöver in den Gewässern von Hawaii,
10. 7. 25	Rückkehr zur Ostküste,
7/25–3/26	
und 7–12/26	Flaggschiff »Light Cruiser Division 3«; Operationen entlang der Ostküste und in der Karibik,
3–4/27	Sicherheitsschiff vor der Küste von Nicaragua während der dortigen Unruhen,
16. 6. 27	Flaggschiff »Commander Naval Forces Europe«; Goodwill-Besuche in Europa, Nordafrika und Mittlerem Osten,
12. 9. 28	Rückkehr nach Norfolk; Flaggschiff »Commander Light Cruiser Divisions« vom
6. 7. 29	bis
29. 9. 30,	
1/31	Manöver Panamakanal-Zone,
19. 3. 31	Flaggschiff »Commander Destroyer Squadrons, Battle Force« in San Diego für mehrere Jahre, dazwischen
1934	eine Manöverfahrt in den Atlantik,
1941	neuer Heimathafen Pearl Harbor,
7. 12. 41	in Pearl Harbor; unmittelbar nach dem japanischen Angriff Sicherung der Insel Oahu und Suche nach dem japanischen Flottenverband.
10. 12. 41	Geleitdienst zwischen Pearl Harbor und der Westküste, darunter einmal 9 t Gold und 13 t Silber nach San Francisco transportiert, die von USS *Trout* (SS-202) von Corregrdor evakuiert wurden,
8/42	Werftzeit bei Mare Island N.Sh.,
9/42	zwei Geleitfahrten nach Samoa,

10. 11. 42	Abfahrt von San Francisco nach Kodiak, Alaska, um dort Flaggschiff von TG 8.6 zu werden. Sicherung der Aléuten bis
1/43,	danach
2–3/43	Werftzeit in Bremerton,
4/43	Beschuß von Attu,
8/43	Beschuß von Kiska; Verbleib im Bereich Alaska bis
6/44	dann mit TF 94 Beschuß der Kurilen-Inseln,
25. 6. 44	Abfahrt von Adak zur Werftzeit nach Bremerton,
9. 8. 44	Ankunft Balboa; zeitweise Flaggschiff »Southeast Pacific Fleet«; Fahrten entlang der südamerikanischen Westküste bis
12/44,	
16. 1. 45	Abfahrt von San Francisco nach Ulithi, Ankunft
4. 2. 45,	dort Einsatz bei der 5. Flotte; Flaggschiff der Replenishment Group,
1. 9. 45	Tokio-Bucht,
15. 10. 45	Abfahrt in die Staaten mit Kriegsteilnehmern an Bord,
11. 1. 46	Außerdienststellung.

◁
Detroit (CL-8): Interessante Detailaufnahme der vorderen Mast-Brückenpartie, aufgenommen im Februar 1942. Über dem obersten Kasematt-Geschütz befindet sich der Feuerleitstand, der nach Hinzukommen der 40-mm-Zwillinge das dazugehörige FL-Gerät aufnehmen wird. USN

Detroit, aufgenommen am 16. August 1942 nach beendeter Werftzeit bei Mare Island N.Sh. Hierbei wurde offensichtlich die Brückenpartie etwas modifiziert. USN

Mitte 1944, nach Beendigung der Werftzeit in Bremerton: *Detroit* mit Tarnanstrich nach Schema 33/3d. Die Anzahl der Scheinwerfer wurde verringert, SK-Radar vorne hinzugefügt. Nunmehr 2 SG- und 2 Mk-3-Antennen. USN

Richmond (CL-9)

2. 7. 23	Indienststellung, dreimonatige Einfahrprobefahrt nach Europa, Afrika, Südamerika; danach Ende
1923	Flaggschiff »Scouting Force«,
1/25	Flaggschiff »Light Cruiser Divisions, Scouting Fleet«; Fahrten und Manöver entlang der kalifornischen Küste und bei Hawaii; Goodwill-Fahrt nach Australien und Neuseeland,
11/25–2/27	Operationen Ostküste,
4/27	China-Station für ein Jahr; ab
25. 7. 28	Ostküste für die nächsten sechs Jahre,
9/34–12/37	Operationen Westküste,
21. 12. 37	Flaggschiff »Submarine Force, U. S. Fleet« bis
12/40	dann Wechsel nach Pearl Harbor,
1–6/40	Flaggschiff »CRUDIV 3 Scouting Force«,
11/40	Neutralitätspatrouille entlang der Westküste Nord- und Südamerikas,
7. 12. 41	unterwegs nach Valparaiso, Chile,
1942	Geleitaufgaben Pazifik,
12/42–1/43	Werftzeit bei Mare Island N.Sh.,
1/43	Alëuten; Flaggschiff TG 16.6,
5/43	Besetzung von Attu,
8/43	Beschuß von Kiska,
8–9/43	Werftzeit bei Mare Island N.Sh.; für den Rest von
1943	Patrouillenfahrten in den Alëuten,
4. 2. 44	Beschuß der Kurilen-Inseln bis zum Ende des Krieges, danach Okkupation Nordjapans,
14. 9. 45	über Pearl Harbor und Panamakanal Fahrt zur Ostküste,
21. 12. 45	Außerdienststellung.

Diese Aufnahme stammt aus dem Jahr 1946, als *Richmond* desarmiert wurde, um danach verschrottet zu werden. Sämtliche leichten Waffen und elektronische Anlagen wurden bereits entfernt. RPh

Richmond (CL-9), aufgenommen vermutlich in den 20er Jahren. Die großen Längen der Maststengen waren durch die Erfordernisse der damaligen Funktelegraphie bedingt. Hier befinden sich noch alle zwölf 15,2-cm-Geschütze sowie alle 10 TR in vier Gruppen an Bord. USN

Richmond, vermutlich Ende 1942 aufgenommen. Dunkler Tarnanstrich; die beiden achteren, tiefer gelegenen 15,2-cm-Geschütze fehlen. USN

Concord (CL-10)

3. 11. 23	Indienststellung,
23. 11. 23–	
9. 4. 24	Einfahrprobefahrt ins Mittelmeer, durch den Suezkanal, das Kap der Guten Hoffnung, danach Flaggschiff »Destroyer Squadrons, Scouting Force«,
1924–25	Wechsel in den Pazifik; wieder zurück in den Atlantik,
4. 6. 27	Teilnahme an der Flottenparade vor Präsident H. Hoover; ab Anfang
1932–34	von San Diego aus Flaggschiff von »CRUDIV 3, Battle Force«; Manöver in der Panamakanal-Zone und in der Karibik,
30. 9. 35 und	
12. 7. 38	Teilnahme an der Flottenparade vor Präsident F. D. Roosevelt; im Winter
1938/39	Rückkehr in den Pazifik; Trainingsfahrten von Pearl Harbor aus,
7. 12. 41	Werftaufenthalt in San Diego bis Anfang
2/42,	dann Geleitfahrten Südostpazifik, gelegentlich als Flaggschiff der »Southeast Pacific Force«,
5. 9.–24. 11. 43	RADM R. E. Byrd an Bord; Fahrt zur Feststellung der Verwendbarkeit etlicher südostpazifischer Inseln für die nationale Verteidigung. Während dieser Fahrt Benzinexplosion an Bord; 22 Tote; Schadensbehebung in Balboa, Panamakanal-Zone,
3/44	nach Ende der Werftzeit Fahrt zur »Northern Pacific Force« in Adac', dort Ankunft am
2. 4. 44	als Flaggschiff TF 94; Beschuß der Kurilen-Inseln; bis Kriegsende Verbleib in diesem Raum; ab
31. 8. 45	Teilnahme an der Okkupation Japans bis
14. 9. 45,	danach über Pearl Harbor und Panamakanal Übergang zur Ostküste,
12. 12. 45	Außerdienststellung.

Eine nicht näher datierte Aufnahme von *Concord* (CL-10), die vom Ende der 30er Jahre stammen mag, als die langen Maststengen bereits entfernt waren und der vordere Mast als Dreibeinmast mit Masttopp ausgebildet wurde. Alle 15,2-cm-Rohre befinden sich noch an Bord. USN

Concord, aufgenommen nach November 1942, mit Tarnanstrich nach Schema 22. Nur noch zehn 15,2-cm-Rohre an Bord, dafür aber Wasserbomben-Ablaufgestelle am Heck, die gegen die Außenhaut abgestützt werden mußten, da der Schiffskörper an dieser Stelle sehr schmal ist. Auf den beiden Katapulten befinden sich die damals neuesten Aufklärungsflugzeuge des Typs Kingfisher. USN

Trenton (CL-11)

19. 4. 24	Indienststellung; ab
24. 5. 24	Einfahrprobefahrt ins Mittelmeer; Fahrt durch den Suezkanal in den Persischen Golf, Rückkehr via Mittelmeer zur Ostküste,
29. 9. 24	Werftzeit bei Washington Navy Yard; Mitte
10/24	Kartuschen-Explosion im vorderen Turm, gesamte Turm-Besatzung tot; bis Mitte
2/25	Operationen Ostküste, dann via Panamakanal Wechsel zur Pazifikflotte; Manöver, u.a. im mittleren Pazifik,
7. 6. 25	Rückkehr zur Ostküste,
1. 7.–9. 11. 25	mit »Light Cruiser Division 2« im Rahmen der »Battle Force« ausgedehnte Fahrt nach Australien und Neuseeland,
1/28	Landung von Marine-Corps-Einheiten in Nicaragua,
3/28	mit *Memphis* (CL-13) auf Asien-Station,
1922–33	Operationen Ostküste und Mittelamerika; Frühjahr
1933–9/34	Pazifikflotte, Flaggschiff »Cruisers, Battle Force«, dann Rückkehr Ostküste,
1/36	erneut Pazifikflotte; Werftzeit bei Mare Island N.Sh., dann bei »Battle Force«, dabei im Winter
1937/38	zweite Fahrt nach Australien,
5/39	Atlantikflotte; zu Squadron 40-T in iberischen Gewässern; Mitte
7/40	Rückkehr USA,
11/40	Pazifikflotte, »CRUDIV 3, Battle Force«,
12/41	Balboa, Panamakanal-Zone,
1942–44	Operationen Südostpazifik,
8/44	Werftzeit in San Francisco,
2. 9. 44	Wechsel zu den Aleuten; bis Kriegsende Patrouillenfahrten Aleuten, Alaska und Kurilen-Inseln,
1. 8. 45	Werftzeit bei Mare Island,
18. 11. 45	Transitfahrt Panamakanal zur Ostküste,
20. 12. 45	Außerdienststellung.

Trenton (CL-11), aufgenommen Ende der 30er Jahre, offensichtlich während des Salutschießens. Zwölf 15,2-cm-Rohre. Noch keine Katapulte an Bord. USN

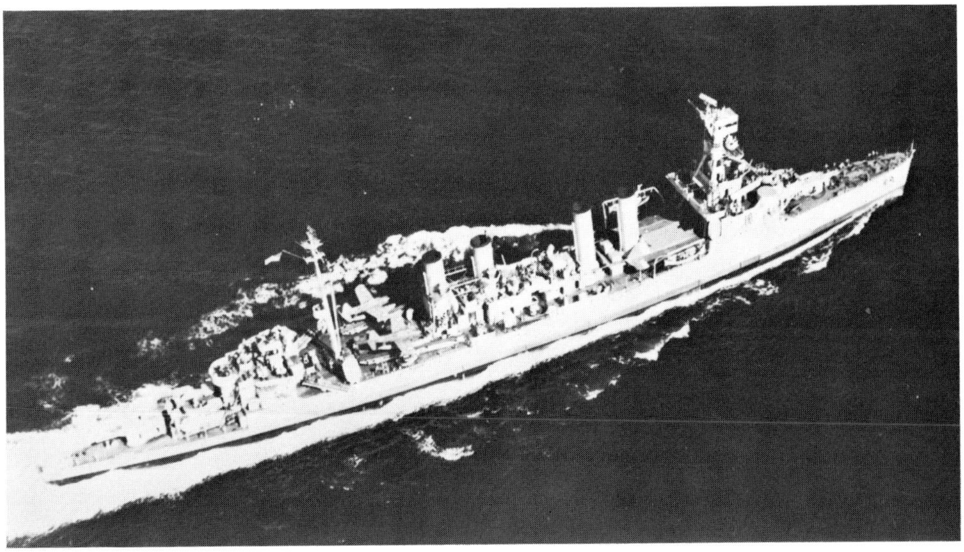

Diese Luftaufnahme der *Trenton* entstand im Mai 1943. Der Kontrast der beiden Farben des Tarnanstriches nach Schema 22 ist hier sehr schwach. Beachte die beiden ausgeschwenkten Torpedorohrsätze. Auf den Kreuzern, die keine Hangars hatten, konnten die Kingfisher-Aufklärer eingesetzt werden, da deren Tragflächen nicht klappbar waren. Die älteren SOC wurden zumeist Schiffen mit Hangar vorbehalten, weil sie dort wegen der klappbaren Tragflächen besser gestaut werden konnten.
USN

Dieses am 11. August 1944 in der Bucht von San Francisco aufgenommene Foto der *Trenton* zeigt das Steuerbord-Muster des Tarnanstriches 32/2f. Es ist bemerkenswert, daß im Jahre 1944 immer noch alle vier Scheinwerfer in Friedensaufstellung um die achtere Schornsteingruppe vorzufinden sind. Eine Kingfisher-Maschine ist vorhanden. USN

Dieses etwa 1945 aufgenommene Foto zeigt *Trenton* im letzten Zustand, kurz vor der Außerdienststellung, mit Anstrich nach Schema 21. Die achtern befindliche Scheinwerferausstattung wurde nach August 1944 doch noch reduziert. Cas

Marblehead (CL-12)

8. 9. 24	Indienststellung; Einfahrprobefahrt nach England und ins Mittelmeer,
1925	Fahrt nach Australien; Anfang
1927/28	Überwachung der politischen Vorgänge und der Wahlen in Nicaragua; danach mit *Richmond* und *Trenton* in Shanghai und auf dem Yangtze-Fluß bis
3/28,	Fahrt nach Boston, Mass., mit Unterbrechung in Nicaragua,
8/28–1/33	Operationen entlang der Ostküste,
2/33–1/38	Operationen entlang der Westküste,
1/38	Kommandierung zur »Asiatic Fleet« mit Stützpunkt Cavite, Philippinen,
24. 11. 41	mit TF 5 Abfahrt zu den Philippinen,
7. 12. 41	dort Kriegsbeginn; mit niederländischen und australischen Schiffen Geleitfahrten und Patrouillenfahrt um Niederländisch-Indien herum,
1/42	Deckung des Rückzuges alliierter Schiffe nach Angriff auf einen japanischen Geleitzug bei Balikpapan,
4. 2. 42	schwere Beschädigung durch zwei japanische Fliegerbombentreffer; 15 Tote, 34 Schwerverletzte,
13. 2. 42	Beginn einer beschwerlichen Reise mit Zwischenaufenthalt am
21. 2. 42	auf Ceylon, wo Reparaturen nicht in ausreichendem Maß durchgeführt werden konnten; Weiterfahrt nach Südafrika,
24. 3. 42	Ankunft Simonstown; dort Reparaturarbeiten bis
15. 4. 42,	danach Fahrt zur Ostküste der USA,
4. 5. 42	Beginn der Werftzeit bei New York N.Sh.,
15. 10. 42	Kommandierung zur Südatlantik-Flotte; Operationen von Recife und Bahia aus bis
2/44,	danach fünf Monate lang Operationen entlang der Geleitzug-Linien im Nordatlantik; danach Abfahrt ins Mittelmeer; Ankunft in Palermo, Sizilien, am
8/44,	Werftzeit in New York,
29. 7. 44	Vorbereitung zur Invasion in Südfrankreich,
15.–17. 8. 44	Feuerschutz bei Landungen in Südfrankreich, danach Rückkehr in die Staaten; Sommer-Schulfahrt mit Kadetten der Marineakademie,
1. 11. 45	Außerdienststellung.

Das obere der beiden Detailfotos der *Marblehead* zeigt Einzelheiten der Waffenausstattung, d. h. den achteren 15,2-cm-Doppelturm, einen offenen und einen abgedeckten 40-mm-Zwilling und ein Leitgerät Mk 51. Das untere Foto zeigt einen Blick von der schmalen Schanz auf den achteren 15,2-cm-Turm, auf 20-mm- und 40-mm-Flak (samt FLG Mk 51) sowie auf einen der beiden E-Meßgeräte und die Radarantennen Mk 3 und SK. Beide Fotos wurden am 5. Mai 1944 in der Marinewerft in New York aufgenommen. USN

In der Marinewerft New York am 5. Mai 1944 aufgenommen: Mittelschiffs-Details der Katapultanlage an der Steuerbordseite, des verspannten achteren Mastes und des letzten der vier Schornsteine.
USN

Marblehead (CL-12), aufgenommen am 6. Mai 1944 vor der Marinewerft in New York, immer noch nach Schema 22 getarnt. Neues Deckshaus zwischen den Schornsteinen, Splitterschutz für die 7,6-cm-Geschütze, maximale Radarausstattung. Nur noch zwei Scheinwerfer am dritten Schornstein, diese wurden jedoch nicht – wie bei anderen Schiffen – tiefer gesetzt. Beachte die gründliche Abspannung des achteren Mastes.
USN

Ein weiteres recht interessantes Foto der *Marblehead* aus der zweiten Jahreshälfte 1944. USN

Memphis (CL-13), aufgenommen am 2. November 1942 vor der Marinewerft in New York. Beachtenswert sind die Hütte zwischen den Schornsteinen und die sehr niedrig, jedoch vorschriftsmäßig angebrachte Trennlinie beim Anstrich nach Schema 22. Die Signalflaggen sind zum Trocknen aufgehängt. CXAM-I-Radar befindet sich auf dem achteren Mast, hier in Seitenlage. USN

Memphis (CL-13)

4. 2. 25	Indienststellung; Einfahrprobefahrten in der Karibik,
6/25	von Honolulu aus mit der »Scouting Force« Fahrt in den Südpazifik mit Besuchen in Australien und Neuseeland bis
9/25,	danach Operationen bei Westindien von
10/25–4/26,	danach Rückkehr nach New York; Fahrt nach Frankreich, dort Ankunft
26. 6. 26,	danach Flaggschiff des »Commander USN Forces Europe«; ab
4. 7. 26	in europäischen Gewässern bis 1927, dazwischen
31. 7.–31. 8. 26	in Santander, Spanien,
3. 6. 27	Übernahme von Charles A. Lindbergh und seinem Flugzeug in Southampton zur Entladung in Washington am
11. 6. 27,	
1/28	Begleitung Präsident Coolidges nach Westindien; vier Monate Operationen in der Karibik; Wechsel in den Ostpazifik, dann
6/28–5/30	Asien-Station; Operationen entlang der zentralamerikanischen Küste, insbesondere bei Nicaragua; etwa fünf Jahre Operationen in diesem Gebiet und entlang der Westküste der USA,
1/38	Goodwill-Reise nach Australien; ab
1. 4. 38	in Honolulu,
12. 7. 39	Teilnahme an der Flottenparade vor San Francisco,
8/39	Abfahrt nach Alaska, Aufenthalt dort bis Anfang 1941,
24. 4. 41	von Newport aus Neutralitätspatrouille; Ankunft Recife am
10. 5. 41	Operationen im Südatlantik während der meisten Zeit des Zweiten Weltkriegs,
11/42	Ende der Werftzeit bei New York N.Sh.,
1/43	Präsident F. D. Roosevelt an Bord während der Konferenz von Casablanca,
2–9/43	weiterhin Operationen im Südatlantik bis Ende 1944,
16. 1. 45	Ankunft Neapel,
27. 1. 45	Flaggschiff »Commander USN Forces Europe«,
18. 2. 45	Algier, während Präsident F. D. Roosevelt an der letzten alliierten Konferenz teilnimmt,
27. 10. 45	Teilnahme an den Navy-Day-Festivitäten in Neapel,
17. 12. 45	Außerdienststellung.

Memphis, aufgenommen im Juni 1945. Zwei Kingfisher-Flugzeuge auf den Katapulten. FL-Radar Mk 3 hat eigenen Mast. USN

CA *Pensacola*-Klasse

Dies ist die erste Klasse der amerikanischen Schweren Kreuzer; sie wurde allerdings zunächst – bis kurz nach der Indienststellung – ebenfalls unter der CL-Kennung geführt, wie auch die *Omaha*-Klasse. Zu jener Zeit trat jedoch die Regelung in Kraft, wonach die Unterscheidung zwischen Leichten und Schweren Kreuzern nicht vom Gewicht der Schiffe, sondern vom größten geführten Geschützkaliber abhängig war. Dies ist zugleich auch die erste Kreuzerklasse der USN, die unter den Bedingungen der Washingtoner Flottenverträge entstand. Unter diesen Konditionen war es zum damaligen Zeitpunkt noch schwer, die drei Eigenschaften Feuerkraft/Panzerschutz/Geschwindigkeit gleichgewichtig in einen Entwurf einzubeziehen. Denn die »Washington-Kreuzer« durften ja nicht über 10000 ts Standard verdrängen. Somit griffen folgende Überlegungen Raum:

- ☐ Man ging davon aus, daß es einen ausreichenden Panzerschutz gegen Nahtreffer durch gegnerische 20,3-cm-Geschosse nicht geben konnte.
- ☐ Erst später stellte sich heraus, daß die eigene 20,3-cm-Artillerie durch gut gezielte Feuerleitung den gleichwertigen Gegner auf eine so große Entfernung sehr wohl bekämpfen konnte und daß sich ein eigener ausreichender Panzerschutz gegen weitreichende gegnerische 20,3-cm-Treffer durchaus gelohnt hätte. Diese Erkenntnis fand aber erst bei der übernächsten *New Orleans*-Klasse ihren Niederschlag.
- ☐ Man ging zugleich berechtigterweise davon aus, daß die 20,3-cm-Geschütze denen des Kalibers 15,2 cm überlegen sein würden, so daß man die Leichten Kreuzer würde auf Distanz halten können, ohne deren Treffer befürchten zu müssen.

Somit war die Panzerung denn auch nur gerade so ausreichend dimensioniert, daß sie das Schiff gegen Zerstörer-Geschütztreffer (also bis zum Kaliber 12,7 cm) schützen konnte.

Bemerkenswert war hier die Aufteilung der 20,3-cm-Artillerie! Ähnlich wie erstmals bei den Schlachtschiffen der *Nevada*-Klasse, gab es hier zwei Zwillings- und zwei Drillingstürme. Jedoch waren auf der *Pensacola*-Klasse die beiden Zwillingstürme unterhalb der beiden überhöhten Drillingstürme aufgestellt, demnach lag das schwerere oberhalb des leichteren Gewichts. Dies war dadurch bedingt, daß der Schiffskörper in Höhe der Position des Turmes A noch zu schlank war, um den Unterbau des breiteren Drillingsturmes aufzunehmen. Da die Drillingstürme dazu noch ganze zwei Decks höher als die Zwillingstürme aufgestellt waren, verwundert es nicht, daß diese Schiffe topplastig waren und bei schwerer See ziemlich schlingerten. Durch flankierende Maßnahmen soll dieses Manko später behoben worden sein.

Von der Vorgänger-Klasse *Omaha* übernahm die *Pensacola* die wechselweise Anordnung von Kessel- und Turbinenräumen, womit Nachteile bei Beschädigungen durch Treffer in der Maschinenanlage gemindert wurden. Fiel eine Kessel- und Turbinenanlage durch Treffer aus, so blieb eine zweite einsatzbereit. Dadurch konnte verhindert werden, daß das Schiff antriebslos im Wasser liegenblieb.

Die ursprünglich aufgestellten sechs Torpedorohre wurden vor dem Zweiten Weltkrieg entfernt, als erkannt wurde, daß für diese Schiffe kaum eine Chance bestehen würde, Überwasser-Torpedoattacken durchzuführen. Die hier entfernten TR landeten schließlich auf den späteren Geleitschiffen (DE). Zwei weitere Maßnahmen, die der Herabsetzung des Toppgewichtes dienten, waren 1945 die Entfernung des vorderen schweren Dreibeinmastes und des Steuerbordkatapultes auf *Pensacola.* Auf beiden Schiffen wurde jedoch schon 1941 der achtere Dreibeinmast stark gekürzt; hinzu kam ein dünner Pfahlmast hinter dem achteren Schornstein. Die 1945 bei *Pensacola* wirksam gewordenen Maßnahmen sollten auch bei *Salt Lake City* durchgeführt werden, die dafür programmierte Werftzeit entfiel dann aber wegen des herannahenden Kriegsendes.

Die Friedensartillerie wurde während des Krieges durch Aufstellung zahlreicher 20- und 40-mm-Maschinenflak verstärkt, wie den Fotos und den Tabellen entnommen werden kann. Jedoch wurde schon vor Kriegsbeginn die Anzahl der 12,7-cm-L/25-Flak von vier auf acht erhöht.

Dies war übrigens die einzige Vorkriegsklasse von Schweren Kreuzern, die über keinen Hangar verfügte. Somit paßte auf jedes Katapult nur ein leichtes Aufklärungsflugzeug. Zwei weitere sollen angeblich zwischen den Schornsteinen an Deck gelagert werden können.

In der Beurteilung durch die Fachwelt stand die *Pensacola*-Klasse nicht besonders gut da. Sie galt als überbewaffnet, zu schwach gepanzert, dazu noch mit negativem Seeverhalten, nicht zuletzt wegen des zu niedrigen Freibords. Dennoch überlebten beide Schiffe den Krieg und blieben auch, nachdem sie als Testschiffe bei den Atombombenversuchen bei Bikini verwendet wurden, schwimmfähig. Keine Klasse von amerikanischen Kreuzern außer die beiden *Pensacolas* verfügte je über mehr 20,3-cm-Rohre.

Pensacola (CA-24), Aussehen kurz nach Kriegsbeginn, im März 1942. CXAM-Radar auf dem vorderen Mast, darunter FLG Mk 18 mit FL- Radar Mk 3, das nicht für sich , sondern nur mit dem FLG zusammen drehbar war. Die beiden FLG Mk 33 verfügen noch nicht über FL-Radar Mk 1. Auf dem Katapult Mk 6 ruht noch eine SOC Seagull.

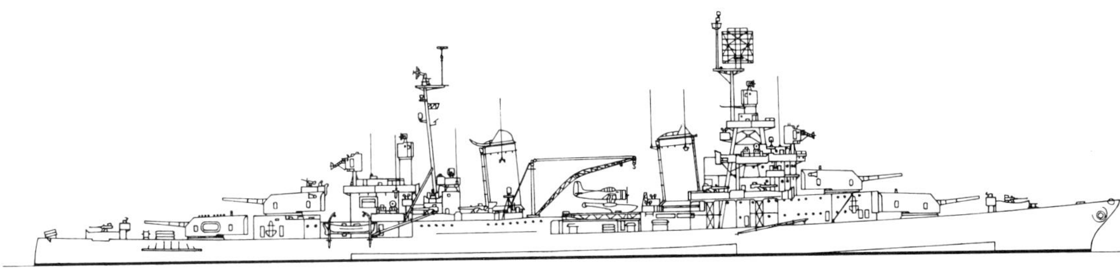

Pensacola, Aussehen bei Kriegsende, Im Juni 1945. Zwei FLG Mk 35 und zwei Mk 33 mit aufgesetzten bzw. vorgehängten FLR Mk 28; weitere Mk 28 auf vier von sieben 40-mm-Vierlingen, jeweils in der Nähe FLG Mk 63. Der achtere Mast beherbergt eine SP- und eine der ersten ECM-Antennen. Sieben 20-mm-Zwillinge. Auf der Schanz Wasserbombengestelle Mk 9. Eine SC Seahawk auf dem einzig verbliebenen Katapult.

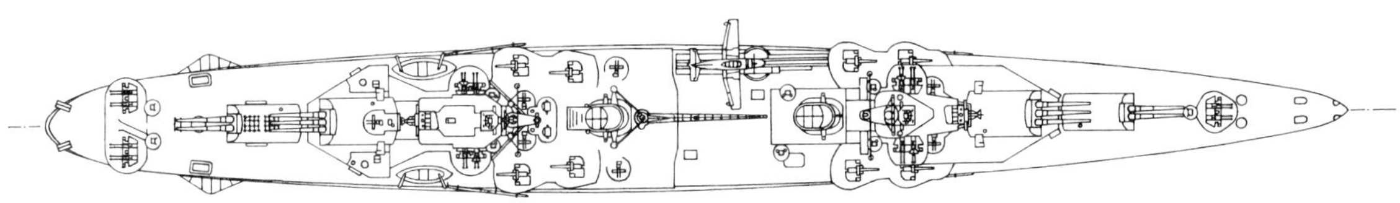

Pensacola (CA-24), der erste fertiggestellte Kreuzer der 30er Jahre. Aus den 30er Jahren stammt auch dieses Foto. Bemerkenswert sind der Dreibeinmast, dessen Stützen bis aufs Hauptdeck reichen, sowie der zwei Decks hohe Aufbau vor der Brücke. Die sehr hohe Aufstellung des Geschützturmes B und der hoch angebrachte, recht schwere Masttopp trugen offensichtlich zur stets beklagten Topplastigkeit bei. Torpedorohre befinden sich noch an Bord.
Sammlung L. L. von Münching

Pensacola (CA-24)

6. 2. 30	Indienststellung als CL-24,
24. 3.–5. 6. 30	Fahrt entlang der südamerikanischen Westküste; danach
1930–1934	Operationen entlang der Ostküste und gelegentlich Fahrten zu Manövern vor Hawaii und Kalifornien,
15. 1. 35	Wechsel zur Pazifikflotte,
30. 1. 35	Ankunft San Diego; Operationen im pazifischen Raum bis
5. 10. 39,	von da an in Pearl Harbor stationiert,
29. 11. 41	Abfahrt von Pearl Harbor im Geleitzug nach Manila, der jedoch nach Kriegseintritt am
7. 12. 41	nach Australien umgeleitet wird,
5. 2. 42	von Pearl Harbor aus nach Samoa,
17. 2. 42	zu TF mit *Lexington* (CV-2), ab
6. 3. 42	auch mit *Yorktown* (CV-5); Korallenmeer,
21. 4. 42	Rückkehr nach Pearl Harbor, danach Fahrt zu den Neu-Hebriden mit VMF-212,
4. 6. 42	Teilnahme an der Schlacht bei Midway,
13. 6.–22. 6. 42	in Pearl Harbor, danach Transport von MAG-22 nach Midway; Patrouillen um Hawaii bis
7. 8. 42,	danach Abfahrt nach Guadalcanal,
26. 9. 42	Noumea, Neu-Kaledonien,
26. 10. 42	Teilnahme an der Schlacht bei Santa Cruz; Übernahme von 188 Überlebenden der *Hornet* (CV-8),
12.–13. 11. 42	Schlacht bei Guadalcanal; zu TF 67,

30. 11. 42	Schlacht bei Tassafaronga; schwer beschädigt durch einen Zerstörer-Torpedotreffer; 125 Tote und 68 Verwundete; provisorische Reparatur in Tulagi,
6. 12. 42– 7. 1. 43	weitere Reparaturen in Espiritu Santo, danach Fahrt nach Pearl Harbor; dort vom
27. 1.–11/43	Werftreparaturen bei Pearl Harbor N.Sh., neue achtere Aufbauten erhalten,
19. 11. 43	Beschuß von Tarawa; ab
29. 1. 44	Operationen im Bereich Marshall-Inseln,
1. 2. 44	Besetzung von Roi und Namur,
30. 3.–1. 4. 44	Träger-Begleitschutz bei Palau, Yap, Ulithi und Woleai,
25. 4. 44	Abfahrt von Majuro über Pearl Harbor nach
5/44	Mare Island (kurze Werftzeit), danach Fahrt in den Nordpazifik,
27. 5. 44	Ankunft Kulak-Bucht,
13.–28. 6. 44	Beschuß von Kurilen-Inseln,
13. 8. 44	Ankunft Pearl Harbor,
3. 9. 44	Beschuß von Wake,
9. 9. 44	Beschuß von Marcus; ab
16. 10. 44	Befreiung der Philippinen

Pensacola, aufgenommen im August 1942 in den Gewässern um Hawaii, während der Zugehörigkeit zur Task Force um den Flugzeugträger *Hornet* (CV-8). Deutlich sieht man hier den Unterschied zwischen den Breiten der Geschütz-Doppel- und Drillingstürme. Die auf acht Geschütze des Kalibers 12,7 cm L/25 verstärkte Mittelartillerie erhielt Splitterschutz. Der alte Großtopp wich dem E-Meßgerät Mk 35; dieses dient als Basis für FL-Radar Mk 3. Darüber die Radarantenne CXAM. Neben den hier auszumachenden 28-mm-Vierlingen befinden sich bereits 20-mm-Oerlikons an Bord. Die FL-Geräte Mk 33 führen bereits FL-Radar Mk 4.
USN

20. 10. 44	Invasion von Leyte,
25. 10. 44	Schlacht bei Kap Engaño,
11. 11. 44	Beschuß von Iwo Jima,
22. 11. 44	auf Saipan Vorbereitung der Invasion von Iwo Jima bis
24. 1. 45,	dann Beschuß von Iwo Jima,
16. 2. 45	erneut Beschuß von Iwo Jima, dabei am
17. 2. 45	sechs Treffer durch Küstenbatterien, 17 Tote, 119 Verwundete; nach kurzer Reparaturzeit am
19. 2. 45	erneut vor Iwo Jima,
5.–20. 3. 45	Reparaturen in Ulithi; ab
25. 3. 45	Beschuß von Okinawa, bis
15. 4. 45,	danach Abfahrt zur Westküste,
7. 5.–3. 8. 45	Werftzeit (Umbau) bei Mare Island N.Sh.,
3. 8. 45	bis Kriegsschluß in Adak, Alaska; danach mit CRUDIV 5 Okkupation von Nord-Honshu,
14. 11. 45	Abfahrt von Japan über Okinawa und Pearl Harbor zur Westküste,
3. 12. 45	Ankunft San Francisco,
8. 12. 45–	»Magic Carpet«-Fahrt nach Guam,
9. 11. 46	
29. 4. 46	Abfahrt nach San Pedro,
29. 5. 46	Ankunft Bikini Atoll; Zielschiff bei Atombombenversuchen am
1. und 25. 7. 46,	danach am
26. 8. 46	Außerdienststellung.

Während der kurzen Werftzeit bei Mare Island N.Sh. im Mai 1944 erhielt *Pensacola* Tarnanstrich nach Schema 32/14d. Aus dieser Zeit stammt das vorliegende Foto. SK-Radar kam schon ein Jahr zuvor an Bord; die hier nur knapp sichtbaren achteren Aufbauten wurden bereits umgestaltet. USN

Dieses Foto vom 17. Dezember 1942 zeigt die neben einem Tender liegende *Pensacola* während der provisorischen Reparaturen der in der Schlacht von Tassafaronga am 30. November 1942 durch Torpedotreffer erlittenen Schäden. Das Foto entstand in der Bucht von Espiritu Santo. CXAM-Radar ist hier nicht mehr zu beobachten.
USN

Während der dreimonatigen Werftzeit in der Marinewerft Mare Island bis zum Sommer 1945 wurde *Pensacola* umgebaut. Das am 29. Juni 1945 aufgenommene Foto zeigt das Aussehen des Schiffes nach diesem Umbau, gepönt nach Schema 21. Die Kürzung des vorderen Mastes war die wichtigste Maßnahme zur Herabsetzung der Topplastigkeit. Beachtenswert ist der voluminöse Schraubenschutz, zu sehen unterhalb des achteren 20,3-cm-Doppelturmes.
USN

Am 3. Juli 1945 entstand dieses Detailfoto in der Mare Island-Werft. Bemerkenswert ist hier die Anbringung von FL-Radar Mk 28 sowohl auf den FL-Geräten Mk 33 wie auch auf Mk 35 und auf vier 40-mm-Vierlingen; zu jener Zeit befanden sich insgesamt acht Mk-28-Radarschirme an Bord. Während dieser Werftzeit kam auch Flugzeugleitradar SP an Bord. Man beachte die Zwillings-20-mm-Flak.
USN

Und so präsentiert sich *Pensacola* drei Monate später, am 18. Oktober 1945, in Omnato, während der Besetzung von Nord-Honshu. Auf dem einzig verbliebenen Backbordkatapult befindet sich ein Bordaufklärer des Typs Seahawk.
USN

Salt Lake City (CA-25)

11. 12. 29	Indienststellung als CL-25, ab
20. 1. 30	Einfahrprobefahrt entlang der Küste von Maine,
2–3/30	Südamerikafahrt,
31. 3. 30	zu »CRUDIV 9, Scouting Force«, ab
12. 9. 30	zu CRUDIV 5,
1. 7. 31	Reklassifiziert als CA-25, Anfang
1932	Flottenmanöver Westküste, Verbleib bei der Pazifikflotte,
1–2/33	Fahrt nach Pearl Harbor,
9/33	zu CRUDIV 4,
10/33–1/34	Werftzeit bei Pudget Sound N.Sh.,
55/34	Teilnahme an der Flottenparade vor New York,
18. 12. 34	Rückkehr nach San Pedro,
1935–1938	Operationen von der Westküste aus,
13. 1. 39–7. 4. 39	Abstecher in die Karibik,
10/39–6/40	Fahrten im Bereich Hawaii, Wake, Guam,
8/41	Besuch in Australien,
7. 12. 41	im Verband mit *Enterprise* (CV-6) auf der Rückkehr von Wake; erfolglose Suche nach dem japanischen Angriffsverband,
15. 12. 41	Einlaufen Pearl Harbor; Rest von
12/41	Unterstützung von Wake, Midway, Samoa mit TF 8,
2/42	Marshall-Inseln,
3/42	Marcus,
4/42	mit CV-6 und CV-8 »Tokio Raid«,
5/42	mit *Enterprise* vergebliche Fahrt zum Korallenmeer,
6/42	Unterstützung von Midway; ab
8/42	Landungen auf Tulagi und Guadalcanal,
15. 9. 42	Übernahme von Überlebenden der *Wasp* (CV-7),
11.–12. 10. 42	Salomonen; Schlacht bei Cape Esperance, drei Treffer durch japanische Überwasserschiffe,
11/42–3/43	Werftzeit in Pearl Harbor; Ende der Werftzeit
3/43,	dann Aleüten mit TF 8; dort schwere Beschädigungen durch japanische Überwasserschiffe,
23. 9. 43	Abfahrt zu Werftreparaturen in San Francisco,
14. 10. 43	Ankunft Pearl Harbor,
11/43	mit Flottenträgern Angriffe auf Wake, Rabaul, Tarawa,
29. 1.–17. 2. 44	mit TG 50.15 Operationen bei den Marshall-Inseln; Wotje, Majuro, Eniwetok, Kwajalein,
30. 3.–6. 4. 44	Palau, Yap, Ulithi, Majuro, Woleai (West-Karolinen),
30. 4. 44	Pearl Harbor, Weiterfahrt zur Westküste,
7. 5.–1. 7. 44	Werftzeit bei Mare Island N.Sh.; ab
8. 7. 44	in Adak (Alaska); danach
13. 8. 44	Rückkehr nach Pearl Harbor,
29. 8. 44	Abfahrt nach Wake; Feuerunterstützung am
3. 9. 44,	danach
9–10/44	Saipan, Marcus,
10/44	während der zweiten Schlacht bei den Philippinen Deckung von Trägergruppen,
10/44–2/45	mit CRUDIV 5 (TF 54) Unterstützung von Trägern; danach
3–5/45	erste Operationen um Iwo Jima und Okinawa,
8. 8. 45	Fahrt via Saipan zu den Aleüten,
31. 8. 45	Okkupation von Honshu,
29. 10. 45	Rücktransport von Kriegsteilnehmern zur Westküste, ein Katapult wurde entfernt,
3/46	Fahrt nach Pearl Harbor zur Vorbereitung der Teilnahme an den Atombombenversuchen
7/46	bei Bikini; überstand beide Versuche am
1. und 25. 7. 46,	
29. 8. 46	Außerdienststellung,
25. 5. 48	als Zielschiff versenkt.

Diese Friedensaufnahme von *Salt Lake City* (CA-25) aus der ersten Hälfte der 30er Jahre verdeutlicht die harmonische Linienführung der beiden Schiffe der *Pensacola*-Klasse. Die hier achtern von den Katapulten angebrachten Torpedorohre wurden im Mai 1934 entfernt, zu einer Zeit also, da die Japaner die Torpedobewaffnung ihrer schweren Kreuzer vermehrten. USN

Diese Breitseitaufnahme von CA-25 entstand am 21. Juni 1944, nachdem in Mare Island der Tarnanstrich nach Schema 33/14d angebracht wurde. Bei beiden FLG Mk 33 wurde Mk 4-Radar vorgehängt. Wegen des hellen Anstriches des achteren Teiles des Schiffskörpers wurde zur besseren Sicht die Kenn-Nummer »25« hier in dunkler Farbe angebracht. Es ist bemerkenswert, daß – im Gegensatz z. B. zu deutschen Schiffen im Zweiten Weltkrieg – amerikanische Schiffe während des Krieges ihre Kennummer weiter sichtbar trugen. USN

Salt Lake City (CA-25), Aussehen Juni 1944. Immer noch Mk 18-FLG mit FLR Mk 3. Für die sechs 40-mm-Vierlinge sind FLG Mk 51 zuständig. 19-20-mm-Einzelflak.

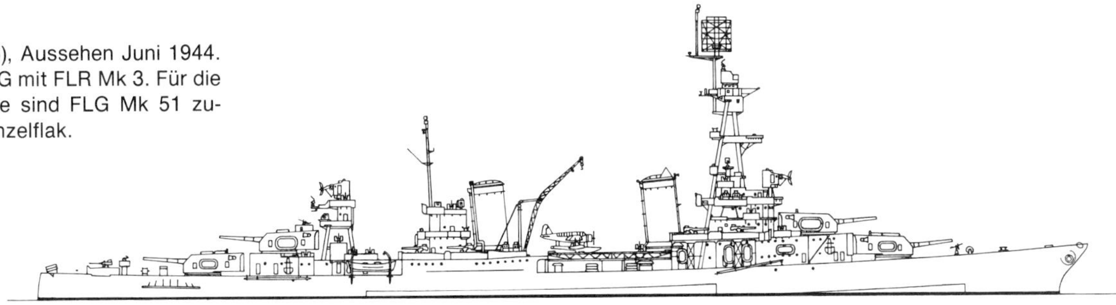

CA-25 führte relativ lange Zeit den Tarnanstrich nach Schema 21, der auf dem vorliegenden Foto deutlich zu erkennen ist. Das Foto stammt vom 10. Mai 1943, was bedeutet, daß während des vorliegenden Werftaufenthaltes Reparaturen der bei den Aléuten erlittenen Schäden durchgeführt wurden. Bemerkenswert sind hier die beiden 40-mm-Bofors-Vierlinge mit dem etwas über die Bordkante überhängenden Splitterschutz und den davor plazierten FL-Ständen mit dem FLG Mk 51. Zwölf Nebelbehälter befinden sich ganz achtern. FL-Radar Mk 4 befindet sich auf dem FLG Mk 33. USN

Die Katapult-Anlagen und weitere Details des Mittelschiffes von *Salt Lake City*, aufgenommen in Mare Island im Juni 1944. USN

Rückkehr von einer »Magic Carpet«-Fahrt bei der Rückführung von Kriegsteilnehmern von den Kriegsschauplätzen im Pazifik zur Westküste: *Salt Lake City*, aufgenommen am 31. Dezember 1945 in der Bucht von San Francisco, ohne Steuerbordkatapult. Das Schiff sollte nach Muster *Pensacola* umgebaut werden, das Kriegsende machte jedoch diese Maßnahme entbehrlich. Cas

CA *Northamtpon*-Klasse

Hauptmerkmal dieses Entwurfes aus dem Jahre 1926 sind die drei 20,3-cm-Geschütztürme anstelle von vier wie auf der *Pensacola*-Klasse. Dies blieb fortan Merkmal für alle künftigen Schweren Kreuzer. Der Verlust des einen Rohres wurde durch Gewichtsvorteile kompensiert. Die beiden Kesselräume wurden hier durch ein Schott voneinander getrennt. Das Seeverhalten wurde dadurch verbessert, daß eine höhere Back vorgesehen war. *Augusta, Chicago* und *Houston* wurden als Flaggschiffe gebaut. Zusätzlicher Raum für einen Verbandsstab wurde dadurch erreicht, daß das Backdeck samt Außenhaut nach achtern zu bis auf die Höhe der Katapulte verlängert wurde. Der Panzerschutz war zum Teil etwas stärker als bei der Vorgänger-Klasse. Wie bei dieser wurden 1935 die 6 TR entfernt und die Zahl der 12,7-cm-L/25-Geschütze verdoppelt. Der vordere Schornstein von *Northampton* wurde in etwas unschöner Weise verlängert; später, im Verlaufe des Krieges, erhielten die jeweils vorderen Schornsteine einen »halben« Schornsteinaufsatz, durch den die Brückenaufbauten frei von Abgasen gehalten werden sollten.
Northampton, Chicago und *Houston* gingen im Laufe des ersten Kriegsjahres verloren, die restlichen drei Schiffe wurden im späteren Verlauf wie folgt modifiziert:

Chester	ab 1945	kurzer Mast vorn, neuer Gittermast hinten
Louisville	1943	halbhoher Mast vorn, neuer Gittermast hinten
Augusta	1943	halbhoher Mast vorn, alter Mast hinten
Augusta	1945	halbhoher Mast vorn, neuer Gittermast hinten.

Die gesamten Aufbauten hinter dem achteren Schornstein dienten als Basis für zahlreiche 20-mm-Flak und für die Feuerleitgeräte. Durch die Eliminierung des ursprünglichen Hauptmastes erhielt die Flak günstigere Bestreichungswinkel. Im weiteren Verlauf des Krieges wurden die drei übriggebliebenen Schiffe – wie bereits vorher *Chicago* – mit 40-mm-Flak ausgerüstet, und es wurden zwei zusätzliche FLG aufgestellt. Einige seitliche Öffnungen des Hauptdecks wurden überplattet.
Die Flugzeuginstallation war auf diesen Schiffen von Anbeginn wesentlich besser als auf *Pensacola*, so daß permanent vier Aufklärungsflugzeuge wettergeschützt mitgeführt werden konnten. Die beiden Flugzeugkatapulte waren hier jeweils an den beiden Bordkanten des Raumes zwischen den Schornsteinen aufgestellt, und zwar so hoch auf Drehsockeln, daß die vorderen Enden ihrer Ausleger noch über das verlängerte Backdeck ragten. Diese hohe Aufstellung mag auch damit begründet gewesen sein, daß den startenden Flugzeugen je nach Wetterlage ein sicherer Abflug ermöglicht werden sollte (Spielraum für ein Durchsacken der Maschine!). Im Gegensatz zu *Pensacola* waren diese Schiffe stabiler und zeigten ein besseres Seeverhalten.

Northampton (CA-26)

17. 5. 30	Indienststellung als CL-26; während des Sommers
1930	Einfahrprobefahrt ins Mittelmeer,
1931	Umklassifizierung als CA-26; von
1932	an hauptsächlich im Pazifik eingesetzt, zuerst von San Pedro aus, dann von Pearl Harbor,
7. 12. 41	in See mit *Enterprise* (CV-6); Suche nach der japanischen Flotte bis
11/42	danach
1. 2. 42	Beschuß von Wotje,
24. 2. 42	Beschuß von Wake,
4. 3. 43	Angriff auf Marcus,
4/42	Teilnahme am »Tokio Raid« mit *Hornet* und *Enterprise,* danach zu späte Abfahrt, um noch an der Schlacht im Korallenmeer teilzunehmen,
4.–5. 6. 42	Teilnahme an der Schlacht bei Midway,
13. 6. 42	Rückkehr nach Pearl Harbor,
8/42	Operationen bei Guadalcanal,
5. 10. 42	Trägerschutz bei Bougainville,
26. 10. 42	Teilnahme an der Schlacht bei Santa Cruz,
30. 11. 42	zwei Torpedotreffer in der Nachtschlacht von Tassafaronga; gesunken.

Dieses schlechte, jedoch historische Foto zeigt *Northampton* am 8. Dezember 1941 bei der Einfahrt in den Hafen von Pearl Harbor. Die Luft ist noch voll von Rauch als Folge der japanischen Luftangriffe, die einen Tag zuvor stattgefunden hatten. Das Foto dokumentiert trotz der schlechten Qualität zweierlei: das unschöne Aussehen des kurz vor Kriegsbeginn verlängerten Schornsteins sowie die Kombination der beiden Tarnschemata 1 und 5, letzteres eine Bugwelle darstellend. Ein Jahr später wurde *Northampton* selbst das Opfer von japanischen Torpedos. USN

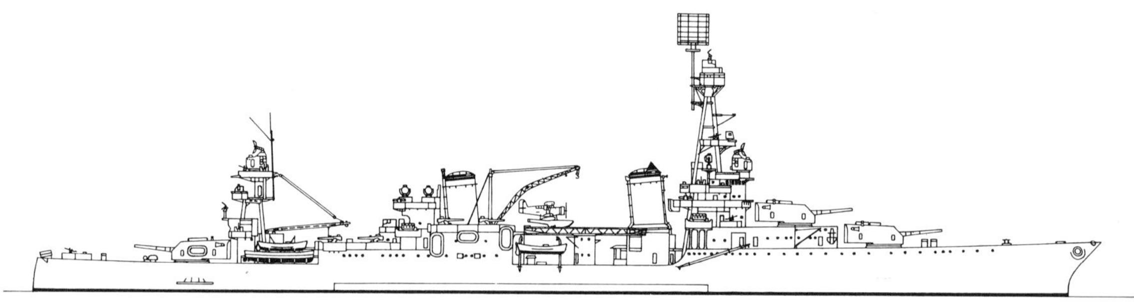

Northampton (CA-25), Aussehen November 1942. CXAM1-Radar befindet sich auf der Spitze des vorderen Mastes, darunter FLG Mk 24 mit FLR Mk 3. Ein weiteres Mk 24-FLG befindet sich hinter dem Scheinwerferstand, dort wo die 28-mm-Flak die beiden 12,7-cm-Geschützgruppen trennt. FLR Mk 4 befindet sich hier *auf* den beiden FLG Mk 33.

Northampton (CA-26), aufgenommen während der ersten Dienstperiode zu Beginn der 30er Jahre. Beachtenswert ist die sehr harmonische Linienführung des Schiffes. Die hier sichtbaren Torpedorohre wurden Mitte der 30er Jahre entfernt. Vorerst nur vier 12,7-cm-Flak L/25. USN

Chester (CA-27)

24. 6. 30	Indienststellung als CL-27,
1. 7. 31	Umklassifiziert als CA-27,
13. 8. 30	Abfahrt zur Europa-Kreuzfahrt,
3/31	Manöver in der Kanalzone,
ca. 4/31	Werftzeit bei New York N.Sh., dabei Einbau der Katapulte,
31. 7. 32	Abfahrt zur Westküste, dort Operationen mit Pazifik-Flotte von San Pedro aus,
9. 4. 34	Abfahrt zur Ostküste,
31. 5. 34	Teilnahme an der Flottenparade vor New York,
9. 11. 34	Rückkehr nach San Pedro,
25. 9. 35	mit Kriegsminister an Bord Beginn der Fahrt zu den Philippinen,
15. 11. 35	Teilnahme an der Inauguration des Präsidenten der Philippinen,
14. 12. 35	Rückkehr nach San Francisco, Operationen mit CARDIV 4,
28. 10. 36	Abfahrt zur Ostküste; von Charleston, S.C., Begleitung von *Indianapolis* (CA-35) mit Präsident F. D. Roosevelt an Bord; Goodwill-Tour nach Südamerika,
24. 12. 36	Rückkehr nach San Pedro,
1937	Operationen Westküste, Hawaii-Gewässern und Alaska,
9/40–1/41	Werftzeit Ostküste,
3. 2. 41	neuer Heimathafen Pearl Harbor,
5–6/41	Fahrt zur Westküste,
10–11/41	Truppentransport-Geleitfahrt nach Manila,
7. 12. 41	mit *Enterprise* (CV-6) und *Northampton* (CA-26) in den Gewässern von Wake mit TF 8,
18.–24. 1. 42	Unterstützung der Landung auf Samoa,
1. 2. 42	mit TG 8.3 Angriff auf Taroa; dabei Treffer durch Fliegerbombe: 8 Tote, 38 Verwundete,
2/41	Werftreparatur in Pearl Harbor; nach einer Geleitfahrt nach San Francisco mit TF 17
4. 5. 42	Angriff auf Guadalcanal-Tulagi,
8. 5. 42	Teilnahme an der Schlacht im Korallenmeer,
10. 5. 42	Übernahme von 478 Besatzungsmitgliedern der gesunkenen *Lexington* (CV-2),
ca. 6–8/42	Werftzeit Westküste,
21. 9. 42	Ankunft Noumea, zu TF 62,
20. 10. 42	bei den Salomonen Torpedotreffer, 11 Tote, 12 Verwundete, vorläufige Reparatur ab
23. 10. 42	in Espiritu Santo,
29. 10. 42	Abfahrt nach Sydney für zusätzliche Reparaturarbeiten,
25. 12. 42	Abfahrt nach Norfolk zur Werftüberholung,
13. 9. 43	Rückkehr nach San Francisco, von dort Geleitdienst nach Pearl Harbor bis
20. 10. 43,	danach
8. 11. 43	Abfahrt von Pearl Harbor zur Invasion der Marshall-Inseln bis
25. 4. 44,	dann Abfahrt zur kurzen Werftzeit vom
6.–22. 5. 44,	danach am

Chester (CA-27); Friedensaufnahme aus den späteren 30er Jahren, noch mit nur vier 12,7-cm-Flak an Bord. 12,7-mm-MGs auf Plattformen am vorderen Mast. USN

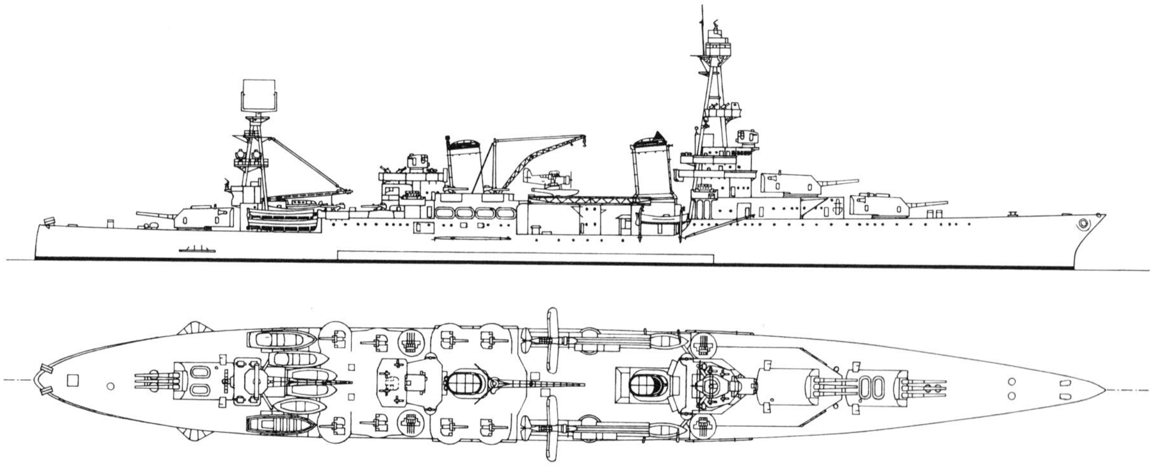

Chester (CA-27), Aussehen kurz nach Kriegsbeginn, im Januar 1942. CXAM-Radar befindet sich auf dem kurzen achteren Mast. Bemerkenswert sind die obsoleten Maschinengewehre 0.5", die 28-mm-Flak und die SOC Seagull auf den Katapulten Mk6.

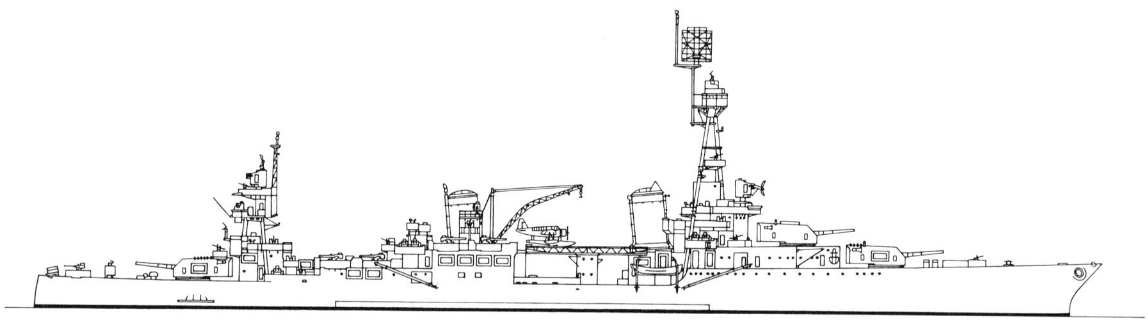

Chester, Aussehen Juni 1944. Der achtere Mast ist immer noch vorhanden, jetzt mit Mk 33 + FLR Mk 4 oben drauf sowie SG-Radar. An 40-mm-Flak sind vorhanden vier Vierlinge und vier Zwillinge, alle mit FLG Mk 51. Beim vorderen FLG Mk 33 ist FLR Mk 4 vorgehängt. SK und eine weitere SG-Antenne befindet sich auf dem vorderen Mast. Eine Kingfisher befindet sich auf dem Katapult. 22-20-mm Flak in Einzellafetten.

Von *Chester* existiert eine reiche Fotodokumentation aus der Zeit während des Zweiten Weltkrieges. Dieses Foto stammt vom Oktober 1942 und zeigt das Schiff mit Anstrich nach Schema 21 (oder evtl. 11). Gut auszumachen sind die neben dem achteren Schornstein aufgestellten zusätzlichen 12,7-cm-Flak, die 28-mm-Vierlinge, einige 20-mm-Flak und CXAM-Radar. Der vordere Schornstein führt einen Halbaufsatz. Zusätzlich zu den Verkehrsbooten sind zahlreiche Rettungsflöße vorgesehen.
USN

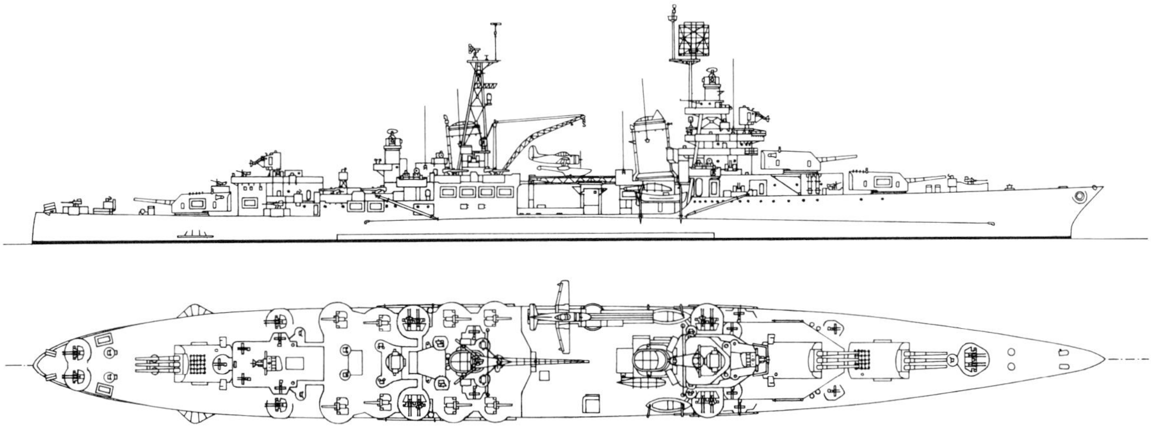

Chester, Aussehen Mai 1945, nach dem letzten Umbau vor Kriegsende. Der achtere Mast wurde entfernt, ein neuer vor den achteren Schornstein gesetzt, darauf die Antenne SM und ECM. FLG Mk 24 wurden durch Mk 34 ersetzt, darauf FLR Mk 13. Auf dem einzig verbliebenen Katapult Mk 6 befindet sich eine Seahawk. Zahlreiche Mk 28-FLR auf den FLG Mk 33 und auf vier der fünf 40-mm-Vierlinge. 13-20-mm-Zwillinge.

27. 5. 44	in Adak, Alaska, zu TF 94; Beschuß der Kurilen-Inseln in der Zeit von
13.–26. 6. 44,	danach
13. 8. 44	Ankunft Pearl Harbor; danach ab
29. 8. 44	mit TG 12.5; währenddessen am
3. 9. 44	Beschuß von Wake,
9. 10. 44	Beschuß von Marcus; danach zu TG 38.1,
25. 26. 10. 44	Trägerbegleitung und Beteiligung an der Seeschlacht von Leyte,
8. 11. 44–	Einsatzfahrten von Ulithi und Saipan aus, dabei
21. 2. 45	Beschuß von Iwo Jima und den Bonin-Inseln,
ca. 3–6/45	Werftaufenthalt Westküste, einschließlich Umbau,
21. 6. 45	Rückkehr Ulithi; ab
27. 6. 45	Wacheinsätze vor Okinawa, mit TG 95.2 Yangtze-Delta; Schutz der Minenräumarbeiten,
Ende 7/45	
8/45	Einsatzfahrt zu den Aleuten,
31. 8. 45	Abfahrt zur Teilnahme an der Okkupation von einigen japanischen Inseln, dort während

Während der Werftüberholung in der ersten Hälfte des Jahres 1943 erhielt *Chester* die 40-mm-Bofors-Ausstattung. Das vorliegende Foto wurde im Juli 1943 aufgenommen. CXAM-Radar wurde zwischenzeitlich zugunsten von SK entfernt. USN

9–10/45,	danach Einschiffung von Kriegsteilnehmern von Iwo Jima und
2. 11. 45	Abfahrt nach San Francisco,
18. 11. 45	Ankunft San Francisco,
11–12/45	eine »Magic Carpet«-Fahrt nach Guam,
14. 1. 46	Wechsel zur Ostküste, dort am
30. 1. 46	in Philadelphia angekommen,
10. 6. 46	Außerdienststellung.

Während einer kurzen Werftzeit im Mai 1944 erhielt *Chester* einen neuen Tarnanstrich, diesmal nach Schema 32/9d. Die beiden Fotos veranschaulichen das Steuerbord- und Backbordmuster dieses Schemas. Es ist bemerkenswert, daß auf den beiden Katapulten Kingfisher-Aufklärer angebracht sind, obwohl Maschinen dieses Typs nur mit demontierten Tragflächen in die beiden Hangars hineinpassen. Die meisten seitlichen Öffnungen wurden zwischenzeitlich geschlossen. USN

Diese Aufnahme zeigt *Chester* in der Werft mit frisch angebrachtem Tarnanstrich nach Schema 32/9D und modifizierter Brücke. Sie entstand im November 1944. USN

Im Oktober 1943 präsentiert sich *Chester* nunmehr mit SK-Radar. Deutlich sichtbar ist hier die unterschiedliche Anbringung von Mk-4-Radar auf den beiden FLG Mk 33. Immer noch Anstrich nach Schema 21. USN

Im Frühjahr 1945 wird *Chester* in der Marinewerft Mare Island einem relativ raschen und gründlichen Umbau unterzogen, nach welchem das Schiff eine beträchtliche Änderung des Aussehens zu verzeichnen hat. Die drei Fotos (s. auch gegenüberliegende Seite) vom Mai 1945 veranschaulichen den Gesamtumfang dieser Maßnahme. Der neue Dreibeingittermast führt SP-Radar und ECM-Antennen TDY und DBM. In doppelter Ausführung wurde die FL-Kombination Mk 34/Mk 13 installiert. Mk 63 FLG kamen an Bord, zugleich wurde FL-Radar Mk 28 an den FLG Mk 33 wie auch an etlichen 40-mm-Bofors-Lafetten angebracht. Aus Gewichtsgründen wurde ein Katapult entfernt. USN

Nach einer »Magic Carpet«-Fahrt nach Guam ankert *Chester* – hoch im Wasser liegend – am 18. November 1945 in der Bucht von San Francisco. Hiernach gab es für das Schiff keine Einsatzfahrten mehr bis zur Außerdienststellung etwas über ein halbes Jahr später. Cas

Lousiville (CA-28)

15. 1. 31	Indienststellung; bis zum Winter
1930/1931	Einfahrprobefahrt von Bremerton via Panamakanal nach New York
1932	Operationen und Manöver Westküste,
4/1934	von San Diego aus neunmonatige Besuchsfahrt von zentralamerikanischen Staaten, in der Karibik und entlang der Ostküste; im Frühjahr
1935	Fahrt nach Alaska, anschließend nach Pearl Harbor; Manöver,
1936/1937	Operationen und Manöver entlang der Westküste,
1/38	längere Pazifik-Fahrt sowie Hawaii, Samoa und Australien; Winter
1939–5/40	Übungen in der Karibik; Rückkehr zur Westküste; Herbst

Louisville (CA-28), in den frühen 30er Jahren. Wie auch gegenwärtig noch, so führten Schiffe bereits zu jener Zeit den Buchstaben »E« als jährlich neu zu gewinnende Leistungsauszeichnung am Schornstein oder an anderer exponierter Stelle. Das obligate »E« ist jedoch besonders groß ausgefallen. Beachtenswert ist die beträchtliche Anzahl an Bullaugen, von denen ein großer Teil während des Zweiten Weltkrieges eliminiert wurde. USN

Den Monat Mai 1942 verbrachte *Louisville* in der Marinewerft Mare Island. Das am 26. Mai aufgenommene Foto dokumentiert die zu dieser Zeit noch relativ geringfügigen Veränderungen: neuer Mast achtern, Halbaufsatz auf dem vorderen Schornstein, Anstrich nach Schema 21, FL-Radar Mk 3 und Mk 4, 28-mm-Flak, SC-1 Radar. USN

Ein weiteres Detailfoto wurde Mitte November 1942 aufgenommen. Der Bootskran ist bei dieser Gelegenheit entfernt worden, und anstelle der FLG Mk 44 findet man jetzt Mk 51 über den 28-mm-Vierlingen. USN

1940	Panamakanal; Kreuzfahrt entlang der Ostküste Südamerikas; von Brasilien aus Fahrt nach Simonstown, Südafrika; Transport einer Ladung britischen Goldes im Wert von 148 Mio $ nach New York; Rückkehr in den Pazifik,
7. 12. 41	auf dem Wege von Borneo nach Pearl Harbor; von da aus nach San Diego, dort zu TF 17; am
16. 1. 42	mit Truppen nach Samoa,
3/42	mit TF 11 im Bereich Salomonen, danach
5/42	Werftzeit bei Mare Island N.Sh.,
31. 5. 42	Abfahrt zu den Alëuten, dort zu TF 8, u. a. Beschuß von Kiska,
11. 11. 42	von San Francisco über Pearl Harbor in den Südpazifik,
29. 1. 43	mit TF 67 Teilnahme an der Schlacht bei Rennell,
4/43	über Pearl Harbor zu den Alëuten,
11.–30. 5. 43	Besetzung von Attu,
7/43	Beschuß von Kiska, danach Geleitfahrten Nordpazifik,
12/43	Werftzeit und Umbau bei Mare Island N.Sh.,
1/44	Rückkehr in den Südpazifik; Beschuß von Wotje am
29. 1. 44	und Roi und Namur am
3. 2. 44,	danach am
22. 2. 44	Beschuß von Eniwetok, danach mit TF 58
3/44	Beschuß der Palau-Inseln und
4/44	von Truk und Satawan,
6/44	Beschuß von Saipan, Tinian und Guam,

Zwei (s. auch gegenüberliegende Seite) weitere Werftaufnahmen vom 26. Mai 1942 zeigen viele Details der Ausrüstung von *Louisville,* so die Evidenz von 28-mm- und 20-mm-Flak, von FLG Mk 44 (jeweils über den Vierlingen) und von den 12,7-cm-Flak L/25. USN

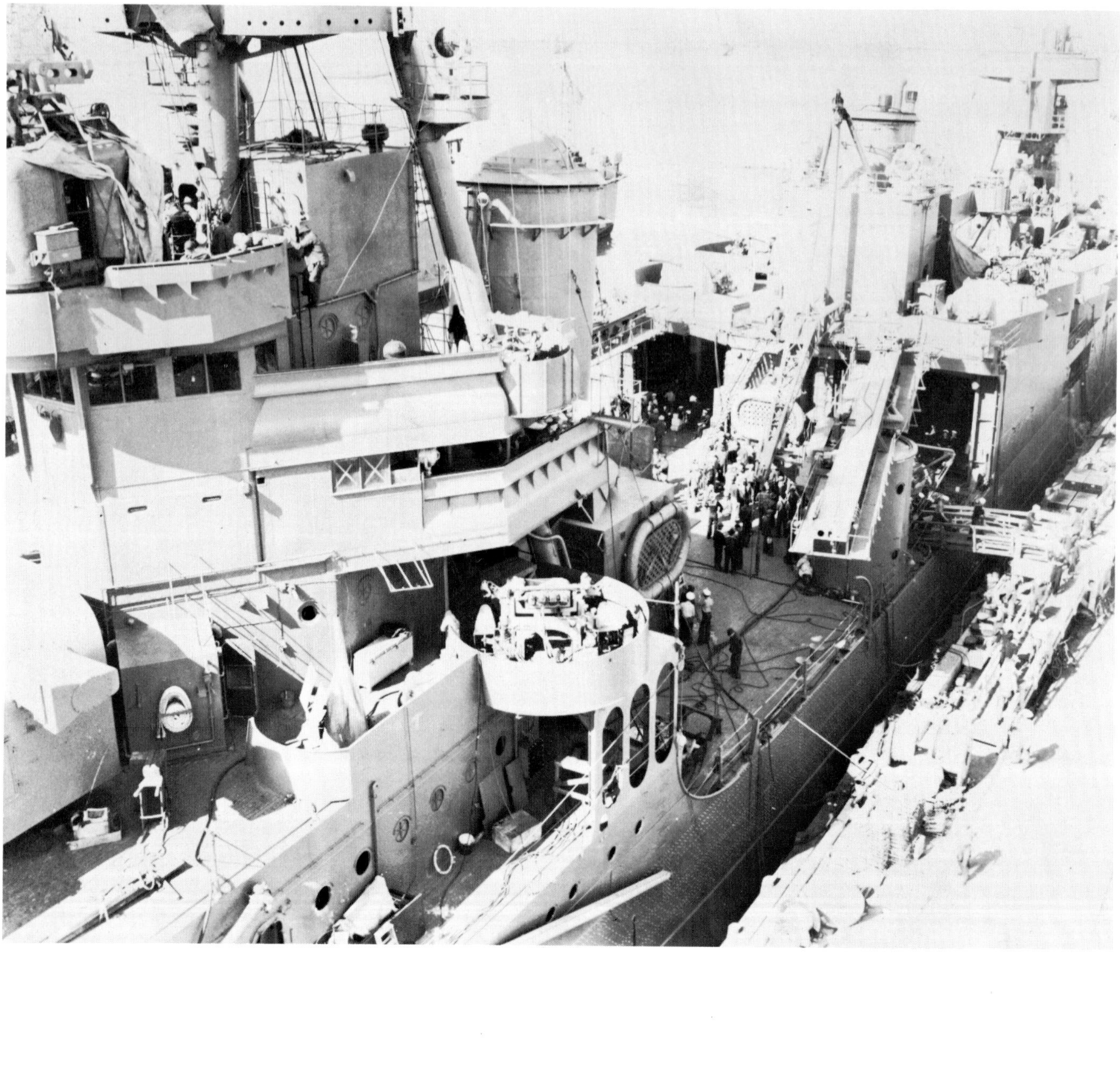

Gesamtansicht der *Louisville* am 10. November 1942. USN

9/44	Beschuß von Peleliu; ab
18. 10. 44	Philippinen-See; nach den Leyte-Operationen zu TF 38 bei Luzon,
5.–6. 1. 45	auf dem Wege nach Lingayen beträchtliche Beschädigungen durch zwei Kamikazes; Abfahrt zur Reparatur nach Mare Island N.Sh. bis zum Frühjahr
1945,	dann zurück in den Pazifik zu TF 54,
5–6/45	erneut Treffer durch Kamikaze,
15. 6. 45	Abfahrt zu Reparaturen nach Pearl Harbor,
16. 8. 45	Fahrt nach Guam und zur Mandschurei sowie Tsingtau, Inchon, erneut nach China; danach Rückkehr in die USA,
17. 6. 46	Außerdienststellung.

▷
Im Frühjahr 1945 weilte CA-28 erneut bei Mare Island, wo das Steuerbordkatapult entfernt wurde. FL-Radar Mk 8 (für die Haupt-Artillerie) wurde durch Mk 8 Mod 3 ersetzt. USN

Der umfassende Umbau der *Louisville* in leicht von dem späteren Umbau der *Chester* abweichender Form fand bereits bis Ende 1943 statt, als auch die 40-mm-Flak installiert wurde, d. h. vier Vierlinge und zwei Zwillinge. Die schmale Heckpartie gestattete lediglich die Anbringung von Zwillingen anstatt wie z. B. auf *Pensacola* von Vierlingen. Bei dieser Gelegenheit kam auch SK-Radar sowie Mk 8 an Bord, und es wurde Tarnanstrich nach Schema 32/6d angebracht. Das vorliegende Foto stammt vom 17. Dezember 1943; es wurde in Mare Island aufgenommen. USN

Im Anschluß an diese Werftzeit entstand im April 1945 diese Gesamtaufnahme der *Louisville*, aus der u. a. die Anbringung des Anstriches nach Schema 22 deutlich wird wie auch die Installation von FL-Radar Mk 28. In dieser Konfiguration besteht auf den ersten Blick große Ähnlichkeit mit *Indianapolis* (CA-35) nach deren letztem Umbau. USN

Chicago (CA-29)

9. 3. 31	Indienststellung; Einfahrprobefahrt nach Honolulu, Tahiti und Samoa; Übergang zur Ostküste, dort Ankunft
15. 8. 31	Flaggschiff des »Commander Cruisers, Scouting Force« (in diesem übergeordneten Verband bis 1940!),
2/32–4/34	bei PACFL; Operationen im Bereich Westküste/Alaska/Panamakanalzone/Hawaii,
5/34	Teilnahme an der Flottenparade vor New York; Verbleib an der Ostküste bis
10/34,	dann Rückkehr nach San Pedro; von dort Operationen bis
29. 9. 40,	als Abfahrt nach Pearl Harbor erfolgte, von wo aus das Schiff die nächsten 14 Monate operierte; erhielt 9/40 als erster Kreuzer CXAM-Radar,
7. 12. 41	mit TF 12 in See; beteiligte sich an der vergeblichen Suche nach japanischer Trägerflotte. Rückkehr nach Pearl Harbor am
12. 12. 41,	danach Wacheinsatzfahrten,
2. 2. 42	Abfahrt von Pearl Harbor und Kommandierung zur neugeschaffenen »Allied Naval Force«,
3.–4./42	Feuerschutzeinsätze im Bereich Neu-Guinea und Neu-Kaledonien; ab
4. 5. 42	zusammen mit USS *Yorktown* (CV-5) Angriffe gegen japanische Kräfte auf Tulagi, Salomonen,
6–7/42	weitere Operationen im Südwestpazifik,
7.–9. 8. 42	Unterstützung der ersten Landungen auf Guadalcanal und anderen Inseln des Salomonen-Archipels,

Kennzeichnend für die als Flaggschiffe ausgestatteten Einheiten der *Northampton*-Klasse war die »verlängerte Back«, d. h. die fast bis zum Katapult durchgezogene Außenhaut, eine Maßnahme, die der Gewinnung von mehr Stabsräumen im Schiffsinneren diente. *Chicago* (CA-29) gehörte zu diesen Einheiten, wie auf dem vermutlich Ende der 30er Jahre aufgenommenen Foto beobachtet werden kann. Die Torpedorohre wurden hier bereits entfernt, die seitlichen Öffnungen verplattet. Wie man sieht, hatte *Chicago* bereits vor Kriegsbeginn die Halbkappe auf dem vorderen Schornstein. USN

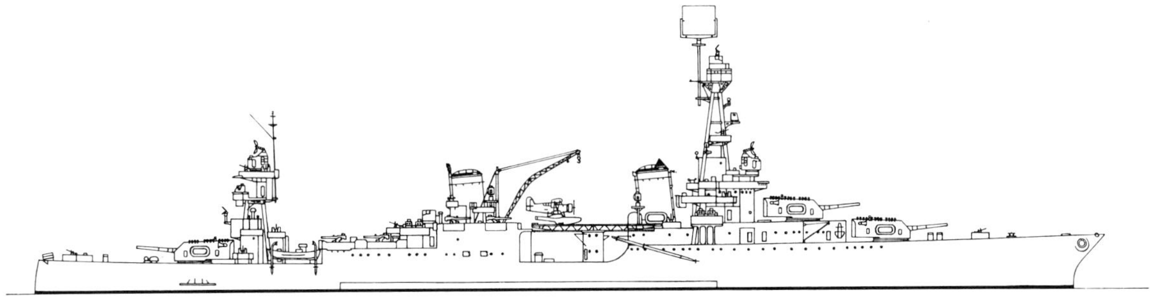

Chicago (CA-29), Aussehen Dezember 1942, kurz vor dem Untergang. Auf dem vorderen Mast sieht man eine der selten anzutreffenden CXAM-Radarantennen. Die einzige SG-Radarantenne befindet sich auf der Mastkonsole unterhalb der Plattform für FLG Mk 24. Zu dieser Zeit hatte das Schiff bereits 16-40-mm-Flak mit FLG Mk 51 sowie 20-20-mm-Flak.

9. 8. 42	Teilnahme an der Schlacht bei Savo-Island; dabei Treffer durch japanische Zerstörer-Torpedos; erste Reparaturen in Noumea und Sidney; Abfahrt zur Westküste, dort Ankunft,
13. 10. 42	in San Francisco; Werftreparatur bis
1/43	danach Abfahrt nach Noumea, von wo aus am
27. 1. 43	ein Geleitzug nach Guadalcanal geschützt wurde,
29. 1. 43	Teilnahme an der Schlacht bei Rennell, dabei zwei Flugzeugtorpedo-Treffer,
30. 1. 43	weitere vier FLugzeugtorpedo-Treffer, die zum Verlust des Schiffes führten.

Einen Monat vor dem Untergang aufgenommen: *Chicago* am 20. November 1942 in den Gewässern von Mare Island, mit CXAM-Radar und der sonstigen, um diese Zeit üblichen Ausstattung der Kreuzer dieser Klasse. SG-Radar befindet sich am Vordermast unterhalb des Gefechtstopps. USN

Houston (CA-30)

17. 6. 30	Indienststellung als CL-30,
1. 7. 31	Umklassifizierung als CA-30; Einfahrprobefahrt in den Atlantik,
10/30	Rückkehr in den Atlantik,
10. 1. 31	Abfahrt von New York in den Pazifik,
22. 2. 31	Ankunft in Manilla, Philippinen; Flaggschiff »Asiatic Station«,
1931	für den Rest des Jahres Trainingsfahrten im Fernen Osten,
31. 1. 32	Vertretung amerikanischer Interessen in Shanghai; Verbleib bis zur Ablösung durch *Augusta* (CA-31) am
17. 11. 33,	danach Abfahrt nach San Francisco, während der Jahre bis zum Zweiten Weltkrieg Verbleib an der Westküste; dazwischen
1. 7. 34	Präsident F. D. Roosevelt als Bordgast; von Annapolis aus 12000-Meilen-Fahrt; Rückkehr nach San Diego am
15. 5. 35	von einer weiteren Reise nach Hawaii mit SECNAV H. L. Roosevelt,
3. 10. 35	zweite Fahrt mit Präsident F. D. Roosevelt von Seattle aus,
28. 5. 37	Teilnahme an der Freigabe der Golden-Gate-Brücke in San Francisco,

14. 7. 38	Präsident F. D. Roosevelt erneut an Bord zur Abnahme der Flottenparade vor San Francisco,
19. 9. 38	»Flagship U. S. Fleet« bis zum
28. 12. 38	danach Rückkehr zur »Scouting Force« im Atlantik,
4. 1. 39	Abfahrt zu Übungen an der Ostküste,
30. 5. 39	Rückkehr nach Seattle; bis
12/39	Werftliegezeit,
17. 2. 40	Werftzeit bei Mare Island N.Sh. bis etwa
10/40,	danach Fahrt zu den Philippinen und
19. 11. 40	Ankunft daselbst; »Flagship Commander Asiatic Fleet«,
7. 12. 41	Unterwegs von Panay-Island nach Darwin, Australien,
28. 12. 41	Ankunft in Darwin; Anschluß an amerikanisch-britisch-niederländisch-australischen Verband (ABDA) in Surabaja,
4. 2. 42	bei Balikpapan Treffer erhalten, wobei achterer 20,3-cm-Turm ausfiel,
15. 2. 43	von Australien aus Geleitfahrt nach Timor,
26. 2. 42	Schlacht in der Java-See; Versuch der Verhinderung der Einnahme von Java durch Konter-Admiral Karel Doorman,
27. 2. 42	gesunken nach Torpedotreffer.

Aus der Mitte der 30er Jahre stammt auch dieses Detailfoto der *Houston*. Die Decksfläche um den achteren Schornstein, dort wo später die zusätzlichen vier 12,7-cm-Geschütze L/25 aufgestellt sein werden, ist noch so frei, daß hier zwei Bordflugzeuge des Typs Corsair abgestellt werden können. Das Schiff führt noch zahlreiche Verkehrsboote. Die TR befinden sich noch an Bord. USN

Houston,
aufgenommen in den 30er Jahren.
USN

Historisch gewordene Aufnahme von *Houston* (CA-30) vom Oktober 1935 vor San Diego, mit dem Präsidenten F. D. Roosevelt an Bord. Auf dem Vordermast weht die Kommandoflagge des Flottenbefehlshabers, Admiral Reeves, auf dem achteren Mast die Standarte des Präsidenten. Auf diesem Bild wird die Ausdehnung der Rumpfpanzerung deutlich, in deren Bereich es keine Bullaugen gibt. USN

Augusta (CA-31)

30. 1. 31	Indienststellung als CL-31, danach bei LANTFL,
1. 7. 31	umklassifiziert als CA-31,
3/1932	Wechsel zu PACFL,
9. 11. 33	Wechsel zur asiatischen Flotte als Flaggschiff »Asiatic Station«, Vertretung amerikanischer Interessen von Shanghai aus,
11/40	Rückkehr zur Westküste; Werftaufenthalt,
4/41	Wechsel zur LANTFL als Flaggschiff,
12/41	Trägerbegleitung von den Bermudas aus,
8.–11. 11. 42	Landungen in Nordafrika,
12/42–1/43	Werftzeit bei New York N.Sh.,
8/43	bei der Royal Navy in Scapa Flow zur Begleitung der Murmansk-Geleitzüge,
11/43	Werft-Modernisierung in den USA,
4/44	Rückkehr nach England,
6/44	Unterstützung der Landungen an der Küste der Normandie,
7/44	Wechsel ins Mittelmeer,
15. 8.–25. 9. 44	Invasion Südfrankreichs,
10/44–2/45	Werft-Modernisierung und Umbau bei Philadelphia N.Sh.,
7. 7. 45	Fahrt mit Präsident Truman nach Antwerpen und Rückfahrt nach der Potsdamer Konferenz nach Newport News am
7. 8. 45,	danach »Magic Carpet«-Fahrten zwischen Europa und Ostküste der USA,
16. 7. 46	Außerdienststellung.

Vom April 1942 stammt diese Detailaufnahme vom oberen Teil von *Augustas* Vordermast. Auf dem Masttopp befindet sich das Leitgerät Mk 31 für die 20,3-cm-Geschütze, darauf FL-Radar Mk 3. Dahinter der lange Antennenmast für CXAM-1-Radar, dessen Maserung hier sehr gut zu erkennen ist. USN

Diese Aufnahme von *Augusta* (CA-31) gehört zu einer Serie von Identifikationsfotos der U.S. Navy, die als Material für die Schiffserkennung dienten. Es entstand am 31. März 1941 in den Gewässern vor Mare Island. Als Flaggschiff hatte *Augusta* die verlängerte Back. Die vormaligen Torpedoöffnungen wurden bereits geschlossen, die zusätzlichen 12,7-cm-Geschütze wurden neben den achteren Schornstein gesetzt. Beachtenswert sind das Vorhandensein von Entfernungsmessern auf der Plattform hinter dem achteren Schornstein sowie die Vordermaststenge als Vorbereitung für die Aufnahme von CXAM-1-Radar. USN

Dieses am 10. Dezember 1942 aufgenommene Foto hat Seltenheitswert. Es handelt sich um einen stark vergrößerten Ausschnitt eines Bildes von einem Schiffsverband. Seltenheitswert hat dabei die Darstellung des Tarnschemas 17, das bei den Kreuzern nur von *Augusta* geführt wurde. Die Tarnmuster waren hier an Backbord und Steuerbord gleich. Wie auch bei einigen Schwesterschiffen, so findet man auch hier einen Halbaufsatz auf dem vorderen Schornstein. USN

Der definitive Umbau der *Augusta* nach Muster *Chester* und *Louisville* fand 1944/45 statt. Beachtenswert ist die zwischen den beiden achteren FL-Geräten angebrachte Plattform, auf der sich zahlreiche Maschinenflak und ein Seagull-Aufklärer befindet. Das Foto entstand im Juli 1945, als Präsident Truman zur Potsdam-Konferenz gefahren wurde. Aus der vorhandenen Sicht ist festzustellen, daß *Augusta* trotz der kriegsbedingten Umbauten kaum etwas von ihrem schnittigen Aussehen eingebüßt hat. IWM

Vermutlich bei einer ihrer »Magic Carpet«-Fahrten wurde *Augusta* hier am 4. Februar 1946 in englischen Gewässern aufgenommen. Zu diesem Zeitpunkt war die baldige Außerdienststellung bereits vorprogrammiert. Die beiden Katapulte und SK-Radar befinden sich nicht mehr an Bord, und SP wurde offensichtlich beim letzten Umbau erst gar nicht installiert. Die Außenhaut des Hangars zeigt Spuren des langen Kriegseinsatzes. Sämtliche Flak ist mit Planen abgedeckt. WL

CA *Portland*-Klasse

Die beiden Kreuzer dieser Klasse entsprachen generell dem Entwurf von *Northampton,* jedoch mit einer Mehrlänge von 3 m. Die bei *Northampton* nicht ganz genutzte Washington-Tonnage von 10000 ts wurde hier voll ausgenutzt, und zwar zugunsten einer noch etwas verbesserten Panzerung über den Geschoßmagazinen und über den Maschinenräumen. Ursprünglich sollte es sechs Schiffe dieser Klasse geben (CA-32 bis CA-36), jedoch wurden nur CA-33 und 35 nach diesem Entwurf fertiggestellt, während CA-32, 34, 36 bis 39 und 44 einem weiter verbesserten Entwurf angehörten, bei dem viel mehr Wert auf eine stärkere Panzerung gelegt wurde. Manches, was bei der *Northampton*-Klasse erst später vollzogen wurde, ging hier schon in den Entwurf ein, so der Wegfall der TR, die Verstärkung der Flak auf acht 12,7 cm L/25. In der Vorkriegskonfiguration konnten die beiden Klassen daran gut unterschieden werden, daß *Portland* zwecks Verringerung des Toppgewichtes vorne einen wesentlich niedrigeren Dreibeinmast hatte und daß hier auch der achtere Dreibeinmast deutlich leichter war. Beide Einheiten wurden als Flaggschiffe gebaut, was vom großen Nutzen war, zumal die Nachfolge-Klasse *New Orleans* wegen der bereits restlos ausgenutzten Tonnage keine zusätzlichen Stabsräume mehr erhalten konnte.

Beide Schiffe wurden im Mai 1943 entsprechend den Gefechtsanforderungen modifiziert, und zwar nach dem Muster, nach dem erst später die überlebenden *Northamptons* umgebaut wurden. Die letzte Modifikation erfuhr *Indianapolis* noch Mitte Juli 1945, knapp einen halben Monat, bevor sie als letztes großes Schiff der Navy kurz vor Kriegsende verlorenging.

Ähnlich wie auf *Northampton* wurde vor dem Kriege auch auf *Portland* der vordere Schornstein verlängert, eine vorübergehende Maßnahme, die während der Umbauaktionen im Laufe des Krieges zugunsten der Anbringung von leichten Schornsteinaufsätzen wieder rückgängig gemacht wurde.

Identifikationsfoto von *Portland* (CA-33), aufgenommen im Juni 1942. Der verlängerte vordere Schornstein trug – ähnlich wie bei *Northampton* – nicht gerade zur Schönheit des Schiffes bei. Die 12,7-cm-Flak befindet sich nun hinter Splitterschutz. Auf dem Katapult befindet sich ein Aufklärungsflugzeug des Typs SOC. Entlang der Außenhaut laufen Entmagnetisierungsschleifen. SC-Radar an der Mastspitze ist hier kaum auszumachen. Vier 28-mm-Vierlinge. Die beiden FLG Mk 33 befinden sich zunächst noch auf seitlich vom Dreibeinmast angebrachten Plattformen.
USN

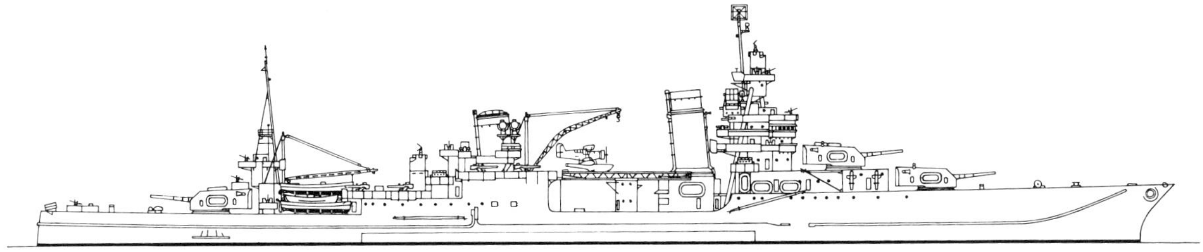

Portland (CA-33), Aussehen Juni 1942, immer noch mit dem vor dem Kriege verlängerten vorderen Schornstein. SC-Radar auf der Spitze des vorderen Mastes, darunter SG. Die Mk 33-FLG mit aufgesetztem FLR Mk 4 befinden sich beide an Seitenkonsolen des vorderen Mastes. Neben 16-28-mm Flak befinden sich noch 17-20-mm an Bord.

Portland (CA-33)

23. 2. 33	Indienststellung,
4. 4. 33	Rettungsaktion für Luftschiff *Akron,*
2. 10. 35	von San Diego aus Begleitung von Präsident F. D. Roosevelt (auf *Houston),*
20. 5. 36	erste Äquatorüberquerung während Pazifik-Manöver; bis zum Kriegsbeginn mit CRUDIV 5 »Scouting Force«,
7. 12. 41	mit einer Trägergruppe auf dem Weg nach Midway; bis

Dieses am 7. Februar 1942 aufgenommene Detailfoto vermittelt einen deutlichen Eindruck von Aussehen und Verteilung der Fla-Waffen der *Portland* zu Kriegsbeginn. Bemerkenswert ist noch der Scheinwerferstand am achteren Schornstein sowie das zweite E-Meßgerät dahinter.
USN

Der umfassende Umbau der *Portland* – ähnlich wie von *Pensacola* und *Indianapolis* und den drei verbliebenen Einheiten der *Northampton*-Klasse – wurde bereits im Mai 1943 beendet; hiervon zeugt das vorliegende Bild. Die FLG Mk 33 befinden sich nunmehr weit voneinander entfernt in der Schiffsachse. Neu ist die »fliegende Plattform« für die 20-mm-Flak. Der neue, stabile Dreibeingittermast unterstützt nur das kleine SG-Gerät. Der vordere Schornstein wurde wieder auf das Normalmaß gekürzt, und beide Schornsteine erhielten einen Halbaufsatz. SK-Radar befindet sich auf dem vorderen Mast. Da der Kreuzer 1943 an den Brennpunkten des Krieges dringend benötigt wurde, dauerte der Umbau der *Portland* nicht länger als zwei Monate.
USN

1. 5. 42	Operationen zwischen Westküste, Hawaii und Fiji,
5/42	Teilnahme an der Schlacht im Korallenmeer; Übernahme von 722 Überlebenden der *Lexington* (CV-2),
2.–6. 6. 42	mit TF 17 in der Schlacht bei Midway,
7.–9. 8. 42	Landungen auf Tulagi und Guadalcanal,
23.–25. 8. 42	Schlacht bei den Ost-Salomonen,
26. 10. 42	Schlacht bei Santa Cruz in Begleitung von *Enterprise* (CV-6),
12.–15. 11. 42	Schlacht bei Guadalcanal; dabei am
13. 11. 42	Beschädigungen durch Torpedotreffer; nur im Kreise laufend; trotz Ausfall des achteren 20,3-cm-Turmes einen japanischen Zerstörer versenkt,
14. 11. 42	Tulagi, erste Reparaturen; von dort nach Sidney geschleppt, dort provisorische Reparaturen, bevor *Portland* über Samoa und Pearl Harbor zur Westküste fuhr, um bei Mare Island N.Sh. ab
3. 3. 43	instand gesetzt und umgebaut zu werden; Ende
5/43	Abfahrt zu den Aleuten,
26. 7. 43	Beschuß von Kiska,

9–10/43	zwei Fahrten nach Pearl Harbor, eine nach San Francisco,
11/43–2/44	Gilbert- und Marshall-Inseln, dabei
30. 3.–1. 4. 44	Träger-Begleitschutz bei den Palau-Inseln, Yap, Ulithi und Woleai,
21.–24. 4. 44	nach Neu-Guinea, Landung auf Hollandia, etwa
5–8/44	Werftzeit bei Mare Island N.Sh.,
12.–29. 9. 44	Beschuß vor der Landung auf Peleliu, anschließend nach Manus,
17. 10. 44	Ankunft bei Leyte, Unterstützung der Landung,
24. 10. 44	Teilnahme an der Nachtschlacht in der Surigao-Straße,
3. 1.–1. 3. 45	Lingayen und Corregidor,
26. 3.–20. 4. 45	Beschuß von Okinawa, ebenfalls
8. 5.–17. 6. 45	danach bei Kriegsende Entgegennahme der Kapitulation der Japaner auf den Karolinen; vom
21.9.–10.10.45	»Magic Carpet«-Fahrt; danach Ostküste,
27. 10. 45	»Navy Day« in Portland, Maine, der Patenstadt,
12. 7. 46	Außerdienststellung.

Vom Mai bis August 1944 weilte *Portland* erneut in der Marinewerft Mare Island. Bei dieser Gelegenheit wurde Tarnanstrich nach Schema 33/7d angebracht, dessen Backbordmuster hier vorgestellt wird. Die am achteren Schornstein angebrachte Flak-Plattform – nunmehr ohne Flak – erhielt weiteren Splitterschutz, die alten E-Messer Mk 18 wurden durch die Kombination Mk 34/Mk 8 ersetzt, und die beiden FLG Mk 33 erhielten nunmehr FL-Radar Mk 28. Auf der Schanz befinden sich weiterhin Flaschen mit Vernebelungsmittel.
USN

Details der vorderen Partie des Mittelschiffes, gesehen im Mai 1943 nach dem beendeten Umbau in der Marinewerft Mare Island. Die alten E-Meßgeräte Mk 18 blieben bei dieser Gelegenheit noch an Bord. USN

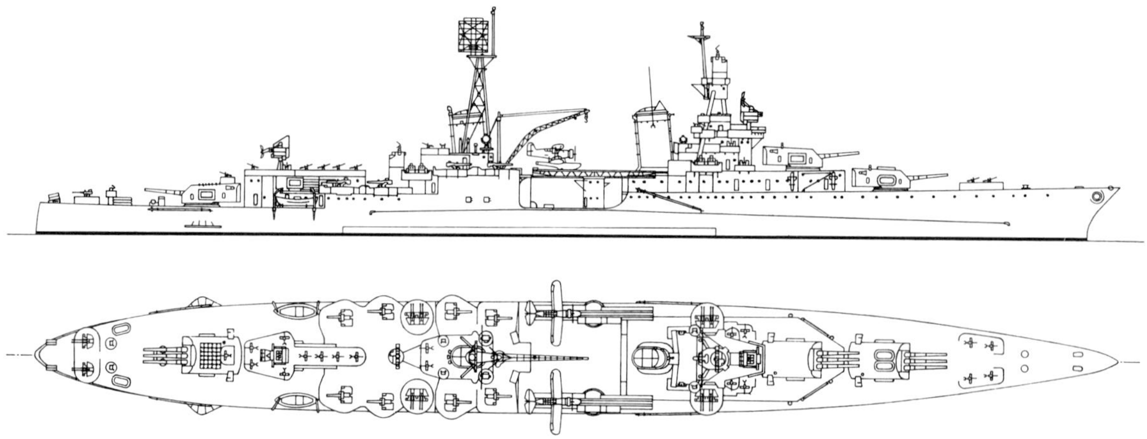

Indianapolis (CA-35), Aussehen Mai 1944 im Anschluß an die letzte große Werftinstandsetzung. Die Unterbringung der Radarantenne SK auf dem achteren Mast ist typisch für dieses Schiff. Bei den beiden FLG Mk 33 handelt es sich um die offene Ausführung mit Persenning-Abdekkung. Trotzdem findet man hier FLR Mk 4 – in unterschiedlicher Anbringung. 20,3-cm-Türme Mod. 1, bei denen nur alle drei Rohre auf einmal senkrecht bewegt werden können.

Indianapolis (CA-35)

15. 11. 32	Indienststellung; Einfahrprobefahrt im Atlantik und vor Kuba,
2/33	Übungsfahrt in der Panamakanal-Zone und vor der chilenischen Küste,
1. 7. 33	Präsident F. D. Roosevelt an Bord,
4. 7. 33	Werftzeit in Philadelphia N.Sh.,
9–10/33	mit SECNAV C. A. Swanson Inspektionsfahrt Westküste und Hawaii,

Die meiste Zeit fuhr *Indianapolis* (CA-33) als Flaggschiff. In den Friedensjahren beherbergte das Schiff mehrmals den Präsidenten F. D. Roosevelt, den sie letztlich nur um wenige Monate überlebte. Das vorliegende Foto wurde am 29. Mai 1934 anläßlich einer Flottenparade vor Ambrose Light aufgenommen. Die Standarte des Präsidenten weht am achteren Mast. Beachtenswert ist der hier gegenüber der *Northampton*-Klasse wesentlich niedrigere Dreibeinmast und das Fehlen der Torpedorohre von vornherein. Hier befinden sich schon von Anbeginn alle acht 12,7-cm-Flak L/25 an Bord.
USN

Das am 9. April 1942 bei Mare Island aufgenommene Detailfoto verdeutlicht, daß *Indianapolis* zu Beginn des Krieges keine FLG Mk 33 an Bord hatte; dafür gab es auf der Vorderseite des vorderen Mastes und hinter dem Schornstein je ein älteres FLG Mk 19. 20- und 28-mm-Flak ist zu erkennen. Im selben Werftbecken sieht man ein Schiff der *Omaha*-Klasse. USN

1. 11. 33	»Flagship Scouting Force«,
29. 5. 34	Rückkehr nach New York; erneut Präsident F. D. Roosevelt an Bord; Teilnahme an der Flottenparade,
9. 11. 34	Rückkehr nach Long Beach,
18. 11. 36	mit Präsident F. D. Roosevelt Goodwill-Fahrt nach Südamerika,
15. 12. 36	zurück nach Charleston, S.C.,
7. 12. 41	bei TF 12, dann am
13. 12. 41	Ankunft in Pearl Harbor; zu TF 11,
2/42	Operationen im Südpazifik mit *Lexington* (CV-2),
3/42	mit *Yorktown* (CV-5) Operationen im Bereich Neu-Guinea; etwa
4–7/42	Werftzeit bei Mare Island N.Sh., danach Geleitfahrt nach Australien, Aleuten,
7. 8. 42	Beschuß von Kiska; Besetzung und Errichtung einer Basis auf Adak,
1/43	Besetzung und Errichtung einer Basis auf Amchitka; während des Frühjahrs und Sommers
1943	weitere Operationen im Bereich der Aleuten,
9/43	Abfahrt zur Werftzeit bei Mare Island N.Sh.,
10/43	Pearl Harbor; »Flagship 5th Fleet« (VADM Spruance),
10. 11. 43	Abfahrt zur Invasion der Gilbert-Inseln,
19. 11. 43	Beschuß von Tarawa und Makin,
31. 1. 44	von Tarawa aus Abfahrt zu den Marshall-Inseln; Beschuß der Kwajalen-Inseln,
3–4/44	nach wie vor »Flagship 5th Fleet«; Operationen im Gebiet der Palaus; Yap, Ulithi, Woleai,
11. 6. 44	Beschuß von Saipan,

Navy-Erkennungsfoto der *Indianapolis,* aufgenommen bei Mare Island am 20. April 1942. Bei dem dunklen Tarnanstrich handelt es sich möglicherweise um Schema 11. USN

Indianapolis weilte im September 1943 einen Monat lang in der Marinewerft Mare Island, wobei der Umbau nach Muster *Portland* erfolgte, und dann wieder – zum vorletzten Male – im Winter 1944/45. Zwischen Mai und November 1944 führte das Schiff Tarnanstrich nach Schema 32/7d. Die vorliegende Aufnahme entstand am 9. Dezember 1944. Den hier aufgetragenen Anstrich nach Schema 22 führte *Indianapolis* bis zur Versenkung. Im Gegensatz zu *Portland* befindet sich SK-Radar hier auf dem achteren Mast. USN

19.–22, 6. 44	Teilnahme an der Schlacht in der Philippinen-See,
23. 6. 44	erneut Beschuß von Saipan, danach vonTinian; mehrere Wochen Operationen im Gebiet der Marianen-Inseln; Rückeroberung von Guam,
12.–29. 9. 44	Beschuß von Peleliu in den West-Karolinen,
ca. 11/44–1/45	Werftzeit und Umbau bei Mare Island N.Sh.; ab
14. 2. 45	Einsatz bei der Trägerflotte von VADM Mitscher, u. a. Trägerbegleitung bei Iwo Jima; japanische Heimatinseln,
14. 3. 45	Abfahrt von Ulithi; Trägerbegleitung bei Einsätzen gegen japanische Heimatinseln,
24. 3. 45	Beginn des Beschusses von Okinawa; Abschuß von sechs japanischen Flugzeugen,
31. 3. 45	Flugzeugbombentreffer achtern, Beschädigungen u. a. der Schraubenwelle; Abfahrt zur Westküste,
6–7/45	Reparaturen und Modifikationen bei Mare Island N.Sh.,
16. 7. 45	mit hoher Geschwindigkeit Transport der beiden ersten Atombomben nach Tinian,
26. 7. 45	Ankunft in Tinian (5000 Meilen in nur zehn Tagen),
28. 7. 45	Abfahrt von Guam nach Okinawa, dort nie angekommen,
30. 7. 45	zwei Torpedotreffer durch U-Boot I-58; innerhalb von zwölf Minuten gesunken; 883 Mann Verlust, nur 316 nach zu spät eingesetzter Suchaktion geborgen.

Eines der beiden bekanntesten und auch schönsten Fotos der *Indianapolis,* aufgenommen am 10. Juli 1945, kurz vor der Abfahrt mit zwei Atombomben nach Tinian. Wesentliche Neuerung im Aussehen gab es während der letzten Werftzeit bei Mare Island nicht. Die Mk-34-FL-Geräte erhielten hierbei FL-Radar Mk 8 Mod 3. FL-Radar Mk 28 kam bereits im Dezember 1944 an Bord. 21 Tage nachdem diese Aufnahme entstand, ging *Indianapolis* – kurz vor Kriegsende – unter tragischen Umständen verloren. USN

CA *New Orleans*-Klasse

Daß die ersten amerikanischen Schweren Kreuzer (*Pensacola*- und *Northampton*-Klasse) ca. 1000 ts leichter waren, als ihnen dies aufgrund der Bestimmungen der Washingtoner Flottenkonferenz eigentlich zustand, wurde erst so recht bemerkt, als die Schiffe bereits fertiggestellt waren. 1929 planten die Marinebehörden insgesamt drei Kreuzer-Klassen mit 15 Einheiten. Nach der etwas leichten und schlecht gepanzerten *Northampton*-Klasse sollten die Baunummern 32 bis 36 dem etwas besser gepanzerten Typ *Portland* angehören. Um diese Zeit herum gab es bei der Navy jedoch beträchtlichen Druck in Richtung auf einen besseren Panzerschutz. Dieser sollte aufgrund eines neuen Entwurfes, bei dem auf manches andere verzichtet werden mußte, auf den fünf Schiffen – damals CA-37 bis 41 – angebracht werden. Um aber rascher zu besser gepanzerten Schiffen zu kommen, beschloß man, die für die *Portland*-Klasse reservierten Baunummern 32, 34 und 36 bereits nach diesem neuen Entwurf mit stärkerer Panzerung zu bauen, was nicht allzuschwer war, da alle drei Schiffe auf Marinewerften gebaut werden sollten. Somit beließ man die *Portland*-Klasse mit nur zwei Schiffen.

Im Zuge der Verbesserungen der *New Orleans*-Klasse wurden ab CA-37 neue, leichtere 20,3-cm-Drillingstürme angebracht. Die *New Orleans*-Klasse wartete mit einem neuen Profil auf, das sich von *Northampton* um einiges unterscheidet. So reicht hier das Backdeck bis zum achteren Schornstein, und die Schiffe sind insgesamt etwas niedriger. Die auch hier vorhandene Flugzeughangar-Einrichtung wurde nicht um den achteren Schornstein gruppiert, sondern in den etwas überdimensionierten achteren Aufbautenblock aufgenommen. Auch die beiden Katapulte befinden sich hier hinter der Schornsteingruppe. Zur Vermeidung der Topplastigkeit ging man hier vom hohen Dreibeinmast ab und setzte einen Pfahlmast auf die turmartige Brücke, nicht zuletzt, um das Gewicht der hoch angebrachten FLG zu kompensieren. Der Vordersteven war hier etwas steiler als bei der Vorgänger-Klasse. Bei dieser Klasse fehlten die TR von vornherein. Zwei dieser Schiffe, die bei Bethlehem Steel in Quincy erbauten *Quincy* und *Vincennes,* waren an die 600 ts leichter als die Schwersterschiffe. Diese aber kamen dem Standardlimit von Washington sehr nahe.

Die kriegsbedingten Veränderungen umfaßten Modifikationen der Brücke, Entfernung der Zitadelle, Ergänzung der 1940/41 installierten 28-mm-Flak durch 20-mm-Oerlikons, Ausbau eines Flugzeugkranes und später z.T. auch eines Katapultes sowie Anbringung eines leichteren Aufsatzes auf dem vorderen Schornstein. Im weiteren Kriegsverlauf kamen 40-mm-Flak an Bord. Es ist wissenswert zu erfahren, daß auf *Minneapolis* die Anbringung einer 40-mm-Zwillingsflak auf dem 20,3-cm-Turm B vorgesehen war, doch wurde diese Maßnahme dann doch nicht durchgeführt.

Bemerkenswert ist, daß gerade von dieser Klasse, die so auf Panzerschutz gegen Treffer gleichwertiger Schiffe ausgelegt war, zugleich drei Schiffe während der Schlacht bei Savo verlorengingen, nämlich *Astoria, Quincy* und *Vincennes,* und dies durch japanisches Geschützfeuer.

New Orleans (CA-32)

15. 2. 34	Indienststellung,
5–6/34	Einfahrprobefahrt nach Nordeuropa,
28. 6. 34	Rückkehr nach New York,
5. 7.–2. 8. 34	Fahrt mit Präsident F. D. Roosevelt an Bord entlang der kalifornischen Küste,
1935	Operationen im Ostpazifik mit CRUDIV 6,
20. 8.–7. 12. 36	Aufenthalt in New York; Anfang
1937	wieder im Pazifik; Operationen an der Westküste; ab
12. 10. 39	Kommandierung zum »Hawaiian Detachment«,
7. 12. 41	in der Werft mit Maschinenreparaturen; Geleitfahrten nach Palmyra und Johnston,
13. 1. 42	Mare Island N.Sh.; Maschinenreparaturen und Einbau von 20-mm-Flak und Radar,
12. 2. 42	Geleitfahrten nach Australien und Noumea, danach Rückkehr nach Pearl Harbor zu TF 11,
15. 4. 42	mit TF 11 und *Yorktown* (CV-5) Abfahrt zu den Neu-Hebriden,
7.–8. 5. 42	Schlacht im Korallenmeer; Übernahme von 580 Überlebenden der *Lexington* (CV-2),
28. 5. 42	mit *Enterprise* (CV-6) Abfahrt Richtung Midway,
4. 6. 42	Schlacht bei Midway; über Pearl Harbor
7. 7. 42	Abfahrt nach Fiji zur Invasion der Salomonen, als Geleitschutz für *Saratoga* (CV-3),
31. 8. 42	Geleitfahrt für die torpedierte *Saratoga,*
21. 9. 42	nach Pearl Harbor,
11/42	mit *Saratoga* Abfahrt nach Fiji,
30. 11. 42	Teilnahme an der Nachtschlacht von Tassafaronga; schwere Beschädigungen, Verlust der Bugpartie durch Torpedo; mit eigener Kraft am
1. 12. 42	nach Tulagi; Weiterfahrt nach Sidney, dort Ankunft am
24. 12. 42	zur Durchführung von Reparaturen,

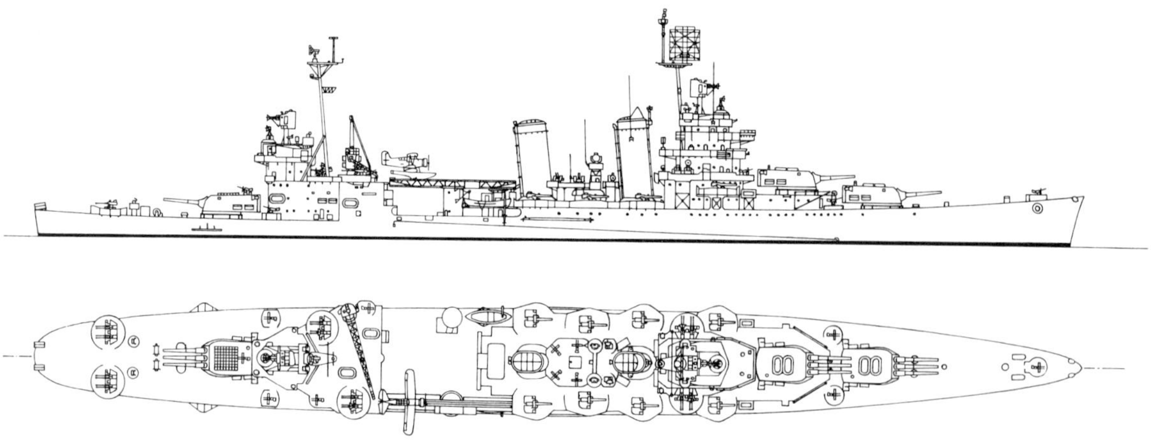

New Orleans (CA-32), Aussehen in der letzten Kriegsphase im März 1945.

Im Gegensatz zur Tabelle gab es hier bis zuletzt FLG Mk 33 und nicht Mk 37. SP-Radar auf dem achtern Mast. 20,3-cm-Türme sind Mod. 2. Zahlreiche FLR Mk 28 auf den FLG und an vier 40-mm-Vierlingen. 20-mm-Doppelflak. Backbord-Katapult ist ausgebaut.

7. 3. 43	Abfahrt nach Puget Sound, dort neue Bugpartie eingesetzt,
31. 8. 43	Rückkehr nach Pearl Harbor,
5.–6. 10. 43	Beschuß von Wake,
20. 11. 43	Beschuß der Gilbert-Inseln,
4. 12. 43	Trägerschutz bei den Ost-Marshalls,
29. 1. 44	Beschuß von Kwajalein,
11. 2. 44	Abfahrt Karolinen; Trägerangriffe auf Truk am
17.–18. 2. 44	sowie auf weitere Ziele,
4/44	Landung auf Hollandia,
22. 4. 44	eigenes Flugzeug streift Mast und beschädigt Geschütze: ein Toter, ein Schwerverletzter,
30. 4. 44	Beschuß von Truk und Satawan,
15.–16. 6. 44	Beschuß von Saipan,

New Orleans (CA-32), aufgenommen am 8. Juli 1942, angestrichen nach Schema 21. Es hat den Anschein, daß es auf dem FLG Mk 33 noch kein FL-Radar gibt. SC-Radar auf dem vorderen Mast ist dagegen deutlich auszumachen. Alle 12,7-cm-Geschütze erhielten Splitterschutz. USN

Vordere Hälfte der *New Orleans*, aufgenommen während der Werftzeit bei Mare Island im März 1945. Unter anderem wurde dabei auch FL-Radar Mk 28 installiert. 20-mm-Zwillinge auf der Back, versetzt angeordnet. USN

19.–20. 6. 44	Teilnahme an der Schlacht in der Philippinen-See,
8/44	Beschuß von Saipan und Tinian,
1.–2. 9. 44	Beschuß von Iwo Jima,
10/44	Teilnahme an der Schlacht im Leyte-Golf und an der Schlacht von Samar, danach Trägerschutz bei Mindoro,
12/44	Werftzeit in Mare Island; danach Übungsfahrten bei Hawaii,
18. 4. 45	Ankunft Ulithi, ab
23. 4. 45	Beschuß von Okinawa während der nächsten beiden Monate;
	bei Kriegsende in Subic Bay,

New Orleans verläßt Mare Island nach der Werftzeit, die bis März 1945 gedauert hat. Anstrich nach Muster 22, SP-Radar auf dem achteren Mast. Ansonsten kein umfassender Umbau wie bei den anderen Klassen. Backbordkatapult ist bereits ausgebaut. USN

28. 8. 45	Entgegennahme der japanischen Kapitulation in chinesischen und koreanischen Häfen,
17. 11. 45	Abfahrt mit Kriegsteilnehmern vom Peking-Fluß zur Westküste,
	Ankunft San Francisco
8. 12. 45,	danach
1/46	weitere »Magic Carpet«-Fahrt nach Guam,
10. 2. 47	Außerdienststellung.

Astoria (CA-34)

28. 4. 34	Indienststellung,
1934–1940	Aufklärungsflotte; Flaggschiff CRUDIV 7 und 6,
7. 12. 41	in See mit TF 12 (Transport von USMC-Flugzeugen für Midway); vergebliche Suche nach der japanischen Angriffsflotte,
2–6/42	in Begleitung von *Yorktown* (CV-5),
7.–8. 5. 42	Schlacht in der Korallensee,
3.–6. 6. 42	Schlacht bei Midway,
7. 8. 42	Unterstützung der Landungen bei Guadalcanal,
8.–9. 8. 42	Schlacht bei Savo-Island; nach 65 registrierten Artillerietreffern um 12.15 h gesunken; 238 Tote, 142 Verwundete.

Dieses Foto von CA-32 entstand am Ende 1945 oder Anfang 1946 in der Bucht von San Francisco, als das Schiff eine »Magic Carpet«-Fahrt nach Guam unternahm. Irgendwann zwischendurch wurde offensichtlich der auf der Back befindliche Flakstand entfernt, ebenso – schon früher – zumindest das Backbordkatapult. Entgegen der Vorschrift des Schemas 22 schwarze Schornsteinkappe. USN

Friedensfoto von *Astoria* (CA-34), aufgenommen etwa Mitte der 30er Jahre. SOC-Aufklärer befinden sich auf den Katapulten. AP

Diese Aufnahme der *Astoria* entstand vermutlich nur wenige Wochen vor dem Verlust des Schiffes am 9. August 1942 bei der Insel Savo. Vormals zahlreich vorhandene Bullaugen wurden überplattet. USN

Minneapolis (CA-36)

19. 5. 34	Indienststellung,
7–9/34	Einfahrprobefahrt nach Europa,
4. 4. 35	durch Panamakanal zur Westküste,
18. 4. 35	Ankunft San Diego, zu »CRUDIV 7, Scouting Force«; permanente Operationen an der Westküste mit Ausnahme
1939	von einer Fahrt in die Karibik,
1940	Pearl Harbor,
7. 12. 41	während des japanischen Angriffs war das Schiff nur 20 Meilen von Pearl Harbor entfernt; bis Ende
1/1942	Patrouillenfahrten um Hawaii herum,
2–3/42	mit *Lexington* (CV-2) Angriffe auf die Gilberts und Marshalls,
4.–8. 5. 42	Teilnahme an der Schlacht im Korallenmeer,
3.–6. 6. 42	Teilnahme an der Schlacht bei Midway,
7/42	Reparaturen bei Pearl Harbor N.Sh.,
8/42	Träger-Begleitschutz bei Guadalcanal,
30. 8. 42	*Saratoga* (CV-3) nach Torpedotreffer abgeschleppt,
9–10/42	Landungsunterstützung bei Lunga Point und Funafuti,
29. 11. 42	als Flaggschiff TF 67 bei Guadalcanal zwei Torpedotreffer; mit eigener Kraft nach Mare Island N.Sh., bis
9/43,	dann für 20 Monate im Pazifik,
5. 10. 43	Beschuß von Wake,
20. 11.–4. 12. 43	Besetzung von Makin; Marshall-Inseln,
2/44–4/44	Marianen- und Karolinen-Inseln,
5/44	in Majuro,
14. 6. 44	Beschuß von Saipan,

Minneapolis (CA-36); die Aufnahme entstand am 23. August 1935. Hier wird deutlich, daß es ursprünglich für die 12,7-cm-Flak keinen Splitterschutz gab. In Friedenszeiten gab es noch zahlreiche Verkehrsboote auf dem Hangardach. USN

19.–20. 6. 44	mit TF 58 Teilnahme an der Schlacht in der Philippinen-See,
8. 7.–9. 8. 44	Rückeroberung von Guam,
6. 9.–14. 10. 44	Rückeroberung der Palaus,
17. 10. 44	Leyte-Golf,
24. 10. 44	Schlacht in der Surigao-Straße,
4.–18. 1. 45	Landungen auf Luzon,
13.–18. 2. 45	Landungen auf Bataan und Corregidor,
3/45	Vorbereitung der Landung auf Okinawa,

25. 2. 45	Beginn des Beschusses von Okinawa; bis Mitte
4/45,	bis Geschützrohre verbraucht waren,
12. 4. 45	Abfahrt nach Bremerton zu Pudget Sound N.Sh.,
15. 8. 45	bei Kriegsschluß wieder in Subic Bay, Philippinen,
9. 9. 45	Entgegennahme der japanischen Kapitulation in Korea,
14. 1. 46	von China aus mit Kriegsteilnehmern Fahrt zur Westküste,
10. 2. 47	Außerdienststellung

Dieses Foto wurde wahrscheinlich Ende 1942 oder Anfang 1943 bei der Ankunft der *Minneapolis* in der Marinewerft Mare Island aufgenommen. Hier wird deutlich, welchen Einfluß der Hangar und die achteren Aufbauten auf die Stabilität der Schiffe dieser Klasse gehabt haben müssen. Außer einer Mk 3 sind keine weiteren Radarantennen zu beobachten; SC-1-Antenne wurde bereits entfernt. USN

Minneapolis, aufgenommen nach Abschluß der Werftzeit bei Mare Island, N.Sh., am 4. September 1943. SG- und SK-Radar sind jetzt installiert und die FL-Radaranlage ergänzt. Beachte die unterschiedliche Anbringung von Mk 4 auf den FLG Mk 33. Die Anbringung von 40-mm-Vierlingen auf dem Achterschiff bewirkte, daß die Geschützwannen über die Deckskante hinausragen mußten. Bemerkenswert ist die Sondertarnung, mit der das Vorhandensein eines Zerstörers vorgetäuscht werden sollte. USN

Tuscaloosa (CA-37)

17. 8. 34	Indienststellung; Einfahrprobefahrt nach Südamerika bis Weihnachten 1934,
12/34–3/35	Werftzeit bei New York N.Sh.,
4/35	zu CRUDIV 6 in San Diego, danach Stützpunkt San Pedro, Cal.,
5/37	Übungen bei Alaska, Hawaii und Guam,
4–5/38	Übungen bei Hawaii,
3. 1. 39	von San Diego zur Ostküste; Übungen bei den Kleinen Antillen, danach kurze Werftzeit bei Norfolk N.Sh.,
8. 4.–10. 5. 39	Goodwill-Fahrt nach Südamerika mit *San Francisco* (CA-38) und *Quincy* (CA-39),
6. 6. 39	Rückkehr nach Norfolk,
8/39	Präsident F. D. Roosevelt an Bord, u. a. zur Beobachtung der Bergungsoperationen für das U-Boot *Squalus* (SS-192),
2.–11. 9. 39	Neutralitätspatrouille Nordatlantik,
16. 12. 39	Beteiligung an der Jagd auf den deutschen Passagierdampfer *Columbus;* Übernahme von 567 Mann und 9 Frauen des aufgegebenen Schiffes,
20. 12. 39	Abgabe der deutschen Seeleute in New York; danach Abfahrt nach Norfolk,
15. 2. 40	Präsident F. D. Roosevelt an Bord; Fahrt nach Panama und zur Westküste der zentralamerikanischen Staaten,
3–5/40	Werftzeit bei New York N.Sh.,
6/40	Neutralitätspatrouille bis Herbst 1940,
3.–16. 12. 40	Präsident F. D. Roosevelt erneut an Bord; Besuch der gegen 50 alte Zerstörer eingetauschten ehemaligen britischen Stützpunkte,
22. 12. 40	Überfahrt nach Portugal mit Admiral Leahy, dem neuen Botschafter in Vichy, an Bord,
3/41	von den Bermudas aus Überwachung der Seewege im Nordatlantik,
5/41	Beteiligung an der Suche nach dem deutschen Schlachtschiff *Bismarck,*
8. 8. 41	Fahrt von den Bermudas nach Argentia, Neufundland; unterwegs kam *Augusta* (CA-31) dazu; Treffpunkt Roosevelt/Churchill, wobei die Atlantik-Charta verabschiedet wurde,
9/41	Begleitung der ersten amerikanischen Transporte von Marine-Corps-Truppen nach Island; ab
5. 11. 41	kriegsmäßige Operationen im Verband einer Schlachtschiff-Kampfgruppe in der Straße von Dänemark; u. a. Überwachung des deutschen Schlachtschiffes *Tirpitz* bis Anfang Januar 1942,
8.–20. 2. 42	Werftzeit bei Boston N.Sh., dann kurze Zeit in New York,
3/42	zu TG 39.1, mit *Washington* (BB-56) Fahrt nach England,
4. 4. 42	Ankunft Scapa Flow; Übungen mit britischen Flotteneinheiten;
	nachfolgend Begleitung von Geleitzügen nach Nordrußland,
9–10/42	Fahrt an die Ostküste zum Werftaufenthalt,
11/42	mit *Massachusetts* (BB-59) und *Wichita* (CA-45) Teilnahme an Landungsbeschuß vor Casablanca, Nordafrika (Operation »Torch«); Rückkehr in die Staaten zur Instandsetzung; danach Schutz von Geleitzügen nach Nordafrika,

Friedensaufnahme von *Tuscaloosa* (CA-37) ohne Angabe des Datums. Der Schrägstrich unterhalb des Buchstabens »E« bedeutet, daß diese Auszeichnung bereits im zweiten aufeinanderfolgenden Jahr erworben wurde. USN

Einige Jahre später, etwa in der zweiten Hälfte des Jahres 1942 aufgenommen, präsentiert sich *Tuscaloosa* irgendwo im Atlantik mit einigen Veränderungen: einige Umbauten im Brückenbereich, niedriger Stand mit nur zwei Scheinwerfern, Splitterschutz für 12,7-cm-Geschütze, Halbaufsatz auf dem vorderen Schornstein. Anstrich nach Schema 22. SC-, SG- und Mk-3-Radar, jedoch noch nicht Mk 4. Auf den Katapulten SOC-Aufklärer wie bereits auf dem Friedensfoto. IWM

3–5/43	Übungen an der Ostküste; Ende
5/43	in Begleitung der *Queen Mary* – Premierminister Churchill fährt nach New York, danach zehntägige Werftzeit bei Boston N.Sh.; Begleitung der *Queen Elisabeth* nach Halifax, Neu-Schottland,
9–10/43	Begleitschutz von *Ranger* (CV-4), u. a. bei den ersten beiden Angriffen amerikanischer Trägerflugzeuge auf deutsche Objekte in Norwegen am
2.–6. 10. 43,	danach am
17. 10. 43	Hilfe bei der Erneuerung der alliierten Wetterstation auf Spitzbergen; danach Abkommandierung von der »Home Fleet«; Rückkehr in die Staaten; ab
3. 12. 43	Werftzeit bei New York N.Sh.,

Blick vom Vorschiff der *Tuscaloosa*; die Aufnahme wurde am 30. Januar 1944 in der Marinewerft New York gemacht. Die wichtigsten Zahlen haben folgende Bedeutung: (4) vormalige Admiralsbrücke entfiel zugunsten von Flakwannen; (5) FLG Mk 33 mit Mk-4-Radar; (11) SG-Radar; (12) Basis für SK-Radar. Auf den Geschützen fehlen die Mündungskappen. Mk-3-Radar befindet sich auf dem E-Meßgerät Mk 31. USN

Blick vom Achterschiff auf den 20,3-cm-Drillingsturm und die Aufbauten. hier bedeutet: (1) und (2) 20-mm-Flak-Stände; (4) 40-mm-Flakstände; (11) SG-Radar; (3) FLG Mk 33 mit aufgesetztem FL-Radar Mk 4; (9) Mk-3-Radar. USN

Nach Ende der zweimonatigen Werftzeit bei Philadelphia N.Sh.: *Tuscaloosa,* aufgenommen am 10. November 1944. FL-Radar Mk 4 wurde gegen Mk 28 ausgetauscht. Tarnanstrich nach Schema 33/13d. Der Flugzeugtyp ist immer noch der gleiche. Im Bereich der Schornsteine befindet sich jetzt eine langgezogene Plattform für 20-mm-Geschütze.
USN

2/44	Übungsfahrten und Schießübungen in der Casco-Bucht,
4/44	Einbau elektronischer Anlagen bei Boston N.Sh.; danach Flaggschiff der COMCRUDIV 7,
6–7/44	Teilnahme an der alliierten Invasion der Normandie; danach Abfahrt ins Mittelmeer,
8/44	Teilnahme an der Invasion Südfrankreichs,
9/44	Werftzeit bei Philadelphia N.Sh.; danach Wechsel zur Westküste; über San Diego und Pearl Harbor,
1/45	zur 3. Flotte bei Ulithi; ab
16. 2. 45	Beschuß von Iwo Jima; ab
25. 3. 45	Beschuß von Okinawa,
28. 6. 45	Abfahrt von Okinawa nach Leyte zur 7. Flotte,
27. 8. 45	Abfahrt nach Subic Bay, zur Mandschurei und Korea,
20. 9. 45	Abfahrt von Inchon nach China,
11/45	»Magic Carpet«-Fahrt von Shanghai nach Hawaii,
4. 12. 45	Ankunft San Francisco; kurze Reparaturperiode,
14. 12. 45	Truppentransport von Guadalcanal und Noumea,
10. 1. 46	Ankunft San Francisco; Wechsel zur Ostküste,
13. 2. 46	Außerdienststellung.

Nach dem Wechsel zur Pazifikflotte wurde *Tuscaloosa* – vermutlich in Pearl Harbor – nochmals nach Schema 22 angestrichen. Das Foto wurde am 16. Dezember 1945 in der Bucht von San Francisco aufgenommen, vermutlich kurz vor der Abfahrt zur zweiten »Magic Carpet«-Fahrt.
Cas

San Francisco (CA-38)

10. 2. 34	Indienststellung; Einfahrprobefahrt u. a. in mexikanischen und hawaiianischen Gewässern,
2/35	zu CRUDIV 6 in San Diego; bis Ende
1938	Operationen im östlichen Pazifik,
1/39	Manöver im Bereich der Kleinen Antillen,
3/39	Flaggschiff CRUDIV 7; von
1. 9. 39	Neutralitätspatrouillen von Norfolk aus,
11. 1. 40	als Flaggschiff von *Wichita* (CA-45) abgelöst; Ende
2/40	Rückkehr in den Pazifik via Panamakanal, zunächst nach San Pedro,
3/40	zu CRUDIV 6 in Pearl Harbor,
5/40	Werftliegezeit bei Puget Sound N.Sh.,
29. 9. 40	Rückkehr nach Pearl Harbor,
5/41	Flaggschiff CRUDIV 6 in Pearl Harbor,
8/41	Fahrt nach Long Beach,
27. 8. 41	Rückkehr nach Pearl Harbor
9/41	Abgabe des Divisionsstabes,
11. 10. 41	Beginn der Werftzeit bei Pearl Harbor N.Sh.,
7. 12. 41	fast desarmiert in der Werft,
16. 12. 41	Abbruch der Werftzeit; mit TF 14 Abfahrt nach Wake und Midway mit *Saratoga* (CV-3),
29. 12. 41	Rückkehr nach Pearl Harbor,
8. 1. 42	mit TF 8 Abfahrt Samoa, später mit TF 17 zu den Gilberts und Marshalls,
8. 2. 42	mit CRUDIV 6 (TF 11) und *Lexington* (CV-2); Operationen im Bereich Neu-Guinea,
8.–9. 3. 42	TF 11 und 17 greifen Salamaua und Lae an,
26. 3. 42	Rückkehr nach Pearl Harbor; ab
22. 4. 42	Geleitfahrten nach San Francisco und Australien,
29. 6. 42	Rückkehr nach Pearl Harbor; danach eine Geleitfahrt zu den Fiji-Inseln,
7. 8. 42	Flaggschiff des Befehlshabers der Kreuzer von TF 18 bei Guadalcanal/Tulagi; dabei am
15. 9. 42	Verlust der *Wasp* (CV-7),
23. 9. 42	mit fünf weiteren Kreuzern und DESRON 12 Bildung von TF 64,
24. 9. 42	Abfahrt zu den Neu-Hebriden,
12. 10. 42	Schlacht bei Cap Esperance,
30. 10. 42	RADM D. J. Callaghan, CTG 64.4 mit Stab setzt auf CA-38 über; Umbenennung als TF 65,
31. 10. 42	Abfahrt zu den Salomonen,
10. 11. 42	Flaggschiff TG 67.4; Ankunft Lunga Point,
12. 11. 42	durch abstürzendes japanisches Flugzeug achtere FL-Anlagen außer Betrieb gesetzt, dabei 15 Tote und 29 Verwundete,
13. 11. 42	schwere Beschädigungen durch japanische Überwasserstreitkräfte; 45 Treffer u. a. auf der Brücke töten RADM Callaghan und – bis auf einen – alle Offiziere; insgesamt 77 Tote und 105 Verwundete,
14. 11. 42	Rückkehr nach Espiritu Santo,
23. 11. 42	Abfahrt zur Westküste,
14. 12. 42– 26. 2. 43	Werftreparaturen bei Mare Island N.Sh.; danach Abfahrt in den Südpazifik,

San Francisco (CA-38), aufgenommen auf dem Wege zur Westküste am 4. Dezember 1942 beim Einlaufen in Pearl Harbor, im Anschluß an die Schlacht bei Guadalcanal, wo das Schiff zahlreiche Treffer hinnehmen mußte. Der Anstrich nach Schema 21 hat stark gelitten. USN

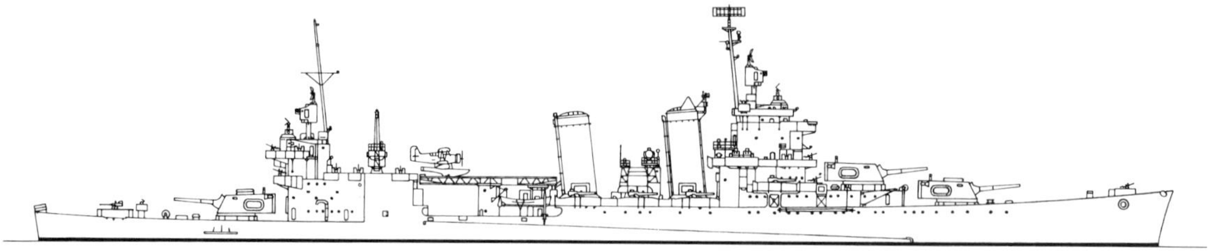

San Francisco (CA-38), Aussehen Februar 1943 mit niedrigerem Scheinwerferstand und »halber« Schornsteinkappe vorn. Etwas ungewohnt ist für diese Schiffsklasse die Anbringung von SC-3-Radar auf dem vorderen Mast. 20,3-cm-Türme Mod. 3. Das Schwesterschiff *Tuscaloosa* (CA-37) hatte übrigens 1942/43 an Stelle des achteren 12,7-cm-Paares (neben dem achteren Schornstein) zwei 28-mm-Vierlinge.

20. 3. 43	Ankunft Noumea; Ende
4/43	Abfahrt zu den Alëuten (TF 16); dort viereinhalb Monate verblieben, dabei
7/43	Angriffe auf Attu und Kiska; Mitte
9/43	kurze Werftliegezeit in Pearl Harbor, dann
5. 10. 43	mit TU 14.2.1 Angriffe auf Wake und Wilkes,
20. 10. 43	Ankunft bei Makin; Feuerunterstützung bei Landungen,
26. 10. 43	zu TG 50.1,
4. 12. 43	Angriffe auf Kwajalein (Marshall-Inseln); Beschädigungen durch japanische Flugzeuge, 1 Toter, 22 Verwundete,

Detailfoto von CA-38, aufgenommen am 15. Dezember 1942 in der Marinewerft Mare Island. Die Markierung von drei der insgesamt 45 Treffer ist hier sichtbar. Vorhanden ist immer noch der voluminöse Scheinwerferstand zwischen den Schornsteinen. Das Leitgerät Mk 33 hat noch kein FL-Radar. USN

Nach Beendigung der Reparaturen präsentiert sich *San Francisco* hier am 15. Februar 1943 im Bereich von Mare Island. Einige Änderungen sind jetzt sichtbar: starke Modifikation der Brückenaufbauten, niedrigerer Scheinwerferstand, SC-3-Radar auf dem Vordermast, FLR Mk 4 auf den FLG Mk 33, 40-mm-Flak. Der Anstrich entspricht jetzt Schema 21. USN

6. 12. 43	Rückkehr nach Pearl Harbor,
22. 1. 44	mit TF 52 weitere Fahrt zu den Marshall-Inseln; ab
31. 1. 44	Beschuß von Kwajalein und anderen Inseln; ab
8. 2. 44	zu TF 58 als Schutz der schnellen Trägerverbände; ab
12. 2. 44	bei TG 58.2 bei Majuro,
21.–28. 4. 44	TG 58.2 unterstützt Landungen im Bereich Hollandia,
30. 4. 44	Angriffe auf Satawan,
6. 6. 44	mit TG 53.15 Angriffe auf Saipan, dann am
16. 6. 44	Angriffe auf Guam,
19. 6. 44	Schlacht in der Philippinen-See,

Die nächste Werftzeit bei Mare Island N.Sh. (August bis Oktober 1944) brachte weitere Veränderungen. Tarnanstrich nach Schema 33/13d wurde angebracht, ebenso Ortungsradar SK. Bemerkenswert ist die sehr hohe Anbringung der FLG Mk 33. USN

8. 7. 44	Beschuß von Guam,
24. 7. 44	Beschuß von Orote,
30. 7. 44	Abfahrt zur Westküste,
16. 8. 44	Beginn der Werftzeit bei Mare Island N.Sh.,
31. 10. 44	Abfahrt Westküste,
21. 11. 44	in Ulithi Flaggschiff CRUDIV 6,
10. 12. 44	mit TG 38.1 zu den Philippinen,
17.–18. 12. 44	schwerer Taifun; Suche nach Überlebenden von drei gesunkenen Zerstörern,
20. 12. 44 und 5.–7. 1. 45	Operationen gegen Luzon,
2.–3. 1. 45 und 9. 1. 45	Angriffe auf Formosa,
1/45	Südchinesische See, Indochina-Küste, Formosa, Ryukyu-Inseln, West-Karolinen,
2/45	Honshu-, Vulcan- und Bonin-Inseln,
19. 2. 45	Beginn der Operationen um Iwo Jima,
25. 2. 45	Angriffe auf Tokio,
21. 3. 45	mit TF 54 zu den Ryukyus; Beschuß von Kerama Retto u. a. m.; ab
28. 3. 45	Beschuß von Okinawa, zeitweise auch mit TF 51 und TG 32.15,
7/45	bei den Philippinen Vorbereitung zur Invasion der japanischen Hauptinsel, dort entfiel diese Aufgabe infolge Kriegsende,
8–10/45	Okkupation der chinesischen und koreanischen Küste; Mitte
12/1945	Ankunft San Francisco,
10. 2. 46	Außerdienststellung Ostküste.

Diese beiden Detailaufnahmen (s. auch gegenüberliegende Seite) wurden im Oktober 1944 bei Mare Island gemacht. Munitionsübernahme für die schwere Artillerie. Mk 4-FLR wurde durch Mk 28 ersetzt, die 40-mm-Flak auf 24 Rohre verstärkt. Bemerkenswert ist der 20-mm-Flakstand über dem Anker. Auf der gegenüberliegenden Seite befindet sich der schwere Kreuzer *Baltimore*. USN

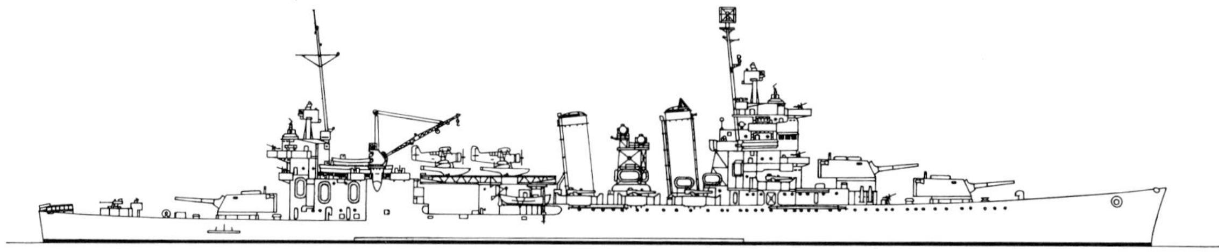

In mancher Hinsicht unterschied sich *Quincy* (CA-39) – hier dargestellt mit Aussehen im August 1942 – von den meisten Schwesterschiffen. (Dies gilt sinngemäß auch für *Vincennes* [CA-44]). SC-Radar auf dem vorderen Mast, ältere Form der FLG Mk 33 auf hohem Sockel ruhend. Wasserbombengestelle ganz achtern, dazwischen Nebelbehälter. Hoher Scheinwerferstand. 20,3-cm-Türme Mod. 3. Kurze Brückenform, da sowohl CA-39 wie auch 44 keine Flaggbrücke hatten. Die Barbette von Turm B war ca. 0,5 m höher als bei den anderen Schiffen; auch waren hier die Schornsteine ca. 1 m schmaler. Im Gegensatz zur Tabelle B kann hier nur festgestellt werden, daß *Quincy* mit gemischter leichter Flak fuhr: nur 2 – 28-mm-Vierlinge, dafür 2 – 40-mm-Zwillinge achtern.

Quincy (CA-39)

9. 6. 36	Indienststellung; CRUDIV 8 im Atlantik,
20. 7.–27. 9. 36	Mittelmeer, Wahrung amerikanischer Interessen im spanischen Bürgerkrieg; durch *Raleigh* (CL-7) abgelöst,
5. 10. 36	Rückkehr Ostküste; bei Boston N.Sh. Vorbereitung für die Vertragsabnahme, die vom
15.–18. 3. 37	durchgeführt wurde,
12. 4. 37	Wechsel zur Westküste, zu CRUDIV 7,
10. 5. 37	Ankunft Pearl Harbor,
1937/38	etliche Manöver im Pazifik; Ende
1938	Werftzeit bei Mare Island N.Sh.,
4. 1. 39	Wechsel zur Ostküste,
2/39	Manöver im Rahmen der LANTFL,
10. 4.–12. 6. 39	Goodwill-Fahrt nach Südamerika,
9. 7.–24. 8. 39	drei Reservisten-Trainingsfahrten; Rest des Jahres Patrouillenfahrten Nordatlantik; etwa
4/40	Werftzeit bei Norfolk N.Sh.,
5–9/40	weitere Fahrt nach Südamerika,
10–12/40	drei weitere Reservisten-Trainingsfahrten,
4–7/41	mit TG 2 (*Wasp* [CV-7]) und TG 28 (*Yorktown* [CV-5]) Neutralitätspatrouillen im Mittelatlantik,
28. 7.–24. 9. 41	mit TG 16 Patrouillen Dänemark-Straße und Island,
31. 10. 41	Geleitschutz nach Neufundland,
11–12/41	von Südafrika Geleitzug nach Trinidad gebracht,
25. 1. 42	mit TF 15 Geleitschutz Island,
3–5/42	Werftzeit bei New York N.Sh., danach Wechsel zur Westküste,
19. 6. 42	Ankunft San Diego, dort zu TF 18,
7. 8. 42	Beschuß von Lunga Point, Guadalcanal,
9. 8. 42	bei Savo Island durch Geschützfeuer versenkt.

Zweieinhalb Monate vor dem Verlust des Schiffes: *Quincy* (CA-39), aufgenommen am 23. Mai 1942 im Bereich der Marinewerft New York. SC-Radar auf dem Vordermast, Tarnanstrich nach Schema 12. SOC-Flugzeuge mit gefalteten Tragflächen.
USN

Blick nach vorne, zwischen den beiden Katapulten, auf denen sich vier Aufklärungsflugzeuge des Typs SOC befinden. Unterhalb der »1« steht ein Übungsgeschütz ohne 12,7-cm-Rohr. Das Foto entstand bei New York N.Sh. am 29. Mai 1942.
USN

Vincennes (CA-44)

24. 2. 37 Indienststellung;
19. 4. 37 Beginn der Einfahrprobefahrten nach Skandinavien, Frankreich, England; Anfang
1/38 zu »CRUDIV 7, Scouting Force«; Wechsel zur Westküste; Operationen von San Pedro aus; Werftzeit bei Mare Island N.Sh. bis
4/39, danach Rückkehr zur Ostküste; ab
1. 9. 39 Neutralitätspatrouille Ostküste und Karibik bis zum Frühjahr 1940; Fahrt zu den Azoren und nach Französisch-Marokko,
10. 6. 40 Abfahrt von Casablanca mit einer Ladung Gold in die Vereinigten Staaten, danach weiterhin Neutralitätspatrouillen; in der ersten Woche von

Details der Katapulte und der Schornsteinpartie zeigt dieses nicht näher datierte Foto der *Vincennes*. Das Flugzeug gehört dem Typ SOC an.
USN

1/41	kurze Werftzeit bei Norfolk N.Sh., danach Operationen Ostküste,
3/41	Fahrt nach Brasilien und Südafrika; britische Truppen nach Capetown transportiert,
4. 1. 42	Rückkunft in Norfolk; kurze Werftzeit bei New York N.Sh.; Ende
1/42	mit *Hornet* (CV-8) Operationen Ostküste,
4. 3. 42	Abfahrt von New York zur Westküste,
2. 4. 42	Abfahrt von San Francisco mit *Hornet* (TF 18); Treffen mit TF 16 *Enterprise* (CV-6),
18. 4. 42	»Tokyo Raid«,
25. 4. 42	Rückkehr nach Pearl Harbor; vergebliche und abgebrochene Fahrt in Richtung Korallenmeer,
29. 5. 42	von Pearl Harbor Abfahrt nach Midway; danach Werftzeit in Pearl Harbor bis Mitte Juli,
26. 7. 42	zu TF 62; Flaggschiff TG 62.3 bei Guadalcanal; dabei Sperrfeuer gegen japanische Flugzeuge, auch mit 20,3-cm-Geschützen,
8.–9. 8. 42	Schlacht bei Savo; nach schwersten Beschädigungen durch japanische Überwasserstreitkräfte gesunken.

Auch *Vincennes* (CA-44) ging wie *Quincy* bereits am 9. August 1942 verloren, so daß Aufnahmen aus der Kriegszeit selten sind. Diese beiden schönen Aufnahmen zeigen das Schiff am 2. Juni 1937 während der Einfahrprobefahrt in englischen Gewässern. Im Vergleich mit den vorangegangenen Schiffen beobachtet man hier eine etwas veränderte Brücke. WL

CL *Brooklyn*-Klasse

Dies sollten ursprünglich Schwere Kreuzer mit Hauptkaliber 20,3 cm werden; sie wurden jedoch infolge der Begrenzungen der Londoner Flottenkonferenz umbewaffnet, so daß danach 15,2 cm das Hauptkaliber war. In der Zeit ihres Zugangs stellten die neuen Leichten Kreuzer der *Brooklyn*-Klasse eine besondere Neuerung dar. Hier vereinigten sich die Auswirkungen der Washingtoner und der ersten Londoner Flottenkonferenz. Letztere schränkte weiterhin die Anzahl der Schweren Kreuzer ein, in der offensichtlichen Überzeugung, daß ein Schiff von 10000 ts Standard gleich gut gepanzert sein konnte, ohne Rücksicht darauf, ob es als Schwerer oder als Leichter Kreuzer bewaffnet ist. Man ging sogar davon aus, daß unter Umständen ein Schiff mit zwölf 15,2-cm-Geschützen in vier Türmen einem Schweren Kreuzer infolge der schnelleren Schußfolge durchaus ebenbürtig, wenn nicht gar überlegen sein konnte.
Mit den alten *Omahas* hatten die *Brooklyns* nichts Gemeinsames mehr. Mehrere »firsts« gab es hier. Einmal waren dies »Flushdecker«, d.h. Schiffe mit durchgehendem Hauptdeck, das ganz achtern sogar etwas anstieg. Achtern brauchte man nämlich eine entsprechende Höhe über den Propellern, um im Achterschiff den Flugzeughangar unterbringen zu können; an den Seiten der Hangarabdeckung waren – auch erstmalig – zwei Flugzeugkatapulte drehbar angebracht, so daß als Minimum insgesamt vier Aufklärungsmaschinen mitgeführt werden konnten. Offensichtlich war dieser Typ als Antwort auf die japanischen Leichten Kreuzer der *Mogami*-Klasse entworfen worden. Mit diesem gemeinsam hatte er das Kaliber 15,2 cm und auch die Anordnung der ebenfalls fünf Drillingstürme eines neuen, schneller feuernden Typs.
Die Unterschiede innerhalb der Klasse selbst dokumentierten den Wandel in der Kriegschiffstechnologie der enddreißiger Jahre. So wurden hier die schweren Dreibeinmaste zugunsten der leichten Pfahlmaste weggelassen. Auf den ersten sieben Schiffen der Klasse waren jedoch die achteren Aufbauten genauso kompakt und hoch wie die Brückenaufbauten, was u.a. die Voraussetzung für eine stabile Unterbringung der beiden FLG-Paare bot. Aber gerade bei den achteren Aufbauten und der mittleren Artillerie gab es Unterschiede innerhalb der Klasse. So wurden auf *Savannah* und *Honolulu* anstelle der acht offenen 12,7-cm-Flak L/25 acht neue L/38 in vier Doppeltürmen (»Mounts«) aufgestellt. Dies geschah hier jedoch durch Umrüstung bei Ende des Krieges, während die beiden letzten Schiffe der Klasse *(St. Louis* und *Helena)* von Anfang an mit dieser Konfiguration fuhren. Diese beiden Schiffe unterschieden sich denn auch im Aussehen beträchtlich von den sieben Vorgängern dadurch, daß ihre Aufbauten nach vorn, direkt hinter dem zweiten Schornstein, arrangiert und außerdem niedriger waren.

Philadelphia, Savannah und *Honolulu* erhielten 1944 Rumpfwülste.

Auch diese Schiffe wurden im Laufe des Krieges modifiziert. Das betraf vor allem Veränderungen der Brücke, Entfernung der gepanzerten Zitadelle und Hinzufügung der 20-mm- und 40-mm-Maschinenflak, deren Dotierung im einzelnen den entsprechenden Tabellen am Ende des Buches entnommen werden kann.

Helena war der einzige Kriegsverlust bei dieser Klasse. Was sich damals niemand denken konnte: *Phoenix* wurde nach dem Kriege an die argentinische Marine abgegeben und versank im Mai 1982 während des britisch-argentinischen Konfliktes um die Falkland-Inseln nach zwei Torpedotreffern durch den britischen SSN *Conqueror.*

Mittelschiff der *Brooklyn* (CL-40), aufgenommen im Juni 1938. Beachtenswert sind die kurzen L/25-Geschützrohre der 12,7-cm-Flak und der hohe Scheinwerferstand zwischen den Schornsteinen. USN

Brooklyn (CL-40)

30. 9. 37	Indienststellung,
1938	Ostküste; CRUDIV 8; Routinedienst,
30. 4. 39	Teilnahme an der Eröffnung der Weltausstellung in New York,
23. 5.–3. 6. 39	Zentralschiff bei der Rettungsaktion für das gesunkene U-Boot *Squalus* (SS-192); danach Wechsel zur Westküste,
18. 2. 40	Teilnahme an der »Golden Gate«-Ausstellung,
3/41	Goodwill- und Übungsfahrt in den Südpazifik,
5//41	Wechsel in den Atlantik,
1.–7. 7. 41	Convoy-Begleitung zur Landung von USMC-Truppen auf Island,
8–12/41	Geleitschutz und Neutralitätspatrouille,
4/42	Geleitschutz für Convoys zwischen USA und England,

Dieses undatierte Foto der *Brooklyn* mag Anfang 1942 aufgenommen sein. Man findet hier FLR Mk 3 (älteres Modell) auf dem vorderen FLG Mk 34. Die restliche Radarelektronik (SC-1) befindet sich noch nicht an Bord. Die 12,7-cm-Flak befindet sich hinter Splitterschutz. USN

So sah *Brooklyn* am 5. Mai 1943 nach einer Werftüberholung bei Philadelphia N.Sh. aus, als Anstrich nach Schema 22 angebracht wurde. Bemerkenswert sind Modifikationen der Brückenaufbauten, Verminderung der Anzahl der Scheinwerfer, Anbringung der Radaranlagen SC-2 und Mk 4. USN

24. 10. 42	Abfahrt aus Norfolk in Richtung Nordafrika,
8. 11. 42	Feuerunterstützung bei der Fedhala-Landung,
17. 11. 42	Abfahrt aus Casablanca in Richtung Ostküste USA,
1–7/43	drei Geleitfahrten zwischen USA und Casablanca,
10.–14. 7. 43	Feuerunterstützung bei den Landungen auf Sizilien; weiterer Verbleib im Mittelmeer,
22. 1.–9. 2. 44	Landungen bei Anzio und Nettuno,
13.–23. 5. 44	Beschuß im Bereich Formia,
8/44	Feuerschutz bei der Invasion in Südfrankreich; Verbleib im Mittelmeer,
21. 11. 44	Abfahrt von Sizilien nach New York,
12/44–5/45	Werftzeit bei New York N.Sh.,
5–9/45	Operationen entlang der Ostküste,
3. 1. 47	Außerdienststellung,
9. 1. 51	im Rahmen des Hilfsprogramms an Chile übereignet; neuer Name *O'Higgins.*

Philadelphia (CL-41)

23. 9. 37	Indienststellung,
3. 1. 38	Abfahrt zur Einfahrprobefahrt zu den Westindischen Inseln,
30. 4. 38	wieder in Charleston; Anfang
5/38	Präsident F. D. Roosevelt mehrere Tage an Bord zur Karibikfahrt,
8. 5. 38	Operationen im Verband von CRUDIV 8,
27. 6. 38	Flaggschiff »CRUDIV 8, Battle Force«,
1. 6. 39	Panamakanal-Passage; ab
18. 6. 39	mit CRUDIV 8 Operationen an der Westküste,
4/40–5/41	Operationen von Pearl Harbor aus; Manöver,
22. 5. 41	Wechsel in den Atlantik,
18. 6. 41	Ankunft Boston; Neutralitätspatrouille bei den Bermudas und Neu-Schottland; ab
25. 11. 41	Werftzeit bei Boston N.Sh.; ab
18. 12. 41	Neufundland-Patrouillendienst,
2/42	zwei Geleitfahrten nach Island,
16. 5. 42	zu TF 22, Abfahrt aus Norfolk zur U-Jagd-Patrouille im Bereich Panamakanal,
7–9/42	zwei Geleitfahrten nach Schottland,
15. 9. 42	zu »Western Naval Task Force« zur Landung in Französisch-Marokko; ab
7. 11. 42	Landungen bei Casablanca,
24. 11. 42	Rückkehr nach New York; von dort Operationen bis
11. 3. 43,	dann zwei Geleitfahrten nach Casablanca; danach zu TF 85, Vorbereitung für Landungen auf Sizilien,
8. 6. 43	Geleitzug von Norfolk bis
22. 6. 43	Oran gesichert; ab
9. 7. 43	Beschuß sizilianische Küste bis
19. 7. 43,	dann am
27. 7. 43	zu TF 88,
30. 7. 43	von Palermo aus Küstenbeschuß,
21. 8. 43	Abfahrt nach Algier,
5. 9. 43	Abfahrt von Oran zur italienischen Küste bei Salerno,
8. 9. 43	Beginn Küstenbeschuß,
6. 11. 43	Abfahrt mit Geleitzug von Oran zur Ostküste,
21. 11. 43	Ankunft Norfolk; danach
12/43–1/44	Werftzeit bei New York N.Sh.,
19. 1. 44	Geleitfahrt nach Oran,
14. 2. 44–23. 5. 44	Feuerunterstützung bei Anzio; danach Werftüberholung auf Malta, ab
15. 8. 44	mit TG 85.12 Feuerschutz bei Landungen in Südfrankreich bis Mitte
10/44,	danach
6. 11. 44	Werftzeit bei Philadelphia N.Sh. bis etwa
5/45,	danach ab
7. 7. 45	Fahrt nach Antwerpen als Begleitschutz für *Augusta* (CA-31), die Präsident Truman an Bord hatte, der zur Potsdam-Konferenz fuhr,
2. 8. 45	Treffen zwischen König George VI. und Präsident Truman an Bord der *Augusta,*
7. 8. 45	Rückankunft in Norfolk, Va.,
6.–25. 9. 45	deutschen Passagierdampfer *Europa* geleitet,
26. 10.–25. 12. 45	zwei »Magic Carpet«-Fahrten nach Le Havre,
3. 2. 47	Außerdienststellung,
9. 1. 51	Verkauf an Brasilien; neuer Name *Barroso.*

Eine der bekanntesten Friedensaufnahmen von *Philadelphia* (CL-41), zusammen vor Anker liegend mit *Pensacola, Salt Lake City* und *Northampton.* USN

Eine Aufnahme der *Philadelphia* aus dem Jahr 1943 mit Anstrich nach Schema 22. Viel Ähnlichkeit mit dem Ausrüstungszustand von *Brooklyn* um die gleiche Zeit. USN

Nach der Werftzeit in der Patenstadt Philadelphia präsentiert sich CL-41 hier am 9. Mai 1945 mit SK- und SP-Radar und mit Kingfisher-Aufklärern. Weitere Modifikation der Brückenaufbauten. USN

Savannah (CL-42)

10. 3. 38	Indienststellung; danach Einfahrprobefahrten nach Kuba und Haiti bis zum Sommer 1938,
3. 6. 38	Endausrüstung bei Philadelphia N.Sh.,
10/38	Fahrt nach Portsmouth, England,
26. 6. 38	Abfahrt zur Westküste; Passage durch den Panamakanal; zunächst über San Diego nach Long Beach,
21. 5. 40	Ankunft Pearl Harbor; bis
11/40	Operationen im Bereich Hawaii, danach über Long Beach Werftzeit bei Mare Island N.Sh.,
27. 1. 41	Rückkehr nach Pearl Harbor; bis
19. 5. 41	Verbleib in den Gewässern von Hawaii, dann via Panamakanal Fahrt zur Ostküste,
17. 6. 41	Ankunft Boston; Flaggschiff CRUDIV 8; Neutralitätspatrouille Nordatlantik; Deckung alliierter Geleitzüge,
7. 12. 41	in New York,
12. 1. 42	Ankunft Recife, Brasilien; danach mit *Ranger* (CV-4) Patrouillenfahrten nördlich von Bermuda,
9. 6.–15. 8. 42	Werftzeit bei Boston N.Sh.,
24. 10. 42	Abfahrt zur »Western Naval Task Force«; Landungen in Französisch-Marokko; nach Ende der Operationen am
11. 11. 42	Rückkehr zur Ostküste,
30. 11. 42	Ankunft Norfolk; danach Werftzeit in New York,
7. 1. 43	Ankunft Recife, Brasilien; mit dem Geleitträger *Santee* (CVE-29) Jagd auf deutsche Blockadebrecher; ab
28. 3. 43	kurze Werftzeit in New York,
10. 5. 43	Abfahrt von Norfolk ins Mittelmeer,
23. 5. 43	Ankunft Oran; Landungen auf Sizilien; nach zweimaligem Zwischenaufenthalt in Algier
8. 9. 43	Landungen bei Salerno,
11. 9. 43	schwere Beschädigung durch deutsche Flugzeug-Gleitbombe; 197 Tote, 15 Schwerverwundete; ab
12. 9. 43	erste Reparaturen auf Malta,
7. 12. 43	Abfahrt zur Ostküste; ab
23. 12. 43	Reparaturen bei Philadelphia N.Sh.; acht Monate in der Werft; ab
5. 9. 44	Ausbildungsfahrten,
12. 10. 44	Bereitschafts-Trainingsfahrten mit CRUDIV 8,
1/45	mit *Quincy* in Begleitung von Präsident F. D. Roosevelt zur Konferenz von Jalta (Krim),
2. 2. 45	Ankunft Malta; Präsident Roosevelt reist per Luft weiter; Weiterfahrt nach Alexandria, wo sich der Präsident am
12. 2. 45	wieder auf *Quincy* einschifft,
27. 2. 45	Rückkehr nach Norfolk,
8. 3. 45	Ankunft im neuen Stützpunkt Newport, R.I.,
3–5/45	Trainingsschiff für Besatzungen von in Dienst zu stellenden Schiffen; danach kurze Werftzeit bei der New York N.Sh. zwecks Installation der neuen Radar-Feuerleitung für die 40-mm-Flak,
6/45	Flaggschiff »Midshipman Training Squadron« von Annapolis, Md., aus, bis
30. 9. 45,	danach Besuche in Pensacola, Fla., und in der Patenstadt Savannah, Ga.,
13. 11. 45	von Norfolk aus zwei »Magic Carpet«-Fahrten nach Frankreich bis
17. 12. 45,	danach Verlegung nach Philadelphia N.Sh.,
3. 2. 47	Außerdienststellung.

Die zweimonatige Werftzeit von *Savannah* (CL-42) bei Boston N.Sh. wurde im August 1942 beendet. Danach, am 11. August, entstand dieses achterliche Foto mit Blick auf Flugzeugkran, Katapulte, die achterlichen Geschütztürme und Aufbauten. Bemerkenswert ist das recht hohe Achterschiff, das die Unterbringung des Hangars erst möglich machte. SC-Radar befindet sich auf dem achteren Mast. USN

Ein halbes Jahr später aufgenommen: *Savannahs* Aussehen im Januar 1943. Bemerkenswert ist die Massierung der Maschinenflak seitlich und unterhalb des Steuerhauses. USN

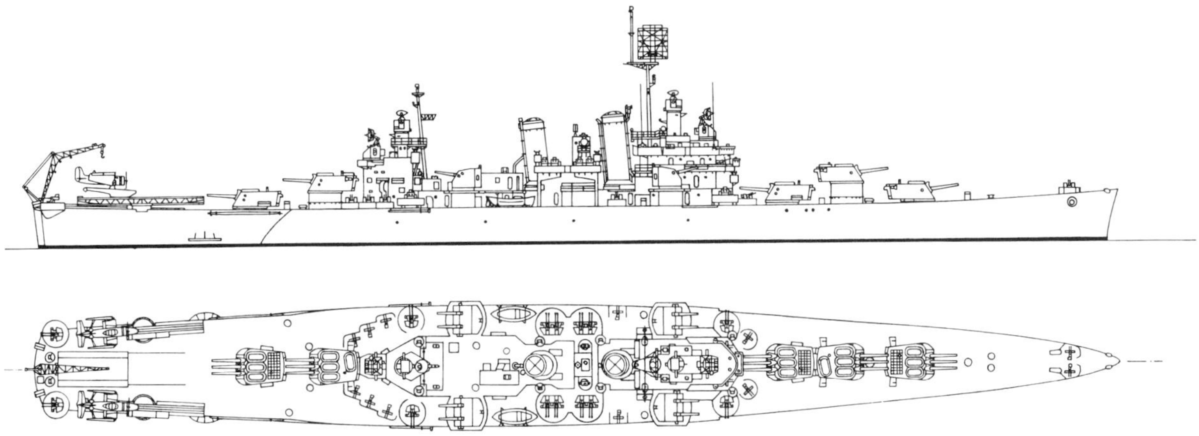

Savannah (CL-42), Aussehen April 1945. Das Schiff wurde durch Anbringung von Wulsten um 2,4 m verbreitert. Hier wird das unterschiedliche Aussehen des umgebauten Schiffes gegenüber der Urform der Klasse deutlich. Vier 12,7-cm-Türme neueren Modells. Im Gegensatz zur Tabelle B befanden sich in Wirklichkeit 12 – 20-mm-Doppelflak an Bord. Hier sind die SOC-Aufklärer mit beigeklappten Tragflächen dargestellt.

Dieses Foto der *Savannah* entstand im Oktober 1944, etwa einen Monat nach der Umrüstung des Schiffes bei Philadelphia N.Sh. Der Anstrich nach Schema 22 blieb erhalten. Die alten 12,7-cm-Solo-Geschütze L/25 wurden gegen vier Doppeltürme 12,7 cm L/38 ausgetauscht und die Maschinenflak umgruppiert. Es wurde SK-Radar angebracht sowie ein weiteres SG-Gerät. USN

Dieses am 5. September 1944 in der Marinewerft Philadelphia aufgenommene Foto der *Savannah* veranschaulicht die Mittelschiffsdetails nach dem erfolgten Umbau: 12,7-cm-Zwillingsturm mit Basis, wegen des besseren Bestreichungswinkels sehr hoch angebrachte 40-mm-Bofors-Flak, FLR Mk 8 und Mk 12/22.
USN

Nashville (CL-43)

6. 6. 38	Indienststellung,
19. 7. 38	Beginn der Einfahrprobefahrt in die Karibik,
8/38	Besuchsfahrt nach Europa,
21. 9. 38	Transportfahrt mit britischem Gold im Wert von 25 Millionen $ von Portland, England, nach New York; im Frühjahr
1939	Fahrt nach Brasilien,
23. 6. 39	Wechsel zu PACFL für die nächsten zwei Jahre,
16. 7. 39	Ankunft San Pedro,
2/41	Transport von USMC-Truppen nach Wake,
20. 5. 41	von Pearl Harbor aus Wechsel zur Ostküste,
19. 6. 41	Ankunft Boston; Geleitfahrt nach Island,
8–12/41	Neutralitätspatrouille von den Bermudas aus,
4. 3. 42	mit *Hornet* (CV-8) Wechsel zur Westküste,
20. 3. 42	Ankunft San Diego; Weiterfahrt am
2. 4. 42	wobei *Hornet* 16 B-25-Bomber der USAAF an Bord hat,
17. 4. 42	»Tokyo-Raid«,
25. 4. 42	Rückkehr nach Pearl Harbor,
14. 5. 42	Abfahrt nach Alaska und zu den Alëuten als Flaggschiff TF 8,
6–11/42	Patrouillenfahrten im Nordpazifik, dabei am
7. 8. 42	Beschuß von Kiska,
22. 11. 42	Ankunft Pearl Harbor; Weiterfahrt am

Diese Detailaufnahme von *Nashville* (CL-43) entstand in englischen Gewässern im September 1938, kurz bevor das Schiff mit einer Ladung britischen Goldes nach New York fuhr. Hoher Stand für vier Scheinwerfer zwischen den Schornsteinen sowie zahlreiche Verkehrsboote sind zu beobachten.
WL

Ein Jahr nach dem japanischen Überfall: *Nashville* in Pearl Harbor, aufgenommen vor Anker am 14. Dezember 1942. Fla-Geschütze befinden sich hinter Splitterschutz; ein SOC-Aufklärer hängt am Krankhaken. SC-Radar befindet sich hier auf dem Vordermast. Immer noch der hohe Scheinwerferstand. USN

24. 12. 42	nach den Fiji-Inseln; Flaggschiff TF 67 in Espiritu Santo,
4. 1. 43	Beschuß von Munda,
12. 5. 43	Kartuschenexplosion in einem der vorderen 15,2-cm-Türme: 18 Tote, 17 Verletzte,
22. 5. 43	Abfahrt von Espiritu Santo zur Westküste; Reparatur des Schadens und Modifikation bei Mare Island N.Sh.,
6. 8. 43	Abfahrt aus San Francisco,
12. 8. 43	Ankunft Pearl Harbor; in Begleitung von Flugzeugträgern zwei Monate lang Angriffe auf Wake und Marcus; ab
25. 10. 43	sieben Monate lang Beschuß von Zielen im Bereich von Neu-Guinea und der Admiralitäts-Inseln,
21.–23. 4. 44	Feuerschutz bei Landung auf Hollandia, General McArthur an Bord,
27. 5. 44	bei der Besetzung von Biak,
4. 6. 44	leichte Beschädigung durch Beinahe-Treffer eines japanischen Flugzeuges; Mitte
9/44	Invasion von Morotai, wieder General McArthur an Bord,
20. 10. 44	Feuerschutz bei Landungen auf Leyte,
13. 12. 44	auf dem Wege nach Mindoro durch Kamikaze schwer beschädigt; 130 Tote, 190 Verwundete,
12. 1. 45	Reparaturen bei Pudget Sound N.Sh. bis
12. 3. 45,	danach
15. 4. 45	über San Diego Abfahrt in Richtung Philippinen,

Nach der Werftzeit bei Mare Island, im Juli 1943 aufgenommen. Niedriger Scheinwerferstand; nunmehr SK-Radar auf dem Vordermast. Anstrich nach Schema 21. USN

Eine historische Aufnahme: *Nashville* übernimmt am 24. Oktober 1944 bei Leyte General Douglas MacArthur von einem PT-Boot. Sichtbar ist das beidseitig gleiche Tarnmuster von Schema 16. Bemerkenswert ist, daß das vordere FLG Mk 34 bereits mit FLR Mk 8 ausgestattet ist, während sich achtern immer noch Mk 3 in der kleineren Ausführung befindet.

16. 5. 45	Ankunft Subic Bay; Flaggschiff TF 74; in den letzten Kriegsmonaten Feuerschutz bei Landungen auf Borneo; Träger-Geleitschutz in der Straße von Makassar,
19. 9. 45–17. 11. 45	mit CTF 73 an Bord Fahrt nach Shanghai, von da über Pearl Harbor Rückführung von Kriegsteilnehmern zur Westküste,
3. 12. 45	Ankunft San Pedro; danach eine weitere »Magic-Carpet«-Fahrt nach Eniwetok und Kwajalein,
6. 1. 45	Ankunft San Francisco,
24. 6. 46	Außerdienststellung,
9. 1. 51	Verkauf an Chile; neuer Name: *Capitan Prat*

Anderthalb Monate später wurde *Nashville* bei einem Kamikaze-Angriff schwer beschädigt, wonach die Reparaturen bei Puget Sound N.Sh. durchgeführt wurden. Vorliegende Aufnahme entstand in der Bucht von San Francisco, vermutlich im Januar 1946, im Anschluß an die letzte »Magic Carpet«-Fahrt. Nunmehr sind die FLG mit FL-Radar Mk 13 und Mk 28 ausgestattet. Cas

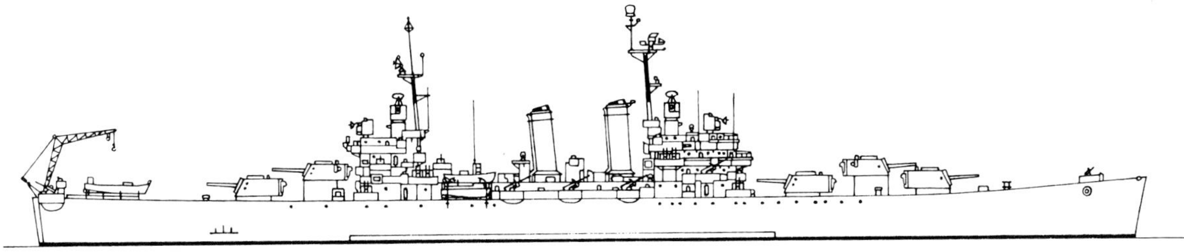

Ex-*Nashville* (CL-43), Aussehen etwa 1978, während der Dienstperiode bei der chilenischen Marine.

Phoenix (CL-46)

3. 10. 38	Indienststellung; Einfahrprobefahrt nach Trinidad und nach Südamerika; Rückkehr
1/39,	danach Operationen entlang der Westküste, später von Pearl Harbor aus,
7. 12. 41	in Pearl Harbor vor Anker; blieb unbeschädigt; nahm mit *St. Louis* (CL-49) und *Detroit* (CL-8) sofort Suche nach den japanischen Schiffen auf; danach eine Hin- und Rückfahrt zur Westküste in Geleitsicherung; danach Fahrt nach Melbourne; Operationen in australischen Gewässern bis etwa
2/42,	danach mehrere Monate im Indischen Ozean; anwesend bei der Evakuierung von Java; etwa
7/43	Werftüberholung bei Philadelphia N.Sh., danach Fahrt mit Außenminister Cordell Hull nach Casablanca; danach zur VII. Flotte im Südpazifik,
26. 12. 43	Beschuß von Cape Gloucester,
25.–26. 1. 44	Beschuß von Landeinrichtungen im Bereich Neu-Guinea,
29. 2. 44	Besetzung von Los Negros,
4. u. 7. 3. 44	Beschuß der Admiralitäts-Inseln,
22. 4. 44	Landung auf Hollandia,
25. 5. 44	Landung auf Biak, Neu-Guinea,
4. 6. 44	leichte Beschädigung durch Fliegerbomben; 1 Toter, 4 Verwundete,
2. 7. 44	Landung auf Noemfoor,
15. 9. 44	Besetzung von Morotai, Molukken-Inseln,
20. 10. 44	Landung auf Leyte; in der Schlacht bei Leyte an der Versenkung des Schlachtschiffes *Fuso* beteiligt,
1/45	Invasion von Luzon,
13.–28. 2. 45	Bataan, Corregidor,
29. 6.–7. 7. 45	Deckung von Minenräumoperationen und Landung auf Balikpapan, Borneo; bei Kriegsende am
15. 8. 45	in der Werft in Pearl Harbor,
9/45	Wechsel zur Ostküste,
3. 7. 46	Außerdienststellung,
9. 4. 51	an Argentinien verkauft,
17. 10. 51	neuer Name: *17 de Octubre,*
1956	in *General Belgrano* umbenannt,
3. 5. 82	Im Falkland-Krieg durch zwei Torpedos von HMS *Conqueror* versenkt.

Nach Abschluß der Werftzeit bei Philadelphia N.Sh. wurde hier *Phoenix* (CL-46) am 30. August 1943 aufgenommen. Je zwei SOC-Aufklärer befinden sich achtern auf jedem Katapult. Unterschiedliche Radarausrüstung auf dem FLG Mk 34: Mk 8 Mod 1 vorne, Mk 3 (alt) achtern. Mk 4 befindet sich an den Stirnseiten von FLG Mk 33. Das Foto veranschaulicht, daß das Schiff einen »gesprayten« »Dazzle pattern«-Anstrich nach Schema 32/5d führt. USN

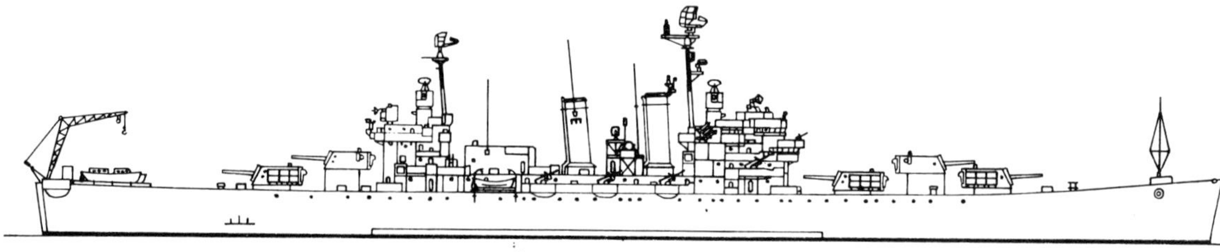

Ex-*Phoenix* (CL-46), Aussehen während der Dienstperiode bei der argentinischen Marine; letztes Aussehen vor der Versenkung im Mai 1982 bei den Falklands.

Anfang 1951 wurde *Phoenix* an die argentinische Marine verkauft, wo sie noch 31 Jahre – zuletzt unter dem Namen *General Belgrano* – diente, bevor sie während des britisch-argentinischen Krieges am 3. Mai 1982 durch das britische Atom-U-Schiff *Conqueror* mit konventionellen Torpedos versenkt wurde. Die beiden nicht näher datierten Fotos stammen aus der letzten Dienstperiode des Schiffes. Zahlreiche 20-mm-Doppelrohr-Flak sind immer noch vorhanden, dazu aber auch noch britische Sea-Cat-FK-Starter neben dem vorderen Schornstein. Die 12,7-cm-Flak L/25 befinden sich immer noch in Splitterschutzwannen. Die FLG Mk 34 verfügen über FLR Mk 13, es verblieb jedoch nur das achtere FLG Mk 33 an Bord. Die Radarelektronik ist ansonsten niederländischen Ursprungs (Hollandse Signaalapparaten). Die Katapulte wurden entfernt; es kamen aber zahlreiche Bullaugen unterhalb der Hauptdeckslinie hinzu. SoW

Boise (CL-47), aufgenommen am 18. April 1939. Cas

Boise (CL-47)

12. 8. 38	Indienststellung,
2/39	nach Probefahrten West- und Südafrika CRUDIV 9 (»Cruisers, Battle Force«) in San Pedro, Cal., bis
11/41	Einsatzfahrten zwischen Westküste und Hawaii,
4. 12. 41	nach Geleitfahrt Ankunft in Manila, Philippinen,
8. 12. 41	bei Cebu, Philippinen; zu TF 5,
21. 1. 42	Grundberührung; über Ceylon und Indien Rückkehr zur Westküste,
2/42	Reparaturen bei Mare Island N.Sh. bis
22. 6. 42,	danach Geleitschutz für Convoy nach Neu-Seeland; Rückkehr nach Pearl Harbor,
31. 7.–10. 8. 42	Ablenkungstransport in japanischen Gewässern,
8/42	Geleitfahrt nach Fiji und zu den Neu-Hebriden,
14.–18. 9. 42	Landungsunterstützung bei Guadalcanal; dabei Kampfbeschädigung durch japanische Treffer,
19. 11. 42–20. 3. 43	Reparaturen bei Philadelphia N.Sh.,
8. 6. 43	Abfahrt ins Mittelmeer,
10. 7.–18. 8. 43	Unterstützung der Landungen auf Sizilien,
9/43	Unterstützung der Landung bei Tarent und Salerno, Italien,
15. 11. 43	Ankunft in New York; Wechsel zur PACFL, Ankunft in Neu-Guinea am
31. 12. 43,	danach
1–9/43	Operation im Bereich Neu-Guinea,
20.–24. 10. 44	Invasion von Leyte,
25. 10. 44	Schlacht in der Straße von Surigao,
12.–17. 12. 44	Landungen auf Mindoro,
9.–13. 1. 45	Landungen auf Lingayen; General McArthur an Bord,
14.–31. 1. 45	Sicherungseinsatz bei Luzon,
13.–17. 2. 45	Besetzung von Bataan und Corregidor,
8.–12. 3. 45	Landung auf Zamboanga,
27. 4.–3. 5. 45	Borneo; Landung auf Tarakan,
3.–16. 6. 45	Fahrt mit General McArthur im Bereich der Philippinen und Borneo; danach Rückkehr zur Westküste, dabei
7. 7. 45	Ankunft in San Pedro, Cal.; dort Aufenthalt bis
3. 10. 45,	danach Wechsel zur Ostküste,
20. 10. 45	Ankunft New York,
1. 7. 46	Außerdienststellung,
11. 1. 51	an Argentinien verkauft; neuer Name: *Nueve de Julio*.

Teilaufnahme der *Boise* vom Januar 1945, angestrichen nach Schema 21. Auf den 15,2-cm-Türmen wurde eine Menge Rettungsmittel gelagert, daneben Minenräumgeschirr und 15,2-cm-Granaten. Mk 28-FLR für FLG Mk 33. Auf den FLG Mk 34 »leuchtet« FLR Mk 13 ebenso wie die Basis der SK-Antenne. USN

Honolulu (CL-48), aufgenommen im August 1938 während der Einfahrprobefahrt in englischen Gewässern. Noch befinden sich FLG Mk 31 an Bord, hier etwas höher als Mk 33. Zwei Reihen von Bullaugen. 12,7-cm-L/25 noch unter Schutzplanen. WL

Honolulu (CL-48)

15. 6. 38	Indienststellung; Einfahrprobefahrt nach England,
14. 6. 39	Ankunft in San Pedro, Cal.; Operationen entlang der Westküste bis Mitte
1940,	danach Werftzeit bei Puget Sound N.Sh., bis
5. 11. 40,	danach Abfahrt nach Pearl Harbor,
7. 12. 41	während des japanischen Angriffs im Hafen von Pearl Harbor, nur geringfügig beschädigt,
12. 1. 42	Convoybegleitung nach San Francisco,
21. 1. 42	Ankunft San Francisco; bis
5/42	Geleitfahrten zwischen USA, Australien und Samoa,
29. 5. 42	Abfahrt nach Alaska; von Kodiak aus Operationen bei den Aleuten,
7. 8. 42	Beschuß von Kiska,

Dieses am 30. Januar 1942 in der Marinewerft Mare Island aufgenommene Foto verdeutlicht die Massierung von drei 15,2-cm-Türmen auf dem Vorschiff. Jeder Turm verfügt über einen eigenen E-Messer, dazu noch über ein Periskop, das aus der Turmdecke herausragt. Die untere Reihe der Bullaugen wurde eliminiert. Beachtenswert ist der Raddampfer im Hintergrund. USN

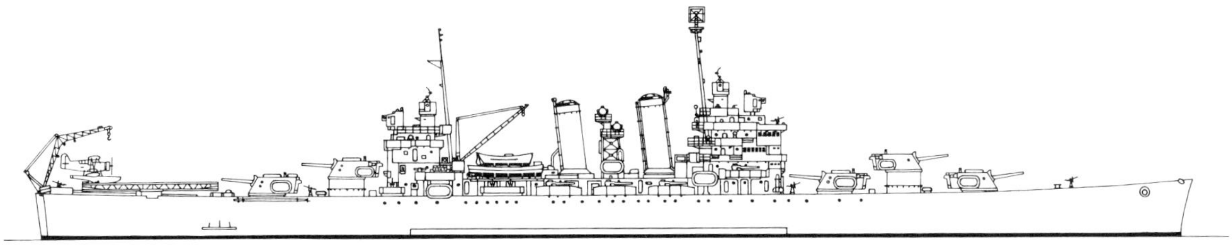

Honolulu (CL-48), Aussehen Januar 1942. Im Gegensatz zur Tabelle B hatte *Honolulu* nur zwei 28-mm-Vierlinge. Mk 34-FLG findet man hier in der etwas höheren Ausführung; darauf befindet sich nicht FLR Mk 3, sondern Mk 1 (CXAS bzw. FA). Auf dem Vordermast sieht man SC-Radar.

21. 8. 42	Landungsunterstützung von Adak, Alëuten,
9–10/42	Werftzeit bei Mare Island N.Sh.,
3. 11. 42	Geleitfahrt nach Noumea, danach nach Guadalcanal,
30. 11. 42	Schlacht bei Tassafaronga; CA-26 *Northampton* gesunken, drei weitere eigene Kreuzer beschädigt,
Anfang 1943	Operationen mit TF 67 von Espiritu Santo aus,
5–7/43	Beschuß von Neu-Guinea,
4. 7. 43	im Kula Gulf einen japanischen Zerstörer versenkt,
13. 7. 43	während der Schlacht bei Kolombangara einen japanischen Kreuzer und einen Zerstörer versenkt; erhielt selbst einen Torpedotreffer; Reparaturen in Tulagi, dann ab

Ebenfalls im Januar 1942 aufgenommen: anstelle der FLG Mk 31 findet man jetzt Mk 34, mit nur einem FL-Radar Mk 3 vorne. 20-mm- und 28-mm-Flak ist vorhanden. Im Hintergrund sieht man einen Kreuzer der *Omaha*-Klasse. USN

Dieses Foto der *Honolulu* wurde im Anschluß an die Werftzeit im November 1943 bei Mare Island N.Sh. aufgenommen, als Tarnanstrich nach Schema 32/2c aufgetragen wurde. Neu sind die beiden Halbkappen auf den Schornsteinen. SK-Radar und die beiden SG-Antennen wurden angebracht, ebenso FL-Radar Mk 8 Mod 1, Mk 3 (alt) und Mk 4 (vorgehängt). Später wurde *Honolulu* nach Muster *Savannah* umgebaut, jedoch konnten hierzu keine Fotounterlagen gefunden werden. USN

16. 8. 43	Werft-Reparaturen in Pearl Harbor; Weiterfahrt zur Mare Island N.Sh. zur Endreparatur, bis
17. 11. 43	Abfahrt zu den Salomonen,
27. 12. 43	Beschuß von Bougainville; beständiger Beschuß der Salomonen-Inseln bis Mitte
6/44,	dann Beschuß von Guam; ab
28. 6. 44	Vorbereitung, anschließende Besetzung von Guam,
6. 9. 44	Landungsunterstützung bei Palau,
12. 10. 44	von Marcus aus Abfahrt zur Invasion der Philippinen,
19. 10. 44	Beschuß im Golf von Leyte,
20. 10. 44	Lufttorpedotreffer,
29. 10. 44	Ankunft in Manus, erste Reparaturen,
19. 11. 44	Abfahrt nach Norfolk, Va., via
20. 12. 44	Pearl Harbor und San Diego; Verbleib in Norfolk bis Kriegsende,
10/45	nach letzter Werftliegezeit in Norfolk Einfahrprobefahrt,
3. 2. 47	Außerdienststellung.

St. Louis (CL-49)

19. 5. 39	Indienststellung,
6. 10. 39	Ende der Einfahrprobefahrten; bis
3. 9. 40	Neutralitätspatrouille West-Indien bis Nordatlantik,
9. 11. 40	via Westküste,
12. 12. 40	Ankunft Pearl Harbor; Flottenmanöver; Anfang
1941	Werftzeit bei Mare Island N.Sh.; ab
20. 6. 41	weiterhin Operationen in Hawaii-Gewässern; bis
9/41	Patrouillefahrten zwischen Wake, Midway, Guam und Manila,
28. 9. 41	Werftzeit bei Pearl Harbor N.Sh.; währenddessen am
7. 12. 41	Angriff auf Pearl Harbor; drei japanische Flugzeuge abgeschossen; bis
10. 12. 41	vergebliche Suche nach der japanischen Angriffsflotte; danach Geleitfahrten zwischen San Francisco und Hawaii,
6. 1. 42	mit TF 17 (mit *Yorktown* [CV-5]) nach Samoa; Gilberts,
7. 2. 42	Rückkehr nach Pearl Harbor; Wiederaufnahme der Geleitfahrten zur und von der Westküste,
5/42	Begleitung des philippinischen Präsidenten Quezon (auf SS *President Coolidge)* nach San Francisco; danach Geleitfahrt nach Midway; am
25. 5. 42	Fahrt zu den Aleuten; zu TF 8,
3. 8. 42	Beschuß von Kiska,
25. 10. 42	Abfahrt zur Werftzeit bei Mare Island N.Sh.,

Dieses im März 1942, also kurz nach Eintritt der USA in den Zweiten Weltkrieg, aufgenommene Foto von *St. Louis* (CL-49) verdeutlicht die grundlegenden Unterschiede zwischen den ersten sieben und den beiden letzten Einheiten der *Brooklyn*-Klasse. Hier findet man Unterschiede bei der Brücke, andere Verteilung der achteren Aufbauten (u. a. in etwa Vorbild für die spätere Modifikation von *Savannah* und *Honolulu)* sowie die Ausrüstung mit 12,7-cm-Doppeltürmen L/38 von Haus aus. Die bei Kriegsbeginn geführten 12,7-cm-Doppeltürme wurden später gegen modernere eingetauscht. Die vorhandene SC-Radarantenne ist hier nicht sichtbar. USN

Dieses unmittelbar im Anschluß an die Werftzeit im Oktober 1944 aufgenommene, recht klare Foto zeigt *St. Louis* mit frischem Tarnanstrich nach Schema 32/2c. Ortungsantennen: SK-2 und zweimal SG, FL-Radarantennen: zweimal Mk 8 Mod 1 und zweimal Mk 28. USN

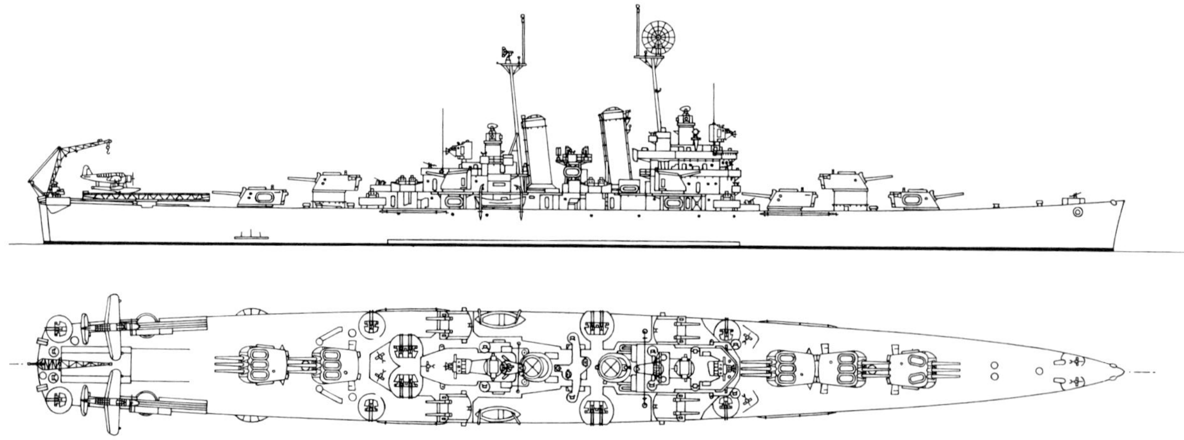

St. Louis (CL-49), hier mit Aussehen vom August 1945, war mit *Helena* (CL-50) eines der Schiffe der *Brooklyn*-Klasse, das bereits in einer modifizierten Form fertiggestellt worden war. Beachtenswert ist das andersgeartete Lay-out der achteren Aufbauten. Die vier 12,7-cm-Türme Mod. 2 gehören einer älteren Form an als auf *Savannah*. Die Zeichnung zeigt in voller Breite SK-2-Radar. Im Gegensatz zur Tabelle B befanden sich zu jenem Zeitpunkt 9 – 20-mm-Flak an Bord. Neben SK-2 und den beiden SG-Radarantennen findet man auch die damals neue SP-Antenne auf dem achtern Mast.

4. 12. 42	Geleitfahrt nach Neu-Kaledonien; ab
1/43	Salomonen; dort fünf Monate lang; Beschuß diverser Inseln,
6. 7. 43	Schlacht von Kula Gulf,
10. 7. 43	durch Torpedotreffer Vorschiff abgeknickt; provisorische Reparatur in Tulagi und Espiritu Santo; Abfahrt zu Reparaturen bei Mare Island N.Sh.; Mitte
11/43	Rückkehr zu den Salomonen,
20.–25. 11. 43	Unterstützung der Landung auf Bougainville,
1–2/44	Beschuß der Shortland-Inseln; Operationen im Bereich der Nord-Salomonen, der Bismarck-Inseln und Neu-Irlands,
14. 2. 44	Bombentreffer durch japanische Flugzeuge; 23 Tote, 20 Verwundete; beide Bordflugzeuge eliminiert; bis Ende
2/44	Abschluß der Reparatur-Arbeiten; Verbleib in den Salomonen bis
5/44,	danach ab

Ende November 1944 wurde *St. Louis* bei Leyte durch Doppelabsturz von zwei Kamikaze-Flugzeugen schwer beschädigt. Die endgültigen Reparaturen wurden Ende 1944 bis März 1945 an der Westküste durchgeführt, wobei auch erneut Tarnanstrich nach Schema 21 angebracht wurde. Das vorliegende Foto zeigt das Schiff am 9. November 1945 in der Bucht von San Francisco, vermutlich vor Beginn der zweiten »Magic Carpet«-Fahrt in den Pazifik. Der Abrieb der »navy blue«-Farbe zeugt vom Einfluß des Seewassers. Cas

Anfang 1951 wurde *St. Louis* in Brasilien abgegeben, und das Schiff erhielt dort den Namen *Tamandaré*. Das Foto zeigt die vormalige *St. Louis* mit der damals erhaltenen Kennung C 12. Nunmehr findet man auf dem Vordermast SPS-6-Radar. Die Katapulte wurden entfernt.

10. 6. 44	mit TF 52 Abfahrt zur Unterstützung der Landung auf Saipan,
19. 6. 44	Schlacht in der Philippinen-See,
22. 6. 44	Rückkehr nach Saipan,
14. 7. 44	Abfahrt zu den Marianen; Beschuß von Guam bis zur Landung am
21. 7. 44,	danach
29. 7. 44	Abfahrt über Pearl Harbor zur Westküste; Werftzeit; danach Mitte
10/44	zurück nach Hawaii; Weiterfahrt zu den Philippinen,
16. 11. 44	Ankunft Leyte Gulf,
27. 11. 44	Kamikaze-Absturz auf Achterdeck; Totalausfall bei den 20-mm-Geschützmannschaften; Feuer im Hangarbereich; zweites Flugzeug stürzt auf Backbordseite des Schiffes ab; insgesamt 15 Tote, ein Vermißter, 21 Schwerverletzte,
30. 11. 44	provisorische Reparatur in den San-Pedro-Bucht; Ende
12/44	Ankunft Westküste; Werft-Reparaturen,
1. 3. 45	Abfahrt Westküste; Mitte
3/45	Ankunft Ulithi; bis Ende
3/45	Angriffe auf japanische Heimatinseln; mit TF 54 Beschuß von Okinawa bis etwa Mitte
5/45	nach kurzem Erholungsaufenthalt in Leyte ab Mitte
6/45	erneut Beschuß von Okinawa,
25. 7. 45	mit TF 95; Operationen in der Chinesischen See und gegen die japanischen Heimatinseln; Anfang
8/45	vor Anker in der Buckner-Bucht, bis zum Ende der Feindseligkeiten; Ende
8/45	zu TF 73, Patrouillefahrten im Bereich des Yangtze-Flusses und vor Shanghai,
11/45–1/46	drei »Magic Carpet«-Fahrten zu den west- und zentralpazifischen Inseln,
2/46	Wechsel zur Ostküste,
20. 6. 46	Außerdienststellung,
29. 1. 51	Abgabe an Brasilien; neuer Name *Tamandaré*.

Helena (CL-50)

18. 9. 39	Indienststellung für PACFL,
7. 12. 41	in Pearl Harbor Flugzeugtorpedotreffer; Reparaturen in Pearl Harbor, dann anschließend bei der Mare Island N.Sh.; ab Mitte
1942	Operationen im Südpazifik,
9/42	als Begleitschutz von USS *Wasp* (CV-7) bei Guadalcanal,
15. 9. 42	Übernahme von etwa 400 Besatzungsmitgliedern der gesunkenen *Wasp,*
11. 10. 42	Schlacht bei Cap Esperance; Versenkung der Kreuzer *Furutaka* und des Zerstörers *Fubuki* durch Geschützfeuer von *Helena,*
20. 10. 42	Vermeidung mehrerer Torpedotreffer,
11. 11. 42	Convoybegleitung nach Guadalcanal,
1/43	Beschuß von New Georgia,
11. 2. 43	Beteiligung an der Versenkung des U-Bootes *RO-102,* dann Werftüberholung in Sydney bis
3/43	danach erneut Beschuß von New Georgia,
5. 7. 43	bei Kula Gulf durch drei Torpedotreffer japanischer Zerstörer versenkt; 168 Mann Verlust.

Beim japanischen Überfall auf Pearl Harbor erhielt *Helena* einen Treffer durch Flugzeugtorpedo. Die definitiven Reparaturen erfolgten in Mare Island. In dieser Marinewerft entstand im Juni 1942 dieses Foto. Die auf dem vorigen Foto noch sichtbaren Bullaugen wurden hier bereits dichtgeschweißt. Schon in diesen ersten Kriegsmonaten erhielt *Helena* vier 40-mm-Vierlinge und die dazugehörigen FLG Mk 51, die – neben zwölf 10-mm-Oerlikons – u. a. anstelle der nunmehr entfernten Boote und Bootskräne angebracht wurden. FLR Mk 3 (erste Version) und Mk 4 (vorgehängt) befinden sich auf den FLG Mk 34 bzw. Mk 33. Zu bemerken sind die beiden mobilen Transport-Förderbänder hinter dem seitlich ausgeschwenkten 15,2-cm-Turm C.
USN

Mittelschiff-Detailfoto von *Helena* (CL-50), aufgenommen im Juni 1941 in einer Werft. Die hier gezeigten 12,7-cm-Doppeltürme entsprechen einem alten Modell aus der Mitte der 30er Jahre. Noch befindet sich ein Bootskran und eine größere Anzahl von Verkehrsbooten beiderseits der Schornsteine. Der dicht hinter dem achteren Schornstein plazierte Mast ist nur für die beiden letzten Einheiten der *Brooklyn*-Klasse typisch. Manche amtlichen Stellen respektierten die vorhandenen Unterschiede, indem sie die beiden letzten Schiffe, CL-49 und CL-50, als zur *St.-Louis*-Klasse zugehörig erachteten. USN

Ein Jahr später: *Helena,* aufgenommen am 1. Juli 1942 in der San-Pablo-Bucht, nach Verlassen der Marinewerft Mare Island. Hier ist die Radarantenne SC deutlich sichtbar. Ein Jahr später ging *Helena* im Kula-Golf nach drei Zerstörer-Torpedotreffer verloren. USN

CA *Wichita*-Klasse

Wichita war der letzte von 18 vor dem Zweiten Weltkrieg unter den Beschränkungen der Washingtoner und der Londoner Flottenkonferenzen erbauten Schweren Kreuzern, und sie blieb Einzelgänger ihrer Klasse. Obwohl sie als achte Einheit der *New Orleans*-Klasse geplant war, war *Wichita* im Grunde eine *Brooklyn* mit neun 20,3-cm-Geschützen, die in drei Türmen zusammengefaßt waren. Typisch für dieses Schiff war auch die erstmalige Verwendung von 12,7-cm-Geschützen L/38 in Einzeltürmen (»enclosed mounts«), von denen vier an Bord waren, während die restlichen vier in Form von offenen Lafetten installiert waren. Relativ breite Schornsteinsockel waren ein Merkmal dieses Schiffes. Mehrere Gründe waren dafür maßgebend, daß *Wichita* nicht nach dem Muster *New Orleans,* sondern nach dem Muster *Brooklyn* gebaut wurde. Der wichtigste war hier die günstigere Placierung der gesamten Flugzeuganlage, wodurch sich auch eine bessere Verteilung der 12,7-cm-Batterie ergab. Auf *Wichita* wurde auch ein neues Modell des 20,3-cm-Drillingsturmes eingeführt. Dadurch wie auch durch die Anordnung der Mittelartillerie, mit erstmaliger Anwendung des durchgehenden Hauptdecks und der achtern angebrachten Flugzeugeinrichtung, kann *Wichita* als Bindeglied zwischen den anderen »Washington«-Kreuzern und der nachfolgenden Kriegsgeneration angesehen werden.

Die kriegsbedingten Veränderungen waren hier viel geringer als bei den vorangegangenen Klassen. Sie beschränkten sich vornehmlich auf die Einführung von jeweils gängigen Ortungsanlagen und auf die Hinzufügung der Maschinenflak.

Es ist wissenswert zu erfahren, daß *Wichita* Ende der 40er Jahre zunächst dazu auserkoren war, als erster Lenkwaffenkreuzer umgebaut zu werden. Später jedoch fiel die Wahl auf *Boston* (CA-69) und *Canberra* (CA-70), vermutlich weil man für einen solchen Umbau doch lieber Schiffe haben wollte, die eine kürzere Dienstzeit aufzuweisen hatten.

In der ersten Hälfte des Jahres 1942 aufgenommen: *Wichita* (CA-45), zusammen mit dem britischen Schweren Kreuzer *London.* Deutlich sichtbar ist der Anstrich nach Schema 12, SC-Radar, aber auch die beiden nur selten geführten FLR Mk 1 (FA) auf dem FLG Mk 34. Die offenen Geschützlafetten befinden sich bereits hinter Splitterschutz.
IWM

Wichita (CA-45)

16. 2. 39	Indienststellung,
20. 4.–1. 5. 39	Zwischenaufenthalt in Houston, Tex.,
5/39	Einfahrprobefahrt nach Kuba, zu den Jungfern-Inseln und den Bahamas,
25. 9. 39	zu »CRUDIV 7, Atlantic Squadron«,
4.–9. 10. 39	Neutralitätspatrouille als Ablösung für *Vincennes* (CA-44), dann Rückkehr nach Norfolk,
12. 10.– 1. 12. 39	Werftzeit bei Norfolk N.Sh.; während des ersten Halbjahres 1940 Operationen von Kuba und San Juan, Puerto Rico aus – im Verband der »Caribbean Patrol«, mit *Vincennes* und fünf Zerstörern –,
6/40	mit *Quincy* (CA-39) »Showing the Flag«-Besuche südamerikanischer Staaten,
22. 9. 40	Rückkehr nach Norfolk,
30. 9. 40	Ankunft in New York; drei Monate lang Schulschiff für Kadetten der Marine-Reserve,
1–3/41	Operationen und Übungen in der Karibik,
23. 3. 41	Werftzeit bei New York N.Sh.,
6. 4.–17. 5. 41	mit *Tuscaloosa* (CA-37) Operationen im Nordatlantik,
21. 6.–2. 7. 41	Dockreparatur bei New York N.Sh.,
27. 7. 41	mit TF 16 Besetzung Islands bis
20. 8. 41,	danach ab
28. 9. 41	mit TG 7.5 *Wasp* (CV-7), *Mississippi* (BB-41) und vier Zerstörern Operationen von Island aus bis Ende 1941,
7. 12. 41	vor Anker in Hvalfjordur, Island,
15. 1. 42	leichte Beschädigungen durch Kollision infolge eines Hurrikans,
9. 2. 42	Reparaturen bei New York N.Sh. bis Ende Februar,

26. 3. 42	dem »Commander Naval Forces Europe« unterstellt; mit *Wasp* (CV-7), *Washington* (BB-56), *Tuscaloosa* (CA-37) und acht Zerstörern Fahrt zum neuen Stützpunkt Scapa Flow,
4. 4. 42	Ankunft Scapa Flow, Übungen mit Einheiten der »Home Fleet«,
28. 4. 42	Geleitfahrt nach Murmansk; ab
6. 5. 42	von Island Überwachungsfahrten in der Straße von Dänemark, stets im Wechsel mit Geleitzug-Schutz, dabei
6. 7. 42	Flaggschiff TF 99,
23. 7. 42	Werftzeit in Rosyth, Schottland, bedingt durch Schraubenwellen-Vibration, bis
9. 8. 42,	über Hvalfjorden Rückkehr zur Ostküste,
22. 8.–5. 9. 42	Werftreparaturen bei New York N.Sh.,
24. 10. 42	mit TG 34.1 Fahrt Richtung Nordafrika zur Operation »Torch«; Beschädigungen durch französisches Küstengeschütz, 14 Leichtverletzte,
12. 11. 42	Abfahrt in die Staaten; Werftzeit bei New York N.Sh., danach Wechsel zur Pazifikflotte,
29. 1. 43	Schlacht bei Rennell,
18. 4. 43	über Pearl Harbor zu den Aleuten; dort Flaggschiff TG 52.10, später TG 16.14,
29. 5.–18. 6. 43	Flaggschiff TG 16.7 bei Attu,
22. 7. 43	Flaggschiff TG 16.21; Beschuß von Kiska,
4. 9.–3. 12. 43	Werftzeit bei Puget Sound N.Sh.,
7. 12. 43	von San Francisco aus Abfahrt nach Hawaii,
16. 1. 44	Abfahrt zur Invasion der Marshall-Inseln; dort zu TG 58.3; Kwajalein, Eniwetok, Truk,
12. 2. 44	zu TG 58.2,

Nach Kriegsende: *Wichita*, aufgenommen am 25. November 1945 in der Bucht von San Francisco, unmittelbar nach Ankunft von der einzigen »Magic Carpet«-Fahrt. FLR Mk 13 und Mk 28 sind jetzt vorhanden. Mit Ausnahme von SK-Radar und der 40-mm-Flak hat sich das Aussehen des Schiffes gegenüber 1942 nicht wesentlich verändert. Links im Bild: *Salt Lake City* (CA-25) Cas

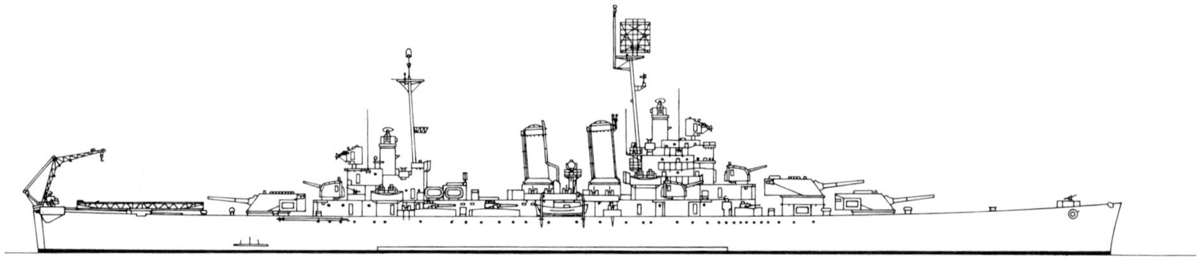

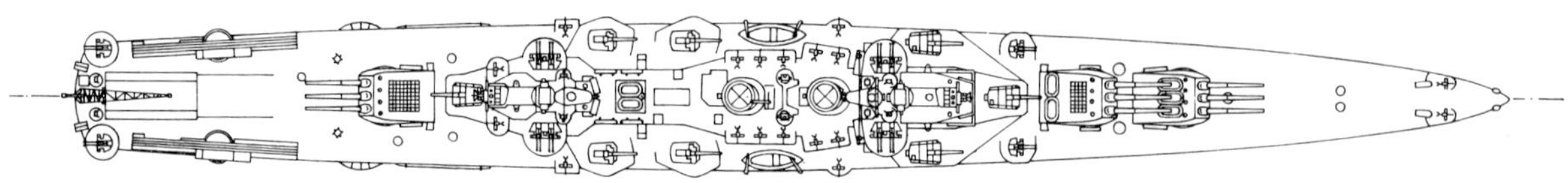

Wichita (CA-45), Aussehen bei Kriegsende im November 1945. Die Hälfte der 12,7-cm-Flak besteht aus älteren Einzeltürmen, von denen sich der vorderste zwei Deck über dem Hauptdeck befindet. Beachtenswert ist hier die etwas niedrigere Form des FLG Mk 34. Drillingstürme Mod. 4 mit Einzel-Elevation der 20,3-cm-Rohre. FLR Mk 13 und Mk 28.

20. 2. 44	die torpedierte *Intrepid* (CV-11) nach Majuro begleitet,
4. 3. 44	in Pearl Harbor, Flaggschiff CRUDIV 6,
20. 3. 44	Yap, Woleai, Palau-Inseln; ab
13. 4. 44	Neu-Guinea, Hollandia, Truk, Satawan; ab
14. 6. 44	mit TU 53.10.8 Beschuß von Saipan, Guam,
19. 6. 44	Schlacht in der Philippinen-See,
7–9/44	zahlreiche Operationen im Südwestpazifik, ab
2. 10. 44	auch gegen Okinawa, Luzon, Formosa; ab
18. 10. 44	nach Taifun zu TF 34; nachfolgend mit *New Orleans* (CA-32) japanischen Träger *Chiyoda* und Zerstörer *Hatsuzuku* versenkt,
2. 11. 44	Ulithi; bis Mitte
11/44	Operationen bei Leyte und Luzon; starke Vibration der Turbinenanlage festgestellt; Rückkehr nach Ulithi am
20. 11. 44,	danach am
27. 11. 44	Abfahrt mit nur zwei Schrauben über Eniwetok und Pearl Harbor,
15. 12. 44	Ankunft Westküste; Werftzeit bis
8. 2. 45,	danach Abfahrt nach Pearl Harbor am
28. 2. 45,	dort Ankunft am
6. 3. 45	und in Ulithi am
20. 3. 45,	dort zu TU 54.2.3; Abfahrt nach Okinawa; dort Küstenbeschuß; währenddessen am
27. 4. 45	und am
12. 5. 45	leichte Beschädigungen durch Geschützfeuer; 12 Verwundete; bei Kriegsende am
15. 8. 45	noch im Gebiet Okinawa, danach Okkupation Japans; mit im Verband TG 55.7; danach »Magic Carpet«-Fahrt zur Westküste,
24. 11. 45	Ankunft San Francisco,
26. 11.–	im Trockendock bei Mare Island N.Sh.; zweite
1. 12. 45	»Magic-Carpet«-Fahrt nach Saipan,
12. 1. 46	Ankunft San Francisco, danach Ostküste,
3. 2. 47	Außerdienststellung.

Navy-Identifikationsfoto der *Wichita,* aufgenommen etwa im September 1942, als während der Werftzeit bei New York N.Sh. Anstrich nach Schema 22 angebracht wurde. Die Flaggen im Großtopp der beiden Maste zeigen an, daß hoher Besuch an Bord ist, in diesem Falle der »Secretary of the Navy« und ein Vier-Sterne-Admiral. USN

Kreuzerklassen ab 1942

CL *Atlanta*-Klasse

Dies war der erste Kreuzerentwurf, der sich grundlegend von allen bis dahin realisierten Klassen der U.S. Navy unterschied. Obwohl in der Zeit entwickelt, als sich die USA noch nicht im Kriege befanden, war dieser Entwurf von zwei Fakten beeinflußt:

- ☐ von der deutlich wachsenden Gefahr, die von der »Waffe Flugzeug« auch für Seestreitkräfte ausging,
- ☐ von dem Bau immer stärker bewaffneter japanischer Zerstörer.

Es wurde also ein Kreuzertyp gebraucht, der – am Rande von Kampfgruppen operierend – gegnerischen Flugzeugen mit einem dichten Geschoßvorhang begegnen sollte, der es aber auch zugleich infolge der größeren Anzahl an Geschützen mit Zerstörern aufnehmen konnte, welche versuchen wollten, zum Gros der eigenen Kampfgruppe durchzudringen. Dies konnte nur geschehen durch die Schaffung eines möglichst leichten, beweglichen und schnellen, dafür aber mit starker Flak ausgerüsteten Schiffstyps, der außerdem als Führungsschiff von Zerstörer-Verbänden hätte eingesetzt werden können. Von dieser Warte aus gesehen, waren dies echte Nachfolger der *Omaha*-Klasse. Zusätzlich zu der starken 12,7-cm-Flak wurden auch zwei Vierlingsgruppen TR gegen Überwasserschiffe aufgestellt. Zum Einbau kamen acht halbautomatisch beschickte Doppeltürme des Kalibers 12,7 cm L/38, die damals gerade neu eingeführt wurden. Je drei dieser Türme wurden vorn und achtern hintereinander auf drei Deck-Niveaus installiert, während die beiden restlichen Türme jenseits der achteren Aufbauten Aufstellung fanden. Die Folge dieser Flak-Massierung auf einem Schiff von nur 6000 ts Standard war ein gehöriges Toppgewicht. Die ursprünglich vorhandene unzureichende 28-mm-Flak wurde nach Kriegsbeginn durch 40-mm-Bofors-Flak ersetzt. Infolge der großen Anzahl an Flageschützen waren dies verständlicherweise gute Flugabwehrschiffe; es hat sich jedoch bald gezeigt, daß ihre Leistung dadurch geschmälert wurde, daß für die acht Türme nur zwei Leitgeräte Mk 37 vorhanden waren, so daß nur eine begrenzte Anzahl an Flugzeugen exakt bekämpft werden konnte. Durch Sperrfeuer allein konnten jedoch nicht ausreichend nahe Flugzeuge zum Absturz gebracht werden. – Nach Kriegsbeginn wurden alle Schiffe mit Radar ausgestattet.

Es ist bemerkenswert, daß in etwa zur gleichen Zeit Großbritannien mit seiner *Dido*-Klasse einen ganz ähnlichen Kreuzertyp entwickelte, dessen Hauptartillerie in ähnlicher Weise gruppiert war wie auf der *Atlanta*-Klasse.

Die relativ geringe Wasserverdrängung war die Folge der Bestimmungen der zweiten Londoner Flottenkonferenz, nach denen der Bau gewichtiger Kreuzer weiterhin untersagt war.

Vom Entwurf her haben Schiffe dieser Klasse zu Beginn drei 28-mm-Fla-Vierlinge erhalten, später noch eine Lafette mehr auf der Schanz. Auf den beiden überlebenden Schiffen wurden diese Lafetten später durch 40-mm-Zwillings-Flak ersetzt.

Diese Schiffe waren die einzigen U.S.-Kreuzer im Zweiten Weltkrieg, die über eine Sonaranlage verfügten. Das Toppgewicht wurde im Laufe des Krieges durch die Hinzufügung zusätzlicher Flak (20 mm und 40 mm) noch vergrößert.

Diesen Schiffen wurde seinerzeit eine sehr hohe Geschwindigkeit zugesprochen, die sie in Wirklichkeit aber niemals erreichten. Der Entwurf sah eine Geschwindigkeit von 33 kn vor. – Es ist verständlich, daß hier infolge der sehr niedrigen Wasserverdrängung auf die Anbringung einer Flugzeuganlage verzichtet werden mußte. Die Baukosten je Schiff betrugen angeblich ca. 23,2 Mio. $.

Es war als Tragik anzusehen, daß die beiden ersten Schiffe der Klasse am selben Tage bei Guadalcanal nicht durch Flugzeuge, zu deren Abwehr sie konzipiert waren, versenkt wurden, sondern durch Treffer japanischer Geschütze und Torpedos.

Atlanta (CL-51)

24. 12. 41	Indienststellung; beschleunigte Einfahrprobefahrten, danach Wechsel in den Pazifik; Geleitfahrt nach Neu-Kaledonien,
4.–6. 6. 42	mit TF 16 Teilnahme an der Schlacht bei Midway, als Begleitschutz von *Hornet* (CV-8),
7.–9. 8. 42	mit TF 16 bei Guadalcanal,
24.–25. 8. 42	Schlacht bei den Ost-Salomonen,
13. 11. 42	in der Seeschlacht bei Guadalcanal schwer beschädigt durch einen Torpedo und mindestens 49 Artillerie-Geschosse; 172 Tote und 79 Verwundete; gesunken vor Lunga Point.

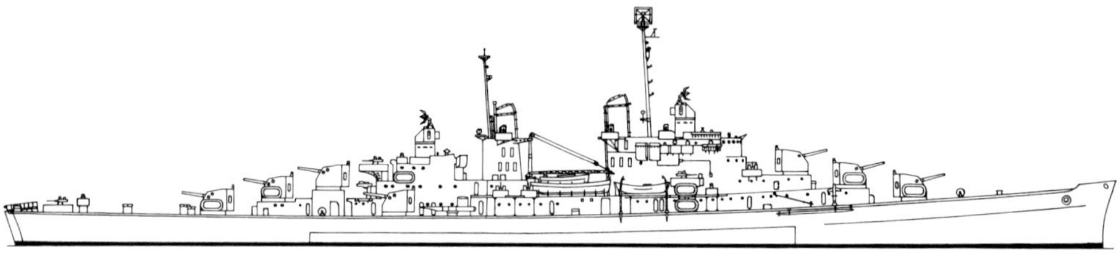

Atlanta (CL-51), Aussehen Juni 1942 mit SC-Radar auf dem vorderen Mast.

Atlanta (CL-51) war das Leitschiff einer Klasse von Fla-Schiffen, mit denen anfänglich die See-Befehlshaber nicht allzuviel anzufangen wußten. Nachdem später im Pazifik die In-See-Übernahme des Treibstoffes zur ständig geübten Praxis wurde, konnte der Mangel an Reichweite bei diesen Schiffen durch deren Eigenschaft, Fla-Sperrfeuer zu schießen, kompensiert werden. Dieses Foto entstand vor der Küste von Maine am 26. November 1941, also noch vor der Indienststellung und nur wenige Tage vor dem Angriff auf Pearl Harbor. USN

Juneau (CL-52)

14. 2. 42	Indienststellung; im Frühjahr,
1942	beschleunigte Einfahrprobefahrt entlang der Atlantikküste; Anfang
5/42	Blockade von Martinique und Guadelupe zur Verhinderung der Einnahme durch französische Vichy-Streitkräfte; kurze Werftzeit in New York zwecks Ergänzung der Ausstattung,
1. 6.–12. 8. 42	Wach- und Geleitaufgaben im Atlantik und in der Karibik,
22. 8. 42	Wechsel zur Pazifikflotte,
11. 9. 42	Treffen mit TF 17 samt USS *Wasp* (CV-7) und *Hornet* (CV-8),
15. 9. 42	Rettung von Überlebenden der gesunkenen *Wasp* und Fahrt nach Espiritu Santo,
17. 9. 42	wieder bei TF 17,
26. 10. 42	Schlacht bei Santa Cruz im Rahmen der TF 61 *(Hornet* und *Enterprise),*
8. 11. 42	Geleitfahrt nach Guadalcanal; dort
13. 12. 42	zwei Torpedotreffer; nach dem zweiten Treffer innerhalb 20 Sekunden mit fast der ganzen Besatzung gesunken, nur zehn Überlebende.

Es war für die U.S. Navy eine Tragödie, daß die beiden ersten Schiffe der *Atlanta*-Klasse so kurz nach Inbetriebnahme gleichzeitig verlorengingen. Kennzeichnend für *Juneau* (CL-52) waren die beiden verschiedenartigen Anstriche, die beide zum damaligen Schema 12 gehörten. Die vorliegende Aufnahme vom 11. Februar 1942 – also noch vor der Indienststellung – zeigt die ältere Version des Anstriches (»mottled pattern«). SC- und Mk-4-Radar sind noch nicht installiert worden. USN

Bei der späteren Version führte *Juneau* sog. »splotches« am Rumpf, die in diesem Falle eine Wellenlinie darstellten. Die Schiffselektronik ist sichtbar. Das Foto ist undatiert. USN

Ab *San Diego* (CL-53) überlebten alle Einheiten der *Atlanta*- und der verwandten *Oakland*-Klasse den Zweiten Weltkrieg. Vorliegendes undatiertes Foto von *San Diego* muß etwa Mitte 1942 aufgenommen worden sein. Hier findet man eine weitere Variante des Tarnanstriches nach Schema 12. Die Maserung der SC-Antenne ist besonders deutlich zu erkennen. USN

San Diego (CL-53)

10. 1. 42	Indienststellung; Einfahrprobefahrt in der Chesapeake-Bucht; Wechsel zur Westküste,
16. 5. 42	Ankunft in San Diego; ab
15. 6. 42	Begleitschutz für *Hornet* (CV-8); Anfang
8/42	Landung auf Guadalcanal; am
15. 9. 42	Zeuge der Versenkung der *Wasp* und am
26. 10. 42	von *Hornet* (bei Santa Cruz),
12.–15. 11. 42	Begleitschutz von *Enterprise* (CV-6) in der Schlacht von Guadalcanal; danach mehrere Monate Operationen in den Salomonen mit einer Fahrt nach Neu-Seeland; mit *Saratoga* (CV-3) Invasion von Munda und Bougainville,
5.–11. 11. 43	mit *Saratoga* und *Princeton* (CVL-23) Angriffe auf Rabaul und Tarawa,
9. 12. 43	Begleitschutz für die beschädigte *Lexington* (CV-16) nach Pearl Harbor; Weiterfahrt nach San Francisco zur Werft, dort Installation einer Operationszentrale und Ersatz der 28-mm-Flak durch 40-mm-Bofors,
1/44	wieder in Pearl Harbor; zu TF 58,
31. 1.–4. 3. 44	Invasion von Eniwetok; Angriffe auf Truk; Zwischenaufenthalt in San Francisco zur Ergänzung der Radareinrichtung,
6/44	Angriffe auf Wake und Marcus, die Bonins; Invasion von Saipan,
19.–20. 6. 44	Schlacht in der Philippinen-See; danach Invasion von Guam und Tinian; Angriffe auf die Palaus,
6.–8. 8. 44	Landung auf Peleliu,
21. 9. 44	Angriffe in der Manila-Bucht; erste Angriffe auf Okinawa mit TF 38,
12.–15. 10. 44	Angriffe auf Formosa; Geleit der beschädigten Kreuzer *Houston* und *Canberra* nach Ulithi,
17.–18. 12. 44	erfolgreich schweren Taifun abgeritten,
1/45	Angriffe gegen Formosa, Luzon, Indochina und Südchina, japanische Heimatinseln,
2/45	Angriffe auf Iwo Jima,
1. 3. 45	Beschuß von Okino Daijo, Landungen auf Okinawa; Angriffe auf Kyushu,

San Diego, am 10. April 1944 im Bereich von Mare Island aufgenommen, mit frisch aufgetragenem Anstrich nach Schema 33/24d. Die sehr dunkle Tönung der dunkelsten Flächen – nicht zuletzt im Vergleich zum Wasserpaß – deutet jedoch eher auf Schema 32. USN

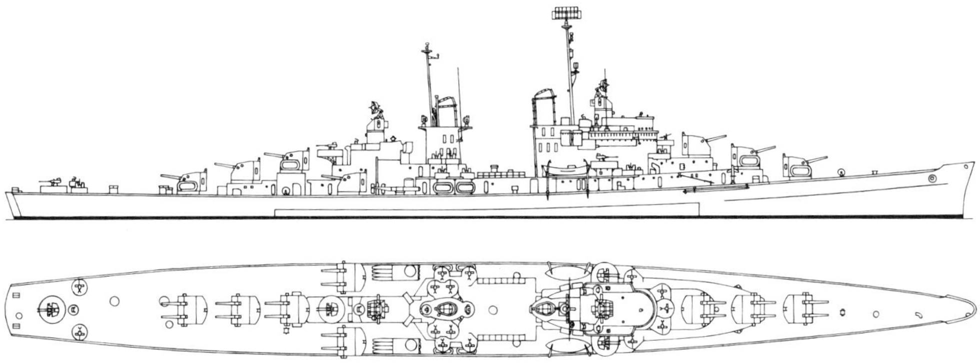

San Diego (CL-53), Aussehen bei Kreigsende, im Oktober 1945, mit SC-3-Radar auf dem vorderen Mast und gegenüber *Atlanta* veränderten oberen Brückenpartie.

27.–28. 3. 45	Beschuß von Minami Daito Jima; Fortsetzung der Unterstützung der Landung auf Okinawa,	14. 9. 45	Rückkehr nach San Francisco; Beteiligung an »Magic Carpet«-Fahrten,
27. 8. 45	als erstes alliiertes Schiff in der Bucht von Tokio; Besetzung der Marinebasis Yokosuka,	4. 11. 46	Außerdienststellung,
		18. 3. 49	Umklassifizierung als CLAA-53.

Dieses im April 1944 in Mare Island aufgenommene Foto zeigt interessante Details des Achterschiffes von *San Diego*: die drei achteren, hintereinander überhöht aufgestellten 12,7-cm-Türme, einen 40-mm-Vierling mit FLG Mk 51 davor, je zwei Oerlikons, Wasserbombengestelle und Nebelbehälter. Deutlich erkennbar sind auch die Radarantennen SG und SC-2. USN

San Juan (CL-54)

28. 2. 42	Indienststellung; Einfahrprobefahrten im Atlantik,
5. 6. 42	mit Verband um *Wasp* (CV-7) Abfahrt in den Pazifik,
30. 6. 42	Abfahrt des Verbandes von San Diego mit Truppengeleitzug zu den Salomonen,
7. 8. 42	Feuerunterstützung bei der Landung auf Tulagi,
8.–9. 8. 42	Schlacht bei Savo Island,
10. 9. 42	Ankunft Pearl Harbor mit der beschädigten *Enterprise* (CV-6),
26. 10. 42	Schlacht bei Santa Cruz; durch Flugzeugbombe beschädigt
30. 10. 42	Ankunft Noumea; vorläufige Reparaturen; danach zehn Tage Reparaturen in Sidney,
24. 11. 42	bei den Fiji-Inseln zur Kampftruppe vom USS *Saratoga* (CV-3) gestoßen,
12/42–6/43	von Noumea aus Operationen im Korallenmeer, mit Trägergruppe wie auch alleine,
11/43	Rabaul sowie Landung auf Bougainville, Gilberts Kwajalein,
6. 12. 43	Abfahrt zur Werftüberholung bei Mare Island N.Sh.,
19. 1. 44	Rückkehr zur *Saratoga*-Gruppe,
2/44	Eniwetok-Landung,
30. 3.–1. 4. 44	mit *Yorktown* (CV-10) und *Lexington* (CV-16) Angriffe auf Palaus, Yap und Ulithi,
7. 4. 44	in Begleitung von *Hornet* (CV-12),
4/44	damit Landung auf Hollandia; Truk,
6/44	Angriffe auf Iwo Jima und Chichi Jima,
19.–20. 6. 44	Schlacht in der Philippinen-See,
7/44	mit *Wasp* (CV-18) und *Franklin* (CV-13) Einnahme von Guam und Angriffe auf Iwo Jima und Chichi Jima,
4. 8. 44	Abfahrt von Eniwetok mit *Yorktown* (CV-10) zur Westküste; Werftüberholung in San Francisco,
21. 11. 44	wieder in Ulithi, zur Gruppe *Lexington* (CV-16),
12/44	Angriffe auf Formosa und Luzon; Landung auf Mindoro,
18.–19. 12. 44	schweren Taifun abgeritten, danach zu Weihnachten in Ulithi,
3.–9. 1. 45	Besetzung von Luzon, Angriffe auf Formosa und Okinawa,
10.–20. 1. 45	Südchinesische See,
2/45	mit *Hornet* (CV-12) Angriffe auf Tokio im Rahmen der Unterstützung der Landungen auf Iwo Jima; ab
1. 3. 45	in Ulithi Vorbereitung auf die Operationen zur Einnahme von Okinawa,
22. 3.–30. 4. 45	mit *Hornet* Operationen um Nansei Shoto, dabei versenken Flugzeuge der *Hornet* am
7. 4. 45	das japanische Schlachtschiff *Yamato,*
13. 6. 45	Reparaturen im Golf von Leyte,
1. 7. 45	mit *Bennington* (CV-20) Angriffe auf japanische Heimatinseln,
27. 8. 45	Ankerung in Sagami Wan; Befreiung alliierter Kriegsgefangener in Japan,
29. 8. 45	Ankerung in der Bucht von Tokio; bis
28. 10. 45	Okkupation Japans,
14. 11. 45	Abfahrt aus dem Westpazifik; Heimbringung von Kriegsteilnehmern; am
29. 11. 45	Unterbrechung der Fahrt in Pearl Harbor,
2. 12. 45	»Magic Carpet«-Fahrt nach Noumea und Tutuila,
9. 1. 46	Ankunft San Pedro, Cal., mit heimkehrenden Truppen,
9. 11. 46	Außerdienststellung,
28. 2. 49	Reklassifizierung als CLAA-54.

San Juan (CL-54), aufgenommen am 3. Juni 1942 vor Anker im Bereich von Norfolk N.Sh., zwei Tage vor der Abfahrt mit der Kampfgruppe um *Wasp* (CV-7) in den Pazifik. Der Anstrich ist eine der zahlreichen Varianten des Schemas 12. Das hier kaum sichtbare Radargerät SC befindet sich auf dem achteren Mast, SG auf dem vorderen. Zu erkennen sind die 28-mm-Flak und einige 20-mm-Oerlikons. USN

San Juan, aufgenommen am 14. Oktober 1944 in der Bucht von San Francisco. Während der davorliegenden Werftzeit wurden u. a. angebracht: die Radarantennen SK-2 und Mk 12/22 sowie Tarnanstrich nach Schema 32/33d. Auf diesem Foto wird deutlich, wie das »dull black« des Tarnanstrichs mit dem Schwarz des Wasserpasses korrespondiert. USN

CL *Oakland*-Klasse

Knapp ein Jahr nach CL-51 *Atlanta* lief CL-95 *Oakland* vom Stapel, das Typschiff einer verbesserten Klasse, die im Aussehen der *Atlanta*-Klasse sehr ähnelte. Manche einschlägigen Quellen machen keinen Unterschied und ordnen alle elf Schiffe einer einzigen Klasse zu. Die *Oakland*-Klasse wird in zwei Untergruppen gegliedert, von denen die eine CL-95 bis 98 umfaßt, während die zweite Gruppe aus CL-119 bis 121 besteht und erst 1945/46 vom Stapel lief. Beide Gruppen weisen gegenüber der *Atlanta*-Klasse Modifikationen auf. Einheitlich für beide Untergruppen ist der Wegfall der beiden seitlichen 12,7-cm-Doppeltürme. Entwurfsgemäß wurden die damals gängigen Radaranlagen eingeplant, während offensichtlich aus Gewichtsgründen keine weiteren FLG Mk 37 hinzukamen. Dafür hatte auch die 40-mm-Flak radargestützte Feuerleitung. Alle Schiffe der Untergruppe 1 hatten Vierlings-TR-Gruppen; sie wurden 1945 entfernt. Die leichte Flak wurde auf insgesamt sechzehn 40-mm- und vierzehn 20-mm-Rohre erhöht. Die Untergruppe 2 wies deutliche Unterschiede auf. Zur weiteren Reduktion des Toppgewichtes wurden die Geschütztürme 2 und 5 nicht mehr ein Deck höher angebracht als die davor bzw. dahinter aufgestellten, sondern sie befanden sich nun wie die beiden Endtürme auf dem Hauptdeck.

Sämtliche Kreuzer dieser Klasse wurden 1949 zu Fla-Kreuzern (CLAA) umklassifiziert. Sowohl *Atlanta*- wie auch *Oakland*-Klasse befanden sich an der unteren Grenze der Wasserverdrängung, die bei Leichten Kreuzern der damaligen Zeit üblich war. Demzufolge waren auch keine geräumigen Treibstofftanks vorhanden, so daß keine allzu große Reichweite zu verzeichnen war, was sich bei den Operationen im Pazifik negativ auswirkte. Trotz der großen Zahl an Flak fehlte es hier an Durchschlagskraft und auch an Reichweite, um feindlichen Zerstörern gegenüber entscheidend überlegen zu sein. Wegen der sehr schwachen Panzerung war die Widerstandskraft nicht sehr groß.

CL-95 bis 98 waren Bestandteil des Flotten-Erweiterungsprogramms des Jahres 1940 und fügten sich bei der Indienststellung nahtlos in die vorangegangene *Atlanta*-Klasse. Hier gab es eine offene Brücke, und auch der Splitterschutz für die Maschinenflak wurde verbessert. Auch hier wurde die Topplastigkeit durch kriegsbedingte massierte Anbringung von 20-mm- und 40-mm-Flak bis an die oberste Grenze getrieben. Dies vor allem war der Grund für die 1945 erfolgte Entfernung der beiden TR-Sätze. Die 40-mm-Bofors-Flak bestand bei diesen Schiffen zunächst aus Zwillings-, später zunehmend auch aus Vierlingslafetten bzw. aus einer Kombination beider Formen.

Nur *Juneau* (II) blieb nach dem Ende des Zweiten Weltkrieges bis 1955, d. h. etwa bis zum Beginn des Lenkwaffen-Zeitalters in Dienst; alle vorangegangenen Schiffe wurden zwischen 1946 und 1950 ausgesondert. Die Planung einer Nachfolge-Klasse mit Verwendung von 12,7-cm-Kanonen L/54 war zwar weit gediehen, die Realisierung entfiel jedoch infolge des sich abzeichnenden Aufkommens der gelenkten Flugkörper auch auf Kriegsschiffen.

Oakland (CL-95)

17. 7. 43	Indienststellung; Sommer
1943	Einfahrprobefahrten von San Diego aus,
3. 11. 43	Ankunft Pearl Harbor; zu TG 50.3; ab
19. 11. 43	Trägerbegleitung bei den Gilberts,
26. 11. 43	Marshall-Inseln,
4. 12. 43	durch Torpedotreffer beschädigte *Lexington* (CV-16) nach Pearl Harbor in langsamer Fahrt begleitet,
9. 12. 43	Ankunft dort; danach mit TG 58.1 zu den Marshall-Inseln,
30. 1. 44	Angriffe auf Kwajalein,
4. 2. 44	Ankunft in Majuro,
16.–17. 2. 44	Angriffe auf Truk,
20. 3. 44	Besetzung von Emirau,
30. 3.–1. 4. 44	Angriffe auf die Palaus, Yap und Woleai,
4/44	Angriffe auf Wake, Sawar, Truk und Satawan,
1. 5. 44	Angriffe auf Ponape,
11. 6. 44	Angriffe auf Guam,
14. 6. 44	Angriffe auf die Vulcan- und die Bonin-Inseln,
19. 6. 44	Teilnahme an der Schlacht in der Philippinen-See,
23.–24. 6. 44	Angriffe auf Pagan und Iwo Jima,
3.–4. 7. 44	Angriffe auf Iwo Jima und Chichi Jima,
7. 7. 44	Angriffe auf Rota und Guam,
4. 8. 44	erneut Beschuß von Chichi Jima,
6.–8. 9. 44	Angriffe auf die Palaus, vor allem Peleliu,
8.–22. 9. 44	Angriffe auf Flugplätze auf den Philippinen,
10. 10. 44	Angriffe auf Okinawa,
12.–13. 10. 44	Angriffe auf Formosa und die Pescadores-Inseln,
17.–19. 10. 44	Angriffe auf Luzon,
20. 10. 44	Landung bei Leyte; in Trägerbegleitung Teilnahme an der Schlacht im Leyte Gulf,

Leitschiff der zweiten Gruppe von Fla-Kreuzern war *Oakland* (CL-95), hier aufgenommen am 29. Oktober 1943, nach dem ersten Umbau, bei dem u. a. die Plattform an der Backbordseite des zweiten Schornsteins entfernt wurde. *Oakland* fuhr während der ganzen restlichen Kriegszeit mit dem Anstrich nach Schema 21. Hier befinden sich noch die Torpedorohre an Bord. USN

Oakland, aufgenommen am 1. November 1945 nach der Werftzeit in San Francisco. USN

11–12/44	Rückeroberung der Philippinen; Abfahrt zur Westküste,
11. 1.–4. 3. 45	Werftzeit bei Mare Island N.Sh.,
30. 3. 45	Ankunft Ulithi,
2. 4. 45	zu TG 58.4; Beschuß von Sakashima Gunto,
10. 4. 45	zu TG 58.3 bei Okinawa,
15. 4. 45	Angriffe auf Flugplätze auf Kyushu; Ende
4/45	erneut Angriffe auf Okinawa,
13. 5. 45	Angriffe auf Flugplätze auf Kyushu; Rest des Monats
5/45	im Bereich von Okinawa; ab
10. 7. 45	mit TG 38.1 Angriffe auf japanische Heimatinseln bis zum Kriegsende am
15. 8. 45,	danach Okkupation von Japan,
31. 8. 45	Ankerplatz Tokio-Bucht,
3. 10. 45	Abfahrt von Okinawa aus mit Kriegsteilnehmern zur Westküste,
20. 10. 45	Ankunft San Francisco,
27. 10. 45	Teilnahme am »Navy Day« in Oakland, Cal.,
11–12/45	»Magic Carpet«-Fahrten nach Eniwetok und Kwajalein; die für Ende
1945	geplante Außerdienststellung wurde aufgehoben, und *Oakland* blieb noch einige Jahre im aktiven Dienst, Anfang
1946	gründliche Werftüberholung bei Pudget Sound N.Sh.,
7/46–1/47	Artillerie-Schulschiff von San Diego aus,
1–9/47	Trainingsfahrten Westpazifik,
18. 3. 49	Reklassifizierung als CLAA-95,
1. 7. 49	Außerdienststellung.

Anfang 1945 weilte *Oakland* in der Marinewerft Mare Island. Dabei wurden vier 40-mm-Vierlinge angebracht und die beiden Torpedorohrsätze entfernt. Diese Aufnahme entstand am 19. Oktober 1945 nach der Rückkehr von Okinawa und unmittelbar vor der Einfahrt nach San Francisco. Radarantennen SC-2 und Mk 12/22. Cas

Nach der Teilnahme am »Navy Day« in der Patenstadt Oakland, Cal., verlegte CL-95 für wenige Wochen in die Werft Mare Island, wo unter anderem – wie man auf den beiden am 1. November 1945 aufgenommenen Fotos sehen kann – der Anstrich erneuert wurde. Die »Orangenschale« des FL-Radar Mk 22 kann hier besonders gut ausgemacht werden.
USN

Reno (CL-96)

28. 12. 43	Indienststellung; Einfahrprobefahrt vor San Diego,
14. 4. 44	Abfahrt San Francisco zur 5. Flotte (TF 58),
19.–20. 5. 44	Angriffe auf Marcus,
23. 5. 44	Wake,
6–7/44	Trägerbegleitschutz, dabei
11. 6. 44	Saipan,
12.–13. 6. 44	Pagan,
15.–16. 6. 44	Vulcan- und Bonin-Inseln,
19.–20. 6. 44	Schlacht in der Philippinen-See,
20. 6.–8. 7. 44	Eroberung von Saipan,
17.–24. 7. 44	Landung auf Guam,
26.–29. 7. 44	Angriffe auf die Palau-Inseln,
4.–5. 8. 44	Bonins,
7. 9. 44	wieder Palau-Inseln,
9.–13. 9. 44	Mindanao und andere philippinische Inseln,
15.–20. 9. 44	Eroberung der Palaus,
21.–22. 9. 44	Angriffe auf Manila und Umgebung,
8. 10. 44	Nansei Shoto,
12.–14. 10. 44	Angriffe auf Formosa; durch abstürzendes japanisches Flugzeug Geschützturm 6 beschädigt,
24. 10. 44	Angriffe auf Luzon; Hilfestellung für schwer getroffene *Princeton* (CVL-23); Versenkung derselben durch eigene Waffen,
25. 10. 44	Schlacht bei Cap Engaño,
3. 11. 44	Treffer durch U-Boottorpedo; nach Ulithi geschleppt; dort provisorisch repariert; mit eigener Kraft Rückfahrt zur Ostküste,
22. 3. 45	Ankunft Charleston N.Sh.; dort repariert,
9/45	Fahrt nach Texas, danach Umgestaltung für »Magic Carpet«-Fahrten nach Le Havre,
4. 11. 46	Außerdienststellung,
18. 3. 49	Reklassifizierung als CLAA-96.

Beide Fotos von *Reno* (CL-96) wurden am 25. Januar 1944 während der Probefahrten vor der kalifornischen Küsten aufgenommen. Dabei können die beiden Tarnmuster des Schemas 31a/24d unterschieden werden. USN

Flint (CL-97)

31. 8. 44	Indienststellung; Pazifikflotte,
27. 12. 44	bei Ulithi zur 3. Flotte,
1/45	mit TF 38 zur Invasion von Luzon,
21. 2.–12. 3. 45	Iwo Jima,
3–6/45	Trägerbegleitung bei Kyushu und Okinawa,
7–8/45	Japanische Heimatinseln,
24. 8. 45	Radar-Relaisschiff bei Nii Shima zur Unterstützung eigener Transportflugzeuge,
10.–15. 9. 45	Tokio-Bucht, danach »Magic Carpet«-Fahrt nach Honshu und Eniwetok,
13. 10. 45	Abfahrt von Yokosuka zur Westküste,
28. 11. 45	Ankunft San Francisco; danach eine weitere »Magic Carpet«-Fahrt nach Kwajalein,
11. 1. 46	Ankunft Puget Sound,
6. 5. 47	Außerdienststellung,
18. 3. 49	als CLAA-97 reklassifiziert.

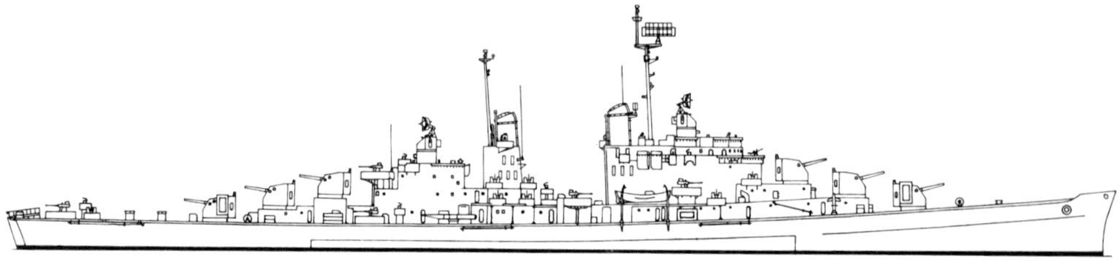

Flint (CL-97), Aussehen September 1944. Auf Schiffen der *Oakland*-Klasse fehlen die seitlichen 12,7-cm-Doppeltürme.

Die obere der beiden Aufnahmen von *Flint* (CL-97) wurde im September 1944, die untere am 1. Dezember 1944, während sich das Schiff noch im Stadium der Einfahrprobefahrten befand, aufgenommen. Beide Tarnmuster des Schemas 33/22d können hier beobachtet werden. Die Torpedorohre befinden sich an Bord, dagegen keine 40-mm-Vierlinge. USN

Einen Tag nach der Rückkehr von Yokosuka in der Bucht von San Francisco aufgenommen: *Flint* am 29. November 1945. Dies war einer der ersten Kreuzer, die so rasch nach Kriegsende den »ocean gray«-Anstrich erhielten. Die Signalflaggen sind zum Trocknen aufgehängt. Cas

Tucson (CL-98)

3. 2. 45	Indienststellung; Einfahrprobefahrt vor San Diego,
8. 5. 45	Abfahrt in den Westpazifik,
13. 5.–2. 6. 45	Übungen von Pearl Harbor aus,
16. 6. 45	Ankunft Leyte, dort zu TF 38 in Begleitung der Träger *Essex* (CV-9), *Ticonderoga* (CV-14), *Randolph* (CV-15), *Monterey* (CVL-26) und *Bataan* (CVL-29),
1. 7. 45	Abfahrt der TF 38 zur Bekämpfung der japanischen Heimatinseln,

Tucson (CL-98), aufgenommen am 18. Februar 1945 während der Einfahrperiode an der kalifornischen Küste. Es befinden sich sowohl Torpedorohre wie auch 40-mm-Zwillinge an Bord. USN

10. 7. 45 und 17.–18. 7. 45	Angriffe auf Tokio,
14.–15. 7. 45	Angriffe auf Hokkaido und Nord-Honshu,
15. 8. 45	nach Kriegsende Verbleib im Westpazifik; Okkupation Japans,
20. 9. 45	über Okinawa und Pearl Harbor Fahrt zur Westküste,
5. 10. 45	Ankunft San Francisco,
27.–28. 10. 45	Teilnahme am »Navy Day« in San Pedro,
11/45–8/46	Fla-Trainingsschiff Westküste für 20-mm, 40-mm- und 76-mm-Flak,
9–11/46	Werftüberholung bei Puget Sound N.Sh. zur Vorbereitung der Unterstellung unter das Kommando des COMDESPAC,
24. 2. 47	Abfahrt San Diego zu Manövern vor Hawaii,
27. 3. 47	Rückkehr nach San Diego; lokale Operationen an der Westküste bis zum Spätsommer,
28. 7. 47	Abfahrt in den Westpazifik,
8–9/47	Operationen im Ostchinesischen Meer,
20. 10. 47	Abfahrt Yokusuka zur Westküste,
6. 11. 47	Ankunft San Diego; Operationen Westküste,
18. 3. 49	Reklassifizierung als CLAA-98,
11. 6. 49	Außerdienststellung.

Juneau (CL-119)

15. 2. 46	Indienststellung,
1946	Operationen entlang der Ostküste und in der Karibik,
16. 4. 47	Abfahrt zur ersten Fahrt der »6th Task Force« ins Mittelmeer,
15. 11. 47	Rückkehr Ostküste,
14. 6.–3. 10. 48	zweite Mittelmeerfahrt,
18. 3. 49	Reklassifizierung als CLAA-119,
3. 5.–26. 9. 49	dritte Mittelmeerfahrt,
29. 11. 49	Übergang zur Pazifikflotte,
15. 1. 50	Ankunft Bremerton; Operationen Westküste,
22. 4. 50	Flaggschiff COMCRUDIV 5,
1. 6. 50	Ankunft Japan, in Bereitschaft für Korea-Einsatz,

Die erste von drei Einheiten der dritten Gruppe der »leichten« Flakkreuzer: *Juneau* II (CL-119), hier aufgenommen im Juli 1951 an der Westküste. Infolge der modifizierten Aufstellung der 12,7-cm-Türme konnte vor der Brücke ein weiterer 40-mm-Flakstand vorgesehen werden. Insgesamt waren zunächst sechs 40-mm-Vierlinge vorhanden. Diese Schiffe erhielten keine Torpedorohre mehr. Anstelle von Rettungsflößen gibt es mehr Verkehrsboote. Die FLG Mk 37 haben bereits FLR Mk 25, und auf dem vorderen Mast findet man die Nachkriegs-Radarantenne SG-6, hier etwas schlecht auszumachen.

USN

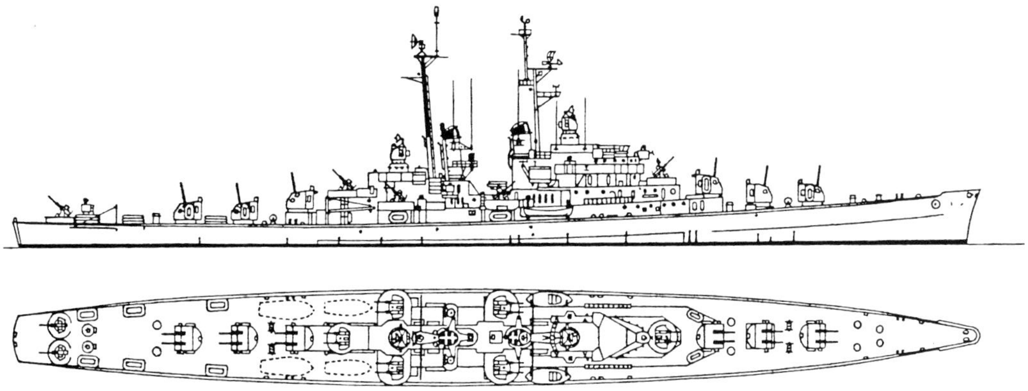

Juneau II (CLAA-119), Aussehen ab Februar 1952, als die 40-mm-Maschinenflak gegen vierzehn 7,6 cm L/50 ausgetauscht wurde. (KDS)

25. 6. 50	als eines der ersten Schiffe vor der Korea-Küste,
29. 6. 50	erster Küstenbeschuß vor Korea,
28. 7. 50	von Sasebo aus Fahrt durch die Straße von Formosa,
4. 8. 50	Flaggschiff der »Formosa Patrol Force« bis
29. 10. 50,	danach mit Flugzeugträgern an der koreanischen Ostküste; danach Rückkehr Westküste,
1. 5. 51	Werftüberholung bei Long Beach N.Sh.; danach Operationen Westküste und Hawaii,
4/52	wieder vor Korea als Trägerbegleitschutz,
5. 11. 52	Rückkehr nach Long Beach,
7. 4. 53	wieder bei der Atlantikflotte,
13. 5.– 23. 10. 53	Mittelmeer-Einsatzfahrt; danach Operationen Ostküste und Karibik,
18. 11.– 23. 2. 55	letzte Mittelmeerfahrt,
23. 3. 56	Außerdienststellung.

Während einer Werftzeit im Februar 1952, als auch diese beiden Detailaufnahmen gemacht wurden, sind auf *Juneau* die 40-mm-Bofors gegen 7,6-cm-Flak L/50 ausgetauscht worden. In die vormaligen Vierlingsstände kam jetzt eine Zwillingslafette, und die beiden Einzel-7,6-cm-Geschütze kamen nach achtern in die vormaligen Zwillingswannen. Für alle vierzehn 7,6-cm-Rohre waren allerdings nur zwei FLG Mk 56 vorhanden, hier neben dem achteren Mast zu sehen. An Radar-Ortungsantennen findet man jetzt SPS-6B auf dem vorderen Mast und SP auf dem achteren. Bereits zu dieser Zeit gibt es schon ECM- und andere Spezialantennen. Bemerkenswert ist hier die Verspannung der beiden Maste.
USN

Spokane (CL-120)

17. 5. 46	Indienststellung,
24. 6. 46	Abfahrt zu den Einfahrprobefahrten vor Kuba, bis
11. 9. 46,	danach Kommandierung zur 2. Flotte mit Einsatzhafen Plymouth, England,
7. 10. 46	Abfahrt nach Europa; Operationen Nordsee,
27. 1. 47	Abfahrt aus England; Manöver vor Kuba,
18. 3. 47	Rückkehr nach Norfolk,
22. 9.–14. 10. 47	Werftüberholung bei New York N.Sh.,
27. 10. 47	Beteiligung am »Navy Day« in Norfolk,
29. 10. 47	Abfahrt zu Manövern mit der »2d Task Fleet« vor den Bermudas,
8. 11. 47	Abfahrt nach Plymouth, dort Ankunft am
16. 11. 47,	Unterstellung unter das Kommando des CINCNELM,
11. 3. 48	Rückkehr nach Norfolk,
18. 3. 48	Reklassifizierung zu CLAA-120,
27. 5.–15. 9. 48	Werftüberholung bei New York N.Sh.; für den Rest des Jahres Operationen entlang der Ostküste,
4. 1. 49	mit *Philippine Sea* (CV-47) und *Manchester* (CL-83) Abfahrt ins Mittelmeer; Manöver mit Einheiten der »6th Task Fleet«,
23. 5. 49	Rückkehr nach Norfolk; während des Sommers,
1949	Trainingsschiff für Reservisten,
27. 2. 50	Außerdienststellung,
1. 4. 66	während der Zugehörigkeit zur Reserveflotte Reklassifizierung als AG-191. Der geplante Umbau als Sonarversuchsschiff entfiel jedoch.

Am Tage des Stapellaufes, am 22. September 1945, in der Bauwerft Federal S.B. in Kearny, N.J., aufgenommen: *Spokane* (CL-120). Das Foto verdeutlicht, in welch fortgeschrittenem Bauzustand – insbesondere nach Kriegsende – Schiffe dieser Klasse vom Stapel gelaufen sind. USN

Spokane während der einzig gebliebenen Einsatzfahrt bei der damals sogenannten »6th Task Fleet« im Mittelmeer. Die Aufnahme entstand am 28. April 1949 vor Toulon. Die Radar-Kombination SK-2/SP blieb bis zur Aussonderung an Bord. MB

Fresno (CL-121)

27. 11. 46	Indienststellung; Atlantikflotte,
13. 1.–7. 5. 47	Trainingsfahrt in die Karibik; danach Besuchsfahrt nach Uruguay und Brasilien,
1. 8.–1. 12. 47	Fahrt nach Nordeuropa und ins Mittelmeer,
3. 3.–19. 6. 48	als Basis Plymouth, England; von da aus Besuche nordeuropäischer Häfen; danach zurück zur Ostküste; dort örtliche Operationen,
18. 3. 49	Reklassifizierung als CLAA-121,
17. 5. 49	Außerdienststellung.

Fresno (CL-121) war insgesamt zweieinhalb Jahre im aktiven Dienst. Diese beiden schönen Fotos entstanden im Juni 1947 in englischen Gewässern, als *Fresno* von Plymouth aus operierte. *Fresno* fuhr die beiden letzten Monate ihres Daseins als CLAA-121. WL

CL *Cleveland*-Klasse

Waren die Schiffe der vorangegangen *Brooklyn*-Klasse noch Vertreter des gegenseitigen Emporrüstens innerhalb der gebotenen Grenzen durch die Flottenverträge, so entsprach die *Cleveland*-Klasse schon mehr den durch Erfahrungen anderer Länder gewonnenen Erkenntnissen. Ursprünglich ging es um mehr Reichweite und einen besseren Schutz durch Flakartillerie bei nur knapp 300 ts mehr Wasserverdrängung. Dies wurde erreicht durch Verzicht auf den fünften 15,2-cm-Drillingsturm und durch Verstärkung und bessere Anordnung der damals neu eingeführten 12,7-cm-Türme, von denen nun sechs an Bord waren. Abgesehen davon, daß beim Entwurf bereits Rücksicht genommen wurde auf die Erfordernisse der Ortungsanlagen durch Schaffung von Auswertungsräumen (Vergrößerung der Brükkenaufbauten!), wurden gegenüber der *Brooklyn*-Klasse sowohl die Nachrichtenverbindungsanlagen verbessert wie auch neue Feuerleitgeräte eingeführt, darunter Mk 37 für die 12,7-cm-Flak und Mk 34 für die 15,2-cm-Artillerie. Beide befanden sich in je zweifacher Ausfertigung an Bord. Die leichte Flak wurde im Laufe der Dienstzeit jeweils verstärkt, wie weiter hinten in den Tabellen festgestellt werden kann. Erkennungstechnisch ist es wissenswert, daß die ersten sieben Schiffe eine Brücke mit abgerundeter Vorderfront hatten, während bei den nachfolgenden die Vorderfront scharfkantig war. Im Gegensatz zu den Vorgänger-Klassen war hier der Rumpf bar aller Öffnungen und Bullaugen, so daß alle Innenräume künstlich belüftet und ausgeleuchtet werden mußten. Von großem Wert war die bessere Unterteilung des Schiffskörpers in zahlreiche wasserdichte Abteilungen. Nicht zuletzt als Folge dieser Verbesserung ging kein Schiff dieser Klasse verloren, obwohl die meisten Einheiten im Kriegseinsatz waren und zum Teil auch schwere Beschädigungen davontrugen.

Die Entstehung dieser Klasse kann als klarer Nachweis der großen wirtschaftlichen Kapazität der USA angesehen werden. Bei der Planung trug man der Tatsache Rechnung, daß die USA früher oder später in einen Krieg mit Japan verwickelt sein würden. So bestand diese Klasse aus mehr Schiffen als z.B. Zerstörerklassen anderer großer Marinen. Insgesamt wurden 39 Einheiten dieser Klasse in Auftrag gegeben: zwei davon wurden 1940, eine weitere 1945 vom Bau suspendiert; von den restlichen 36 wurden 27 als Kreuzer fertiggestellt. Neun Kreuzerrümpfe wurden durch Umbau als Leichte Flugzeugträger (CV, dann ab 1943 CVL) fertiggestellt. Immerhin sechs Schiffe der *Cleveland*-Klasse wurden dann – im Durchschnitt 15 Jahre alt – ab Mitte der 50er Jahre sehr gründlich zu Lenkwaffenkreuzern umgebaut. Angeblich bestand die Absicht, insgesamt 52 Einheiten dieser Klasse zu bauen, nicht etwa, weil sie als besonders gelungen zu bezeichnen waren (die Schiffe waren insbesondere bei Kriegsende sehr topplastig), sondern weil man bestrebt war, möglichst viele Einheiten **eines** Entwurfes auszustoßen, deren Zugang bei der Flotte man für unbedingt erforderlich hielt. Die Aufbauten waren vom Entwurf her aus Leichtmetall, jedoch mußte dann infolge des Aluminiummangels doch Schiffbaustahl verwendet werden, was sich auf die Stabilität negativ auswirken mußte. Die Baukosten betrugen ca. 31 Mio $ je Schiff.

Beginnend mit CL-64, erhielten die Schiffe eine offene Brücke unter Wegfall der Zitadelle. 1945 wurden auf etlichen Schiffen Maßnahmen zur Herabsetzung des Toppgewichtes wirksam, u.a. durch

- ☐ Entfernung eines der beiden Katapulte,
- ☐ Entfernung des E-Messers vom Geschützturm A,
- ☐ Reduktion bei der Elektronik und bei der Lagerung der Bereitschaftsmunition.

Mit Ausnahme der *Manchester* (CL-83) befanden sich alle Schiffe dieser Klasse bei Beginn des Koreakrieges bereits außer Dienst. Nur *Atlanta* erlebte noch eine kurze Reaktivierungszeit nach Umbau als Anspreng-Experimentalschiff (siehe nachfolgend IX *Atlanta!).*

Von der *Cleveland*-Klasse wurden die nachfolgend beschriebenen 27 Schiffe fertiggestellt. Neun umgeplante Einheiten wurden als Leichte Flugzeugträger fertiggestellt (siehe weiter hinten). Der Bau von weiteren drei Schiffen wurde im Laufe des Zweiten Weltkrieges suspendiert. Es folgt rechts oben die Auflistung jener Schiffe, die nicht als CL in Dienst genommen sind.

▷

Diese leider undatierte Luftaufnahme von *Cleveland* (CL-55) dürfte etwa 1942 entstanden sein. Die Besatzung ist in weiß angetreten. SC-Radar läßt sich nur schwer auf dem achteren Mast ausmachen.
USN

Kennung	Name	Etat	Kiellegung	Bauwerft	Verbleib
CL-59	*Amsterdam*	40	1. 5. 1941	New York SB	i. D. als CV-22 *Independence*
CL-61	*Tallahassee*	40	2. 6. 1941	New York SB	i. D. als CV-23 *Princeton*
CL-76	*New Haven*	40	11. 8. 1941	New York SB	i. D. als CV-24 *Belleau Wood*
CL-77	*Huntington*	40	17. 11. 1941	New York SB	i. D. als CV-25 *Cowpens*
CL-78	*Dayton*	40	29. 12. 1941	New York SB	i. D. als CV-26 *Monterey*
CL-79	*Wilmington*	40	16. 3. 1942	New York SB	i. D. als CV-28 *Cabot*
CL-84		40		Federal	16. 12. 1940 Bau suspendiert
CL-85	*Fargo*	40		New York SB	i. D. als CV-27 *Langley*
CL-88		40		Federal	16. 12. 1940 Bau suspendiert
CL-94	*Youngstown*	40	4. 9. 1944	Cramp	12. 8. 1945 Bau suspendiert
CL-99	*Buffalo*	40	19. 7. 1940	New York SB	i. D. als CV-29 *Bataan*
CL-100	*Newark*	40		New York SB	i. D. als CV-30 *San Jacinto*

Cleveland (CL-55)

15. 6. 42	Indienststellung,
10. 10. 42	Abfahrt Ostküste zur Invasion Nordafrikas,
8.–12. 11. 42	Unterstützung der Landungen in Französisch-Marokko,
24. 11. 42	Rückkehr Ostküste,
5. 12. 42	Abfahrt in den Pazifik,
16. 1. 43	Ankunft Efate, Neu-Hebriden,
27.–31. 1. 43	Geleitschutz nach Guadalcanal; dabei
29.–30. 1. 43	Teilnahme an der Schlacht bei Rennell,
6. 3. 43	mit TF 68 Beschuß von Vila; Beteiligung an der Versenkung zweier japanischer Zerstörer,
30. 6. 43	Beschuß der Shortland-Inseln,
12. 7. 43	Invasion von Munda, Neu-Georgien; danach kurzer Reparaturaufenthalt in Sidney,
26.–27. 10. 43	Landungsvorbereitung zur Invasion der Schatzinseln,
17.–23. 3. 44	Einnahme von Emirau; danach erneut Reparaturaufenthalt in Sidney,
21. 4. 44	Rückkehr zu den Salomonen,
8. 6.–24. 8. 44	Marianen; dabei
19.–20. 6. 44	Schlacht in der Philippinen-See, mit TF 58,
12.–29. 9. 44	Beschuß der Palau-Inseln,
13.–14. 2. 45	Beschuß von Corregidor,
7. 6. 45	Abfahrt von Subic Bay am
10. 6. 45	Invasion von Brunei, Borneo; danach Fahrt nach Manila, dort Einschiffung von General D. McArthur,
30. 6. 45	Landung auf Balicpapan; ab
16. 7. 45	Okinawa und Ostchinesische See; ab
9. 9. 45	Evakuierung alliierter Kriegsgefangener aus Wakayama; Okkupationsaufgaben auf Honshu,
28. 10.–	in der Bucht von Tokio; danach Fahrt zur Ostküste,
1. 11. 45	über Pearl Harbor und San Diego; ab
5. 12. 45	Werftüberholung bei Boston N.Sh.,
6/46	Reservisten-Trainingsfahrt nach Halifax und Quebec,
7. 2. 47	Außerdienststellung.

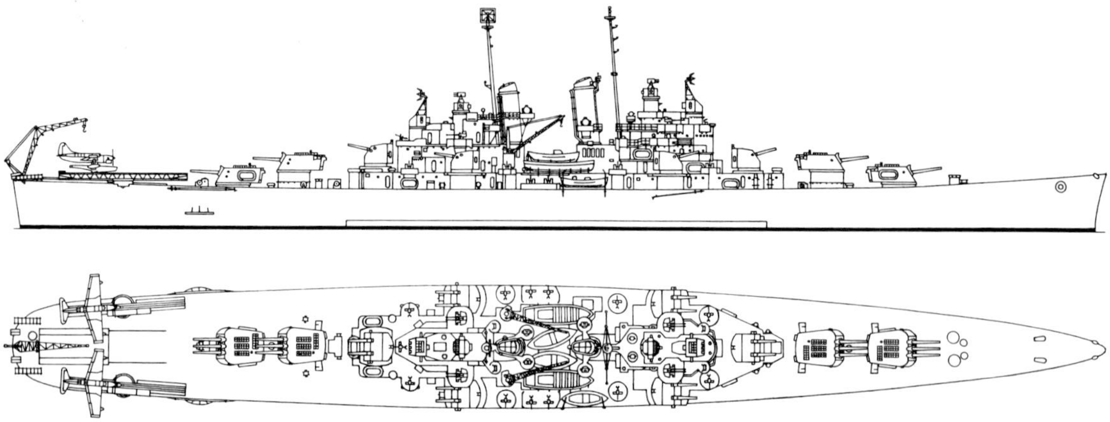

Cleveland (CL-55), Aussehen Juli 1942. An der Oberkante des Gürtelpanzers kann man die ursprüngliche Eintauchtiefe dieser Schiffe beurteilen; diese wurde später immer größer. Beachtenswert ist die Stahlrohrkonstruktion des Flugzeugkrans. Auf den Katapulten befinden sich Aufklärer des Typs SO3C Seamew.

Columbia (CL-56)

29. 7. 42	Indienststellung,
9. 11. 42	Abfahrt in den Pazifik,
10. 12. 42	Ankunft Espiritu Santo, Neu-Hebriden,
29.–30. 1. 43	Schlacht bei Rennell; ab
1. 2. 43	Überwachungsfahrten in den Salomonen,
29.–30. 6. 43	Landungen in Neu-Georgien,
11.–12. 7. 43	Beschuß von Munda,
5. 9. 43	kurzer Werftaufenthalt in Sidney,
1. 11. 43	Unterstützung der Landung auf Bougainville,
2. 11. 43	Schlacht in der Kaiserin-Augusta-Bucht; bis
12/43	Operationen in den Salomonen,
13.–18. 2. 44	Besetzung von Nissan,
17.–23. 3. 44	Landung auf Emirau,
4. 4. 44	Abfahrt zur Westküste,
4–8/44	Werftüberholung in San Francisco,
24. 8. 44	Rückkehr zu den Salomonen,
9/44	Landung auf den Palau-Inseln,
24. 10. 44	Schlacht in der Surigao-Straße,
12/44	Landungen auf Mindoro,
6. 1. 45	Landungsbeschuß auf Lingayen; starke Beschädigungen durch Kamikaze; 13 Tote, 44 Verwundete; beide achteren 155-mm-Türme außer Gefecht, mit beiden vorderen weitergefeuert,
9. 1. 45	erneut durch Kamikaze getroffen; 24 Tote, 97 Verwundete, sechs Feuerleitgeräte und Geschütze außer Betrieb gesetzt; provisorische Reparaturen auf Leyte,
1–5/45	Reparatur an der Westküste,
16. 6. 45	wieder in Leyte zurück,
28. 6. 45	Deckung von Minenräumoperationen vor Balicpapan, Borneo,
1. 7. 45	Besetzung von Balicpapan; nach Kriegsende Fahrt zur Westküste über Guam, Saipan, Iwo Jima,
5. 12. 45	Ankunft Ostküste; bis zum
1. 7. 46	Reservisten-Trainingsfahrten,
30. 11. 46	Außerdienststellung.

Zwei Tage vor der Abfahrt in den Pazifik am 7. November 1942 vor Norfolk N.Sh. aufgenommen: *Columbia* (CL-56), angestrichen nach Schema 21. SC-Radar befindet sich auf dem achteren Mast; zwei Besonderheiten bei der FL-Elektronik: Ganz selten findet man wie hier Mk-3-FLR auf dem FLG Mk 34; Mk-4-FLR ist auf einer sehr hohen Stütze angebracht, so daß es Mk 3 noch überragt. USN

Diese Aufnahme der *Columbia* entstand zwei Jahre später, im November 1944 irgendwo im Pazifik, als das Schiff nach Schema 33/1d getarnt fuhr. USN

Montpelier (CL-57)

9. 9. 42	Indienststellung; Übergang in den Pazifik,
18. 1. 43	Ankunft Noumea, Neu-Kaledonien,
25. 1. 43	Flaggschiff CRUDIV 12 in Efate, Neu-Hebriden,
29. 1. 43	Schlacht bei Rennell,
21. 2. 43	Landung auf den Russell-Inseln,
29.–30. 6. 43 u. 11.–12. 7. 43	Beschuß von Poporang und Munda in Vorbereitung der Landung auf Neu-Georgien; in den folgenden Monaten Aufenthalt in diesem Gebiet; danach Fahrt nach Sidney; Ende
10/43	Flaggschiff TF 39 im Rahmen der Landungen auf den Schatzinseln und auf Bougainville,
2. 11. 43	Schlacht in der Kaiserin-Augusta-Bucht,
15. u. 19. 3. 44	Landung auf Green, Bismarck-Archipel,
3/44	Besetzung von Emirau,
14. 6. 44	Beginn des Beschusses von Saipan,
19.–21. 6. 44	mit TF 58 Teilnahme an der Schlacht in der Philippinen-See, danach Fortsetzung des Beschusses von Saipan, Tinian und Guam,
2. 8. 44	Abfahrt zur Westküste,
8–11/44	Werftüberholung,
25. 11. 44	Ankunft im Leyte-Golf; ab
12. 12. 44	Landung auf Mindoro,
1/45	Landung im Lingayen-Golf,
2/45	Corregidor, Palawan,
14.–23. 4. 45	Landung auf Mindanao,
17. 6.–2. 7. 45	Schutz von Minenräumoperationen, Strandmeistertrupps und Landungen bei Balicpapan auf Borneo,
7–8/45	drei Fahrten in die Ostchinesische See; nach Kriegsende Evakuierung alliierter Kriegsgefangener von Wakayama,
18. 10. 45	Landung von Besatzungstruppen auf Matsuyama,
15. 11. 45	Abfahrt zur Ostküste,
24. 1. 47	Außerdienststellung.

Montpelier (CL-57) fuhr wie manches andere der ersten Schiffe dieser Klasse mit dem stark erhöhten FL-Radar Mk 4, es erhielt aber in einem noch relativ frühen Stadium FL-Radar Mk 8 Mod 1, wie hier festzustellen ist. Die Aufnahme entstand am 12. November 1942 noch im Atlantik, als das Schiff mit Tarnanstrich nach Muster 12 fuhr. Die ersten Schiffe der *Cleveland*-Klasse hatten einen Brückenaufbau mit abgerundeter Vorderfront. Ganz selten zu sehen: auf dem Steuerbordkatapult ein Aufklärer des Typs SO3C Seemew. USN

Etwa bei Kriegsende 1945 wurde dieses Foto von *Montpelier* aufgenommen, als das Steuerbordkatapult bereits entfernt war. Die gesamte Elektronik entspricht dem damaligen Standard. ON

Denver (CL-58)

15. 10. 42	Indienststellung,
23. 1. 43	Abfahrt in den Pazifik,
14. 2. 43	Ankunft Efate, Neu-Hebriden,
6. 3. 43	Beschuß von Vila,
29.–30. 6. 43	Beschuß von Ballale im Rahmen der Invasion von Neu-Georgien,
1.–2. 11. 43	mit TF 39 Schlacht in der Kaiserin-Augusta-Bucht,
10.–11. 11. 43	Unterstützung der Landung auf Kap Torokina,
13. 11. 43	Lufttorpedotreffer; 20 Tote, Ausfall der Maschinenanlage; von zwei Flottenschleppern nach Espiritu Santo geschleppt, dort provisorische Reparaturen,
2. 1. 44	Ankunft Westküste; Werftreparaturen bei Mare Island N.Sh.,
22. 6. 44	Ankunft in Eniwetok,
4. 7. 44	Beschuß von Iwo Jima,
12.–18. 9. 44	Invasion der Palau-Inseln,
23. 9. 44	Landung auf Ulithi; ab
12. 10. 44	Landung auf Leyte,
24. 10. 44	Schlacht in der Surigao-Straße,
28. 10. 44	geringfügige Beschädigung durch explodierendes japanisches Flugzeug,
13.–16. 12. 44	Landung auf Mindoro,
4. 1. 45	Landung auf Lingayen,
29.–30. 1. 45	Landung auf Zambales,
1.–7. 2. 45	Schutz eines Geleitzuges nach Mindoro,
2–5/45	Landungen auf Palawan und Mindanao,
6/45	Landungen in der Brunei-Bucht, Borneo, sowie auf Balicpapan,
13. 7.–7. 8. 45	Operationen vor Okinawa,
25. 9.–20. 10. 45	Evakuierung alliierter Kriegsgefangener von Wakayama,
20. 10. 45	Abfahrt zur Ostküste; ab
21. 11. 45	Werftüberholung in Norfolk,
1/46	von Newport aus Reservisten-Trainingsfahrt und Goodwill-Fahrt nach Quebec,
7. 2. 47	Außerdienststellung.

Beide Fotos von *Denver* (CL-58) entstanden im Mai 1944 während des Werftaufenthaltes in Mare Island. Frisch aufgetragen ist der Anstrich nach Schema 33/3d. Die FL-Elektronik ist hier besonders deutlich zu sehen, insbesonders das »Stachelschwein« von Mk 8 Mod 1 auf dem FLG Mk 34. Direkt durch die Brückenmitte verläuft die Trennlinie zwischen den verschiedenen Backbord- bzw. Steuerbordtarnmustern. USN

Santa Fe (CL-60)

24. 11. 42	Indienststellung; Einfahrprobefahrten Ostküste, Übergang in den Pazifik; auf dem Wege zu den Aleuten am
22. 3. 43	Ankunft Pearl Harbor,
26. 4. 43	Beschuß von Attu, vier Monate Operationen in den Aleuten, dabei am
6. und 22. 7. 43	Beschuß von Kiska vor der Landung,
1. 9. 43	Rückkehr nach Pearl Harbor; ab dann bis zum Kriegsende bei CRUDIV 13 in Begleitung von Flugzeugträgern,
18.–19. 9. 43	Tarawa,
5.–6. 10. 43	Wake,
10–11/43	Geleitfahrt nach Bougainville, Gilberts, Tarawa,
4. 12. 43	Kwajalein, danach
9. 12. 43	Rückkehr nach Pearl Harbor,
12/43–1/44	Rückkehr zur Westküste, amphibische Übungen von San Pedro aus,
13. 1. 44	Abfahrt zu den Marshall-Inseln,
1–2/44	Wotje, Kwajalein, Majuro, Truk, Saipan,
3/44	mit *Enterprise* und *Belleau Wood;* Emirau, Palau, Yap und Woleai,
4/44	Invasion von Hollandia; Angriffe auf Wake, Sawar, Truk, Satawan, Ponape,
4. 5. 44	Rückkehr nach Kwajalein,
6/44	mit *Bunker Hill* (CV-17) Angriffe auf Saipan, Tinian, Guam, Pagan,
7/44	mit *Hornet* (CV-12); Beschuß von Iwo Jima; Angriffe auf Guam, Rota, Yap, Ulithi,
11. 7. 44	Rückkehr nach Eniwetok; ab
30. 8. 44 bis 26. 1. 45	mit *Essex* (CV-9),

Diese nicht datierte Aufnahme von *Santa Fe* (CL-60) entstand vermutlich in der zweiten Jahreshälfte 1943. Auch hier beobachtet man die stark erhöhte Anbringung von FLR Mk 4. Im Hintergrund sieht man ein Schlachtschiff der *North-Carolina*-Klasse. USN

Etwa bei Jahresende 1945 aufgenommen: *Santa Fe* in der Bucht von San Francisco ankernd, mit einer vorläufig nicht dem Standard entsprechenden (ganz klein oder ganz groß!) Kennummer. Elektronik: SK-2, 2 SG, 2 Mk 13, 2 Mk 12/22. *Santa Fe* fuhr während der längsten Zeit (ab Mai 1943) des Krieges mit Anstrich nach Schema 21, hatte also niemals »dazzle pattern«. Wie man beobachten kann, wurde nach 1943 die Brücke modifiziert.
Cas

9/44	Peleliu, Mindanao, Visayas, Philippinen,
10/44	Angriffe auf Okinawa, Formosa,
13. 10. 44	Sicherung der beschädigten Kreuzer *Houston* und *Canberra;* ab
17. 10. 44	Unterstützung der Landungen auf Leyte,
24.–27. 10. 44	Operationen gegen die japanische Flotte,
30. 10. 44	Rückkehr nach Ulithi,
11/44	Manila, philippinische Inseln,
12/44	Landung auf Mindoro,
18.–19. 12. 44	schweren Taifun abgeritten und nach Überlebenden von drei gesunkenen Zerstörern gesucht,
1/45	Formosa, Okinawa, Luzon, Südchinesische See,
26. 1. 45	Rückkehr nach Ulithi; ab
10. 2. 45	mit *Yorktown* (CV-10); Ziele um Tokio, Iwo Jima,
1. 3. 45	Rückkehr nach Ulithi, ab
14. 3. 45	mit *Hancock* (CV-19); Kyushu,
19. 3. 45	Übernahme von 833 Überlebenden der schwer beschädigten *Franklin* (CV-13); Begleitung des Trägers nach Ulithi und bis Pearl Harbor; Rückkehr Westküste,
10. 4.–14. 7. 45	Werftüberholung in San Pedro,
12. 8. 45	mit *Antietam* (CV-36) Fahrt zum Angriff auf Wake; nach Kriegsende
26. 8. 45	Ankerung vor Okinawa,
20. 9. 45	Ankunft Sasebo,
17. 10.–10. 11. 45	Okkupation von Nord-Honshu und Hokkaido; danach zwei »Magic Carpet«-Fahrten nach Saipan, Guam und Truk,
25. 1. 46	Ankunft Bremerton,
19. 10. 46	Außerdienststellung.

Birmingham (CL-62)

29. 1. 43	Indienststellung; nach Einfahrprobefahrten zunächst bei der Atlantischen Flotte; vom
10.–26. 7. 43	Mittelmeer, Invasion Siziliens,
8. 8. 43	Rückkehr USA, Wechsel zur Pazifischen Flotte,
18. 9. 43	Tarawa,
5.–6. 10. 43	Wake,
8.–9. 11. 43	Kaiserin-Augusta-Bucht; beschädigt durch zwei Bomben und einen Flugzeugtorpedo,
12/43–2/44	Reparaturen bei Mare Island N.Sh.,
18. 2. 44	Rückkehr in die pazifische Kriegszone; zu TF 57,
14. 6.–4. 8. 44	Landung auf Saipan,
19.–20. 6. 44	Luftschlacht in der Philippinen-See,
20. 7.–1. 8. 44	Landung auf Tinian,

Ende Oktober 1944 entstand diese Aufnahme von *Birmingham* (CL-62). Sie verdeutlicht die starken Beschädigungen des Schiffes, die entstanden, als der Kreuzer dem Leichten Flugzeugträger *Princeton* (CVL-32) zu Hilfe eilte und es auf diesem zu starken Explosionen kam. Unter der Besatzung der *Birmingham* gab es zahlreiche Ausfälle. Die Radarantennen SK und Mk 8 Mod 1 wurden während der Werftzeit installiert, die im Februar 1944 zu Ende ging, wobei auch Tarnanstrich nach Schema 33/6d aufgetragen wurde. USN

21. 7. 44	Landung auf Guam,
9.–24. 9. 44	Angriffe auf die philippinischen Inseln,
10. 10. 44	mit TF 38 Angriff auf Okinawa,
15., 18., und	
19. 10. 44	Nord-Luzon und Formosa,
24. 10. 44	Schlacht im Leyte-Golf; während derselben über der Wasserlinie Beschädigungen durch Explosionen auf *Princeton* (CVL-23),
11/44–1/45	Reparaturen bei Mare Island N.Sh., danach Rückkehr in den pazifischen Kampfraum,
4.–5. 3. 45	Landung auf Iwo Jima,
25. 3.–5. 5. 45	Landung auf Okinawa,
4. 5. 45	erneut beschädigt, jetzt durch Kamikaze,
28. 5.–1. 8. 45	Reparaturen in Pearl Harbor,
26. 8. 45	zur 5. Flotte bei Okinawa,
11/45	Fahrt nach Brisbane, Australien,
22. 3. 46	Rückkehr zur Westküste,
2. 1. 47	Außerdienststellung.

Die endgültigen Reparaturen der Kampfschäden wurden wieder bei Mare Island durchgeführt. Am Ende dieser Werftzeit präsentiert sich *Birmingham* hier am 21. Januar 1945 mit Anstrich nach Schema 22. FLR Mk 12/22 wurde nunmehr tiefer gesetzt als zuvor Mk 4, und SP-Radar kam auf dem achteren Mast hinzu.
USN

Nach erneut bei Okinawa erlittenen Beschädigungen wurden die Reparaturen in Pearl Harbor durchgeführt, bei welcher Gelegenheit auch der Anstrich nach Schema 21 angebracht wurde. Diese Aufnahme des hoch im Wasser liegenden Schiffes entstand im März 1946 in der Bucht von San Francisco nach der letzten Rückkehr der *Birmingham* aus dem Westpazifik.
Cas

Mobile (CL-63) wurde mit Anstrich nach Schema 22 in Dienst gestellt und hat ebenfalls niemals »dazzle pattern« geführt. Dieses Foto wurde am 14. April 1943 vor Norfolk N.Sh. in Portsmouth, Va., aufgenommen, kurz vor dem Wechsel in den Pazifik. Auch hier die sehr hohe Anbringung von FLR Mk 4, während man sieht, daß hier FLR Mk 8 Mod 1 und ebenso SC-2 schon bei Fertigstellung vorhanden waren. USN

Mobile (CL-63)

24. 3. 43	Indienststellung; Einfahrprobefahrten in der Chesapeake-Bucht, danach Wechsel in den Pazifik,
7/43	Trainingsfahrten von Pearl Harbor aus,
23. 8. 43	zu TF 15,
31. 8. 43	Angriff auf Marcus,
18. 9. 43	Tarawa,
5.–6. 10. 43	mit TF 14 Angriff auf Wake,
8. 11. 43	mit TG 53.3 Landung auf Bougainville; danach mit TG 53.7 Landung auf Tarawa,
20.–28. 11. 43	Landung auf Betio,
1. 12. 43	zu TF 50; Luftangriffe auf Kwajalein und Wotje; Rückkehr nach Pearl Harbor,
29. 12. 43	Ankunft San Diego,
29. 1. 44	Angriff auf Wotjo,
2/44	Besetzung Kwajaleins; Angriffe auf Roi, Namur, ab
12. 2. 44	zu TF 58,

Nur sechs Monate später: *Mobile* im Oktober 1943 im Pazifik. Höchstwahrscheinlich während des Aufenthaltes in Pearl Harbor im Juli 1943 wurde das Schiff nach Schema 21 umgepönt, die Anzahl der Brücken-Bullaugen verringert und eine zweite SG-Antenne angebracht. Zwei Kingfisher-Aufklärer ruhen auf den Katapulten. USN

12. 3. 44	TG 58.1 wird in TG 38.1 umbenannt,
20. 3. 44	Landung auf Emirau,
27. 3. 44	TG 38.1 wird wieder TG 58.1,
21.–22. 4. 44	Beschuß von Wake,
29.–30. 4. 44	Angriffe auf Truk und Satawan sowie
1. 5. 44	auf Ponape,
6/44	Saipan, Tinian, Guam, Rota, Vulkan- und Bonin-Inseln,
19.–20. 6. 44	Schlacht in der Philippinen-See,
7/44	Bonin- und Vulkan-Inseln, Guam, Rota, Yap, Ulithi, Fais,
2. 8. 44	Rückfahrt nach Saipan,
4. 8. 44	Chichi Jima,
9/44	mit TG 38.3 Angriffe auf die Palaus, Mindanao, die Visayas, Peleliu, Philippinen, u. a. Manila,
10/44	Formosa, Pescadores, Visayas, Süd-Luzon,
25. 10. 44	Schlacht um Kap Engaño,
11–12/44	im Bereich Philippinen,
26. 12. 44	Abfahrt zur Westküste; Werftüberholung,
29. 3. 45	wieder in Ulithi,
4/45	mit TF 51 vor Okinawa, zwei Monate lang; ab Ende
5/45	zu Trainingskommando TG 95.7 bis zum Kriegsende; ab
20. 8. 45	Besetzung von Japan und Okinawa,
9/45	mehrere Transportfahrten mit befreiten alliierten Gefangenen zwischen Japan und Okinawa,
18. 11. 45	»Magic Carpet«-Fahrt nach San Diego; danach noch eine zweite Transportfahrt,
9. 5. 47	Außerdienststellung.

Mobile in der San-Francisco-Bucht, aufgenommen am 20. Januar 1946 nach der Rückkehr von einer »Magic Carpet«-Fahrt. Ende Dezember 1944 weilte *Mobile* an der Westküste in einer Werft, wobei vermutlich erst mit SK, Mk 13 und Mk 12/22 die Radarelektronik modernisiert wurde. Bei dieser Gelegenheit dürften auch FLG Mk 63 an Bord gekommen sein. Aus diesem Blickwinkel erst wird die im Grunde vorhandene Schönheit der Schiffe dieser Klasse deutlich wahrnehmbar; spitze Lagen und Breitseit-Totale eignen sich zu solchen Feststellungen weniger. Cas

Vincennes (CL-64)

21. 1. 44	Indienststellung
25. 2.–30. 3. 44	Einfahrprobefahrten nach Britisch-Westindien, danach Flaggschiff CRUDIV 14 ab
14. 4. 44,	danach am
16. 4. 44	Fahrt durch den Panamakanal in den Pazifik,
6. 5. 44	Ankunft in Pearl Harbor,
30. 5. 44	bei Majuro zu TF 58,
12.–13. 6. 44	Saipan, Pagan,
16. 6. 44	erste Angriffe auf Iwo Jima,
19.–20. 6. 44	Schlacht in der Philippinen-See,
23. 6. 44	Fahrt nach Eniwetok zu Reparaturen,
7. 7. 44	Flaggschiff CRUDIV 14,
14. 7. 44	wieder mit TF 58; Guam,
31. 7. 44	Saipan,
4.–5. 8. 44	Angriffe auf die Bonin-Inseln,
6. 9. 44	mit TG 38.2 Angriffe auf die Palaus,
7. 9. 44	Peleliu,
9.–10. 9. 44	Mindanao,
21.–22. 9. 44	Angriffe auf Luzon,
1.–6. 10. 44	Aufenthalt in Ulithi; ab
10. 10. 44	Angriffe auf Okinawa,
12. 10. 44	Angriffe auf Formosa,
16. 10. 44	Begleitschutz für schwer beschädigte Kreuzer *Canberra* und *Houston*,
24. 10. 44	Schlacht im Leyte-Golf,
5.–6. 11. 44	Trägerbegleitung bei Luzon,
18. 12. 44	Taifun ohne ernste Beschädigung abgeritten (dabei drei Zerstörer gesunken),
24.–30. 12. 44	Aufenthalt in Ulithi,
1/45	chinesische Gewässer; Bucht von Cam Ranh; Angriffe auf Okinawa,
10. 2. 45	zu TG 58.1; Angriffe auf japanische Heimatinseln; Anfang
3–6/45	Angriffe auf Okinawa, dann mit TG 58.1 auf die Kyushus, mehrfach wechselnd,
16. 6. 45	Abfahrt zur Westküste,
8. 7. 45	zur Werftüberholung bei Mare Island N.Sh. dort bis Ende
8/45,	danach bis
3/46	mehrere »Magic Carpet«-Fahrten, u. a. zweimal nach Neu-Seeland,
23. 3. 46	letzte Ankunft in San Diego,
10. 9. 46	Außerdienststellung.

▷

Erst eineinhalb Jahre nach Indienststellung kam *Vincennes* nach Mare Island in die Werft, und zwar am 8. Juli 1945, als mit Mk 8 Mod 3 und Mk 12/22 die FL-Elektronik erneuert und Tarnanstrich nach Schema 22 angebracht wurde, obwohl gerade während dieser Zeit der Krieg im Pazifik zu Ende ging. In diesem letzten Zustand präsentiert sich CL-64 hier in der Nähe von San Francisco am 24. März 1946 mit zwei Seahawk-Flugzeugen auf den Katapulten. Wiederum eine Perspektive, aus der die Schönheit der Linienführung – nicht zuletzt bedingt durch die Konzentration der Aufbauten auf dem mittleren Schiffsdrittel – deutlich wird. Cas

Ab *Vincennes* II (CL-64) gab es Veränderungen bei dieser Klasse: die Vorderfront der Brücke ist nicht mehr rund, sondern kantig, und die Positionen der FLG Mk 34 und Mk 37 wurden vertauscht. *Vincennes* kam relativ spät in Dienst, und zwar gleich mit Tarnanstrich nach Schema 33/3d und SK-Radar. Die beiden unterschiedlichen Tarnmuster, die infolge des langen Einsatzes etwas abgerieben sind, können auf den beiden Fotos unterschieden werden. Die nicht genau datierten Fotos mögen in der zweiten Hälfte des Jahres 1944 aufgenommen worden sein. Die dunkelste Tönung deutet hier allerdings eher auf Schema 32 als auf 33. USN

Pasadena (CL-65)

8. 6. 44	Indienststellung; im Sommer
1944	Einfahrprobefahrten,
25. 9. 44	Abfahrt in den Pazifik; Mitte
11/44	in Ulithi zu TF 38; bis Ende
1944	Angriffe auf Luzon und Formosa,
1/45	Südchinesische See und Indochina-Küste,
2/45	nunmehr mit TF 58 Angriffe auf japanische Heimatinseln und Iwo Jima; Mitte
3/45	südjapanische Heimatinseln, nördliche Ryukyus und Okinawa, dabei Flaggschiff CRUDIV 17,
28. 3.–10. 5. 45	Beschuß von Minami Daito,
1. 4.–30. 5. 45	Okinawa, Kyushu,
7–8/45	letzte Angriffe auf Tokio, Nord-Honshu und Hokkaido; nach Kriegsende Okkupationsaufgaben in japanischen Gewässern,
23. 8. 45	Flaggschiff TG 35.1,
1. 9. 45	Einfahrt in die Bucht von Tokio; dort Verbleib bis Mitte
1/46,	dann am
19. 1. 46	Abfahrt zur Westküste; Werftüberholung,
9/46	Abfahrt in den Zentralpazifik
11/46–2/47	Übungen im Bereich Mikronesien und Flottenmanöver bei Hawaii; im Sommer
1948	Sommer-Trainingsfahrt mit Reserveoffizieren,
1. 10. 48	Fahrt in den Westpazifik; bis
5/49	Operationen entlang der chinesischen Küste,
1. 6. 49	Rückkehr Westküste; lokale Operationen und Übungen,
12. 1. 50	Außerdienststellung.

Pasadena (CL-65) kam Mitte 1944 in Dienst, gleich mit SK-2-Radar und Tarnanstrich nach Schema 32/24d, dessen Tarnmuster hier präsentiert werden. Das Backbordfoto wurde während der Einfahrprobefahrten am 22. Juli 1944 vor der Marinewerft in Boston aufgenommen, das undatierte Steuerbordfoto vermutlich um die gleiche Zeit. USN

Pasadena, aufgenommen in »eingemottetem« Zustand mit noch vorhandener Kenn-Nummer und stark verwittertem Anstrich. Die Aufnahme entstand 1972, also zwei Jahre nach der Streichung des Schiffes, möglicherweise am Abwrackort.
LRC

Pasadena war eines jener Schiffe, die noch einige Jahre nach Kriegsende im aktiven Dienst verblieben. Dieses undatierte Foto ist während der Dienstperiode 1946/1948 entstanden. Das Schiff erhielt den hellgrauen Friedensanstrich, führt aber noch die kleine Kennummer. Anstelle der Antenne SK-2 befindet sich nunmehr SR-3 auf dem vorderen Mast. Auf dem einzig verbliebenen Backbordkatapult ruht eine Seahawk.
RPh

Dieses Foto der *Pasadena* ist mit 10. Februar 1946 datiert; es wurde bei San Francisco aufgenommen, offensichtlich kurz vor der hier beginnenden Werftzeit. Nicht klar ist allerdings, wann Anstrich 32/24d gegen Schema 22 ausgetauscht wurde.
Cas

Im Herbst 1944 kam *Springfield* (CL-66) in Dienst, gleich mit Tarnanstrich nach Schema 33/24d, dessen Muster dieses Foto der Bauwerft Bethlehem in Quincy zeigt. Die Elektronik entspricht dem Standard der letzten Monate vor Kriegsende. USN

Springfield (CL-66)

9. 9. 44	Indienststellung; Einfahrprobefahrten ab
11/44	vor Britisch-Westindien und Trinidad,
10.–13. 1. 45	Übungsfahrt zu den Bermudas,
23. 1. 45	zu TG 21.5 – mit *Quincy* (CA-71); Fahrt mit Präsident Roosevelt nach Malta; bei den Azoren umgekehrt in Richtung Ostküste,
5. 2. 45	Durchfahrt Panamakanal,
16. 2. 45	Ankunft Pearl Harbor,
6. 3. 45	Ankunft Ulithi,
15. 3. 45	zu TF 58,
18.–19. 3. 45	Kyushu und Ryukiu,
23. 3.–1. 4. 45	Okinawa; dabei
27.–28. 3. 45	Beschuß von Miami Daito Shima; in den beiden darauffolgenden Monaten mit TF 58 in den Gewässern um Okinawa; dabei
10. 5. 45	nochmals Beschuß von Minami Daito Shima,
13.–14. 5. 45	Angriffe auf Kyushu,
27. 5. 45	5. Flotte wird zur 3. Flotte; Aufenthalt in den Philippinen,
10.–11. 7. 45	Luftangriffe auf Tokio,
13.–14. 7. 45	Hokkaido, Nord Honshu; ab Mitte
7/45	Angriffe auf Ziele auf den japanischen Heimatinseln,
27. 8. 45	mit TF 35 Ankerung in Sagami Wan,
30. 8. 45	TF 31 fährt in die Bucht von Tokio ein; Besetzung der Marinebasis Yokosuka,
3. 9. 45	*Springfield* fährt in die Bucht von Tokio ein,
20. 9. 45	3. Flotte wird wieder zur 5. Flotte; bis
1/46	Verbleib im Fernen Osten,
9. 1. 46	Abfahrt von Tsingtau zur Westküste,
25. 1. 46	Ankunft San Pedro; Werftzeit bei Mare Island N.Sh., dann Operationen Westküste,
1. 11. 46	Abfahrt in den Westpazifik; Operationen hauptsächlich im Bereich Guam und Saipan,
19. 2. 47	Abfahrt zur Westküste – mit Zwischenaufenthalten in Kwajalein und Pearl Harbor,
24. 3. 47	Ankunft San Pedro, danach 18 Monate Operationen Westküste; danach nächste Fahrt zur 7. Flotte,
3. 11. 48	Ankunft Yokosuka,
1. 6. 49	Rückkunft Westküste,
1/50	Außerdienststellung,
3/59	zur Ostküste geschleppt; Umbau als Lenkwaffenkreuzer; Reklassifizierung als CLG-7.

Dieses ebenfalls um Ende 1944 aufgenommene Foto zeigt *Springfields* Steuerbordtarnmuster. USN

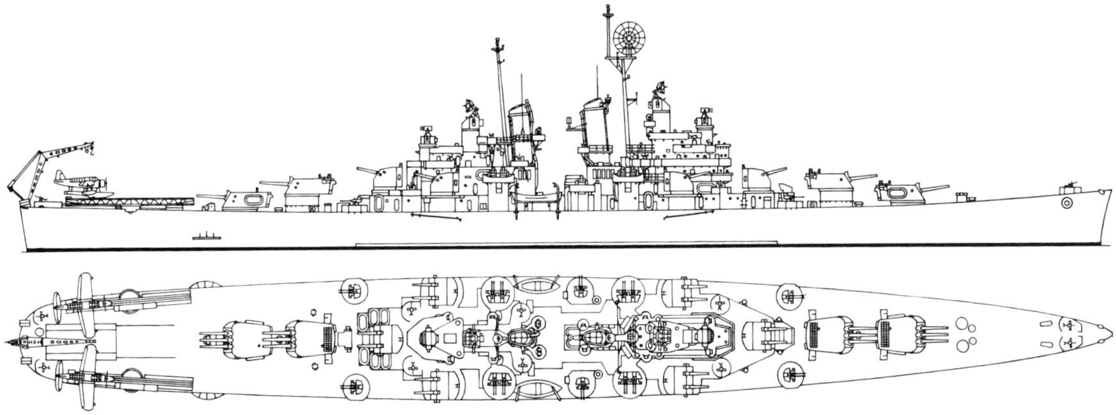

Springfield (CL-66), Aussehen September 1944. Durch zusätzliche Einbauten liegt das Schiff ca. 0,5 m tiefer im Wasser, als CL-55 im Jahr 1942. Beachtenswert ist die Stahlblechkonstruktion des Flugzeugkrans. Ebenso befinden sich die beiden achteren 12,7-cm-Türme ca. 5,5 m weiter achtern als bei CL-55, um für den zusätzlichen 40-mm-Flakstand Platz zu machen.

Dieses am 1. Mai 1946 beim Einlaufen nach San Francisco aufgenommene Foto zeigt *Springfield* nach der Werftzeit bei Mare Island N.Sh., die im Januar 1946 begonnen hatte. Man fragt sich, weswegen lange nach Kriegsende dabei noch Schema 22 aufgetragen wurde. Cas

Als eine der späten *»Clevelands«* diente *Springfield* noch Ende 1949 bei der aktiven Flotte, ehe sie 1950 für die kommenden neun Jahre eingemottet wurde. Dieses Foto entstand am 9. November 1948 während Schießübungen, bei denen das Schiff vor Anker lag. SR-3 und SP-Radar sind hinzugekommen, das Steuerbordkatapult wurde entfernt. Die Hangarabdeckung ist gerade geöffnet. USN

Topeka (CL-67)

23. 12. 44	Indienststellung; Probefahrt vor West-Indien,
10. 4. 45	Abfahrt von Boston zur Westküste,
2. 5. 45	Ankunft Pearl Harbor; dort Flaggschiff CRUDIV 18,
4. 6. 45	von Ulithi aus mit TF 38 als Begleitung von *Bon Homme Richard* (CV-31),
6–8/45	Angriffe auf die Ryukyus und die japanischen Heimatinseln; Mitte
9/45	Einfahrt in die Bucht von Tokio
1. 10. 45	Abfahrt von Japan über Okinawa zur Westküste; Heimbringung von 529 Kriegsteilnehmern,
19. 10. 45	Ankunft in Portland, Oregon,
11/45–3. 1. 46	Werftüberholung in San Pedro; danach Abfahrt in den Westpazifik,
24. 1. 46	Ankunft Yokosuka; Okkupationsaufgaben in Japan, China und auf zentralpazifischen Inseln,
20. 11. 46	Rückkehr nach San Pedro; Werftüberholung und Operationen Westküste,
22. 9. 47	nächste Fahrt in den Westpazifik,
10. 10. 47	Ankunft Yokosuka, dort zu TF 71; Operationen vornehmlich in chinesischen Gewässern,
7. 5. 48	Rückkehr nach Long Beach; danach
5–9/48	Werftüberholung in Pearl Harbor; ab
10/48	lokale Operationen Westküste,
18. 6. 49	Außerdienststellung; Anfang
1957	von San Francisco zur Ostküste geschleppt,
15. 4. 57	Ankunft New York N.Sh.; dort Umbau zum Lenkwaffenkreuzer,
23. 5. 57	Reklassifizierung als CLG-8.

Topeka (CL-67), aufgenommen im März 1945. *Topeka* wurde drei Monate nach *Springfield* fertiggestellt, und zwar ebenfalls mit Tarnanstrich nach Schema 33/24d. Die Ähnlichkeit dieses Fotos mit dem entsprechenden der *Springfield* ist daher frappant. USN

Ein Jahr später: *Topeka* am 7. März 1946, in der Bucht von Manila ankernd, als Einheit der Task Force 77, dahinter ein Schwerer Kreuzer der *Baltimore*-Klasse. Auf den Katapulten befinden sich zwei Seahawk-Aufklärer. USN

Biloxi (CL-80)

31. 8. 43	Indienststellung; im Pazifik zu CRUDIV 13,
31. 1.–8. 2. 44	Landung auf Eniwetok,
16.–17. 2. 44	Truk,
21.–22. 2. 44	Marianen,
30. 3.–1. 4. 44	Palaus, Yap, Ulithi, Woleai,
21.–24. 4. 44	Landung auf Hollandia,
29. 4.–1. 5. 44	Truk, Satawan, Ponape,
11.–24. 6. 44	Invasion von Saipan,
19.–20. 6. 44	Luftschlacht in der Philippinen-See,
3.–4. 7. 44	Bonins,
12. 7.–15. 8. 44	Besetzung Guams,
4. 7. 44	Beschuß von Chichi Jima,
25.–27. 7. 44	Palaus, Yap, Ulithi,
4.–5. 8. 44	Bonins,
31. 8.–8. 9. 44	Vulkan-Inseln, Bonins, Yap,
6. 9.–14. 10. 44	Besetzung der südl. Palaus,
10. 10. 44	Okinawa,
15., 17.–19. 10. 44	Luzon,
5., 6., 13., 14., und 19.–25. 11. sowie 14.–16. 12. 44	Luzon,
24.–26. 10. 44	Schlacht im Leyte-Golf,
6.–7. 1. 45	Luzon,
12., 16. 1. 45	Chinesische See,
15., 16., 25. 2. und 1. 3. 45	Honshu und Nansei Shoto,
15. 2.–1. 3. 45	Invasion von Iwo Jima,
25. 3.–20. 4. 45	Okinawa,
27. 3. 45	leichte Beschädigung durch Kamikaze vor Okinawa,
27. 4. 45	Abfahrt zur Westküste; Werftüberholung,
7/45	Rückkehr in den Westpazifik,
18. 7. 45	Angriff auf Wake; nach Kriegsende Evakuierung alliierter Kriegsgefangener aus Nagasaki; bis
9. 11. 45	Besetzung Japans,
29. 10. 46	Außerdienststellung.

Der Bau der schiffreichen *Cleveland*-Klasse war auf mehrere Werften verteilt. So kommt es, daß *Biloxi* (CL-80), obwohl eine wesentlich höhere Kennummer als *Topeka* führend, fast eineinhalb Jahre früher als diese in Dienst kam, und zwar mit SK-Radar – diesmal auf dem achteren Mast – und Anstrich nach Schema 21, der 1945 dem Schema 32/6d weichen mußte. Was man sonst selten auf Fotos beobachtet: das achtere FL-Radar Mk 8 im schrägen Winkel. Die Aufnahme entstand am 15. September 1943 während der Einfahrprobefahrt vor Norfolk, N.Sh. USN

Houston (CL-81)

20. 12. 43	Indienststellung,
1. 2. 44	Einfahrprobefahrt in der Karibik; Übungsfahrten von Boston aus,
16. 4. 44	Abfahrt in den Pazifik,
31. 5. 44	Ankunft Majuro,
12.–13. 6. 44	Trägerbegleitschutz Marianen,
15.–16. 6. 44	Bonins,
19.–20. 6. 44	Schlacht in der Philippinen-See,

Houston (CL-81), hier aufgenommen am 11. Januar 1944 kurz nach Indienststellung. Anstrich nach Schema 32/1d wurde bis zur Werftzeit 1945 beibehalten. USN

Am 13. April 1944, also drei Tage vor Abfahrt in den Pazifik, entstand diese Aufnahme, auf der das Steuerbordmuster von Schema 32/1d zum Teil beobachtet werden kann. USN

26. 6. 44	Beschuß von Guam und Rota,
30. 8. 44	von Eniwetok aus Abfahrt zu den Palaus,
6. 8. 44	Beschuß von Peleliu und anderen Inseln,
17.–19. 9. 44	Landung auf Peleliu,
10. 10. 44	Okinawa,
12. 10. 44	Formosa,
14. 10. 44	Lufttorpedotreffer in den Maschinenraum; von *Boston* (CA-69) mühsam abgeschleppt,
16. 10. 44	Übernahme des Schlepps durch ATF *Pawnee;* während der Schleppaktion noch ein Torpedotreffer in die Heckpartie; erste Reparatur in Ulithi ab
27. 10. 44,	danach Fahrt zur Ostküste,
24. 3. 45– 11. 10. 45	bei New York N.Sh., Verbleib im Atlantik,
16. 4. 46	Goodwill-Fahrt nach Europa,
14. 12. 46	Rückkehr Ostküste,
17. 5. 47	mit CRUDIV 12 ins Mittelmeer,
15. 12. 47	Außerdienststellung.

Im Anschluß an die im Oktober 1944 erlittenen schweren Beschädigungen wurde *Houston* via Panamakanal zur Marinewerft New York geschleppt, wo zwischen März und Oktober 1945 die Reparaturen durchgeführt wurden. Hier erhielt das Schiff auch Anstrich nach Schema 22 und SP-Radar sowie FLR Mk 13 und Mk 12/22. SK-Radar dagegen wurde – ein ganz seltener Vorgang – gegen SR eingetauscht. Nach der Werftzeit verblieb *Houston* im Atlantik, wobei dieses Foto am 26. August 1946 in englischen Gewässern entstand.
WL

Providence (CL-82)

15. 5. 45	Indienststellung; ab
13. 6. 45	Einfahrprobefahrten vor Kuba,
4. 9.–6. 10. 45	Schulung künftiger Kreuzer- und Trägerbesatzungen,
11/45	mit USS *Missouri* (BB-63) Mittelmeerfahrt,
16. 6. 45	Abfahrt zur Ostküste,
3. 2. 47	Abfahrt zur kurzen Einsatzfahrt ins Mittelmeer; Ende
2/47	Rückkehr zur Ostküste,
20. 11. 47– 2. 3. 48	im Mittelmeer,
14. 6. 49	erste Außerdienststellung,
23. 5. 57	Reklassifizierung zu CLG-6,
6/57	Beginn des Umbaus als Lenkwaffenkreuzer.

Providence (CL-82) war auch eine der »späten« *Clevelands,* die nicht mehr im Krieg eingesetzt werden konnte. Diese beiden Fotos wurden am 14. Mai 1945 aufgenommen, also einen Tag vor der offiziellen Indienststellung. Die Elektronik entsprach dem Standard des Jahres 1945, der Anstrich entsprach Schema 22. Die Luftaufnahme vermittelt einen Begriff von der Linienführung des Schiffskörpers und der Disposition der verschiedenen Waffen (s. auch Seite 194 oben).
USN

Am 9. November 1948 befand sich *Providence* offensichtlich im Mittelmeer, als dieses Foto vor Toulon aufgenommen wurde. Hier werden bereits die großen, standardisierten Kennummern geführt. SC-2-Radar wurde gegen SR-3 ausgetauscht, und auf dem einzig verbliebenen Backbordkatapult ruht ein Seahawk-Aufklärer.
MB

Manchester (CL-83)

29. 10. 46	Indienststellung; Einfahrprobefahrten in der Karibik,
4–11/47	Mittelmeer-Einsatzfahrt mit zweiwöchiger Unterbrechung,
6/47	zur Durchführung einer Reservisten-Trainingsfahrt,
2-6/48	zwei weitere Mittelmeer-Einsätze,
und 1–3/49,	danach
18. 3. 49	Abfahrt von Philadelphia; Wechsel zur Pazifikflotte,
3. 4. 49	Ankunft Long Beach,
15. 5.–	Westpazifik; Operationen in chinesischen Gewäs-
28. 11. 49	sern; im Sommer
1950	Werftüberholung bei San Francisco N.Sh.,
1. 8. 50	unterwegs in den Westpazifik; Anfang
9/50	in Sasebo zu Träger-Kampfgruppe TF 77; ab
15. 9. 50	Küstenbeschuß vor Korea,
29. 5. 52	Rückkehr Westküste, ab
6/52	Werftüberholung in San Francisco,
4. 3. 53	Beginn der dritten Einsatzperiode vor Korea, mit TF 77,
23. 7. 53	Ende des Korea-Einsatzes,
28. 7. 53	von Yokosuka Abfahrt zur Westküste,
1954 und 1955	je eine Einsatzperiode mit der 7. Flotte im Westpazifik,
5. 2. 56	letzte Ankunft in Long Beach,
27. 5. 56	Außerdienststellung.

Manchester (CL-83) war die letzte Einheit der *Cleveland*-Klasse, die noch fast zehn Jahre nach Kriegsschluß im aktiven Dienst verblieb. Diese beiden Fotos wurden am 18. April 1948 vor Toulon aufgenommen, als *Manchester* zum dritten Mal im Mittelmeer weilte. Die vordere Kennnummer entspricht – obwohl bereits mit Schattenwirkung – in der Größe noch nicht dem späteren Standard; die achtere Kennummer entspricht der Form nach der während des Krieges vorne geführten. Die Radarelektronik entspricht nach wie vor dem Standard von 1945: SK-2, SP, Mk 13, Mk 12/22. Ein Seahawk-Aufklärer ruht auf dem noch verbliebenen Backbordkatapult. MB

Dieses Foto der vor Anker liegenden *Manchester* entstand im Mai 1951, möglicherweise im Westpazifik. Nun sind die Kennummern vorschriftsmäßig. SK-2-Radar wich zugunsten von SPS-6B und Mk 12/22 zugunsten von Mk 25. USN

Dieses Detailfoto der *Manchester* stammt zwar vom 2. Mai 1955, als in Mare Island auf dem achteren Mast SPS-8A-Radar installiert wurde. Die Umrüstung von 40-mm-Bofors auf 7,6-cm-Flak L/50 fand jedoch bereits bis zum Oktober 1952 statt, wobei auch vier FLG Mk 56 an Bord kamen, hier an der Seite der Brückenaufbauten und des achteren Schornsteins zu erkennen. USN

Vicksburg (CL-86)

12. 6. 44	Indienststellung,
7–8/44	Einfahrprobefahrten in der Chesapeake-Bucht und vor Britisch-Westindien,
11.–24. 9. 44	Werftliegezeit nach den Probefahrten,
5. 10.– 15. 12. 44	Trainingsschiff für angehende Besatzungen großer Kampfschiffe; Mitte bis Ende
12/44	nochmals Werftaufenthalt bei Norfolk N.Sh.,
6. 1. 45	Abfahrt in den Pazifik,
17. 1. 45	Ankunft Pearl Harbor; von dort aus Übungsfahrten bis Ende des Monats,
5. 2. 45	Abfahrt Pearl Harbor,
14. 2. 45	Ankunft Saipan; ab
15. 2. 45	zu TU 54.9.2; Beschuß von Iwo Jima mit Zwischenaufenthalten in Ulithi,
3/45	japanische Heimatinseln; Beschuß von Okinawa,
6/45	Unterstützung von Minenräumoperationen in der Chinesischen See,
24. 6.–20. 8. 45	Operationen in philippinischen Gewässern,
24. 8. 45	zu TG 38.2,
5. 9. 45	Einfahrt in die Tokio Bucht; dort Flaggschiff CRUDIV 10,
20. 9. 45	Abfahrt nach Okinawa, dort Übernahme von 2200 Kriegsteilnehmern zum Rücktransport in die USA,
4. 10. 45	Zwischenaufenthalt in Pearl Harbor,
15. 10. 45	Ankunft San Francisco,
27. 10. 45	Beteiligung am »Navy Day« in der Monterey-Bucht in Kalifornien,
17. 1. 46	Werftüberholung bei San Francisco N.Sh. (Terminal Island),
20. 5. 46	kurzfristig auch Flaggschiff der 3. Flotte,
30. 6. 47	Außerdienststellung.

Vicksburg (CL-86) kam Mitte 1944 in Dienst mit Anstrich nach Schema 33/6d, dessen Steuerbordmuster auf diesem Werftfoto zu sehen ist. Das Schiff liegt, insbesondere vorne, hoch aus dem Wasser. NN

So sah *Vicksburg* am 19. Oktober 1945 in der Bucht von San Francisco aus, vier Tage nach der Rückkehr von Okinawa. Noch nicht exakt geklärt werden konnte die Frage, aus welchem Grunde manche Schiffe der U.S.-Pazifikflotte nach Ende des Zweiten Weltkrieges kurzfristig ihre Namen in großen Lettern an der Bordwand führten. Die Cockpits der beiden auf den Katapulten ruhenden Kingfisher sind abgedeckt. Cas

Duluth (CL-87)

18. 9. 44	Indienststellung,
14. 12. 44– 2. 3. 45	Trainingsfahrten von Newport aus,
7. 4. 45	Abfahrt in den Pazifik über Pearl Harbor; ab
27. 4. 45	Begleitschutz von Flugzeugträgern der 5. Flotte,
5. 6. 45	durch Taifun Bugpartie beschädigt; Reparaturen auf Guam; ab
21. 7. 45	wieder bei TF 38; letzte Kämpfe um die japanischen Heimatinseln,
24. 8.–16. 9. 45	Radar-Relaisschiff für eigene Transportflugzeuge,
16. 9. 45	Einfahrt in die Bucht von Tokio,
1. 10. 45	Abfahrt zur Westküste,
19. 10. 45	Teilnahme am »Navy Day« in Seattle,
3. 1.–27. 9. 46	Einsatzfahrt in den Westpazifik,
24. 2. 47	Sonderfahrt nach Pearl Harbor,
5–7/47	Besuche von Melbourne, Sidney, Truk, Guam und Manila,
22. 9. 47– 19. 5. 48	Einsatzfahrt im Westpazifik,
1948	Trainingsfahrt mit Reservisten-Kadetten nach British-Kolumbien,
2/49	Teilnahme an Kaltwetter-Übungsfahrten vor Alaska,
25. 6. 49	Außerdienststellung.

Nur wenige Wochen nach der Indienststellung: *Duluth* (CL-87), aufgenommen am 8. Oktober 1944. Anstrich nach Schema 32/11a. Deutlich sichtbar sind die Radarantennen SK-2 und die beiden SG. FL-Radar: je zweimal Mk 8 Mod 1 und Mk 12/22. Auch die Luftaufnahme entstand im Oktober 1944. USN

Diese Aufnahme der *Duluth* entstand im Januar 1947 zwischen zwei Einsatzfahrten in Richtung Westen. Das zweite SG-Gerät ist nunmehr gegen SP ausgetauscht, und FLR Mk 8 Mod 1 gegen Mk 13. USN

Eine der späten Casoly-Aufnahmen bei San Francisco: *Duluth* am 23. Juni 1948, einen Monat nach der Rückkehr aus dem Westpazifik. Immer noch führt das Schiff die im Krieg benutzten kleinen Kennummern. Das Steuerbordkatapult fehlt. Das Schiff zeigt äußerlich einen gepflegten Eindruck. Das Vorhandensein von FL-Radar auf dem achtern befindlichen 40-mm-Geschütz läßt auf das Vorhandensein von FLG Mk 63 schließen. Cas

Miami (CL-89)

28. 12. 43	Indienststellung; Einfahrprobefahrten in der Karibik und entlang der Ostküste,
16. 4. 44	mit den Schwesterschiffen *Vincennes* und *Houston* Abfahrt in Richtung Pazifik,
6. 5. 44	Ankunft Pearl Harbor; Angriffe
6/44	auf Saipan, Tinian, Rota, Guam, Pagan, Bonins,
7/44	Trägerbegleitung westlich der Marianen,
8/44	Angriffe auf Iwo Jima und Haha Jima,
7. 9. 44	Angriffe auf die Palau-Inseln, u. a. auf Peleliu,
12.–15. 9. 44	Angriffe auf philippinische Inseln,
10.–14. 10. 44	Angriffe auf Okinawa,
24. 10. 44	Schlacht im Leyte-Golf,
11/44	Angriffe auf philippinische Inseln,
18. 12. 44	Taifun abgeritten
1/45	Angriffe auf Formosa, Luzon, Französisch-Indochina, südchinesische Küste, Hainan und Hong Kong,
1. 2. 45	Beginn der Operationen gegen die japanischen Heimatinseln,
3–4/45	Einsätze östlich von Okinawa,
24. 5. 45	Ankunft San Francisco zur Werftüberholung,
25. 8. 45	Fahrt nach Pearl Harbor,
9–10/45	Besetzung der kleinen Inseln nördlich von Okinawa,
10. 12. 45	Ankunft Westküste,
30. 6. 47	Außerdienststellung.

Dieses Foto von *Miami* (CL-89) ist datiert mit 9. März 1944, als sich der Kreuzer noch im Atlantik befunden haben muß. Der Anstrich nach Schema 32/1d, mit dem das Schiff in Dienst kam, ist schon nach wenigen Monaten stark verwittert. Es kann nicht ausgeschlossen werden, daß *Miami* bereits im Mai 1944 in Pearl Harbor nach Schema 22 gestrichen wurde. USN

Miami wurde recht bald nach dem Kriege, nach nur dreieinhalbjähriger Dienstzeit ausgesondert. Dieses Foto zeigt das Schiff am 12. Februar 1946 bei San Francisco, immer noch angestrichen nach Schema 22. Cas

Astoria (CL-90)

17. 5. 44	Indienststellung; vom
11. 12. 44	bis Kriegsende Operationen im Rahmen der 3. bzw. 5. Flotte als Trägerbegleitschutz,
14.–16. 12. 45	
u. 6.–7. 1. 45	Angriffe auf Luzon,
3.–4., 9. 15.	
u. 21. 1. 45	Angriffe auf Formosa,
12., 16. 1. 45	chinesische Küste,
22. 1. 45	Angriff auf Nansei Shoto,
15. 2.–5. 3. 45	Iwo Jima,
17. 3.–30. 5. 45	Okinawa,
10. 7.–15. 8. 45	Angriffe auf die japanischen Heimatinseln,
10/48–2/49	Operationen entlang der Westküste und im Westpazifik,
1. 7. 49	Außerdienststellung.

Dieses Detailfoto der *Astoria* entstand ebenfalls im Oktober 1944 in der Marinewerft Mare Island. Die Maserung der SK-Antenne ist deutlich zu erkennen, zugleich auch das Größenverhältnis zu SG. Im Vordergrund erkennt man auch den nur relativ geringen Unterschied im Raumbedarf zwischen der Zwillings- und der Vierlings-Bofors.

Wiederum eine späte Casoly-Aufnahme: *Astoria,* aufgenommen am 23. Juni 1948 beim Passieren der Golden-Gate-Brücke in San Francisco, im Friedens-Grau, jedoch mit kleiner Kennummer. Auf dem vorderen Mast befindet sich nun die kurzlebige Radarantenne SR-3 und auf dem nunmehr einzigen Katapult eine Seahawk. Cas

Astoria II (CL-90) wurde Mitte 1944 in Dienst gestellt mit Anstrich nach Schema 33/24d, der hier offensichtlich aus nur zwei Farbtönungen besteht und bei Sonneneinstrahlung recht fahl wirkt. Dieses Foto entstand am 21. Oktober 1944 im Bereich Mare Island. Die beiden Flugzeuge vom Typ Kingfisher sind besonders deutlich zu erkennen. USN

Oklahoma City (CL-91)

22. 12. 44	Indienststellung; nach Einfahrprobefahrten Abfahrt in den Pazifik,
2. 5. 45	Ankunft Pearl Harbor,
6. 6. 45	in Ulithi zu TG 38.1; Okinawa,
6–7/45	Begleitschutz von Trägern der 3. Flotte,
18. 7. 45	Angriffe auf japanische Heimatinseln,
10. 9. 45	Einfahrt in die Bucht von Tokio; Besetzung Japans,
30. 1. 46	Abfahrt zur Westküste,
14. 2. 46	Ankunft San Francisco,
30. 6. 47	erste Außerdienststellung; ab
21. 5. 57	Umbau in San Francisco als Lenkwaffenkreuzer,
23. 5. 57	Umklassifiziert als CLG-5.

Little Rock (CL-92)

17. 6. 45	Indienststellung; Einfahrprobefahrt vor Kuba und entlang der Ostküste,
21. 10. 45	Beginn der Fahrt nach Südamerika,
23. 3. 46	Rückkehr Ostküste,
1946–49	Übungsfahrten Ostküste, wechselnd mit
1947, 1948	je einer Mittelmeerfahrt,
24. 6. 49	erste Außerdienststellung,
23. 5. 57	Reklassifizierung als CLG-4; Umbau als Lenkwaffenkreuzer.

Abbildungen siehe gegenüberliegende Seite (Mitte und unten)

Oklahoma City (CL-91) blieb nach Fertigstellung nur zweieinhalb Jahre aktiv. Nach Okkupationsaufgaben in Japan kehrte das Schiff am 14. Februar 1946 zur Westküste zurück, wobei vor San Francisco dieses Bild entstand. Cas

Galveston (CL-93)

24. 4. 46	Bau des nahezu fertiggestellten Schiffes eingestellt,
4. 2. 56	als CLG-93 reklassifiziert,
23. 5. 57	als CLG-3 reklassifiziert.

Dieses relativ seltene und undatierte Foto von *Galveston* (CL-93) verdeutlicht, daß das Schiff komplett fertiggestellt und bewaffnet war, als es – ohne in Dienst gestellt zu werden – sofort zur Reserveflotte verlegt wurde, um erst zehn Jahre später als Lenkwaffenkreuzer umgebaut zu werden. Die Aufnahme entstand vermutlich etwa Mitte 1946; das Schiff liegt sehr hoch im Wasser. USN

Little Rock, aufgenommen vor Toulon am 17. Dezember 1948 während der zweiten Mittelmeerfahrt. Die Bug-20-mm-Flak scheint entfernt worden zu sein. Ein halbes Jahr später wurde das Schiff zum ersten Male außer Dienst gestellt. MB

Dieses Foto zeigt *Little Rock* besonders klar, und zwar am 14. Juli 1945 in der Marinewerft Philadelphia, also einen Monat nach der Indienststellung. SK-2 und SP-Radar sind vorhanden und zwei Seahawk-Aufklärer auf den Katapulten. USN

Amsterdam (CL-101)

8. 1. 45	Indienststellung; noch bis Mitte
1945	Einfahrprobefahrten,
6/45	zu CRUDIV 18,
10. 7.–15. 8. 45	mit der 3. Flotte Angriffe gegen die japanischen Heimatinseln,
5. 9. 45	Bucht von Tokio,
10/45	Rückkehr zur Westküste; bis Ende
1945	»Magic Carpet«-Fahrten zwischen San Diego und Pearl Harbor,
30. 6. 47	Außerdienststellung.

Von *Amsterdam* (CL-101) gibt es relativ wenige Fotos. Das Schiff kam erst Mitte 1945 in den Westpazifik und nahm an den letzten Angriffen gegen das japanische Festland teil. Das vorliegende Foto wurde am 14. Oktober 1945 aufgenommen, vermutlich an der Westküste der USA, nach der Rückkehr von Tokio.
Bemerkenswert ist die große Gefechtsflagge. Da hier die Trennlinie zwischen den beiden Tönungen beim Anstrich nicht parallel zur Wasserlinie verläuft, handelt es sich um die nur selten beobachtete neue Form des Schemas 12. USN

Portsmouth (CL-102)

25. 6. 45	Indienststellung; Einfahrprobefahrten vor Kuba; bis zum Frühjahr
1946	zugehörig zur »Operational Development Force«,
5/46	Goodwill-Fahrt nach Afrika; danach kurzer Abstecher ins Mittelmeer; Rückkehr Ostküste,
25. 11. 46	Abfahrt Ostküste ins Mittelmeer,
4/47	Rückkehr Ostküste,
11/47–2/48	ins Mittelmeer; ab
11. 3. 48	Werftüberholung in Boston; danach Operationen Ostküste und Reservisten-Trainingsfahrten in die Karibik,
15. 6. 49	Außerdienststellung.

Portsmouth (CL-102) wurde Mitte 1945 mit Anstrich nach Schema 22 fertiggestellt. Das vorliegende Foto entstand am 22. Juli 1945 im Bereich der Marinewerft Norfolk. Beachtenswert sind hier beiderseits des Krans die »Schwalbennester« mit 40-mm-Zwillingen. USN

Diese undatierte Aufnahme der *Portsmouth* entstand vermutlich 1947 oder 1948. Das Schiff führt die große Standard-Kennummer und SG-6-Radar anstelle von SK-2. Auf dem achteren Mast befindet sich SP. *Portsmouth* befand sich nur knapp vier Jahre im aktiven Dienst. USN

Wilkes Barre (CL-103)

1. 7. 44	Indienststellung; Einfahrprobefahrten in der Chesapeake-Bucht sowie vor British-Westindien und Trinidad; Ende
10/44	Wechsel in den Pazifik,
10. 11. 44	Abfahrt von San Diego,
17. 11. 44	Ankunft Pearl Harbor; von dort aus Übungsfahrten in den Gewässern von Hawaii,
14. 12. 44	Abfahrt nach Ulithi; dort zu CRUDIV 17,
30. 12. 44	Abfahrt mit TF 38; Formosa, südliche Ryukyus, Luzon,
9.–10. 1. 45	erneut Formosa; Südchinesische See; Landung auf Lingayen,
12. 1. 45	detachiert als TG 34.5; vergebliche Suche nach japanischen Seestreitkräften in der Cam-Ranh-Bucht (Indochina); wieder zu TF 38,
21. 1. 45	Angriffe auf Formosa,
26. 1. 45	Ankunft Ulithi zur Versorgung; TF 38 wird TF 58,
2/45	TG 58.3 mit *Essex* (CV-9),
16. 2. 45	Angriff auf Tokio,
19. 2. 45	Angriffe auf Chichi Jima und Haha Jima; Landung auf Iwo Jima; ab
21. 2. 45	Beschuß von Iwo Jima,
23. 2. 45	wieder bei TG 58.3; Trägerbegleitung bei Angriffen auf Tokio und am
1. 3. 45	auf Okinawa,
14.–15. 3. 45	von Ulithi aus Übungen mit TF 59,
18. 3. 45	östlich von Okinawa; Angriffe auf Kyushu,
23.–24. 3. 45	Angriffe auf Ziele um Okinawa, u.a. Minami Daito Shima,
1. 4. 45	Beginn der Invasion auf Okinawa; Entlastungsangriffe auf japanische Heimatinseln,
10/45	Angriffe auf Okinawa und Miami Daito,
11. 5. 45	Hilfsaktion für den schwer getroffenen Träger *Bunker Hill* (CV-17),
12. 5. 45	Angriffe auf Kyushu,
28. 5. 45	TF 58 wird wieder TF 38,
29. 5. 45	Abfahrt zu den Philippinen; während
6/45	in der Bucht von San Pedro ankernd, mit Schießübungen vor Samar,

1. 7. 45	TG 38.3. verläßt die Leyte-Bucht zu den letzten Angriffen auf japanische Heimatinseln Hokkaido und Honshu u. a. m.; in der ersten Woche von
8/45	verhindern Taifune z. T. Luftangriffe,
27. 8. 45	Ankerung in Sagami Wan; Besetzung von Yokosuka,
3. 9. 45	Einzug in die Bucht von Tokio,
9. 9. 45	als Flaggschiff von TU 35.7.2 Okkupation Japans,
5. 11. 45	Abkommandierung von der 5. Flotte,
9. 11. 45	Abfahrt nach Inchon (Korea),
16. 11. 45	Abfahrt nach Tsingtau (China); bis Ende
1945	Verbleib in Tsingtau,
13. 1. 46	Abfahrt zur Westküste der USA über Pearl Harbor,
31. 1. 46	Ankunft San Pedro, Kalifornien,
4. 3. 46	über Panamakanal Abfahrt zur Ostküste; bis Mitte
1946	Verbleib in Philadelphia,
27. 10. 46	Teilnahme am »Navy Day« in New Orleans,
17. 2. 47	Abfahrt zur Goodwill-Fahrt nach England und Norwegen,
9. 10. 47	Außerdienststellung.

Und so sieht ein »eingemotteter« Kreuzer aus. Das 1971 aufgenommene Foto zeigt *Wilkes Barre* während der Reserve-Zugehörigkeit. Die FL-Radarantennen wurden am Ort belassen und dort konserviert, die 40-mm-Flak erhielten allesamt runde Plastikhauben. LRC

Obwohl *Wilkes Barre* innerhalb der *Cleveland*-Klasse die sehr hohe Kennung CL-103 führte, wurde sie bereits Mitte 1944 in Dienst gestellt, blieb aber nur etwas mehr als drei Jahre im aktiven Dienst. Vorliegende Aufnahme entstand am 10. Juni 1944, also noch vor der Indienststellung, bei New York S.B. Corp. in Camden, New Jersey. Die Farbkontraste lassen hier auf den ersten Blick auf Schema 22 schließen; dagegen handelt es sich um einen Voranstrich, da bekannt ist, daß dieses Schiff mit Anstrich nach Schema 32/24d in Dienst kam. USN

Atlanta (CL-104)

3. 12. 44	Indienststellung; Einsatz im Pazifik mit TF 38,
28. 5.–11. 6. u. 10. 7.– 15. 8. 45	Angriffe gegen japanische Heimatinseln, Okinawa und die Ryukyu-Inseln; unmittelbar nach Kriegsende Besetzung von Yokosuka; Okkupation Japans vor der Küste von Honshu,
29. 9. 45	Abfahrt aus Japan,
4. 10. 45	von Guam aus Abfahrt mit Kriegsteilnehmern nach Seattle,
1–6/46 u. 10/47–4/48	zwei weitere Fahrten in den Westpazifik, darunter
1947	im Verband mit TF 38 Besuch von Sidney,
1. 7. 49	Außerdienststellung,
5/64	umklassifiziert als Experimentalschiff IX-304.

Abbildungen siehe Seite 208

Wilkes Barre, aufgenommen im Juli 1945 im Verband der Task Force 38 vor Okinawa. Das Schiff führt jetzt Tarnanstrich nach Schema 32/24d, der hier noch recht gut erhalten aussieht. Das Foto wurde vom Flugzeugträger *Essex* (CV-9) aus aufgenommen. Im Hintergrund sieht man ein in entgegengesetzter Richtung fahrendes Schlachtschiff der *Iowa*-Klasse. USN

Am 23. November 1944, eine gute Woche vor der Indienststellung, entstand dieses Detailfoto der *Atlanta* (CL-104) in der Bauwerft in Camden. Bemerkenswert ist hier die sehr blasse Tönung der Farben von Schema 33/24d. Etwas undeutlich zu erkennen sind die FLR-Antennen Mk 8 Mod 1 sowie Mk 12/22. Hier wird auch deutlich, daß sich vor dem Brückenhaus ein Umlauf befindet, was bei den früheren Einheiten mit der abgeflachten Brücke zunächst nicht der Fall gewesen war.
USN

Diese undatierte und leider etwas unscharfe Aufnahme der *Atlanta* mag etwa 1947/48 entstanden sein, als FLR Mk 12/22 durch Mk 25 ersetzt worden war.
USN

Dayton (CL-105)

7. 1. 45 Indienststellung; Pazifikflotte,
16. 6. 45 Ankunft Leyte, zur 3. Flotte,
1. 7. 45 Begleitschutz von Trägergruppen während der letzten Angriffe auf die japanischen Heimatinseln,
10. 9. 45 Einfahrt in die Bucht von Tokio, Okkupation Japans,
7. 11. 45 Abfahrt zur Westküste,
19. 11. 45 Ankunft San Pedro, Kalifornien,
24. 1. 46 Abfahrt von der Westküste über Pearl Harbor; unterwegs wurden jedoch die Befehle geändert,
7. 2. 46 Abfahrt zur Ostküste,
3. 2. 47 Abfahrt von Norfolk ins Mittelmeer; Flaggschiff des COMNAVFORMED,
30. 11. 47 Rückkehr Ostküste,
9. 2.–26. 6. 48 zweite Mittelmeerfahrt,
1. 3. 49 Außerdienststellung.

Dieses undatierte Foto der *Dayton* mag etwa 1947 entstanden sein, wobei man sehen kann, daß es im April 1945 mit FLR Mk 12/22 eigentlich nichts besonders Neues und Geheimnisvolles zu zensieren gab. Auf dem achteren Mast weht über der SP-Antenne eine Admirals-Kommandoflagge. Zwei Seahawk-Aufklärer auf den Katapulten. USN

Dayton (CL-105), die letzte Einheit der *Cleveland*-Klasse, wurde Anfang 1945 in Dienst gestellt. Sie konnte gerade noch an den letzten Kampfhandlungen um die japanischen Heimatinseln teilnehmen. Diese Aufnahme zeigt *Dayton* am 23. April 1945 während der Einfahrperiode. Es ist bemerkenswert, daß der Kriegszensor hier nichts anderes wegretuschiert hat als die Radarantennen der beiden FLG Mk 37. USN

Dieses Foto der *Dayton* – mit mittelgroßer Kennummer – wurde am 18. April 1948 vor Toulon aufgenommen, als sich das Schiff zum zweiten Mal im Mittelmeer befand, d.h. etwa ein Jahr vor der Außerdienststellung. Keinerlei Veränderung bei der Schiffselektronik. MB

CL *Fargo*-Klasse

Bei den beiden einzigen fertiggestellten Vertretern dieser Klasse, von der ursprünglich 13 Schiffe gebaut werden sollten, handelt es sich um eine Modifikation der *Cleveland*-Klasse aus dem Jahre 1942, bei der die beiden Schornsteine zu einem etwas dickeren vereint wurden, um damit für die zahlreiche Flak einen günstigeren Bestreichungswinkel zu schaffen. Panzerung, Bewaffnung und sonstige Eigenschaften entsprechen denen der *Cleveland*-Klasse. Die jeweiligen Positionen der Mk-34- bzw. Mk-37-Leitgeräte wurden hier vertauscht. Die seitlich angebrachten 12,7-cm-Doppeltürme wurden tiefer, d.h. auf das Hauptdeck, gesetzt, dies wohl vor allem aus Gründen der besseren Stabilität. Wie alle neueren Schiffe erhielten auch diese beiden Radarfeuerleitung auch für die leichte Flak. Beide Einheiten liefen erst kurz vor Kriegsende vom Stapel, so daß sie während des Krieges nicht mehr zum Einsatz gekommen sind.

Es ist bemerkenswert, daß, sowohl diese Schiffe doch beträchtlich anders aussehen und z.T. auch eine andere Charakteristik ausweisen, sie seinerzeit doch zu der *Cleveland*-Klasse gezählt wurden. Gerade die diversen Modifikationen, die diese Klasse von den *Clevelands* unterschieden, führten dazu, daß der Bau sich verzögerte, so daß bis Kriegsende nur zwei Einheiten fertiggestellt wurden.

Von der *Fargo*-Klasse wurden nur zwei Einheiten fertiggestellt, während der Bau von weiteren elf Einheiten dieses Typs bei Ende des Zweiten Weltkrieges suspendiert wurde. Diese Schiffe werden nachfolgend aufgelistet.

Kennung	Name	Etat	Kiellegung	Bauwerft	Verbleib
CL-108	*Newark*	42	17. 1. 1944	New York SB	12. 8. 1945 Bau suspendiert
CL-109	*New Haven*	42	28. 2. 1944	New York SB	12. 8. 1945 Bau suspendiert
CL-110	*Buffalo*	42	3. 4. 1944	New York SB	12. 8. 1945 Bau suspendiert
CL-111	*Wilmington*	42	5. 3. 1945	Cramp	12. 8. 1945 Bau suspendiert
CL-112	*Vallejo*	42		New York SB	5. 10. 1944 Bau suspendiert
CL-113	*Helena*	42		New York SB	5. 10. 1944 Bau suspendiert
CL-114	*Roanoke*	42		New York SB	5. 10. 1944 Bau suspendiert
CL-115		42		New York SB	5. 10. 1944 Bau suspendiert
CL-116	*Tallahassee*	42	31. 1. 1944	Newport News	12. 8. 1945 Bau suspendiert
CL-117	*Cheyenne*	42	29. 5. 1944	Newport News	12. 8. 1945 Bau suspendiert
CL-118	*Chattanooga*	42	9. 10. 1944	Newport News	12. 8. 1945 Bau suspendiert

Fargo (CL-106) ist das Leitschiff der klein gebliebenen Klasse mit zwei modifizierten *Clevelands*. Bemerkenswert ist hier: der einzelne, jedoch dicke Schornstein, die etwas zusammengedrängten Aufbauten, die unterschiedlichen Positionen der FLG Mk 34 und Mk 37, das einzelne Katapult an der Backbordseite mit einer Seahawk darauf, deren Tragflächen beigeklappt sind. SR-3-Radar befindet sich auf dem vorderen Mast, SP auf dem achteren. FL-Radar: Mk 13 und Mk 25. Das Foto wurde am 21. April 1949 vor Toulon aufgenommen während der letzten Einsatzfahrt ins Mittelmeer. Achtern weht die Kommandoflagge des »Commanders Sixth Task Fleet«, des Vizeadmirals Forrest D. Sherman. Ein knappes Jahr danach wurde *Fargo* außer Dienst gestellt.
MB

Fargo (CL-106)

9. 12. 45	Indienststellung,
15. 4. 46	Goodwill-Fahrt nach Bermuda, Trinidad, Brasilien und Uruguay; von da
31. 5. 46	Abfahrt ins Mittelmeer,
2. 3. 47	Rückkehr Ostküste,
20. 5. 47	erneute Fahrt ins Mittelmeer, dort einen Monat lang Flaggschiff des COMNAVFORMED,
13. 9. 47	Rückkehr Ostküste,
10–11/47	Manöver im Atlantik als Flaggschiff der »2nd Task Fleet«,
1948–49	zwei weitere Einsatzfahrten ins Mittelmeer,
14. 2. 50	Außerdienststellung.

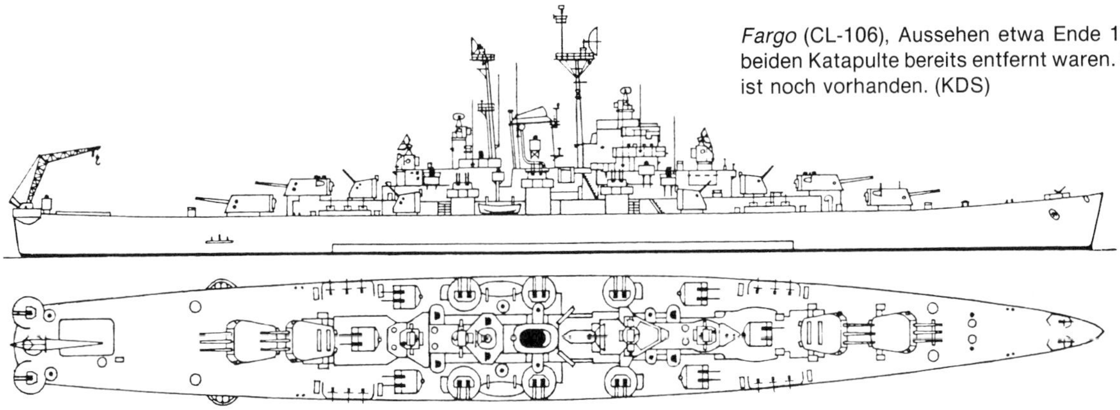

Fargo (CL-106), Aussehen etwa Ende 1948, als die beiden Katapulte bereits entfernt waren. SK-2-Radar ist noch vorhanden. (KDS)

Huntington (CL-107)

23. 2. 46	Indienststellung; Einfahrprobefahrt vor Kuba,
23. 7. 46	Abfahrt zur »6th Task Force« ins Mittelmeer,
8. 2. 47	Rückkehr Ostküste, Übungen vor Kuba,
20. 5. 47	zweite Mittelmeerfahrt,
13. 9. 47	Rückkehr Ostküste,
24. 10.– 14. 11. 47	Reservisten-Trainingsfahrt vor Bermuda und Neufundland,
12/47–12. 4. 48	Werftüberholung bei Philadelphia N.Sh.,
1. 6. 48	dritte Mittelmeerfahrt,
22. 9. 48	Suezkanal-Passage; Goodwill-Fahrt nach Afrika, Argentinien, Uruguay, Brasilien, Trinidad,
15. 6. 49	Außerdienststellung.

Huntington (CL-107) wurde noch im Februar 1946 mit Anstrich nach Schema 22 fertiggestellt. Dieses Foto entstand vermutlich bald nach der Indienststellung. Noch befinden sich beide Katapulte an Bord. Hier kann gut beobachtet werden, daß manche Fla-Geschütze infolge der komprimierten Aufbauten einen größeren Bestreichungswinkel haben. – Foto oben: *Huntington* im April 1948. TS

CA *Baltimore*-Klasse

Erkennungstechnisch ähneln Schiffe der *Baltimore*-Klasse, insbesondere aus leicht vorlicher Lage, sehr denen der *Cleveland*-Klasse. Sie unterscheiden sich von dieser hauptsächlich dadurch, daß sie achtern einen Drillings-Geschützturm weniger haben und daß die beiden ziemlich eng hintereinander stehenden Schornsteine seitlich abgeflacht sind, wogegen sie bei *Cleveland* rund sind. Ein geübtes Auge erkennt allerdings auch die feinen Unterschiede im Aussehen der 15,2-cm- und der 20,3-cm-Türme. Die Mehrlänge gegenüber *Cleveland* resultierte aus der Notwendigkeit der Aufnahme von mehr leichter Flak. Auch hier findet man keine Bullaugen im Schiffskörper. Gegenüber *Cleveland* ist die Widerstandskraft der Schiffe gegen Treffer weiter erhöht worden. Da der Bau dieser Klasse nicht so eifrig vorangetrieben wurde wie der der Leichten Kreuzer, kamen die ersten Einheiten nahezu ein Jahr später als diese in Dienst. Gemeinsam für beide Klassen war die Forderung nach mehr Reichweite. Eine nicht unerhebliche Erhöhung der Wasserverdrängung gegenüber den Kreuzern der Flottenverträge war Voraussetzung beim Entwurf für diese beiden Klassen. Auch hier gab es keine Totalverluste im Laufe der Kriegszeit. Sieben von 14 Schiffen der Klasse wurden nach dem Kriege umgebaut. Drei Einheiten (CA-73, 75 und 135) wurden als Flottenflaggschiffe ausgerüstet, vier weitere (CA-69, 70, 74 und 136) als Lenkwaffenschiffe (CAG/CG – siehe nachfolgend!) umgebaut. Der Bau von zwei weiteren Einheiten wurde bei Kriegsende suspendiert. Weitere Verbesserungen wurden nach dem Kriege auf einigen aktiven Schiffen vorgenommen. Hierbei ging es vornehmlich um

- □ Ablösung der 20-mm- und 40-mm-Flak durch 7,6-cm-L/50-Geschütze,
- □ zeitweilige Ausrüstung mit Marschflugkörpern des Typs Regulus I,
- □ stetige Verbesserung der Radarausrüstung u.a.m.

Technisch waren auch die *Baltimores* eine Weiterentwicklung von *Wichita,* wie die *Clevelands* eine solche der *Brooklyns* waren. Für die Entwurfsbearbeitung konnte mehr Zeit aufgewendet werden, da bei Kriegsbeginn zunächst der Bau der Leichten Kreuzer Vorrang hatte. Der baureife Entwurf für die *Baltimore*-Klasse sah einen stabileren Schiffskörper vor, so daß hier etliche Ursachen für die bei den *Clevelands* aufgetretene Topplastigkeit von vornherein eliminiert werden konnten.

Der Bruch in der Reihenfolge der Kennummern bei dieser Klasse erklärt sich daraus, daß ab CA-122 alle Einheiten der *Oregon-City*-Klasse angehören sollten. Da dieser Entwurf jedoch nicht so schnell fertiggestellt werden konnte, wie Schiffe gebaut wurden, wurden noch sieben weitere Schiffe (CA-130 bis 136) nach dem *Baltimore*-Entwurf fertiggestellt. Aus dieser Sequenz wurde jedoch noch CA-134 als Leitschiff der späteren *Des-Moines*-Klasse herausgelöst.

Fünf Einheiten der *Baltimore*-Klasse dienten nach dem Kriege durchgehend bis zwischen 1959 und 1973. Von den eingemotteten Einheiten wurden fünf für den Einsatz im Koreakrieg reaktiviert und danach bis zwischen 1954 und 1963 im aktiven Dienst behalten.

Die Anzahl der 20-mm- und der 40-mm-Flak variierte von Schiff zu Schiff. – Die ersten vier Schiffe hatten auf der Schanz zwei Flugzeugkräne, alle übrigen nur einen.

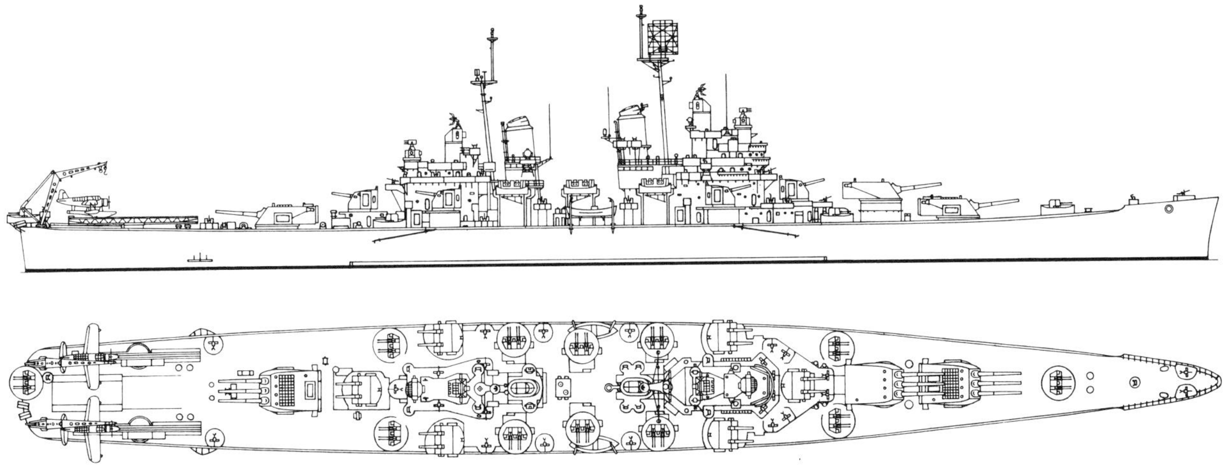

Baltimore (CA-68), Aussehen Mai 1944.

Baltimore (CA-68)

15. 4. 43	Indienststellung; im Pazifik,
20. 11.–4. 12. 43	Landung auf Makin,
29. 1.–8. 2. 44	Invasion von Kwajalein,
16.–17. 2. 44	Angriff auf Truk,
17. 2.–2. 3. 44	Einnahme von Eniwetok,
21.–22. 2. 44	Marianen,
30. 3.–1. 4. 44	Palaus, Yap, Ulithi, Woleai,
21.–24. 4. 44	Landung auf Hollandia,
29. 4.–1. 5. 44	Truk, Ponape, Satawan,
19.–20. 5. 44	Luftangriffe auf Marcus,
23. 5. 44	Luftangriffe auf Wake,
11.–24. 6. 44	Invasion von Saipan,
19.–20. 6. 44	Luftschlacht in der Philippinen-See,
7/44	Rückkehr zur Westküste; Präsident F. D. Roosevelt an Bord Fahrt nach Pearl Harbor zur Stabsbesprechung mit General McArthur und Admiral Nimitz,
9. 8. 44	Präsident Roosevelt in Alaska an Land gesetzt,
10/44	Werftzeit bei Mare Island N.Sh.,
11/44	Rückkehr zur 3. Flotte,
14.–16. 12. 44 u. 6.–7. 1. 45	Angriffe auf Luzon,
3., 4., 9., 15. u. 21. 1. 45	Formosa,
12. u. 16. 1. 45	chinesische Küste,
22. 1. 45	Okinawa,
26. 1. 45	5. Flotte,
16.–17. 2. 45	Honshu,
19. 2.–5. 3. 45	Iwo Jima,
18. 3.–10. 6. 45	Okinawa; nach Kriegsende »Magic Carpet«-Fahrt sowie
29. 11. 45–	Besetzung Japans,
17. 2. 46	Abfahrt zur Westküste,
8. 7. 46	erste Außerdienststellung,
28. 11. 51	zweite Indienststellung; im Atlantik,
1952, 1953, 1954	jeweils im Sommer Einsatzfahrten ins Mittelmeer,
6/53	Teilnahme an der Flottenparade anläßlich der Krönung der Königin Elisabeth II. von Großbritannien,
5. 1. 55	Wechsel in den Pazifik,
2–8/55	bei der 7. Flotte im Westpazifik,
31. 5. 56	zweite Außerdienststellung.

Baltimore (CA-68) war Leitschiff der gleichnamigen Klasse von Schweren Kreuzern, das auch als erstes im April 1943 in Dienst kam. Vorliegendes Foto wurde am 9. Juli 1943 aufgenommen. Bemerkenswert ist, daß sich die SK-Antenne hier zunächst noch auf dem achteren Mast befindet und daß das Schiff zu einem relativ frühen Zeitpunkt FLR Mk 8 Mod 1 führt. Zwei Kingfisher ruhen auf den Katapulten. Zwischen den beiden Flugzeugkränen ist – asymmetrisch zur Decksachse – eine Wanne für einen 40-mm-Bofors-Vierling angebracht. Der Anstrich entspricht hier noch Schema 21. USN

Diese Aufnahme stammt vom Oktober 1944, als während der Werftzeit bei Mare Island N.Sh. SK-Radar nach vorn versetzt und Tarnanstrich nach Schema 32/16d angebracht wurde, dessen Steuerbordmuster hier zu sehen ist. USN

In Mare Island am 21. Oktober 1944 wurde dieses Detailfoto aufgenommen. Auf dem achteren Mast findet man nur SG-Radar. FLR Mk 12/22 kam neu hinzu. Alle 40-mm-Schutzschilde sind »dull black«. Es wird gerade aufmunitioniert. Beachtenswert ist hier die Ansicht von FLR Mk 8 Mod 1 ohne Abdeckung, die zwecks Wartung abgenommen wurde. Die beiden Kingfisher »schlafen« auf ihren Katapulten. USN

Nach fünfeinhalbjähriger Ruhezeit bei der Reserveflotte wurde *Baltimore* anläßlich des Koreakrieges im November 1951 reaktiviert, verblieb aber im atlantischen Bereich, um erst Anfang 1955 in den Pazifik zu verlegen. Dieses Foto wurde am 2. Juli 1952 vor Toulon aufgenommen, anläßlich der ersten Mittelmeer-Einsatzfahrt des Schiffes. Anstelle der SK-Antenne sieht man jetzt SPS-6B, aber achtern befindet sich immer noch SG. Die beiden Katapulte sind zwar schon entfernt worden, die beiden Kräne blieben jedoch bis zum Schluß an Bord. MB

Während der Rückfahrt von der dritten Mittelmeerfahrt besuchte *Baltimore* englische Häfen. Bei dieser Gelegenheit wurde im September 1954 diese Detailaufnahme gemacht. Mk 25-FLR hat inzwischen Mk 12/22 abgelöst, und die achtere Maststenge wurde entfernt, damit auf die Plattform Jäger-Leitradar SPS-8A aufgesetzt werden konnte. WL

Baltimore, aufgenommen 1955, nunmehr im Pazifik, während des letzten Jahres der aktiven Dienstzeit. Hier wird ersichtlich, daß das Schiff bis zum Schluß achtundvierzig 40-mm-Rohre an Bord hatte, ebenso die beiden Flugzeugkräne. USN

Boston (CA-69)

30. 6. 43	Indienststellung; im Pazifik,
1/44	zu TF 58,
31. 1.–28. 2. 44	Landungen auf Kwajalein, Majuro, Eniwetok,
30. 3.–1. 4. 44	Palaus und West-Karolinen,
21.–24. 4. 44	Hollandia und West-Neu-Guinea,
29. 4.–1. 5. 44	Beschuß von Truk und Satawan,
11.–24. 6. 44	Landung auf Saipan,
15.–16. 6. 44	Angriffe auf Bonin,
19.–20. 6. 44	Schlacht in der Philippinen-See,
12. 7.–15. 8. 44	Landung auf Guam,
25.–27. 7. 44	Angriffe auf die Palaus, Yap und Ulithi,
15. 9. 44	Landung auf Morotai,
6. 9.–14. 10. 44	Einnahme der Süd-Palaus,
9.–24. 9. 44	Angriffe auf die philippinischen Inseln,
10. 10. 44	mit TF 38 Angriff auf Okinawa,
11.–14. 10. 44	Nord-Luzon und Formosa,
15., 24.–26. 10.	
13.–14. u. 19.–20. 11.,	
14.–16. 12. 44	Angriffe auf Luzon
24.–26. 10. 44	Schlacht im Leyte-Golf,
3., 4., 9., 15.,	
u. 21. 1. 45	Angriffe auf Formosa,

Boston (CA-69), aufgenommen vor Boston, Mass., am Tage der Indienststellung am 30. Juni 1943. Die beiden Flugzeugkräne wurden mit ihren Auslegern flach auf das Achterdeck gelegt. Dies war möglich, wenn den achteren 20,3-cm-Geschützen ein größeres Schußfeld geboten werden mußte. Anstrich nach Schema 21. USN

Fünf Tage vor der Außerdienststellung: *Boston,* aufgenommen am 7. März 1946 in der Bucht von San Francisco nach der Rückkehr aus Japan. Mitte 1945 erhielt *Boston* in Long Beach SP-Radar und Anstrich nach Schema 22. Cas

6.–7. 1. 82?	Angriffe auf Luzon,
12. u. 16. 1. 45	chinesische Küste,
22. 1. 45	Angriffe auf Nansei Shoto,
15.–16. 2. u. 1. 3. 45	Angriffe auf Honshu und Nansei Shoto; danach Rückkehr zur Westküste,
25. 3.–ca. 6/45	Werftüberholung bei Long Beach N.Sh., danach Rückkehr zum pazifischen Kriegsschauplatz,
20. 7.–15. 8. 45	Angriffe auf japanische Heimatinseln; nach Kriegsende Besetzung Japans,
28. 2. 46	Rückkehr zur Westküste,
12. 3. 46	erste Außerdienststellung,
4. 1. 52	Reklassifizierung als CAG-1,
2/52	von Bremerton nach Philadelphia geschleppt; Umbau als Lenkwaffenkreuzer.

Canberra (CA-70)

14. 10. 43	Indienststellung,
14. 1. 44	Abfahrt von Boston nach San Diego; Weiterfahrt mit Passagieren an Bord,
1. 2. 44	Ankunft Pearl Harbor,
14. 2. 44	zu TF 58; Einnahme von Eniwetok,
30. 3.–1. 4. 44	mit *Yorktown* (CV-10) Angriffe auf die Palaus, Yap, Ulithi, Woleai; danach mit *Enterprise* (CV-6) Angriffe auf Truk und Satawan,
29. 4.–1. 5. 44	erneut Angriffe auf Truk
5/44	Angriffe auf Marcus und Wake,
6/44	Operationen im Bereich Marianen; Schlacht in der Philippinen-See; Ende
8/44	Angriffe auf philippinische Inseln und Palaus,
15.–16. 9. 44	Landung auf Morotai,
2. 10. 44	mit TF 38 Angriffe auf Okinawa und Formosa,
13. 10. 44	Lufttorpedotreffer im Maschinenraum; 23 Tote, abgeschleppt durch *Wichita* (CA-45) nach Ulithi; dort
27. 10. 44	angekommen, dann weitergeschleppt nach Manus, dort erste Reparaturen; Weiterfahrt zur Ostküste,
16. 2.–17. 10. 45	Reparaturen bei Boston N.Sh.; Ende
1945	Rückkehr zur Westküste,
7. 3. 47	Außerdienststellung,
4. 1. 52	als CAG-2 reklassifiziert; geschleppt zur Ostküste zwecks Umbau als Lenkwaffenkreuzer.

Canberra (CA-70), im Oktober 1943 vor der Bauwerft aufgenommen. Anstrich nach Schema 21. Mit Ausnahme von zwei SG offensichtlich noch keine größere Ortungs-Radarantenne an Bord. Unterhalb der beiden achteren FLG sind etliche 20-mm-Flak zu sehen. USN

Canberra, aufgenommen ein Jahr später, am 10. Oktober 1944, im Verband von Task Group 38.1 und mit Anstrich nach Schema 32/18d versehen, obwohl hier die dunkelste Tönung nicht die Wirkung von »dull black« hat. Im Hintergrund ein Zerstörer des Typs *Fletcher.* USN

Quincy (CA-71)

15. 12. 43	Indienststellung; Einfahrprobefahrt zwischen Trinidad und Venezuela,
27. 3. 44	zu TF 22,
14. 5. 44	mit TG 27.10 nach Belfast zur 12. Flotte,
6. 6.–4. 7. 44	Beschuß bei der Invasion Frankreichs; danach ins Mittelmeer
18.–26. 7. 44	von Palermo aus operierend; ab
15. 8. 44	Landung in Südfrankreich; ab
19. 8. 44	bei TG 86.4, Beschuß von Toulon und St. Mandrier,
1. 9. 44	Abfahrt zur Ostküste,
9–10/44	Werftzeit bei Boston N.Sh.,
23. 1. 45	Präsident F. D. Roosevelt an Bord; Fahrt zur Malta-Konferenz,
2. 2. 45	dort Ankunft,
8. 2. 45	im Bitter-See am südlichen Ausgang des Suezkanals;
	Präsident F. D. Roosevelt empfängt
14. 2. 45	die Herrscher von Ägypten, Abessinien und Saudi-Arabien,
27. 2. 45	Rückkunft in Newport News; danach Wechsel zur Pazifikflotte,
20. 3. 45	Ankunft Pearl Harbor,
11. 4. 45	bei Ulithi zu CRUDIV 10; Trägerbegleitung,
16.–30. 4. 45	Feuerschutzeinsätze bei Okinawa,
12. 5. 45	mit TF 58 Angriffe auf japanische Heimatinseln,
13. 6. 45	Rückkehr nach Ulithi; dazwischen am
5. 6. 45	Taifun ohne Ausfälle abgeritten; danach Flaggschiff CRUDIV 10,
1. 7. 45	in Trägerbegleitung Abfahrt zur zweiten Einsatzperiode gegen japanische Heimatinseln, ab
23. 8. 45	nach Ende der Feindseligkeiten Okkupation Japans,
1. 9. 45	Ankunft in der Bucht von Tokio,
20. 9. 45	zu TF 53 (5. Flotte) mit Stützpunkt in der Bucht von Tokio,
10/45	Fahrt zur Westküste,
19. 10. 46	Außerdienststellung, Reserveflotte,
31. 1. 52	Reaktivierung für den Einsatz bei der
7–12/53	7. Flotte im Koreakrieg,
2. 7. 54	zweite Außerdienststellung.

Dieses achterliche, am Tage der Indienststellung, dem 15. Dezember 1943, vor Boston aufgenommene Foto der *Quincy* verdeutlicht insbesondere die Anlage der beiden Kräne und der abgestützten Wanne für die 40-mm-Vierlings-Bofors. Relativ dunkel wirkt der Anstrich nach Schema 21. USN

Ein sehr schönes Werftfoto von *Quincy* II (CA-71), aufgenommen etwa im Dezember 1943. Das Schiff fährt noch unter Werftflagge und liegt vorne recht hoch im Wasser. *Quincy* war die letzte der vier Einheiten der Klasse, die achtern zwei Flugzeugkräne hatten. BSt

Diese beiden Fotos der *Quincy* zeigen die beiden Tarnmuster des Schemas 32/18d, das bereits im Frühjahr 1944 angebracht worden sein muß. Das obere der beiden Fotos ist mit 10. April 1944 datiert, und der Aufnahmeort soll Baltimore sein. Das Schiff liegt vor Anker, und die Signalflaggen sind zum Trocknen aufgehängt. Danach operierte *Quincy* kurze Zeit mit der Royal Navy, bei welcher Gelegenheit von einem britischen Schiff aus das untere Foto aufgenommen wurde. Man vermißt die beiden Kräne, die hier flach auf dem Deck liegen. Bemerkenswert sind die ausgeschwenkten Geschütztürme und Feuerleitgeräte wie auch die recht große Gefechtsflagge. IWM

Nach dem im Februar 1945 stattgefundenen Wechsel zur Pazifikflotte muß irgendwann bei Ende des Krieges *Quincy* nach Schema 22 umgepönt worden sein, wovon dieses Anfang 1946 bei San Francisco aufgenommene Foto zeugt. Auf dem vorderen Mast weht die Kommandoflagge eines Commodore. Cas

Kurz hiernach wurde *Quincy* zunächst außer Dienst gestellt, um im Januar 1952 – relativ spät – für den Koreakrieg reaktiviert zu werden. Die zweite Dienstperiode währte nur zweieinhalb Jahre, wobei lediglich SPS-6B-Radar anstelle von SK an Bord kam, während sämtliche 40-mm-Bofors an Bord blieben, ebenso FLR Mk 12/22. Aus dieser Dienstperiode stammt das vorliegende undatierte Foto. USN

Pittsburgh (CA-72)

10. 10. 44	Indienststellung; nach Einfahrprobefahrten am
13. 1. 45	Abfahrt in den Pazifik,
13. 2. 45	in Ulithi zu TG 58.2, mit USS *Lexington* (CV-16),
2/45	Iwo Jima, japanische Heimatinseln,
3/45	Nansei Shoto, Kyushu; ab
19. 3. 45	Abschleppen des schwer beschädigten Trägers *Franklin* (CV-13),
3–5/45	Okinawa,
4. 6. 45	bei Taifun Verlust der gesamten Bugpartie, keine Verluste bei der Mannschaft,
10. 6. 45	Ankunft Guam zu provisorischen Reparaturen; die abgetrennte Bugpartie wurde später von einem Schlepper geborgen und nach Guam »nachgeliefert«,
24. 6.–16. 7. 45	mit provisorischem Bug Fahrt zur Westküste; Reparaturen bei Puget Sound N.Sh.,
7. 3. 45	erste Außerdienststellung,
25. 9. 51	zweite Indienststellung;
10/51	Übergang in den Atlantik
11. 2.–20. 5. 52	bei der 6. Flotte im Mittelmeer, danach Operationen an der Ostküste und in der Karibik,
1. 12. 52	Abfahrt zur zweiten Einsatzfahrt ins Mittelmeer,
1/53	Goodwill-Kreuzfahrt in den Indischen Ozean als Flaggschiff des CINCNELM, Admiral J. Wright,
5–12/53	Werftüberholung und Modernisierung bei Norfolk N.Sh.,
19. 1. 54	wieder bei der 6. Flotte; erneut Fahrt mit Admiral Wright in den Indischen Ozean,
26. 5.54	Rückkehr Ostküste,
21. 10. 54	Passage Panamakanal; Übergang zur Pazifikflotte; ab
26. 11. 54	bei der 7. Flotte im Westpazifik; Operationen in der chinesischen See,
16. 2. 55	Abfahrt zur Westküste; Operationen im Heimatbereich,
28. 8. 56	Außerdienststellung.

Drei Wochen nach Indienststellung von *Pittsburgh* (CA-72), am 1. November 1944, entstand dieses Foto mit Anstrich nach Schema 32/18d. Das Schiff wurde mit den Radaranlagen SK-2 und zwei SG fertiggestellt. Vom Steuerbordkatapult wird gerade eine Kingfisher gestartet. Das ist das erste Schiff der *Baltimore*-Klasse, das nur einen Flugzeugkran erhielt. USN

Infolge Einwirkung durch einen Taifun verlor *Pittsburgh* im Juni 1945 seine komplette Bugpartie, fuhr danach mit einem provisorischen Bug zur Westküste, wo dann bis September 1945 eine neue Bugsektion angebracht wurde. Diese dramatische Aufnahme bei der Geschwindigkeits-Probefahrt entstand am 28. September 1945 vor Puget Sound N.Sh. Während dieses Werftaufenthaltes wurde auch der Anstrich nach Schema 21 – hier recht dunkel wirkend – aufgetragen. USN

Diese schöne, aber undatierte Luftaufnahme stammt aus der Dienstperiode 1952/54. Die Besatzung ist an Deck angetreten. Noch im Herbst 1955, ein Jahr vor der endgültigen Außerdienststellung soll *Pittsburgh* anstelle der 40-mm-Flak zwanzig 7,6-cm-Flak L/50 Mk 22 erhalten haben, wovon hier leider kein Foto-Nachweis existiert. USN

Nach dreieinhalbjähriger Reserve-Zugehörigkeit kam *Pittsburgh* während des Koreakrieges Ende September 1951 wieder in Dienst, wechselte aber in den Atlantik über. Während der ersten Einsatzfahrt ins Mittelmeer entstand vor Toulon am 20. März 1952 diese Aufnahme. Auch hier wurden nur die beiden Katapulte entfernt und SPS-6B-Radar installiert. MB

St. Paul (CA-73)

17. 2. 45	Indienststellung; Einfahrprobefahrten in der Karibik,
15. 5. 45	Abfahrt von Boston in den Pazifik,
8.–30. 6. 45	Übungen im Bereich Hawaii,
2. 7. 45	Abfahrt Pearl Harbor zu TF 38,
7–8/45	Trägerbegleitschutz bei Angriffen auf die japanischen Heimatinseln,
27. 8. 45	Sagami Wan, Okkupation Japans,
1. 9. 45	Einfahrt in die Bucht von Tokio,
10. 11. 45	Flaggschiff TF 73 in Shanghai; Verbleib in China bis Ende
1946,	danach Rückkehr Westküste,
1. 10. 46	Werftüberholung in Terminal Island, San Francisco,
1. 1.–15. 2. 47	Übungsfahrten von San Diego aus,
3–11/47	Flaggschiff TF 71 in Shanghai,
4–5/48	Reservisten-Übungsfahrten Westküste,
8–12/48	Einsatzfahrt Westpazifik; Anfang
1949	Umstellung von Bordflugzeugen auf Hubschrauber,
4–10/49	Einsatzfahrt Westpazifik; Anfang
1950	Kadetten-Trainingsfahrt nach Pearl Harbor,
6/50	bei Ausbruch des Koreakrieges Kadetten abgegeben; danach
7/50	mit TG 77.3 Überwachung der Straße von Formosa, dort Verbleib bis
1. 11. 50,	danach ab
9. 11. 50	Trägerbegleitschutz im Rahmen von TF 77 vor Korea, einschließlich Küstenbeschuß,
6–9/51	Werftüberholung in San Francisco,
5. 11. 51	Abfahrt nach Korea,
27. 11. 51	Ankunft Wonsan,
21. 4. 52	vor Korea Kartuschenfeuer im vordersten 20,3-cm-Turm; 30 Tote,
24. 6. 52	Rückkunft Long Beach,
28. 2. 53	Abfahrt zum 3. Koreaeinsatz; Begleitschutz für *New Jersey* (BB-62) beim Küstenbeschuß,
11. 7. 53	Treffer durch Küstengeschütz; ein 7,6-cm-Zwilling beschädigt, jedoch keine Verletzten,
27. 7. 53	letzte Salve des Koreakrieges gefeuert; danach Überwachungsfahrten entlang der koreanischen Küste,
5/54	erneuter Einsatz im Westpazifik,
19. 11. 54–12. 7. 55	Operationen mit der 7. Flotte, hauptsächlich zwischen Taiwan und dem chinesischen Festland; zwischenzeitlich Werftzeit an der Westküste,
15. 8. 55–10. 1. 56	erneut im Westpazifik, nunmehr als Flaggschiff der 7. Flotte,

St. Paul (CA-73) gehört zu den wenigen Schiffen der *Baltimore*-Klasse, die auf eine 26jährige ununterbrochene und wechselvolle Dienstzeit zurückblicken konnten. Dieses erste undatierte Foto mag 1947 oder 1948 aufgenommen worden sein, als SK-2-Radar durch SG-6 ersetzt wurde und achtern SP-Radar vorhanden war. In der vordersten Flakwanne gibt es keinen 40-mm-Vierling mehr und achtern auch keine Katapulte. Auf diesem Foto kommt die schöne Linienführung der Schiffe dieser Klasse deutlich zur Geltung. USN

2/56	Werftüberholung bei Puget Sound N.Sh.,
9/56	Flaggschiff der 1. Flotte,
6. 11. 56	Abfahrt von Long Beach über San Diego in den Westpazifik,
29. 11. 56	*Rochester* (CA-124) als Flaggschiff der 7. Flotte abgelöst,
26. 4. 57	Abfahrt zur Westküste,
21. 5. 57	Ankunft Long Beach; Operationen Westküste,
3. 2. 58	erneut Abfahrt in den Westpazifik; dabei auch Besuch von Wellington, Neu-Seeland,
9. 3. 58	Abfahrt Yokosuka,
25. 8. 58	Rückkunft Long Beach,
4. 5. 59	Abfahrt in den Westpazifik; als erstes US-Kriegsschiff permanent in Übersee stationiert: Heimathafen Yokosuka für 39 Monate, als Flaggschiff der 7. Flotte; danach etwa
8/62	Flaggschiff der 1. Flotte; Operationen Westküste; erst
1965	wieder Aufnahme der jährlichen Einsatzfahrten in den Westpazifik, einschließlich Vietnam; bis
1970	insgesamt noch fünf Einsatzfahrten in den Westpazifik,
30. 4. 71	Außerdienststellung.

Am 20. September 1951, als dieses Foto – höchstwahrscheinlich bei San Francisco – aufgenommen wurde, beendete *St. Paul* eine dreimonatige Werftzeit, bevor sie nach Korea verlegte. In die zehn 40-mm-Flakwannen wurden bei der Gelegenheit zwanzig 7,6-cm-Flak L/50 eingesetzt, deren Zahl allerdings bis zum Ende der Dienstzeit mehrfach reduziert wurde. Beachtenswert ist die ganz achtern unsymmetrisch angebrachte Flakwanne. Auf dem Vordermast befindet sich jetzt SPS-6B. USN

Während der langen Dienstzeit war *St. Paul* sehr oft im Fernen Osten. Der Kreuzer war seinerzeit das erste Schiff der U.S. Navy, das für lange Zeit in Übersee beheimatet war. Vorliegendes Foto entstand am 27. Juli 1960, als *St. Paul* als Flaggschiff der VII. Flotte in Yokosuka einen Besuch abstattete. Das Schiff hat jetzt einen Pylonmast mit ausladenden Plattformen und Gittermastaufsatz. Man beachte die zahlreichen Peitschenantennen und die auf dem Turm des Turmes B verankerte Funkantenne.
SF

1963/64, als dieses undatierte Foto aufgenommen wurde, hatte *St. Paul* nur noch zehn 7,6-cm-Geschütze. Der vordere 12,7-cm-Turm wurde ausgebaut, weil aus dem dazugehörigen Geschoßmagazin Räume für den immer größer werdenden Flottenstab hergerichtet werden mußten. Eine Funkantenne befindet sich zur Vermeidung von Interferenzen weit vorne auf der Back. An der Spitze des vorderen Mastes findet man die TACAN-Antenne URN-6, darunter Radar SPS-37. Der achtere Mast beherbergt SPS-8A, und zu FLG Mk 34 und Mk 37 ist jetzt auch Mk 56 hinzugekommen. ECM-Antennen befinden sich auf dem achteren Schornstein.
USN

Columbus (CA-74)

8. 6. 45	Indienststellung; Pazifikflotte,
13. 1. 46	Ankunft Tsingtau; Okkupation der chinesischen Küste,
1. 4. 46	an der Versenkung von 24 erbeuteten japanischen U-Booten beteiligt,
2. 4. 46	Abfahrt zur Westküste, Verbleib dort für den Rest des Jahres,
15. 1.–12. 6. 47	zweite Einsatzfahrt in den Westpazifik; für den Rest des Jahres
1947	Operationen Westküste und Werftzeit bei Puget Sound N.Sh.,
12. 4. 48	Abfahrt zur Ostküste,
19. 5. 48	Ankunft Norfolk,
13. 9. 48–15. 12. 49 u. 12. 6. 50–5. 10. 51	zwei Fahrten als Flaggschiff der CINCNELM,
25. 8.–29. 2. 52	NATO-Manöver; Flaggschiff der SACLANT,
10/52–1/53	im Mittelmeer als Flaggschiff der 6. Flotte,
9/54–1/55	erneut im Mittelmeer, Flaggschiff CRUDIV 6; zwischen den Mittelmeer-Einsätzen stets Trainingsfahrten Ostküste, Manöver Nordatlantik und Werftüberholungen,
8. 11. 55	Wechsel zur Pazifikflotte,
2. 12. 55	Ankunft Long Beach,
5. 1. 56	Ankunft Yokosuka; Operationen mit der 7. Flotte,
8. 7. 56	Rückkehr Westküste,
1957 u. 1958	zwei weitere Fahrten in den Westpazifik,
8. 5. 59	erste Außerdienststellung zum Umbau als Lenkwaffenschiff,
30. 9. 59	Reklassifizierung als CG-12.

Columbus (CA-74) blieb 14 Jahre ununterbrochen im aktiven Dienst, bis zur Außerdienststellung im Jahre 1959 zwecks Umwandlung als Lenkwaffenschiff. Diese beiden schönen Fotos zeigen das Aussehen des Schiffes im November 1949 während eines Besuches in englischen Gewässern. Bei den Ortungs-Radaranlagen handelt es sich um SR-3 und SP. WL

So sah *Columbus* am 14. März 1959, kurze Zeit vor der Außerdienststellung, aus. Nach einem Fotonachweis verfügte das Schiff spätestens im August 1957 über sechs FLG Mk 50. Zu diesem Zeitpunkt müssen auch die zehn Doppellafetten 7,6 cm L/50 an Bord gekommen sein, die hier zu sehen sind. TACAN URN-3, Radar SPS-12 (vorn) und SPS-8A (achtern) sind hier vorhanden. Die Aufnahme entstand im Bereich der Marinewerft am Puget Sound. USN

Helena (CA-75)

4. 9. 45	Indienststellung;
27. 10. 45	Teilnahme am »Navy Day« vor New York City; danach zwei Einfahrprobefahrten vor Kuba,
12. 2. 46	von Boston aus Weltreise; in England kommt der COMNAVFOR EUROPE und COM 12th Fleet an Bord; drei Monate Übungsfahrten in nordeuropäischen Gewässern,
1. 5. 46	als Flaggschiff abgelöst; via Suezkanal zum Nahen Osten,
18. 6. 46	Ankunft Tsingtau;
22. 3. 47	Ankunft Westküste; Übungsfahrten Westküste,
3. 4. 48	Abfahrt in den Westpazifik; Operationen vornehmlich in chinesischen Gewässern,
12/48	Rückkehr Westküste,
5/49	Reservisten-Trainingsfahrten,
6/49	bei Long Beach N.Sh. Einrichtung zur Aufnahme von Hubschraubern,
7–8/49	Reservisten-Trainingsfahrt nach Panama und zu den Galapagos-Inseln,
11/49	amphibische Operationen vor Hawaii; danach Japan und Philippinen,
1/50	Flaggschiff 7. Flotte,
21. 5. 50	Rückkehr Westküste,
6/50	Werftzeit in San Francisco,
6. 7. 50	Unterbrechung des Werftaufenthaltes und hastige Abfahrt in Richtung Korea; ab
7. 8. 50	Küstenbeschuß Korea,
11/50–3/51	Werftüberholung in Long Beach,
18. 4. 51	zu TF 77 in Sasebo, Japan; Küstenbeschuß vor Korea; leicht beschädigt durch Küstengeschütze,
20. 9. 51	Rückkehr nach Yokosuka; danach erneut Korea-Operationen,
8. 12. 51	Werftüberholung bei Long Beach N.Sh.; alle neun 20,3-cm-Geschützrohre ersetzt,
2/52	Trainingsfahrten und Manöver Westküste,
8. 6. 52	Ankunft Yokosuka; erneut Korea-Einsatz mit TF 77,
24. 11. 52	vor Korea abgelöst, Sonderfahrt,
1. 12. 52	Besuche der CINCPACFL Admiral Radford und des neugewählten Präsidenten Eisenhower; mit diesen Fahrt nach Pearl Harbor,

Dieses achterliche Foto der *Helena* II (CA-75) ähnelt dem von *Quincy* aus der gleichen Perspektive, nur daß hier auf dem Heckspiegel nicht nur die Kennummer, sondern auch der Name zu lesen ist, möglicherweise deswegen, weil das Schiff nach Kriegsende abgeliefert wurde. Das Foto entstand am 4. Mai 1946 vor der französischen Mittelmeerküste, während das Schiff auf dem Weg nach China war. Anstrich nach Schema 21 ist noch erhalten; zwei Seahawk-Aufklärungsflugzeuge ruhen auf den Katapulten. Nur die ersten vier Einheiten der Klasse führten ganz achtern einen Vierling. Die Anlage eines einzelnen Krans in der Schiffsachse begünstigte die Plazierung von zwei Zwillings-Bofors an den Ecken. MB

Solche Detailfotos wie dieses am 29. Juli 1953 in Puget Sound aufgenommene der *Helena* sind eine Fundgrube für Forscher der elektronischen Anlagen der frühen 50er Jahre. Auch bietet das Foto einen Nachweis dafür, daß hier bereits 1953 7,6-cm-Geschütze und FLG Mk 56 vorhanden waren. Dies war nur wenige Wochen, bevor *Helena* in den Westpazifik fuhr, um dort – alternativ mit *St. Paul* oder *San Francisco* – als Flaggschiff der VII. Flotte zu fungieren.
USN

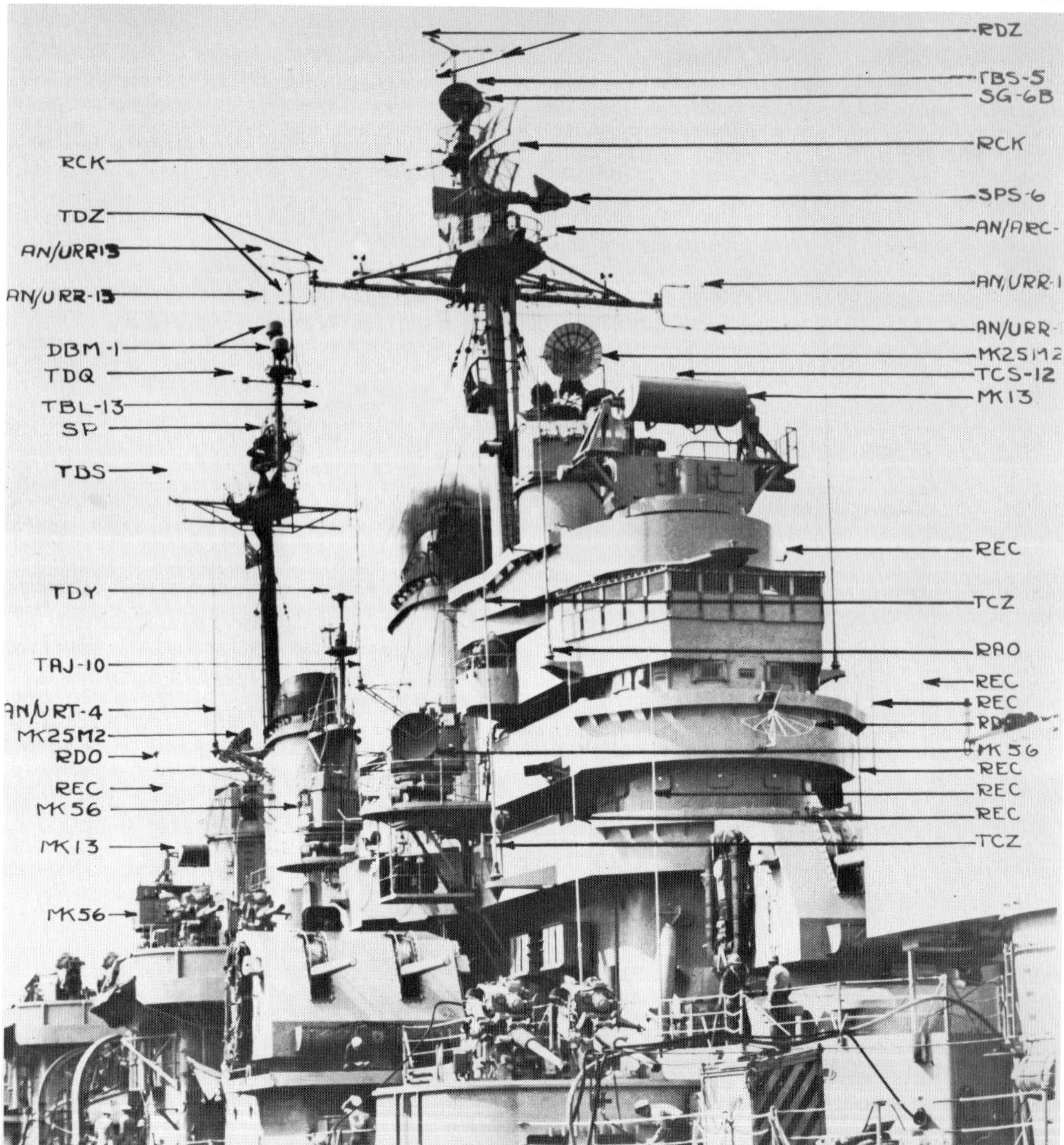

Helena, aufgenommen am 24. August 1954 bei der Ankunft in Pearl Harbor, auf der Durchfahrt nach Japan. USN

Helena gehörte zu den Schweren Kreuzern, die ab Mitte der 50er Jahre mit dem Marschflugkörper Regulus ausgerüstet wurden. Dieses am 28. November 1955 an der südkalifornischen Küste aufgenommene Foto zeigt den Start einer Regulus I von dem Startwagen nahe dem Heck. In dem davor sichtbaren Unterdeckshangar konnten drei FK dieses Typs untergebracht werden. Die Heck-Schwalbennester wurden vor der Installation entfernt. USN

11. 12. 52	Ankunft Pearl Harbor; hohe Passagiere verlassen das Schiff,
16. 12. 52	Rückkehr nach Long Beach,
4. 8. 53	Abfahrt in den Westpazifik,
11. 10. 54	in Yokosuka Flaggschiff der 7. Flotte; Operationen zumeist im Gebiet von Taiwan; dabei
2/55	Evakuierung der Tachen-Inseln gedeckt,
7–12/55	Operationen in heimatlichen Gewässern an der Westküste; bis
25. 1. 56	Ankunft Yokosuka; vornehmlich Operationen im Gebiet von Taiwan,
8. 7. 56	Rückkehr Westküste; neun Monate Operationen Westküste, einschließlich Abschüsse von Regulus-I-Flugkörpern,
10. 4. 57	Westpazifik; Flaggschiff der 7. Flotte,
19. 10. 57	Rückkehr zur Westküste, danach bis
31. 3. 58	Werftüberholung, Übungsfahrten, Flugkörper-Schießübungen,
3. 8. 58	Abfahrt in den Westpazifik,
21. 8. 58	Ankunft Taiwan; zumeist Operationen in diesem Gebiet,
17. 2. 59	Rückkehr Westküste,
5. 1. 60	mit USS *Yorktown* und DESRON 23 Westpazifikfahrt nach Korea und Taiwan,
24. 6. 60	von Guam aus Besuchsfahrt nach Australien,
6–11/60	Werftüberholung bei Long Beach N.Sh.; Mitte
1/61	permanentes Flaggschiff der 1. Flotte,
1961–1962	Operationen entlang der Westküste mit Abstechern in den Westpazifik,
18. 3. 63	COM 1st Fleet zieht um auf USS *St. Paul* (CA-73),
29. 6. 63	Außerdienststellung.

Auch auf diesem am 12. Februar 1957 im pazifischen Raum aufgenommenen Foto der *Helena* sieht man achtern einen FK des Typs Regulus. Das zur Lenkung der Regulus benutzte Leitgerät befindet sich hier auf dem achteren Mast. Es ist ein modifiziertes SP-Gerät, das nun als SPQ-2 bezeichnet wird. Die Parabolscheibe ist jedoch etwas größer im Durchmesser als SP.
Sammlung LGr

Dieses Foto zeigt das letzte Aussehen der *Helena*. Es entstand vermutlich 1963, kurz vor der Außerdienststellung. Der Regulus-Betrieb ist hier längst eingestellt, SPQ-2-FLR entfernt. Dafür befindet sich jetzt SPS-37A auf dem entsprechend *St. Paul* umgestalteten vorderen Mast. Bemerkenswert ist die Verwendung eines Radargerätes SPS-12 (achtern) als FL-Radar anstelle des abgezogenen FLG Mk 34. Funkantennen befinden sich auf der Back und auf zwei der 20,3-cm-Türme.
USN

Bremerton (CA-130)

29. 4. 45	Indienststellung; ab
29. 5. 45	Einfahrprobefahrten vor Kuba; hierbei zuletzt auch Flaggschiff des CINCLANTFL, Admiral Ingram, während einer Inspektionsfahrt nach Südamerika
22. 7.–2. 10. 45	Sonderaufgaben in der Casco-By, Maine,
11/45	Wechsel in den Pazifik,
15. 12. 45	Ankunft Pearl Harbor,
4. 1. 46	Ankunft Inchon, Korea; Operationen mit der 7. Flotte,
20. 11. 46	Rückkehr Westküste; dort Übungsfahrt mit Marinereservisten,
9. 4. 48	erste Außerdienststellung,
23. 11. 51	zweite Indienststellung, danach erster Korea-Einsatz mit der 7. Flotte,
13. 9. 52	Rückkehr zur Westküste,
10/52–3/53	Werftüberholung bei Long Beach N.Sh.; Übungsfahrten, Schießübungen,
5. 4. 53	Abfahrt zum zweiten Korea-Einsatz mit der 7. Flotte,
11/53	Werftüberholung in Long Beach,
14. 5. 54	Abfahrt zur 7. Flotte im Westpazifik,
17. 10. 54	Rückkehr nach Long Beach,
12. 7. 55–12. 2. 56	weitere Einsatzfahrt im Westpazifik,
1956–1960	mehrfacher Wechsel zwischen der 1. und 7. Flotte,
29. 7. 60	Außerdienststellung.

Auch *Bremerton* (CA-130) gehört zu den Kreuzern, die wegen ihrer weitreichenden 20,3-cm-Geschütze für den Landbeschuß während des Koreakrieges reaktiviert wurden. Das vorliegende Foto entstand im Februar 1952, etwa drei Monate nach dieser Reaktivierung, wobei – mit Ausnahme von SPS-6B – die Ortungs- und die FL-Elektronik dem Stand bei der Fertigstellung entsprach. Das trifft auch für die Bewaffnung zu. Neu und bemerkenswert ist die Tatsache, daß – wie hier zu sehen – vier FLG Mk 56 bereits vorhanden sind, obwohl die 40-mm-Flak noch lange nicht gegen 7,6-cm ausgetauscht wurde. USN

Dieses »künstlerische« Foto der *Bremerton* mag 1955 oder etwas später, vermutlich in Pearl Harbor, aufgenommen worden sein. Zwei FLG Mk 56 sind inzwischen dazugekommen. Die 7,6-cm-Flak L/50 befindet sich jetzt an Bord, jedoch sind die beiden mittleren Flakstände weggefallen. Neu sind hier Radar SPS-8A und Mk 25. SPS-6B scheint bis zur Außerdienststellung im Juli 1960 an Bord geblieben zu sein. USN

Fall River (CA-131)

1. 7. 45	Indienststellung,
13. 10. 45–31. 1. 46	Spezialoperationen von Norfolk aus; Sommer
1946	zu »Joint Task Force 1«,
16. 2.–6. 3. 46	Vorbereitung zur Verwendung als Flaggschiff für die Atombombenversuche bei Bikini; Aufenthalt dort,
21. 5.–14. 9. 46	mit Konteradmiral Fahrion an Bord bei den Marshall-Inseln; danach Trainingsoperationen Westküste,
12. 1.–17. 6. 47	als Flaggschiff CRUDIV 1 Einsatzfahrt im Westpazifik,
31. 10. 47	Außerdienststellung.

Nur knapp über zwei Jahre befand sich *Fall River* (CA-131) im aktiven Dienst. Dieses Foto des Schiffes – mit Anstrich nach Schema 21 – entstand am 12. August 1945, nur wenige Wochen nach der Indienststellung. Bekannt wurde *Fall River* als Flaggschiff der Streitkräfte, die vom Mai bis zum September 1946 an den Atombombenversuchen bei Bikini teilgenommen haben. Während dieser Zeit führte das Schiff ebenfalls seinen Namen in großen Lettern in der Schiffsmitte. USN

Macon (CA-132)

26. 8. 45	Indienststellung,
1946–1949	als Versuchsschiff für neue Ausrüstungen, als Fla-Schulschiff und als Trainingsschiff für Marinereservisten eingesetzt,
1948	Kadetten-Kreuzfahrt nach Europa,
12. 4. 50	erste Außerdienststellung,
16. 10. 50	zweite Indienststellung nach Reaktivierung; Flaggschiff CRUDIV 6 im Atlantik; bis Ende
1959	jährlich eine Einsatzfahrt ins Mittelmeer und insgesamt sechs Kadetten-Sommerkreuzfahrten,
1956	im östlichen Mittelmeer während der Suezkrise,
12. 6. 57	Teilnahme an der Flottenparade vor Hampton Roads,
1–3/56	Installation der Lenkwaffenanlage Regulus I; danach Schießübungen,
1/60	Goodwill-Fahrt nach Südamerika,
10. 3. 61	zweite Außerdienststellung.

Macon (CA-132) wurde hier bereits am 14. April 1947 vor der Marinewerft Philadelphia aufgenommen. Drei 40-mm-Flakstände sind leer, daher nur noch sechsunddreißig 40-mm-Rohre an Bord. Der Seahawk-Aufklärer ist klar zu identifizieren. USN

Anfang 1956 wurde neben drei anderen Kreuzern auch auf *Macon* die Marschflugkörper-Anlage Regulus I installiert. Bei dieser Gelegenheit wurden die drei achtersten Flakwannen entfernt, so daß jetzt die Anzahl der 7,6-cm-Rohre nur noch 14 betrug. Das vorliegende, 1958 aufgenommene Foto dokumentiert diesen Zustand. Auf dem achteren Mast findet man jetzt SPQ-2 als Kontrollgerät für Regulus.
USN

Die drei leeren Flakwannen können auf diesem am 25. Juli 1948 aufgenommenen Foto der *Macon* besonders deutlich ausgemacht werden. Übergangsradar SR-3 befindet sich an Bord. Einmalig geblieben ist bei den Kreuzern dieser Klasse die Aufstellung einer erhöhten Hubschrauberplattform auf dem Achterschiff. Da sich diese Anordnung offensichtlich nicht bewährt hat – offensichtlich wurde der Bestreichungswinkel des achteren 20,3-cm-Drillingsturmes stark eingeengt –, wurde die Plattform spätestens bei der Reaktivierung entfernt. Drei Jahre nach Kriegsende führt das Schiff immer noch die kleine Kennummer.
Zur besseren Erkennung aus der Luft wurde die »132« auf die Decke des Turmes B gemalt. USN

Toledo (CA-133) gehört zu denjenigen Schiffen der *Baltimore*-Klasse, die auf eine ununterbrochene 14jährige aktive Dienstzeit zwischen Ende 1946 und Mitte 1960 zurückschauen konnten. Das vorliegende undatierte Breitseitfoto dürfte kurz nach der Fertigstellung im Jahre 1946 aufgenommen worden sein. Auch hier gibt es nur sechsunddreißig 40-mm-Geschützrohre. Die Radarantenne SK-2 kann hier nicht ausgemacht werden. USN

Toledo (CA-133)

27. 10. 46	Indienststellung,
6. 1. 47	Abfahrt zu einer zweimonatigen Übungsfahrt nach Westindien; Einfahrprobefahrt vor Kuba,
1. 4. 47	Antritt einer Reise um die Welt via Atlantik, Mittelmeer, Suezkanal und Indischen Ozean,
15. 6. 47	Ankunft Yokosuka; Fahrt nach Korea,
21. 10. 47	Abfahrt von Yokosuka über Pearl Harbor zur Westküste,
5. 11. 47	Ankunft Long Beach; Verbleib im Pazifik,
3. 4. 48	mit *Helena* (CA-75) Abfahrt nach Japan,
24. 4. 48	Ankunft Yokosuka; Goodwill-Kreuzfahrt in den Indischen Ozean; im Frühsommer
1948	Operationen in chinesischen Gewässern während der Evakuierung der National-Chinesen nach Taiwan,
16. 9. 48	Abfahrt zur Westküste,
5. 10. 48	Werftüberholung bei Puget Sound N.Sh. bis
18. 2. 49,	danach sechs Monate Operationen Westküste,

Seit 1947 befand sich *Toledo* im Pazifik. Dieses Foto soll angeblich 1951 aufgenommen worden sein. Man erkennt, daß – offensichtlich wegen der Erfordernisse des Koreakrieges – die 40-mm-Flak auf 48 Rohre aufgestockt wurde; auch befinden sich sechs FLG Mk 56 an Bord. Auf dem vorderen Mast befindet sich SPS-6B-Radar, auf der Decke des Turmes B die Erkennungshilfe. USN

Toledo erhielt vermutlich Mitte 1955 bei Puget Sound seine Regulus-I-Installation. Hiernach wurde vorliegendes Foto aufgenommen, wobei deutlich wird, daß auch die drei achteren Flakstände entfernt wurden. Radarausstattung nunmehr: SPS-12 und SPQ-2. USN

14. 10. 49	Abfahrt zu einer achtmonatigen Einsatzfahrt in den Westpazifik,
12. 6. 50	Rückkehr nach Long Beach; bereits
22. 6. 50	wieder Abfahrt in den Westpazifik,
18. 7. 50	in Yokosuka Flaggschiff CRUDIV 5,
26. 7. 50	erster Feuerschutzeinsatz an der koreanischen Ostküste im Rahmen der TG 95.5; Wiederholung der Einsätze im Wechsel mit kurzen Versorgungsaufenthalten in Japan,
27. 10. 50	Abfahrt Yokosuka zur Westküste,
8. 11. 50	Ankunft Long Beach,
14. 11. 50– 24. 2. 51	Werftüberholung bei San Francisco N.Sh.,
2. 4. 51	Abfahrt in den Westpazifik,
18. 4. 51	Ankunft Sasebo,
26. 4. 51	Beginn der zweiten Einsatzfahrt vor Korea,
24. 11. 51	Abfahrt von Yokosuka über Pearl Harbor zur Westküste,

Vermutlich Anfang 1952 erhielt *Toledo* die 7,6-cm-Flak, 20 Rohre, wovon dieses undatierte Foto zeugt. USN

Brückendetails der *Toledo,* aufgenommen am 12. Oktober 1955 in der Marinewerft am Puget Sound. Normalerweise werden die diversen Antennen nach der Gesamtanlage bezeichnet, z. B. hier SPS-12. Es ist aber gut zu wissen, daß jede Antenne ihre eigene »persönliche« Bezeichnung führt, in diesem Falle AS-603, die normalerweise nicht zur Ansprache bei der Erkennung genutzt wird. USN

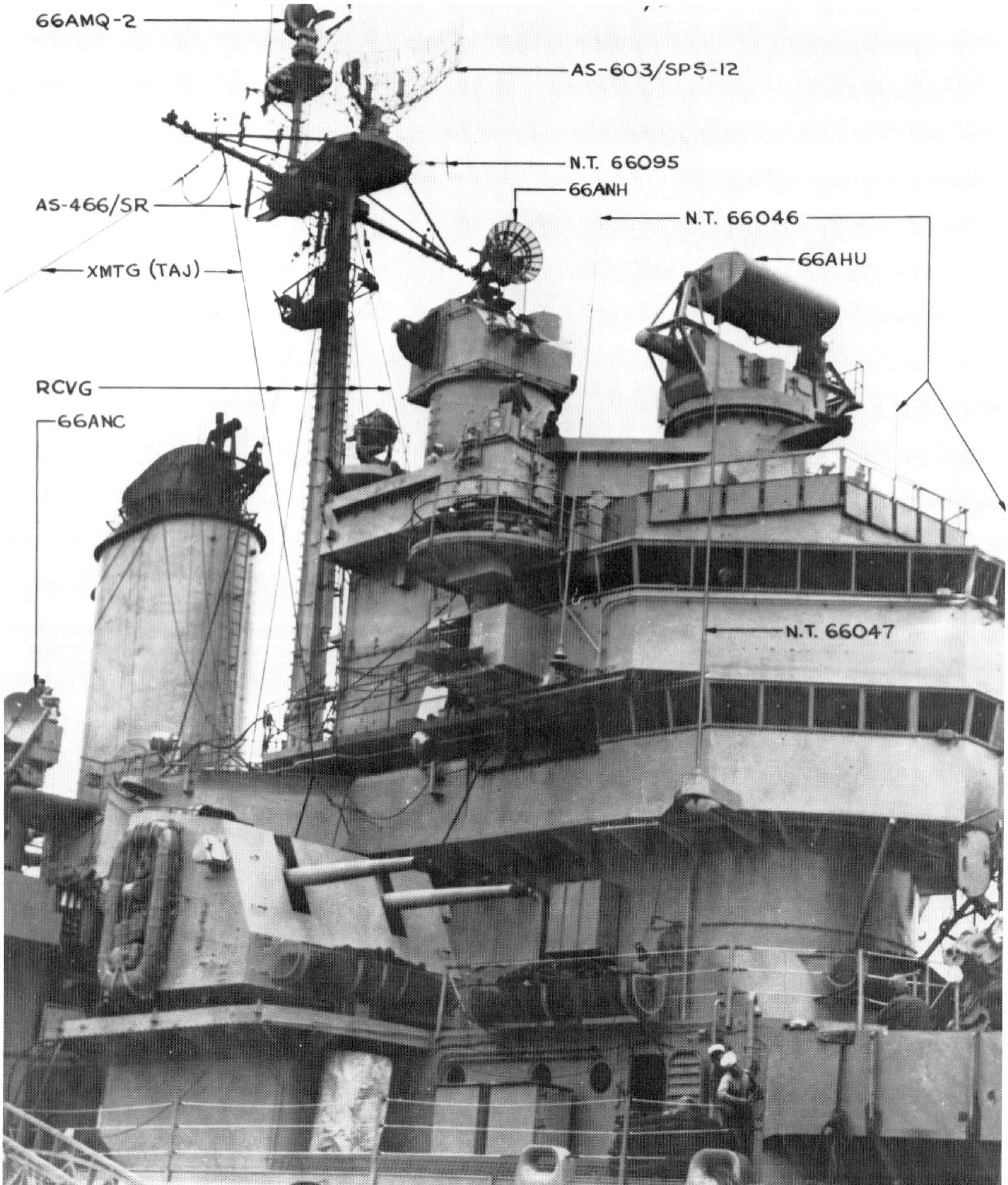

8. 12. 51	Ankunft Long Beach; sieben Monate Operationen entlang der Westküste,
16. 8. 52	Abfahrt zum dritten Korea-Einsatz,
8. 9. 52	Ankunft Yokosuka; Trägerbegleitschutz und Feuerschutzeinsätze mit Zwischenaufenthalten in Japan,
28. 2. 53	Abfahrt von Yokosuka zur Westküste,
16. 4. 53	Beginn der fünfmonatigen Werftüberholung bei San Francisco N.Sh. bis zum
10. 9. 53,	danach Operationen entlang der Westküste,
20. 10. 53	Abfahrt zur siebenten Einsatzfahrt in den Westpazifik,
7. 11. 53	Ankunft Yokosuka; sechs Monate Operationen in japanischen, koreanischen und ostchinesischen Gewässern,
16. 4. 54	Abfahrt Yokosuka über Pearl Harbor zur Westküste,
1. 5. 54	Ankunft Long Beach; fünf Monate Operationen Westküste,
14. 9. 54	Abfahrt zur achten Einsatzfahrt in den Westpazifik über Pearl Harbor,
7. 11. 54	Ankunft Yokosuka,
1/55	Unterstützung der Evakuierung der National-Chinesen von den Tachen-Inseln,
5. 3. 55	mit *Pittsburgh* (CA-72) Abfahrt zur Westküste,
22. 3. 55	Ankunft Long Beach; Operationen Westküste,
16. 6. 55	Werftüberholung bei Puget Sound N.Sh. bis Ende
10/55,	danach bis zum Beginn
1956	Operationen Westküste; während der nächsten vier Jahre weitere Einsatzfahrten in den Westpazifik, dabei u. a.
1/58	Besuch von Sidney und Melbourne,
9. 6.–25. 11. 59	letzte Einsatzfahrt in den Westpazifik,
21. 5. 60	Außerdienststellung.

Los Angeles (CA-135)

22. 7. 45	Indienststellung; Einfahrprobefahrten vor Kuba,
15. 10. 45	Abfahrt in den Westpazifik,
3. 1. 46	Ankunft Shanghai; während
1946	Operationen mit der 7. Flotte,
21. 1. 47	Rückkehr Westküste,
9. 4. 48	erste Außerdienststellung,
27. 1. 51	zweite Indienststellung,
14. 5. 51	Abfahrt in den Westpazifik,
31. 5. 51	Ankunft Ostküste von Korea; Flaggschiff COMCRUDIV 5,
17. 12. 51	Rückkehr Westküste; Werftüberholung,
9. 10. 52	erneute Rückkehr nach Korea,
3–4/53	leichte Beschädigungen durch nordkoreanische Küstengeschütze,
15. 5. 53	Rückkehr Westküste,
11/53–6/63	noch acht Einsatzfahrten in den Westpazifik, zumeist als Divisions-Flaggschiff; dazwischen Operationen entlang der Westküste und bis Hawaii,
15. 11. 63	zweite Außerdienststellung.

Neben *St. Paul* und *Helena* war *Los Angeles* (CA-135) das dritte Schiff der *Baltimore*-Klasse, das später als Flottenflaggschiff modifiziert wurde. Vorliegendes Foto wurde im August 1951, vermutlich in koreanischen Gewässern aufgenommen. Zu den hier schlecht zu erkennenden Radarantennen gehören SPS-6B und SP. USN

Bei seinen jährlichen Einsatzfahrten in den Westpazifik weilte *Los Angeles* auch 1958 in Yokosuka, wo dieses Detailfoto aufgenommen wurde. Vermutlich ab 1962 verfügte das Schiff über 7,6-cm-Geschütze, deren Anzahl während der Dienstperiode von 1958 bis 1963 auf 14 absank. Auf dem vorderen Mast befindet sich jetzt Radar SPS-12 und TACAN URN-3. SF

Los Angeles, aufgenommen nach Empfang der Regulus-I-Anlage, hier etwa im Jahre 1960. SPS-12 wurde auf dem Vordermast durch SPS-37A ersetzt. Kennummer und Funkantenne auf Turm B. Ganz achtern kann man eine Regulus I auf einem Startwagen sehen. USN

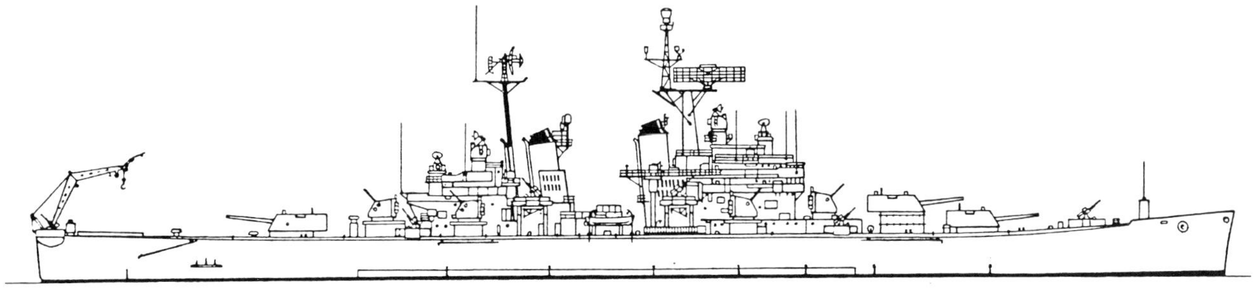

Diese ältere Zeichnung stellte seinerzeit konzentriert die Umbau-Varianten von CA-73, 75 und 135 dar. Die zu jedem dieser Schiffe gehörenden speziellen Merkmale können den Fotos entnommen werden. Danach hatten nur *Helena* und *Los Angeles* die lange Radaranlage SPS-37A, *St. Paul* dagegen bis zum Schluß SPS-29 und SPS-8A. *Helena* führte von 1957 bis kurz vor Dienstende SPQ-2 auf dem achteren Mast, ebenso wie *San Francisco*. Diese beiden Schiffe führten außerdem auf dem Sockel des vorher entfernten achteren FLG Mk 34 die Antenne SPS-12 als FL-Radar. (KDS)

Während einer Werftzeit etwa im Jahre 1961 erhielt auch *Los Angeles* vorne den konischen Rohrmast mit Gitteraufsatz. Diese Detailaufnahme entstand am 24. Oktober 1961 in einem japanischen Hafen. Hier wird deutlich, daß achtern FLG Mk 34 entfernt wurde und daß SPS-12 jetzt die Funktion eines FL-Radars übernommen hat. Erstmalig kann hier auch die Radarantenne SPS-10, – zwischen SPS-37A und TACAN – deutlich ausgemacht werden. TM

Dieses schöne Foto der *Los Angeles* mag in der letzten Dienstperiode, etwa Mitte 1962, aufgenommen worden sein. SPQ-2 befindet sich immer noch auf dem achteren Mast, obwohl die Regulus-Einrichtung längst aufgegeben wurde. Bemerkenswert sind die ECM-Antennen um den achteren Schornstein. USN

Chicago (CA-136)

10. 1. 45	Indienststellung; zur Pazifikflotte,
30. 5. 45	Ankunft Pearl Harbor; ab
8. 7. 45	bei der 3. Flotte; bis zum Kriegsende Beschuß der japanischen Heimatinseln; bis
11/45	Verbleib in japanischen Gewässern,
7. 11. 45	Abfahrt von Tokio zur Westküste,
23. 11. 45	Ankunft San Pedro; Werftüberholung; danach Fahrt in den Westpazifik,
18. 2. 46	Ankunft Shanghai zur Okkupation der chinesischen Küste,
28. 3. 46	Abfahrt nach Japan,
14. 1. 47	Abfahrt zur Westküste,
6. 6. 47	erste Außerdienststellung,
1. 11. 58	Reklassifizierung als CG-11; ab Anfang
1959	Umbau als Lenkwaffenkreuzer.

Nach knapp zweieinhalb aktiven Jahren wurde *Chicago* II (CA-136) Mitte 1947 ausgesondert, um erst wieder ab 1959 als Lenkwaffenkreuzer umgebaut zu werden. Dieses Foto des nach Schema 21 gestrichenen Schiffes entstand am 7. Mai 1945. Die Ausstattung entspricht dem Standard von Anfang 1945.
USN

CA *Oregon-City*-Klasse

Was für die *Cleveland*-Klasse die *Fargo*-Klasse war, das war die *Oregon-City*-Klasse für die *Baltimore*-Klasse, nämlich ein modifizierter Entwurf mit nur einem Schornstein anstatt von zwei. Von der *Oregon-City*-Klasse, die zunächst mit acht Einheiten geplant war, wurden bis Kriegsende nur drei Schiffe vom Stapel gelassen, ein weiteres wurde auf dem Helgen stillgelegt, umgeplant und dann bis 1951 als CLC-1 in Dienst gestellt. (Siehe hierzu nachfolgend CLC *Northampton.)* *Albany* wurde ab 1958 sehr umfangreich als Lenkwaffenkreuzer umgebaut. (Siehe hierzu nachfolgend CG *Albany*-Klasse.)

Der Entwurf für diesen Schiffstyp stammte aus dem Jahr 1942. Die Gründe für seine Entwicklung mögen die gleichen gewesen sein wie für den Entwurf der *Fargo*-Klasse:

- ☐ Reduktion des Toppgewichtes zugunsten der Aufstellung von mehr Maschinenflak,
- ☐ Erreichung von größeren Bestreichungswinkeln für die leichte Flak.

Diesem Ziel dienten die Zusammenfassung der beiden Schornsteine zu einem und die Verringerung der Höhe der achteren Aufbauten.

Nach durchgehender Dienstzeit wurde die *Albany* 1958 zum großen Umbau als Lenkwaffenkreuzer außer Dienst gestellt; *Rochester* diente noch bis 1961 bei der aktiven Flotte, während das Leitschiff *Oregon City* nach nicht einmal zweijähriger Dienstzeit zur Reserveflotte verlegt wurde.

Von der *Oregon-City*-Klasse wurden nur drei Einheiten als Schwere Kreuzer fertiggestellt. Bei Kriegsende 1944/1945 wurde der Bau eines Schiffes unterbrochen und der von 6 Schiffen suspendiert.

Kennung	Name	Etat	Kiellegung	Bauwerft	Verbleib
CA-125	*Northampton*	42	31. 8. 1944	Bethl. Quincy	Bau später als CLC-1 fertiggestellt
CA-126	*Cambridge*	42	16. 12. 1944	Bethl. Quincy	12. 8. 1945 Bau suspend.
CA-127	*Bridgeport*	42	13. 1. 1945	Bethl. Quincy	12. 8. 1945 Bau suspend.
CA-128	*Kansas City*	42		Bethl. Quincy	12. 8. 1945 Bau suspend.
CA-129	*Tulsa*	42		Bethl. Quincy	12. 8. 1945 Bau suspend.
CA-137	*Norfolk*	42	27. 12. 1944	Phil.N.Sh.	12. 8. 1945 Bau suspend.
CA-138	*Scranton*	42	27. 12. 1944	Phil.N.Sh.	12. 8. 1945 Bau suspend.

Auch *Oregon City*, das Leitschiff der kleinen Klasse von nur drei »komprimierten« *Baltimores*, blieb nur knapp 22 Monate, d.h. bis Ende 1947 in Dienst. Diese Aufnahme entstand am 17. Juni 1946. Der Anstrich entspricht schon dem Friedensgrau. Wie bei der *Fargo*-Klasse wurden hier gegenüber der Aufstellung auf den *Baltimores* die Positionen der FLG Mk 34 und Mk 37 vertauscht. Bis zuletzt waren achtundvierzig 40-mm-Bofors an Bord. USN

Oregon City (CA-122)

16. 2. 46	Indienststellung,
31. 3. 46	Beginn der Einfahrprobefahrten vor Kuba, bis Mitte
5/46,	dann Rückkehr nach Boston,
3. 7. 46	Flaggschiff der 4. Flotte, dabei Reservistenschulung,
6.–19. 10. 46	Reservisten-Trainingsfahrten nach Bermuda,
1/47	nun zur 2. Flotte,
1947	u.a. Kadetten-Sommerkreuzfahrt zur Panamakanal-Zone und in die Karibik,
15. 12. 47	Außerdienststellung.

So sah *Oregon City* im Jahre 1973 bei der Reserveflotte aus. Die Kennummer wurde nicht eliminiert, alle Radarantennen wurden vor der Konservierung entfernt, alle 40-mm-Bofors dagegen »eingemottet«. LRC

Albany (CA-123)

15. 6. 46	Indienststellung; zwischen
1949–56	fünfmaliger Wechsel zwischen Operationen bei der 2. Flotte entlang der Ostküste und Einsatzfahrten bei der 6. Flotte im Mittelmeer; in diesem Zeitraum fallen auch mehrere Fahrten in die Karibik, drei nach Südamerika und eine nach Nordeuropa,
1/51	Fahrt nach Rio de Janeiro zur Amtsübernahme des neuen Präsidenten,
11/57	Beginn des Umbaus als Lenkwaffenkreuzer (CG-10).

Auch diese Zeichnung der *Albany* (CA-123) entspricht den Erkenntnissen aus der Zeit der Herstellung, die zwischenzeitlich durch weiterreichende Foto-Auswertungen korrigiert werden konnten. Die Anzahl der ab Mitte 1950 installierten 7,6-cm-Flak L/50 dürfte nicht höher als 16 gewesen sein, d.h. acht Doppellafetten. Zur Zeit als diese Geschütze an Bord kamen, war jedoch die hier angedeutete Radarantenne SR-3 bereits durch SG-6 ersetzt worden. (KDS)

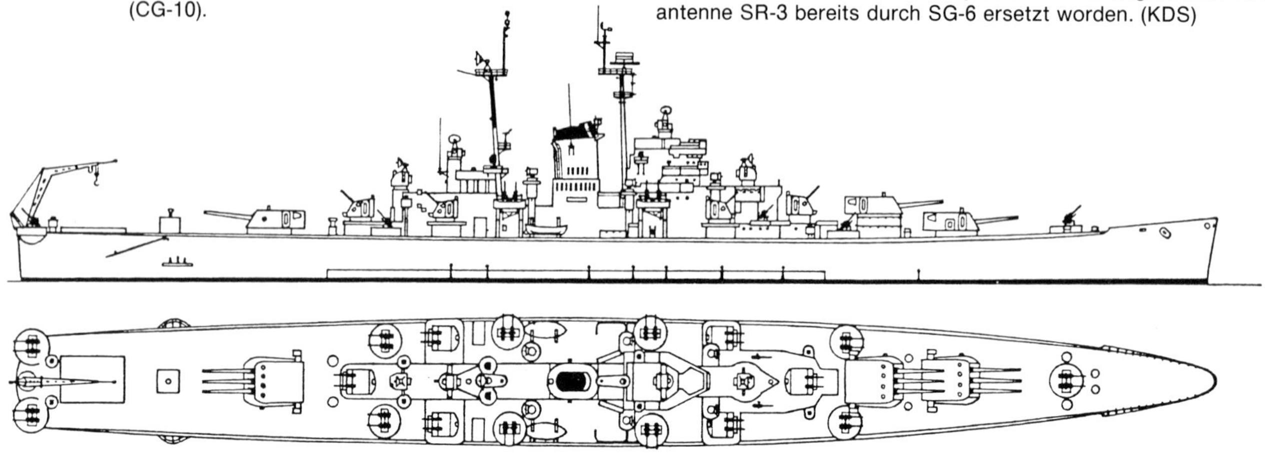

In ihrer ersten Dienstperiode blieb *Albany* (CA-123) elfeinhalb Jahre aktiv. Sie wurde erst nach Kriegsende fertiggestellt, und dieses Breitseitfoto wurde einen Tag nach der Indienststellung am 16. Juni 1946 vor dem Hafen von Boston aufgenommen. Damals führte man noch die kleinen Kennummern, und man war der Meinung, daß die schwarz zu sein hatten, damit man sie überhaupt erkennen konnte, der Schiffskörper hatte hier nämlich schon den hellgrauen Friedensanstrich. Auf diesem Foto ist die obere Abgrenzung der Wasserlinien-Panzerung gut zu erkennen. USN

Vermutlich etwa zwischen 1949 und Mitte 1950 wurde dieses undatierte Foto der *Albany* während eines ihrer zahlreichen Besuche im Mittelmeer aufgenommen. FLG Mk 56 befinden sich schon an Bord, die 7,6-cm-Flak wurde erst ab November 1950 anstelle der 40-mm-Bofors aufgestellt. Mk 25 FLR hat bereits Mk 12/22 ersetzt, und SR-3-Radar ersetzte SK-2. Auf dem achteren Mast weht die Kommandoflagge eines Vizeadmirals. Es ist bemerkenswert, wie sehr die schwarzen Schornsteinaufsätze das Aussehen des Schiffes beeinflussen. AB

Mit November 1957 ist dieses Foto der *Albany* mit Sicherheit zu spät datiert. Die Aufnahme zeigt jedenfalls das letzte Aussehen des Kreuzers, etwa Mitte der 50er Jahre. Auf den beiden Masten findet man nunmehr die Radarantennen SPS-12 und SPS-8A, dazu noch vorne TACAN URN-3. Bemerkenswert ist die voluminöse Flakwanne, die ganz achtern unsymmetrisch angebracht wurde. Es befinden sich keine Katapulte mehr an Bord. USN

Rochester (CA-124)

20. 12. 46	Indienststellung,
22. 2. 47–4/47	Einfahrprobefahrt vor Kuba,
4/47–1/48	insgesamt neun Reservisten-Trainingsfahrten,
20. 2. 48	Abfahrt ins Mittelmeer,
1. 3. 48	Flaggschiff »6th Task Fleet«,
14. 6. 48	Ende des Mittelmeer-Einsatzes; als Flaggschiff durch USS *Fargo* abgelöst,
27. 6. 48	Ankunft Ostküste; Reservisten-Trainingsfahrten nach Bermuda, New Brunswick und Jamaica; Anfang
10/48	Werftüberholung bei Boston N.Sh., dabei Entfernung der Katapulte und Umstellung auf Hubschrauber,
5. 1. 50	Abfahrt zur Pazifikflotte,
4/50	von Long Beach aus Fahrt in den Südpazifik; unterwegs in Pearl Harbor den CINCPACFL, Admiral Radford, an Bord genommen; hiernach in Guam den COM 7th Fleet, Vice-Admiral Struble, an Bord genommen; Abfahrt zu den Philippinen,

7/50	mit TF 77 als Trägerbegleitschutz nach Korea; dort Küstenbeschuß und Landungsunterstützung; während 198 Seetagen vor Korea wurden 3265 20,3-cm-Geschosse und 2339 12,7-cm-Geschosse verschossen,
10. 1. 51	von Sasebo Abfahrt zur Westküste,
2–5/51	Werftüberholung bei Mare Island N.Sh.; danach Schulung von Besatzungen reaktivierter Schiffe,
27. 8. 51	Abfahrt zu Übungen bei Hawaii; anschließend Weiterfahrt in den Westpazifik,
21. 11. 51	Ankunft Yokosuka; ab
28. 11. 51	wieder vor der koreanischen Küste; Ende
4/52	Rückkehr zur Westküste,
7. 12. 52	erneut mit TG 77.1 vor der ostkoreanischen Küste,
6. 4. 53	Rückkunft Long Beach,
4. 5.–7. 9. 53	Werftüberholung bei Mare Island N.Sh.; dabei Ersatz der 40-mm- und 20-mm-Flak durch 7,6-cm-L/50,
5. 1. 54	Abfahrt in den Westpazifik; Operationen bei der 7. Flotte,
29. 5. 54	von Yokosuka Abfahrt zur Westküste,
2/55–6. 8. 55	fünfte Einsatzfahrt in den Westpazifik,
19. 11. 55–7. 3. 56	Werftüberholung bei San Francisco N.Sh.,
29. 5.–16. 12. 56	sechste Einsatzfahrt in den Westpazifik; Anfang
6/57	Flottenadmiral Nimitz an Bord; inspiziert die 1. Flotte,
3. 9. 57–24. 3. 58, 6. 1.–17. 6. 59, 5. 4.–29. 10. 60	siebente, achte und neunte Einsatzfahrt in den Westpazifik,
15. 8. 61	Außerdienststellung.

Die ersten drei Jahre nach der Fertigstellung verbrachte *Rochester* (CA-124) im atlantischen Bereich, mit einer Einsatzfahrt ins Mittelmeer. Nachdem im Herbst 1953 bei Mare Island die 7,6-cm-Flak an Bord kam, fuhr das Schiff in den Westpazifik, wo im März 1954 dieses Foto entstanden sein soll. Anfang 1952 ersetzte man auf dem vorderen Mast SG-6-Radar durch SPS-6B. USN

Dieses Foto des Mittelschiffes der *Rochester* entstand im August 1960 in einem japanischen Hafen, als das Schiff – ein Jahr vor der Außerdienststellung – SPS-12- und SPS-8A-Radar führte. Hier wird auch ersichtlich, daß das achtere FLG Mk 34 bereits entfernt war. Bemerkenswert sind die schlanken Stützen für vier von sechs FLG Mk 56. Auf dem achteren Mast sind einige ECM-Antennen zu beobachten. TM

CA *Des-Moines*-Klasse

Mit der Schaffung dieser Klasse wurden zugleich Höhepunkt und Abschluß bei der Entwicklung der amerikanischen Schweren Kreuzer erreicht. Generell vom Äußeren den Vorgängern der *Oregon-City*-Klasse ähnlich, haben diese Schiffe mit den vorangegangenen die Disposition der Bewaffnung und der Feuerleitgeräte gemeinsam. Diese Klasse beinhaltet die Summe aller Kriegserfahrungen, und ihre Schiffe sind zugleich (mit Ausnahme der *Alaska*-Klasse!) die größten Kreuzer, die jemals gebaut worden sind. Das gegenüber *Oregon City* um rund 4000 ts höhere Gewicht ist vor allem durch die Einführung der ersten vollautomatischen 20,3-cm-Geschütztürme der Welt bedingt. Diese Türme gewährleisteten eine mögliche Schußfolge von 20 Schuß je Rohr und Minute. Verständlicherweise mußte bei einer solchen Schußfolge mehr Munition gelagert werden, was die Einplanung von geräumigeren Magazinen notwendig machte. Der weitere Anteil der zusätzlichen Wasserverdrängung kam einer verbesserten Panzerung zugute. Erstmalig auf einem Schweren Kreuzer wurden serienmäßig die neu eingeführten 7,6-cm-Geschütze L/50 installiert, nachdem die Kriegserfahrung im Pazifik gezeigt hatte, daß gegen die japanischen »Kamikaze«-Flugzeuge die 20-mm-Flak ziemlich wirkungslos war und daß diese Flugzeuge oft auch von der 40-mm-Bofors nicht von ihrem gezielten Flug abgebracht werden konnten. Zur Verbesserung der Leistung der 12,7-cm-Flak wurden auf Schiffen der *Des-Moines*-Klasse zwei weitere Mk-37-Leitgeräte aufgestellt, während hier erstmalig für die Feuerleitung der 20,3-cm-Artillerie die FLG Mk 54 verwendet wurden.

Die 20-mm-Flak wurde – soweit überhaupt installiert – sehr bald wieder entfernt. Die bereits installierten Flugzeugkatapulte wurden ebenfalls entfernt und die Flugzeuge durch Hubschrauber ersetzt. Der im Achterschiff als Hangar vorgesehene Raum diente fortan zur Lagerung der Verkehrsboote, deren Transport mittels des Kranes erfolgte.

In der Absicht, vollautomatische Hauptartillerie einzusetzen, zeigt die *Des-Moines*-Klasse Parallelen zur nachfolgenden *Worcester*-Klasse. So begann die Navy bereits 1937 mit den ersten Überlegungen bezüglich der Entwicklung von vollautomatischen Zwillings- bzw. Drillingstürmen. Diese Überlegungen waren etwa 1943 abgeschlossen, so daß man sofort im Anschluß daran begann, einen Kreuzertyp zu planen, der um eine Hauptwaffenanlage von drei Drillingstürmen herum konzipiert war. Zu jener Zeit war mit der Entwicklung von 20,3-cm-Geschütztürmen mit einer Schußfolge, die dreimal so hoch war wie die der herkömmlichen Geschütze, ein Durchbruch in der Waffentechnologie erzielt, der die Kategorie der Schweren Kreuzer sehr aufwertete; befreite er sie doch vom größten Handicap, der zu langsamen Schußfolge, was einer der Gründe für den damals forcierten Bau der Leichten Kreuzer mit ihren schneller feuernden 15,2-cm-Geschützen gewesen war. Es ist nicht uninteressant zu erfahren, daß die Absicht bestanden hat, die *Oregon-City*-Klasse mit drei Zwillingstürmen des neuen Modells zu bewaffnen. Die Navy jedoch war bestrebt, für solche Geschütztürme einen neuen Schiffsentwurf zu entwickeln. Diese Entscheidung fiel Mitte 1943.

Dies sollte eine Klasse von mindestens acht Einheiten werden. Auch noch nach Kriegsende hätte sich die Navy gewünscht, die Klasse mit acht Einheiten zu komplettieren. Die sich damals abzeichnende Erwartung, die sich auf die Möglichkeiten und Wirkungen von Lenkwaffen und Marschflugkörpern konzentrierte, schmälerte die Chancen für die Zukunft der Schiffsartillerie generell, obwohl man bereits während des Koreakrieges erneut die Erkenntnis gewonnen hatte, daß weitreichende Schiffsartillerie zur Unterstützung von Landungstruppen von großer Wichtigkeit war. So war das letzte aktive Schiff dieser Klasse, USS *Newport News* (CA-148) auch intensiv bei der Feuerunterstützung vor der Vietnam-Küste tätig.

Die Wichtigkeit dieses Schiffstyps erwies sich zu Beginn der 80er Jahre, als die Regierung Reagan an die Reaktivierung der Schlachtschiffe der *Iowa*-Klasse ging. Dabei kam eine Reaktivierung der in Reserve liegenden *Des Moines* (CA-134) und *Salem* (CA-139) immer wieder als eine mögliche Alternative zur Diskussion. Bei der Suche nach Schiffen mit ausreichendem artilleristischen Wert sowie mit einem ausreichenden Angebot an Räumen und Einrichtungen für einen Verbandsstab und mit ausreichend Decksfläche für die Aufstellung von Schiff/Schiff-FK-Startern, waren diese Schiffe die einzigen ernsthaften Kandidaten (neben den Schlachtschiffen) für eine Reaktivierung. Letztlich mußte eine Navy-Studie doch unter Nachweis bringen, daß – stets auch mit Blick auf die Kostenwirksamkeit – die Reaktivierung der Schlachtschiffe nützlicher war als die der beiden Schweren Kreuzer.

Von der *Des-Moines*-Klasse wurden nur drei Schiffe fertiggestellt. Neun weitere Schiffe wurden bei Kriegsende 1945/1946 vom Bau suspendiert.

Kennung	Name	Etat	Kiellegung	Bauwerft	Verbleib
CA-140	*Dallas*	42	15. 10. 1945	Bethl. Quincy	6. 6. 1946 Bau abgebr.
CA-141		42		Bethl. Quincy	7. 1. 1946 Bau suspend.
CA-142		42		Bethl. Quincy	7. 1. 1946 Bau suspend.
CA-143		42		Bethl. Quincy	7. 1. 1946 Bau suspend.
CA-149		43		Newport News	12. 8. 1945 Bau suspend.
CA-150	*Dallas*	45		New York S.B.	28. 3. 1945 Bau suspend.
CA-151 b. 153		45		New York S.B.	28. 3. 1945 Bau suspend.

Des Moines (CA-134)

16. 11. 48	Indienststellung; danach im Atlantik,
1949–57	Wechsel zwischen Operationen an der Ostküste, in der Karibik und im Nordatlantik mit jährlichen Einsatzfahrten ins Mittelmeer als Flaggschiff der – zunächst – »6th Task Fleet«, später – ab 1950 – der »6th Fleet«; außerdem
1952 u.	jährlich sommerliche Kadettenfahrt, u.a. Besuche
1954–57	in nordeuropäischen Häfen,
2/58–7/61	letztmalig Flaggschiff der 6. Flotte,
14. 7. 61	Außerdienststellung.

Diese Breitseit-Luftaufnahme vom Leitschiff der Klasse *Des Moines* (CA-134) entstand am 15. November 1948, also einen Tag vor der offiziellen Indienststellung. Dies war die erste Klase von amerikanischen Kreuzern, deren Schiffe von vornherein 7,6-cm-Flak L/50 erhielten. Offensichtlich gab es 1948 noch Schwierigkeiten bei der Belieferung: wie man sieht, sind hier die beiden Wannen neben dem Schornstein noch unbesetzt. Zu Beginn führte *Des Moines* die Radarantenne SR-3 und SP. Es ist bemerkenswert, daß dieses Schiff – offenbar aus vertraglichen Gründen – mit zwei Katapulten fertiggestellt wurde zu einem Zeitpunkt, als auf anderen Schiffen längst ein Katapult ausgebaut worden war. USN

Die Eleganz dieses Entwurfes kommt auf diesem am 2. August 1950 vor Toulon aufgenommenen Foto zum Ausdruck. Mit Rücksicht auf die Abmessungen und auf die dichte Schußfolge der neuen 20,3-cm-Geschütze Mk 16 mußten größere Munitionsmagazine vorgesehen werden. Dies bewirkte, daß insbesondere das Vorschiff länger werden mußte. Hier hat das Schiff vorübergehend die Höchstdotierung von vierundzwanzig 7,6-cm-Geschützen. Die sehr hohen Sockel sind kennzeichnend für die FLG Mk 54, die in Zusammenwirkung mit FL-Radar Mk 13 eingesetzt wurden. Anstelle der beiden Katapulte findet man jetzt eine Landefläche für Hubschrauber, die ab den 50er Jahren zunehmend eingeführt wurden. SPS-6B-Radar löste auf dem vorderen Mast SR-3 ab. MB

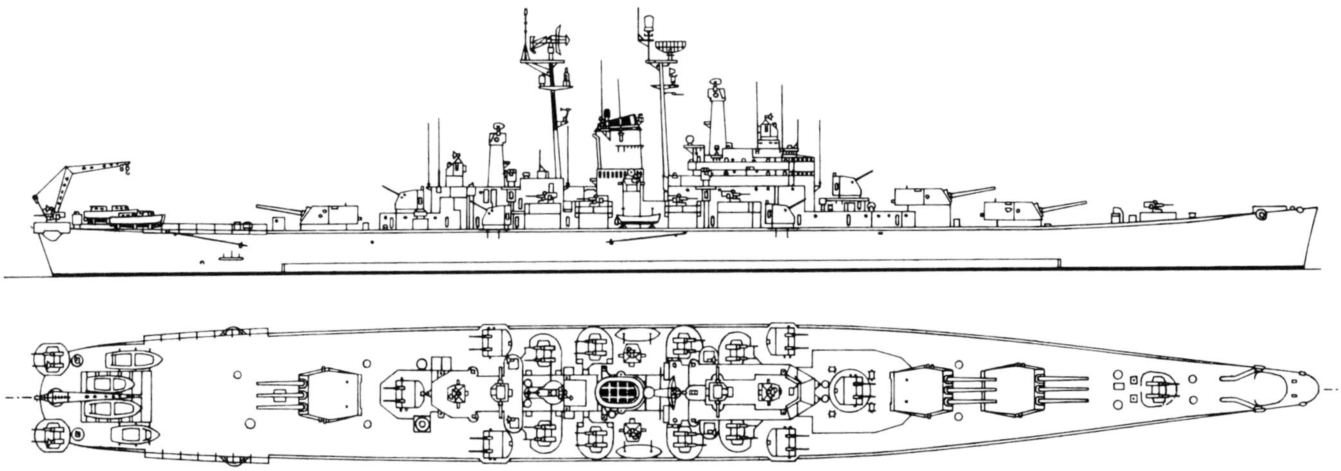

Des Moines (CA-134), Aussehen kurz vor der Außerdienststellung im Jahre 1961.

Dieses wunderschöne Foto der *Des Moines* wurde von einem Hubschrauber des Flugzeugträgers *Essex* (damals CVA-9) am 16. Dezember 1959 im Mittelmeer aufgenommen, als das Schiff zum letztenmal Flaggschiff der VI. Flotte war. Anstelle von SP-Radar findet man jetzt SPS-8A und auf dem Vordermast TACAN URN-3. Nach der Entfernung der vorderen Doppellafette beläuft sich nun die Anzahl der 7,6-cm-Rohre auf 22. USN

Salem (CA-139)

14. 5. 49	Indienststellung,
7–10/49	Einfahrprobefahrten vor Kuba, danach Werftzeit bei Boston N.Sh.,
11–12/49	noch weitere Fahrten nach Guantanamo; Anfang
1950	Manöver im Atlantik,

Nur wenige Tage vor der Indienststellung, am 9. Mai 1949, aufgenommen: *Salem* (CA-139) im Hafen von Boston, nahe der Bauwerft. Das Schiff hat dabei alle vierundzwanzig 7,6-cm-Flak an Bord, jedoch keine Katapulte. Hier gab es auch von Anbeginn die schwarze Schornsteinkappe. USN

3. 5. 50	erste Fahrt ins Mittelmeer; Flaggschiff der 6. Flotte am
17. 5. 50	anstelle von *Newport News* (CA-148),
22. 9. 50	durch *Newport News* abgelöst; Rückkehr zur Ostküste; ab
3. 1. 51	drei Monate intensive Schießübungen vor Guantanamo,
20. 3. 51	Beginn der zweiten Einsatzfahrt bei der 6. Flotte, *Newport News* ablösend,
19. 9. 51	durch *Des Moines* (CA-134) abgelöst; Rückkehr zur Ostküste; bis
1/52	Werftüberholung in Boston,
19. 4. 52	dritte Fahrt ins Mittelmeer; am
28. 4. 52	Flaggschiff anstelle von *Newport News,*
29. 9. 52	durch *Des Moines* abgelöst,
9. 10. 52	Rückkunft Boston,
17. 4. 53	weitere Fahrt ins Mittelmeer; *Newport News* abgelöst,
9. 10. 53	durch *Des Moines* abgelöst,
24. 10. 53	Rückkehr nach Boston; Werftüberholung,
30. 4. 54	fünfte Fahrt ins Mittelmeer,
22. 9. 54	durch *Des Moines* abgelöst,
10–11/54	Manöver Nordatlantik,
1–2/55	Reservisten-Trainingsfahrt nach Guantanamo,
2. 5. 55	sechste Fahrt ins Mittelmeer,
19. 5. 55	*Newport News* als Flaggschiff abgelöst,
2. 10. 55	Rückkunft in Boston; vier Monate Werftüberholung,
16. 2. 56	siebente Fahrt ins Mittelmeer; 20 Monate lang permanentes Flaggschiff der 6. Flotte mit Heimathafen Villefranche; während dieser Periode u. a. auch Suez-Krise,
4. 7. 58	Rückkehr Ostküste,
11. 8. 58	Flaggschiff der 2. Flotte anstelle von *Northampton* (CLC-1),
2. 9. 58	10-Tagesfahrt ins Mittelmeer,
30. 1. 59	Außerdienststellung.

Während der fünften Einsatzfahrt ins Mittelmeer aufgenommen: *Salem,* am 9. Juni 1954, vor Toulon. SP-Radar wurde durch SPS-8A ersetzt. Das Sonnensegel reicht nunmehr weiter nach vorne. MB

Dieses schöne Foto zeigt *Salem* am 6. Juni 1952 im Mittelmeer, als der Kreuzer Flaggschiff der VI. Flotte war. Gegenüber 1950 hat sich das Aussehen (mit Ausnahme von SPS-6B-Radar) kaum verändert. Mehrere Verkehrsboote befinden sich auf der Schanz. Es ist zu bemerken, daß oberhalb des Niveaus der Schornsteinkappe der achtere Mast schwarz angestrichen wurde. Sonnensegel um die Barbette von Turm B. USN

Newport News (CA-148)

29. 1. 49	Indienststellung.
1950–61	jährliche Einsatzfahrten ins Mittelmeer im Wechsel mit Flottenmanövern und Kadetten-Trainingsfahrten in der Karibik und im Westatlantik,
1957	Syrien-Krise,
3/60	Hilfsaktion beim Erdbeben in Agadir,
6/61	Santo-Domingo-Krise; Winter zu
1962	Werftzeit mit Modifikationen als Flottenflaggschiff,
8/62	als Flaggschiff COM 2nd Fleet NATO-Manöver und Besuch nordeuropäischer Häfen,
10/62	Belagerung Kubas, immer noch Flaggschiff der 2. Flotte,
1963–67	Operationen und Kadetten-Trainingsfahrten Ostküste und Karibik,
1965	Santo-Domingo-Krise,
6/65	Werftüberholung,
19. 9. 67	COM 2nd Fleet wechselt auf *Springfield* (CLG-7); um
5. 9. 67	Abfahrt in den Westpazifik,
9. 10. 67	Ankunft Da Nang, Vietnam; Flaggschiff COMCRUDESFLOT 3,
10/67–4/68	Operationen und Küstenbeschuß vor Vietnam,
13. 5. 68	Rückkehr Ostküste,
1–6/70	Routine-Werftzeit bei Norfolk N.Sh.,
6. 8. 70	»Commander IIId Fleet« kommt an Bord; für den Rest des Jahres Operationen Ostküste,
1971	bis zur Jahresmitte Operationen und Manöver Ostküste; ab
9–10/71	Besuche in Portsmouth (England), Amsterdam, Oslo, Rosyth, Kopenhagen, Helsinki und Hamburg,
31. 10. 71	Rückkunft Norfolk; für den Rest des Jahres lokale Operationen zwischen Norfolk und Newport,
1–2/72	Operationen und Übungen Ostküste,
3/72	Besuche in Venezuela und Columbien; ab
13. 4. 72	Fahrt durch den Panamakanal in den Pazifik,
26. 4. 72	Kurzer Aufenthalt in Pearl Harbor,
2. 5. 72	Schiff wird dem Kommandanten der 7. Flotte unterstellt,

Newport News (CA-148) war das einzige Schiff der *Des-Moines*-Klasse, das nahezu 26 Jahre lang ununterbrochen im aktiven Dienst stand. Das vorliegende Ausschnitt-Foto wurde 1956 in Hamburg aufgenommen, als mehrere Schiffe der II. Flotte zu Besuch weilten. Zu diesem Zeitpunkt hatte *Newport News* an Radaranlagen SPS-6B und SPS-8A sowie TACAN URN-3. Te

Im gleichen Zustand präsentiert sich *Newport News* auf diesem undatierten Foto, das aber vor 1962 aufgenommen worden sein muß. Hier fehlt der vordere 7,6-cm-Zwilling. USN

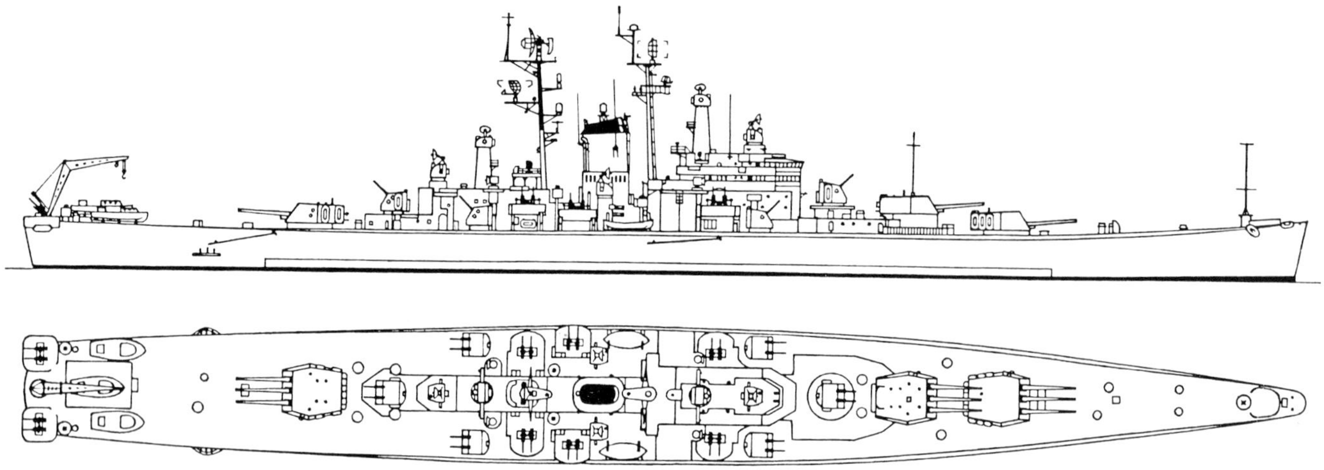

Newport News (CA-148), Aussehen 1962, nach der Modifikation als Flottenflaggschiff. Um diese Zeit führte das Schiff nur noch sechzehn 7,6-cm-Rohre. (KDS)

3. 5. 72	Guam und
6. 5. 72	Subic Bay; ab
11. 5. 72	Operationen und Küstenbeschuß vor Vietnam mit Zwischenaufenthalten in Subic Bay und Hong Kong; dabei am
1. 10. 72	während des Küstenbeschusses Explosion in Turm B; mittleres Geschützrohr zerstört; Stillegung des ganzen Turmes für den Rest der Dienstzeit,
2. 12. 72	Abfahrt von Subic Bay in Richtung Panamakanal,
24. 12. 72	Rückkunft Norfolk,
1–6/73	Operationen Ostküste,
17. 7.–9. 8. 73	kurze Eindockungsperiode in Baltimore,
18. 9. 73	Abfahrt zu Besuchen nach Portsmouth (England), Oslo, Kopenhagen, Rotterdam und Lissabon,
8. 11. 73	Rückkunft Norfolk; Operationen Ostküste,
1–9/74	Operationen und Manöver Ostküste,
9/74	Besuche in Oslo, Kopenhagen, Amsterdam, Portsmouth, Lissabon,
30. 10. 74	Rückkunft Norfolk,
27. 6. 75	Außerdienststellung.

Newport News weilte mehrmals in Hamburg und Kiel. Das vorliegende Foto zeigt das Schiff auf der Elbe, am Ende eines Besuches im Hamburger Hafen 1966. Hier wird das Aussehen des Schiffes nach dem 1962 durchgeführten Flaggschiff-Umbau deutlich. Zu diesem Zeitpunkt gab es nur noch acht 7,6-cm-Rohre an Bord. Die SPS-6-Antenne wich vorne SPS-37 und wurde unterhalb von SPS-8A auf eine Konsole des achteren Mastes gesetzt. Zu diesem Zeitpunkt wurde die TACAN-Anlage offensichtlich nicht geführt. Bemerkenswert ist die achtern auf dem Kran aufgesetzte Funkantenne.
Te

Dieses Foto erhielt der Verfasser am 21. Oktober 1971 vom Kommandanten der *Newport News,* anläßlich eines Besuches in Hamburg. Der Zeitpunkt der Aufnahme ist nicht datiert, aber das Foto zeigt das Aussehen des Schiffes zwischen dem Flaggschiff-Umbau Mitte 1962 und 1971. Markant ist hierbei der Wegfall der beiden zweiten seitlichen 7,6-cm-Flakstände und der Ersatz derselben durch geschlossene Aufbauten, in denen sich zusätzliche Räume zur Unterbringung von Angehörigen des Flottenstabes befinden. Deutlich sichtbar sind auf diesem Bild die zahlreichen Peitschenantennen, allen voran die Funkantenne auf der Back. USN

Nach Abschluß der »Abschiedsbesuche« in west- und nordeuropäischen Häfen: *Newport News,* Ende Oktober 1974 definitiv im Hafen von Norfolk. Nach der Explosion am 1. Oktober 1972 vor Vietnam wurde das mittlere 20,3-cm-Rohr entfernt und der Turm B bis zum Ende der Dienstzeit stillgelegt. Bis zuletzt blieben die Radarantennen SPS-37, SPS-8A und SPS-6B an Bord; dies auch, nachdem das Schiff nach Philadelphia zur Reserveflotte überführt und 1978 aus der Schiffsliste gestrichen wurde. USN

Etwa zehn Monate vor der Aussonderung: *Newport News,* aufgenommen im Oktober 1974 irgendwo im Atlantik. Die Feuerleitelektronik ist mit vier Mk 37 und vier Mk 56 immer noch sehr gut vertreten, obwohl sich zu diesem Zeitpunkt gar keine 7,6-cm-Geschütze an Bord befinden. In der dritten Flakwanne findet man jetzt einen zweiröhrigen Werfer Mk 28 für Radartäuschraketen, dies natürlich an Backbord wie an Steuerbord. USN

CL *Worcester*-Klasse

Die jeweilige Weiterentwicklung der nachfolgenden Klasse ist bei amerikanischen Kreuzern relativ deutlich erkennbar. Man kann dabei folgende Evolutionen feststellen:

- ☐ bei den CA *Wichita/Baltimore/Oregon City/ Des Moines,*
- ☐ bei den CL *Brooklyn/Cleveland/Fargo,*
- ☐ bei den späteren CLAA *Atlanta/Oakland/ Worcester*

Hieraus ist ersichtlich, daß die *Worcester*-Klasse die letzte Entwicklungsstufe der vor Beginn des Zweiten Weltkrieges begonnenen Fla-Kreuzer darstellt, obwohl diese zu jener Zeit noch nicht als CLAA, sondern als CL klassifiziert waren.

Mehrere »firsts« gehörten zu diesem Entwurf. Es sind einmal die schwersten Leichten Kreuzer der U.S. Navy, gewichtiger als manche Schwere Kreuzer davor. Auf diesem letzten Originalentwurf für amerikanische Leichte Kreuzer findet man zugleich erst- und letztmalig die damals entwickelten vollautomatischen Fla-Türme 15,2 cm L/47, die zugleich als Seezielartillerie gegen Zerstörer hätten eingesetzt werden können – gegenüber den Klassen *Atlanta* und *Oakland* also eine deutliche Verbesserung. Die Vorhaltung von je zwei Mk 34 FLG mit FL-Radar Mk 13 und vier FLG Mk 37 mit FL-Radar Mk 25 war eine weitere Verbesserung, zumal wenn man weiß, daß diese Geräte jeweils auch auf ein anderes Waffensystem umgeschaltet werden konnten. Mit Rücksicht auf die verbesserte Wirkung auch gegen Seeziele durch die schneller feuernden, jedoch in der Zahl gleichgebliebenen 15,2-cm-Geschützrohre, können diese beiden Schiffe zugleich auch als legitime Nachfolger der *Cleveland/Fargo*-Klassen angesehen werden. Das Kriegsende verhinderte die Nutzung dieser Vorteile.

Vom Aussehen her ähnelte nur das Mittelschiff etwas der davorliegenden *Oakland*-Klasse, während die längeren (und damit schwereren) 15,2-cm-Türme eine größere Länge des Schiffskörpers erforderlich machten, da sie in der gleichen Weise wie auf *Oakland* aufgestellt waren, aber auch deswegen, weil im Achterschiff, ähnlich wie bei der *Des-Moines*-Klasse, ein Unterbringungsraum für die Verkehrsboote vorgesehen war. All dies zusammen führte zu der gegenüber der *Atlanta*-Klasse mehr als doppelt so hohen Wasserverdrängung. Dies waren zugleich die ersten und die letzten Leichten Kreuzer, auf denen von Anbeginn 7,6-cm-L/50-Doppellafetten installiert waren. Wie bekannt wurde, konnten diese Schiffe mit einer Maschinenleistung von 30 000 PS 15 kn Rückwärtsfahrt machen. Wie schon erwähnt, bezog sich das Konzept für diese Klasse vor allem auf den Einsatz der neuen 15,2-cm-Fla-Türme. Die ersten Absichten hinsichtlich einer möglichen Verwendung eines solchen Turmes gingen auf das Jahr 1936 zurück, als es darum ging, entsprechend den Beschränkungen der zweiten Londoner Flottenkonferenz kleinere Leichte Kreuzer mit einer Wasserverdrängung von knapp 8000 ts zu bauen. Diese Planungen führten letztlich zum Bau der *Atlanta*-Klasse, die jedoch noch mit 12,7-cm-Fla-Türmen gebaut werden mußte, weil 15,2-cm-Türme damals noch nicht zur Verfügung standen. Es gab für die *Worcester*-Klasse in allem zehn Vorentwürfe, bevor dann der elfte zum baureifen Entwurf wurde. Wie sehr diese Schiffe auf die Einführung der damals neuen 15,2-cm-Türme ausgerichtet waren, wird deutlich, wenn man bedenkt, daß bei der Länge der Schiffe und bei deren Wasserverdrängung bequem hätten 20,3-cm-Geschütztürme aufgestellt werden können. In der Tat bestand eine Zeitlang die Absicht, vier Schiffe mit 15,2-cm- und drei mit 20,3-cm-Türmen auszustatten. Der Vorentwurf J, einer von zehn durchgerechneten, sah Schiffe mit nur einem Schornstein vor. Der große Raumbedarf der sechs Türme führte zu einer einmaligen Anordnung der Maschinenanlage: vorne wurden die beiden Dampfturbinen in getrennten Räumen zusammen mit ihren dazugehörigen Kesseln gepaart, während achtern, wo dies die beschränkte Schiffsbreite nicht zuließ, in üblicher Weise zwei Kesselräume und ein Turbinenraum hintereinander angeordnet wurden. Es verlautet, daß der Schiffsentwurf in bezug auf das Verhalten in See nicht ganz zufriedenstellend ausgefallen sein soll. Infolge des relativ niedrigen Mittelschiffes wurde viel Seewasser übernommen. Auch sollen die 15,2-cm-Türme weit weniger zuverlässig gewesen sein als die bei der *Des Moines*-Klasse eingeführten schnell feuernden 20,3-cm-Drillingstürme. Auch bei der *Worcester*-Klasse war ganz achtern eine Flugzeuganlage mit zwei Katapulten und einem Unterdeckhangar im Achterschiff vorgesehen. Die Katapulte wurden aber noch vor der Indienstnahme der Schiffe wieder entfernt. Was übrigblieb, war der schwere Flugzeugkran, mittels dessen fortan die Verkehrsboote in den zweckentfremdeten Hangar gehoben wurden.

Bemerkenswert ist bei diesem Typ – im Gegensatz zur *Cleveland*-Klasse – die offensichtlich zur Vermeidung der Topplastigkeit eingeplante Weglassung der mittleren Artillerie des Kalibers 12,7 cm. Da die Planung jedoch mitten im Kriege durchgeführt wurde, verwundert es nicht, daß Maschinenflak in großer Anzahl vorgesehen war. Ursprüngliche Planungen sahen die Aufstellung von elf Vierlingen und zwei Zwillingslafetten der 40-mm-Bofors und von zwanzig 20-mm-Rohren vor.

Dann aber wurde bei Kriegsende die Entwicklung der neuen 7,6-cm-L/50-Flak abgeschlossen, und beide fertiggestellten Schiffe dieser Klasse erhielten letztlich elf Zwillingslafetten und zwei Einzelgeschütze dieses Kalibers. Nachdem zunächst in den 50er Jahren die vorderste Zwillingslafette entfernt wurde, wurden auf *Worcester* zwischen 1955 und 1958 die 7,6-cm-Rohre nochmals stark reduziert.

Gegenüber der *Atlanta*- und der *Oakland*-Klasse war dies alles in allem ein bedeutender Fortschritt, nicht nur infolge der Massierung der Flak an sich, sondern auch weil

- ☐ durch die Verwendung von Geschossen mit Annäherungszünder weit bessere Schießerfolge erzielt wurden,
- ☐ infolge des Vorhandenseins von weit mehr Feuerleitgeräten das Fla-Feuer viel konzentrierter geleitet werden konnte.

Über die elektronische Ausrüstung werden nachfolgend noch präzisere Ausführungen gemacht, wofür insbesondere auf die Bildunterschriften hingewiesen wird. Dies gilt insbesondere für die Radarausstattung. In die end40er Jahre und -50er Jahre fiel die Zeit der zunehmenden Entwicklung der Ortungsanlagen, was Grund dafür war, daß auf diesen Schiffen innerhalb der relativ kurzen Dienstzeit nacheinander eine Reihe von Radaranlagen zum Einsatz kam.
Da trotz der größeren Wasserverdrängung gegenüber der *Cleveland*-Klasse die geforderte Höchstgeschwindigkeit von ca. 32 kn erreicht werden sollte, mußte die Maschinenanlage auf 120000 PS verstärkt werden.
Auch diese beiden Schiffe dienten nur knapp zehn Jahre, danach mußten sie den in Massen hinzukommenden Lenkwaffenschiffen weichen.
Von der *Worcester*-Klasse wurden nur zwei Schiffe fertiggestellt. Der Bau von weiteren acht Einheiten wurde bei Kriegsende 1945 suspendiert.

Kennung	Name	Etat	Kiellegung	Bauwerft	Verbleib
CL-146	*Vallejo*	43		New York S.B.	12. 8. 1945 Bau suspend.
CL-147	*Garry*	43		New York S.B.	12. 8. 1945 Bau suspend.
CL-154 bis 159		–		–	26. 3. 1945 Bau suspend.

15 Tage vor der Indienststellung: *Worcester* (CL-144), aufgenommen am 11. Juni 1948 während der Krängungsversuche in der Bauwerft in Camden, N.J. Die 7,6-cm-Geschütze befinden sich noch nicht an Bord. FLG Mk 37 sind für die Feuerleitung der 15,2-cm-Vollautomaten zuständig; man sieht jedoch hier deutlich, daß das ebenfalls vorhandene FL-Radar Mk 13 auf einem Sockel ruht, ohne daß hier FLG Mk 34 vorhanden ist. USN

Worcester (CA-144)

26. 6. 48	Indienststellung; zu CRUDIV 10; während des ersten Dienstjahres Einfahrprobe- und Ausbildungsfahrten entlang der Ostküste,
6. 9. 49	Abfahrt ins Mittelmeer,
10. 12. 49	Rückkehr Ostküste,
3. 5. 50	Abfahrt zur zweiten Mittelmeer-Einsatzfahrt; Abberufung von der 6th Task Fleet; Ende
7/50	via Suezkanal Abfahrt mit DESDIV 21 in den Fernen Osten,
19. 8. 50	Ankunft Okinawa,
20. 8. 50	vorübergehende Abkommandierung zur Formosa Patrol Force,
27. 8. 50	Abfahrt zu TF 77 mit *Philippine Sea* (CV-47) und *Valley Forge* (CV-45); Operationen vor der Küste von Korea,
7.–10. 9. 50	Zwischenaufenthalt in Sasebo, dann weitere Unterstützung der alliierten Landungen bei Inchon und Seoul;
27. 10. 50	Abfahrt von Yokosuka über Pearl Harbor und Panamakanal zur Ostküste,
21. 11. 50	Ankunft Philadelphia,
1. 12. 50– 20. 3. 51	Werftüberholung bei Boston N.Sh.,
15. 5. 51	Abfahrt zur dritten Mittelmeer-Einsatzfahrt; bis zur Mitte der 50er Jahre drei weitere Mittelmeer-Einsätze im Wechsel mit Operationen entlang der Ostküste und mit Besuchen europäischer Häfen,
1/56	Wechsel zur Pazifikflotte; danach noch zwei Einsatzfahrten mit der 7. Flotte,
19. 12. 58	Außerdienststellung.

Auch noch 1949, als dieses Foto aufgenommen wurde, führte *Worcester* SG-6- und SP-Radar. Zu bemerken ist, daß sich FLR Mk 13 achtern erhöht über Mk 37 befindet, während dies vorne umgekehrt der Fall ist.
USN

Am 3. Juli 1950, als dieses Foto vor Toulon aufgenommen wurde, weilte *Worcester* zum zweiten Mal im Mittelmeer. Zu den bisher vorhandenen Radarantennen kam noch SPS-6B hinzu – und wurde vor dem achteren Schornstein aufgestellt. Ein Verkehrsboot hängt gerade am Bootskran. Am Ende desselben Monats wurde der Kreuzer dringend per Suezkanal nach Korea abberufen.
MB

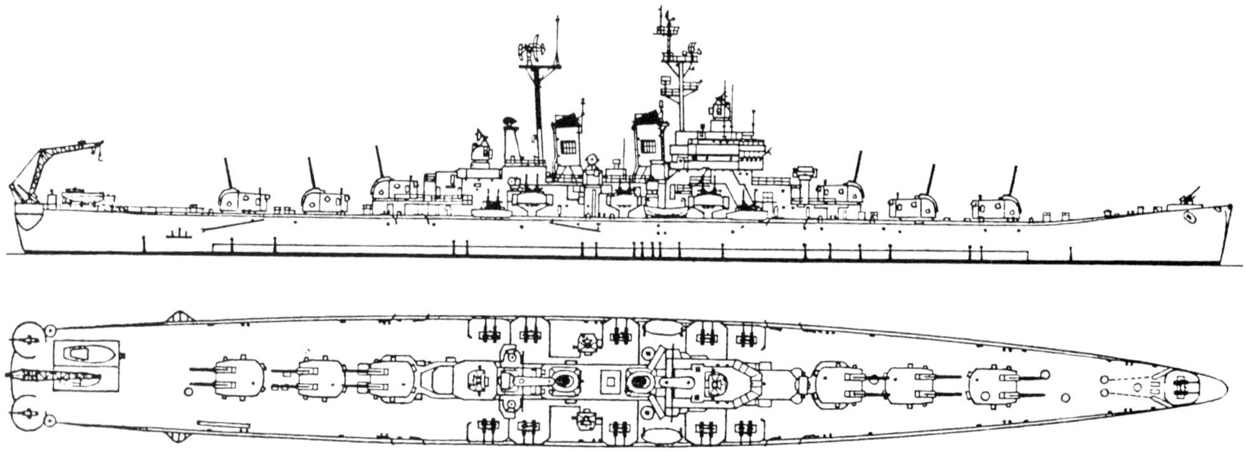

Diese Zeichnung stellt *Worcester* (CL-144) etwa Mitte 1954 dar, d. h. noch mit voller 7,6-cm-Geschütz-Dotierung, sowie mit Radar SPS-8A. Um diese Zeit befand sich allerdings auch die TACAN-Antenne URN-3 auf dem vorderen Mast. (KDS)

1956 oder 1957, als dieses Foto aufgenommen wurde, waren noch zweiundzwanzig 7,6-cm-Rohre an Bord. TACAN URN-3 kam ebenso hinzu wie SPS-8A, während SPS-6 nunmehr auf den vorderen Mast gesetzt wurde. Ende 1958 erfolgte dann die Aussonderung des Schiffes. RPh

Roanoke (CL-145)

4. 4. 49	Indienststellung; Einfahrprobefahrten in der Karibik; Verbleib im Atlantik, dort Übungsfahrten,
6. 1. 50–5/50	erste Einsatzfahrt im Mittelmeer; in den folgenden Jahren jährlicher Wechsel zwischen Operationen an der Ostküste und Einsatzfahrten zur 6. Flotte ins Mittelmeer; dabei im Sommer
1952	Kadetten-Trainingsfahrt in die Karibik und nach Nord-Europa,
5/55	Ende der letzten Mittelmeerfahrt,
22. 9. 55	Abfahrt zur Pazifischen Flotte; von Long Beach aus in den nächsten zwei Jahren insgesamt neun Reservisten-Trainingsfahrten; dazwischen
5–12/56	und
9–10/56	Einsatzfahrten in den Westpazifik,
31. 10. 58	Außerdienststellung.

Fast genau ein Jahr vor der Außerdienststellung, nämlich am 24. Oktober 1957, entstand dieses Detailfoto der *Roanoke* in einem japanischen Hafen. Eine Menge von »E«-Auszeichnungen findet man auf den Geschütztürmen, den FL-Geräten und auf der Brücke. Interessant ist auch das Aussehen der 15,2-cm-Doppeltürme. Im Gegensatz zum Schwesterschiff hat *Roanoke* offensichtlich niemals TACAN geführt. HF

Nach der Radarausstattung zu urteilen, muß dieses undatierte Foto von *Roanoke* (CL-145) in der zweiten Hälfte der 50er Jahre aufgenommen worden sein. Hier ist deutlich zu sehen, daß sich in den beiden achterlichen Wannen 7,6-cm-Einzellafetten befinden, die über FL-Radar verfügen. Dies dürfte Indiz dafür sein, daß hier die Feuerleitung durch FLG Mk 63 erfolgt, deren Stand zwischen den Wannen und den Booten zu beobachten ist. USN

Lenkwaffenkreuzer – Neu- und Umbauten 1952 bis 1962

CAG *Boston*-Klasse

Die erste Stufe des Aufbaus einer Lenkwaffenflotte für die U. S. Navy fand ihre Realisation im Umbau vorhandener Kreuzer, von denen nach Kriegsende ausreichend zur Verfügung standen. So wurden zunächst ab 1952 die beiden Schweren Kreuzer *Boston* (CA-69) und *Canberra* (CA-70) als CAG-1 bzw. CAG-2 umklassifiziert. Das »A« in der Kennung dokumentierte den Teilumbau, bei dem das vordere Schiffsdrittel nach wie vor Aussehen und Eigenschaften eines Schweren Kreuzers behielt, samt den beiden vorderen 20,3-cm-Drillingstürmen. Der Tendenz der Zeit entsprechend wurden die beiden dünneren Schornsteine zu einem dickeren zusammengefaßt; hinter dem Brückenaufbau wurde anstelle des Pfahlmastes ein neuer Vierbeingittermast aufgestellt, auf dem die zahlreicher gewordene Ortungselektronik plaziert wurde. Das wichtigste und markanteste Umbaumerkmal war die Errichtung zweier langgestreckter Lenkwaffenmagazine achtern, auf denen je ein Doppelstarter Mk 10 für den damals neuen Flugkörper Terrier I installiert wurde. In den beiden Magazinen konnten insgesamt 144 Flugkörper untergebracht werden, eine auch für gegenwärtige Verhältnisse sehr hohe Anzahl. Dieser erste operativ eingesetzte Flugkörper hatte noch eine geringe Reichweite (nur 12 Sm). Im achteren Bereich der Schiffe mußte je ein Drillingsturm 20,3 cm und ein Doppelturm 12,7 cm aufgegeben werden. Jedoch mit sechs 20,3-cm-Rohren und zehn 12,7-cm-Geschützen waren diese beiden Schiffe auch für den artilleristischen Einsatz noch recht gut ausgerüstet, obwohl dabei die Leistung dadurch geschmälert wurde, daß für diese Geschütze nur je ein FLG Mk 34 und Mk 37 zur Verfügung standen. Auch die Anzahl der 7,6-cm-L/50-Doppelflak wurde von 14 auf 10 (während des Umbaus) und später auf nur noch 8, also auf vier Doppellafetten reduziert. Die Schiffselektronik wechselte in all den Jahren der Dienstzeit mehrfach, wie nachfolgend in den Bildunterschriften festzustellen sein wird. U-Jagdwaffen gab es hier zu keinem Zeitpunkt.

Während der letzten Dienstperiode wurden diese beiden Schiffe wegen der Veralterung des Terrier-I-Systems nur noch als Feuerschutzschiffe vor der Küste von Vietnam eingesetzt, wobei sie am 1. 5. 1968 wieder als CA-69 und 70 zurückklassifiziert wurden. Dabei wurden die Lenkwaffenanlagen zwar stillgelegt, jedoch nicht entfernt. Die seinerzeitige Annahme, daß *Boston* an die Türkei verkauft werden sollte, hat keine Realisation gefunden.

Boston (CAG-1)

1. 11. 55	Zweite Indienststellung, nunmehr als CAG-1,
30. 1. 56	Einfahrprobefahrt in die Karibik,
26. 2. 56	Flaggschiff CRUDIV 6,
15. 4. 56	Rückkehr von Probefahrten,
6–11/56	Lenkwaffentests,
25. 10.– 6. 11. 56	Manöver Atlantikküste,
23. 11. 56	Abfahrt zur ersten Mittelmeer-Einsatzfahrt,
19. 3. 57	Rückkehr nach Norfolk; Anfang
6/57	Teilnahme an der Flottenparade vor Jamestown,
6–7/57	Kadetten-Trainingsfahrt nach Kuba und Chile,
3. 9.–22. 10. 57	NATO-Manöver Nordatlantik,
25. 11. 57	Werftzeit bei Norfolk N.Sh.,
6–9/58	bei der 6. Flotte im Mittelmeer (2. Einsatzfahrt),
11/58	Manöver in der Karibik,
1–7/59	Operationen Ostküste,
8/59	für sieben Monate im Mittelmeer (3. Einsatzfahrt); ab
27. 2. 60	Werftinstandsetzung, fünf Monate lang bei Charleston N.Sh., danach Operationen Ostküste und im Nordatlantik,
10–12/60	vierte Fahrt zur 6. Flotte,
21. 12. 60	Rückkehr nach Boston; Operationen und Manöver mit der 2. Flotte an der Ostküste,
23. 9. 61	Werftinstandsetzung bei Charleston N.Sh.,
11. 12. 61–	fünfte Fahrt ins Mittelmeer; danach Operationen Ostküste,
5. 3. 62	Abfahrt zur sechsten Mittelmeerfahrt,
3. 8. 62	sechs Wochen lang Flaggschiff 6. Flotte,
17. 9. 62	Abfahrt zur Ostküste; Werftinstandsetzung bei Boston N.Sh. für vier Monate (u.a. Installation von SPS-30-Radar) bis
16. 2. 63	danach Operationen Ostküste und Karibik,
7/63, 1964–1967	Wechsel zwischen Operationen an der Ostküste und Einsatzfahrt ins Mittelmeer; dazwischen ein Feuerschutzeinsatz vor der Vietnamküste,
28. 3. 68	Beginn der zweiten Vietnam-Einsatzfahrt,
27. 4. 68	Ankunft Vietnam; Küstenbeschuß,
1. 5. 68	Reklassifizierung als CA-69,
26. 10. 68	Rückkehr Ostküste; Werftüberholung,
22. 5. 69	Abfahrt zur dritten Einsatzfahrt nach Vietnam,
7. 10. 69	letzte Salven abgefeuert,
15. 11. 69	Rückkehr nach Boston,
5. 5. 70	Außerdienststellung.

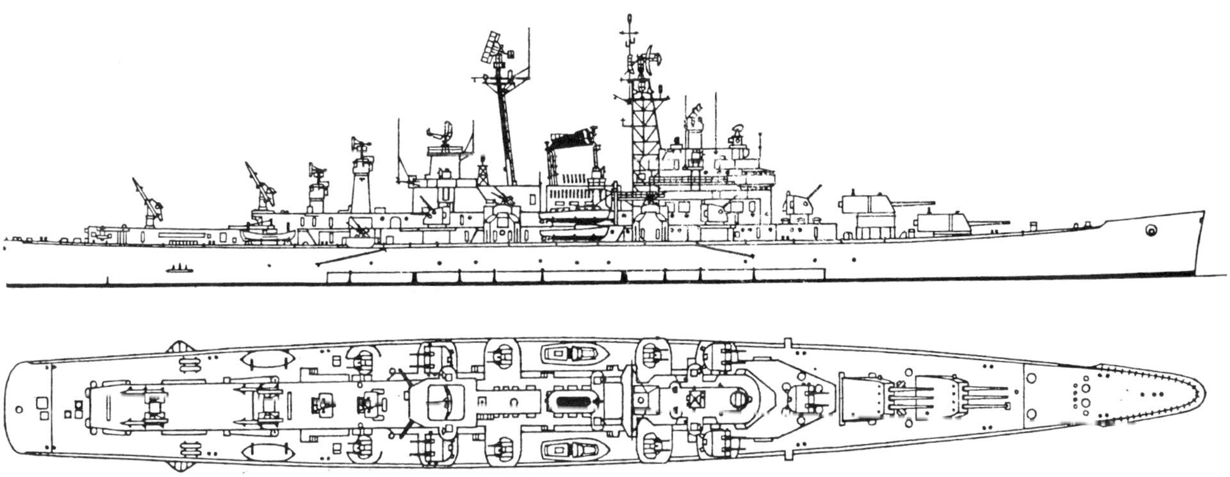

Boston (CAG-1), Aussehen unmittelbar nach dem Umbau als Lenkwaffenkreuzer, noch mit zwölf 7,6-cm-Geschützen L/50 und den provisorischen FK-Leitgeräten Mk 25 Mod. 7 (KDS)

◁

Die Einführung der Lenkwaffen brachte ganz neue Dimensionen und Kriterien in bezug auf das Aussehen und die Erkennungsmerkmale bei der Ansprache von Kriegsschiffen. Mit der Weiterentwicklung der Lenkwaffenkreuzer nahmen die Rohrwaffen an Anzahl und Bedeutung ab und die Lenkwaffen zu. Dies galt im besonderen Maße auch für die Schiffselektronik. *Boston* (CAG-1) entstand Mitte der 50er Jahre durch partiellen Umbau des Schweren Kreuzers CA-69. Vom Bug bis einschließlich Brückenaufbau erkennt man noch die früheren Merkmale. Das meiste, was danach entstand, war neu, so der Vierbeingittermast, der neue Einzelschornstein, die FK-Magazine, die Starter und die Leitgeräte. Dieses Foto zeigt *Boston* am 10. Januar 1956, zwei Monate nach der zweiten Indienststellung. Vermehrte Ortungselektronik kann ebenfalls festgestellt werden: SPS-6B, SPS-8A und SPS-10 auf dem Gittermast, CXRX auf dem achteren (Pfahl-)Mast und SPS-12 auf der dahinter vorgesehenen Plattform. Der Umbau-Entwurf machte es möglich, daß von neun 20,3-cm-Rohren sechs beibehalten werden konnten, von zwölf 12,7-cm immerhin zehn. Mit zwölf 7,6-cm-Geschützen war die Flak für damalige Zeit gut vertreten. Es ist interessant zu erfahren, daß auf der achteren Radarplattform ursprünglich SPS-2 aufgestellt werden sollte, wie auf früheren Modellfotos zu erkennen ist.
USN

Eineinhalb Monate vor Indienststellung: Detailaufnahme der *Boston,* entstanden am 17. September 1955 in der Umbauwerft in Camden. Blick auf die beiden langgestreckten Terrier-Magazine, auf die beiden Doppelstarter Mk 10 und auf die beiden einzig gebliebenen FLR Mk 25 Mod. 7, die auf zweckentfremdete FLG Mk 37 montiert worden waren. Die seitlich davon auf dem Hauptdeck aufgestellten 7,6-cm-Zwillinge wurden etwa 1957 entfernt, entweder aus Gewichtsgründen oder aber, weil sie beim Schießen die Lenkwaffenelektronik durcheinandergebracht haben. Links im Bild sieht man eines von sechs FLG Mk 56. USN

Dieses am 29. April 1957 aufgenommene Luftbild verdeutlicht noch besser das Lay-out der Umbaumaßnahme. Nach Wegfall der beiden 7,6-cm-Zwillinge sind nur noch acht 7,6-cm-Geschütze an Bord. Dennoch sind immer noch sechs FLG Mk 56 vorhanden. USN

Nach Ende der NATO-Manöver im Nordatlantik weilte *Boston* in englischen Gewässern, wobei im Oktober 1957 diese Aufnahme entstand. Auf dem Pfahlmast unterhalb von CXRX findet man zwei damals neue ECM-Antennen, hier noch ohne die später übliche Abdeckung. Bei dem schwarzen Verkehrsboot handelt es sich vermutlich um das persönliche Boot des CRUDIV-Kommandanten, eines Konteradmirals. WL

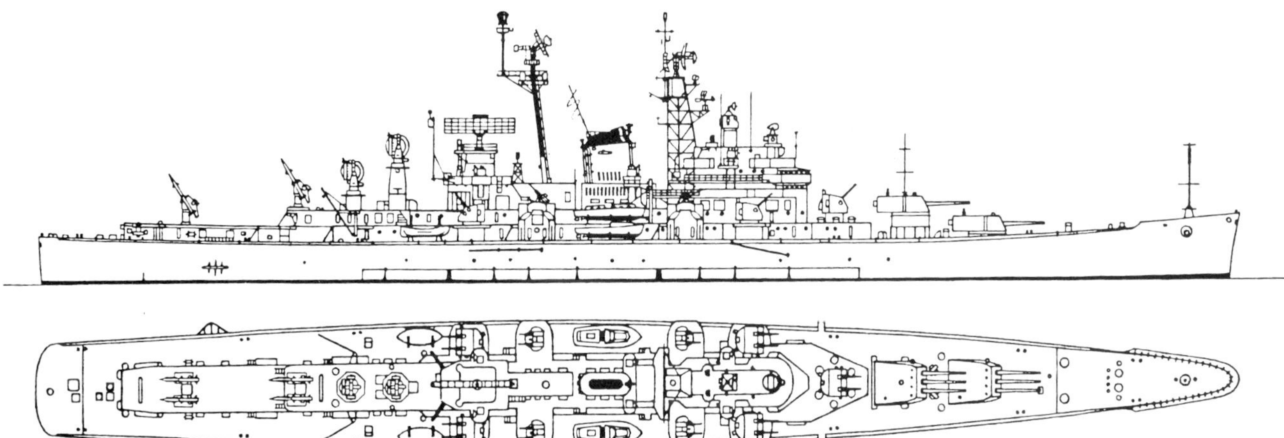

Boston, Aussehen 1962/63, als SPS-37A-Radar noch auf der Radarplattform ruhte, die ursprünglichen FLG durch zwei SPQ-5 ersetzt wurden und nur noch vier 7,6-cm-Doppellafetten übriggeblieben waren. Es wurden trotzdem auf jeder Seite drei FLG Mk 56 beibehalten; diese ergänzten u. a. das nach dem Umbau einzig verbliebene FLG Mk 37 bei der Feuerleitung der fünf 12,7-cm-Doppeltürme. Funkantennen wurden auf die Back und auf Turm B installiert (KDS)

Etwa 1962, als diese Aufnahme entstand, wurde SPS-12-Radar durch SPS-37A ersetzt, das für kurze Zeit auf der Radarplattform Aufstellung fand. Zu diesem Zeitpunkt waren schon die beiden FLR SPQ-5 anstelle von Mk 25 Mod 7 getreten, und auf der Back findet man eine neue Funkantenne. Obwohl *Boston* selbst keinen Hubschrauber aufnehmen konnte, wurde auf dem achteren Mast eine TACAN-Antenne URN-3 aufgesetzt. USN

Ein Sprung von fünf bis sechs Jahren: *Boston* im Golf von Tonking beim Beschuß der vietnamesischen Küste, aufgenommen aus einem Hubschrauber des Trägers *Bennington* (CVS-20). Die Aufnahme ist vom 9. September 1968 datiert, doch kann dies nicht stimmen, da *Boston* bereits am 1. Mai 1968 wieder als CA umklassifiziert wurde und ihre alte Kennummer 69 führte. Zu dieser Zeit war der von *Boston* geführte FK vom Typ Terrier bereits überholt, und das Schiff hatte es nur dem Vorhandensein der beiden 20,3-cm-Türme zu verdanken, daß es nicht schon vorher ausgesondert wurde. Erhebliche Veränderungen bei der Ortungselektronik sind hier sichtbar. So wurden vom Gittermast SPS-6 und 8A entfernt, CXRX kam auf den Vordermast, ebenso auch die TACAN-Antenne. SPS-37A ruht jetzt auf dem stark verspannten Pfahlmast, und auf der inzwischen etwas erhöhten Plattform befinden sich SPS-30 und eine weitere, nicht näher bekannte Navigationsantenne. USN

Ein ähnliches Detailfoto des Achterschiffes von *Canberra* (CAG-2) wie das des Schwesterschiffes *Boston,* aufgenommen am 5. Mai 1956 bei der Umbauwerft New York S.B. in Camden, zeigt, daß das Schiff von Anbeginn FLR SPQ-5 hatte, von denen ein Exemplar hier zu sehen ist. Hier gab es auch die beiden 7,6-cm-Zwillinge auf dem Hauptdeck nicht. USN

Canberra (CAG-2)

15. 6. 56	Wiederindienststellung, nunmehr als CAG-2; bis
3/57	örtliche Operationen Ostküste,
14. 3. 57	Präsident D. D. Eisenhower an Bord; Fahrt zur Bermuda-Konferenz,
12. 6. 57	Flaggschiff der Internationalen Flottenparade am Hampton Roads,
13. 6.–5. 8. 57	Kadetten-Trainingsfahrt in die Karibik und nach Brasilien,
3. 9. 57– 9. 3. 58	Einsatzfahrt mit der 6. Flotte im Mittelmeer, danach Zeremonien-Flaggschiff bei der Wahl und Übergabe der unbekannten Soldaten aus dem Zweiten Weltkrieg und Korea zur Beisetzung in Arlington,
9. 6.–7. 8. 58	Kadetten-Trainingsfahrt nach Europa, danach Werftüberholung bei Norfolk N.Sh.,
3. 3. 60	Abfahrt Norfolk zu Goodwill-Weltumrundung; dabei Operationen mit der 6. und 7. Flotte,
24. 10. 60	Rückkehr nach Norfolk; bis Jahresende Operationen Ostküste,
10/63	Wechsel zur Pazifikflotte,
5. 1. 65	Abfahrt von San Diego nach Vietnam, u. a. als Radarposten vor Da Nang,
2/66	zweite Einsatzfahrt in den Westpazifik,
2–6/66	Feuerunterstützungseinsätze vor Vietnam,
8. 6. 66	Rückkehr nach San Diego,
11. 10. 66	dritte Fahrt nach Vietnam,

Diese drei am 4. August 1956 aufgenommenen Fotos zeigen deutliche Einzelheiten des Umbaus der *Canberra* als CAG. Die Ortungselektronik entspricht hier der auf *Boston* um die gleiche Zeit, wobei man hier an der Backbordkonsole des Gittermastes SPS-10 sehr deutlich ausmachen kann. Es fällt auf, wie relativ schmal die Terrier-FK-Magazine im Vergleich zu der gesamten Schiffsbreite sind. Der Mast auf der Schanz war nur eine temporäre Einrichtung und diente zur Justierung der FL-Radars (s. auch Seite 264). USN

5/67	Besuchsfahrt nach Melbourne,	18. 9. 68	fünfte Fahrt in den Westpazifik, u. a. als Flaggschiff »CRUDESFORCE, 7th Fleet«,
1. 6. 67	Rückkehr nach San Diego,		
5. 10. 67	vierte Vietnam-Fahrt,		
8. 4. 68	Abfahrt zur Westküste, dort Reklassifizierung	18. 1. 69	Rückkehr nach San Diego,
1. 5. 68	als CA-70,	2. 2. 70	Außerdienststellung.

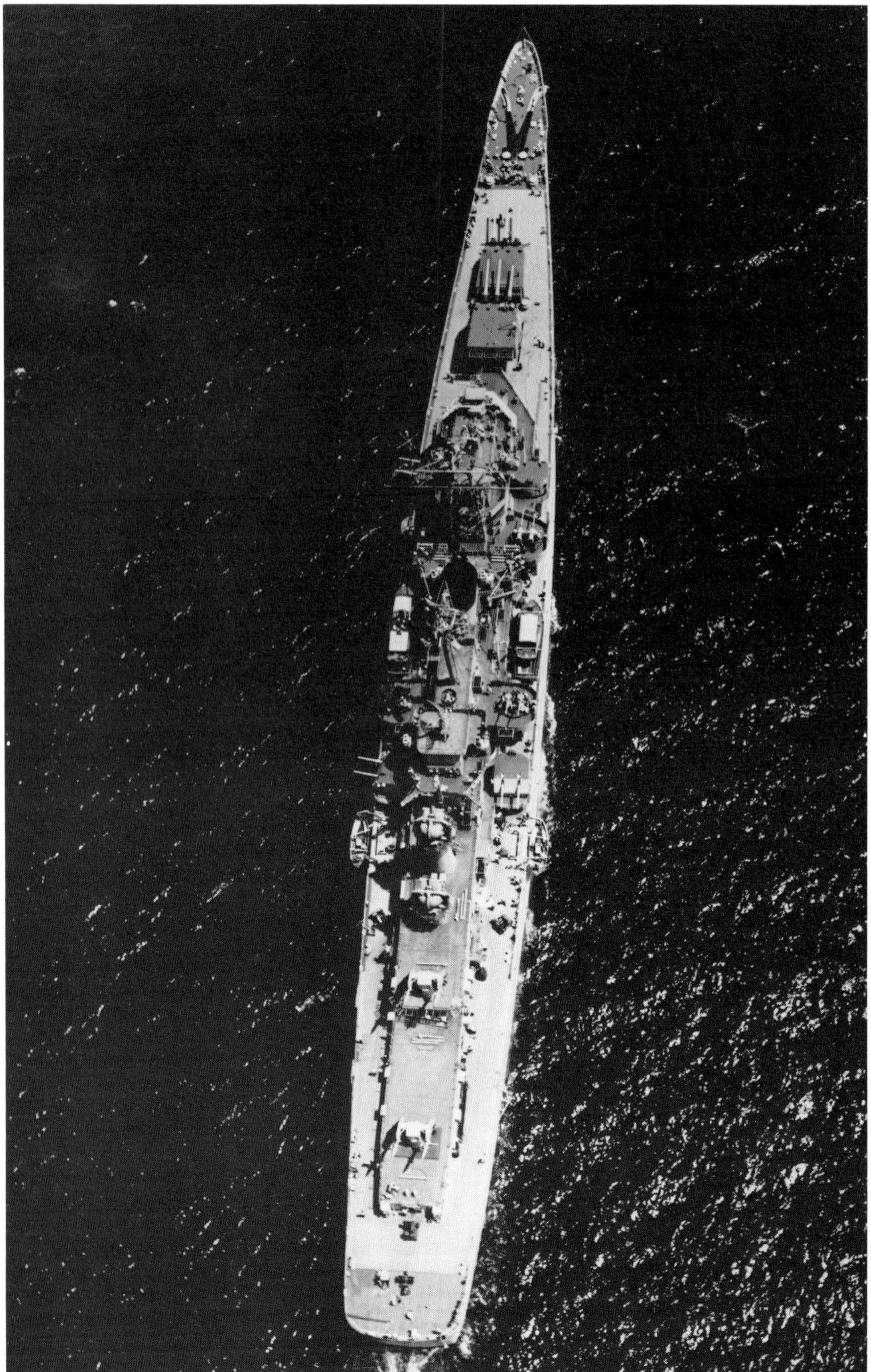

Aufnahme vom 4. August 1956 (s. Bildtext Seite 263)

▷

Diese achterliche Luftaufnahme der *Canberra* entstand am 19. Januar 1961, noch im Atlantik, während der Kommandierung bei der II. Flotte. Bei den Ortungsantennen sind mehrere Veränderungen zu vermerken. SPS-12-Radar auf der Plattform wurde durch SPS-13 ersetzt; CXRX wanderte auf den Gittermast, und auf dem Pfahlmast befinden sich nunmehr SPS-29 und TACAN URN-3. USN

Ein weiteres, sehr klares Foto der *Canberra* aus dem Jahr 1956. Der Justiermast auf der Schanz sieht jetzt etwas anders aus. RPh

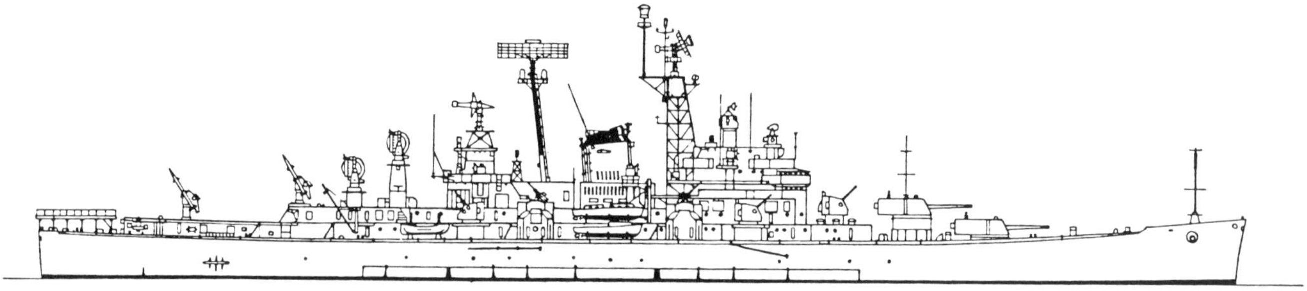

Canberra (CAG-2), Aussehen etwa Ende 1964, mit der achtern aufgestellten Hubschrauberplattform, kurz bevor CXRX-Radar vom Vordermast entfernt wurde. (KDS)

Dieses im Februar 1968 während der vierten Vietnam-Einsatzfahrt aufgenommene Foto zeigt, daß CXRX-Radar wieder seinen angestammten Platz auf dem Gittermast eingenommen hat. Auch hier ist die markierte Hubschrauberplattform besser zu sehen. Zwei Monate später, ab 1. Mai 1968, wurde *Canberra* wieder als CA reklassifiziert und führte fortan wieder die Kennummer 70. USN

In vietnamesischen Gewässern im Verband der TF 77, zusammen mit *Ranger* (CVA-61), wurde *Canberra* am 21. Februar 1966 aufgenommen. Wiederum gibt es Veränderungen: achtern wurde eine Befehls-Hubschrauberplattform für leichte Maschinen aufgerichtet; die Radarplattform wurde – wie auf *Boston* auch – erhöht und dort SPS-30 aufgestellt, ebenso eine Überwasser-Radarantenne. Der Pfahlmast führt jetzt SPS-37A und ECM-Antennen. Auf dem Gittermast findet man eines der Versuchsexemplare einer Satellitenantenne. CXRX wurde hinter dem Schornstein temporär »zwischengelagert«, wo die Kontaktvoraussetzungen mit Sicherheit nicht optimal gewesen sein konnten. Auch TACAN befindet sich jetzt auf dem Vordermast. USN

CLG *Galveston*-Klasse

Fünf Jahre nach der Einführung der ersten Lenkwaffenkreuzer-Kennung CAG *(Boston*-Klasse) erfolgte der Teilumbau von sechs vormaligen Leichten Kreuzern der *Cleveland*-Klasse, von denen ebenfalls ausreichend Einheiten zur Verfügung standen. Dieser Umbau vollzog sich in zwei getrennten Klassen, deren Merkmale sich nach zwei Kriterien unterschieden. Einmal unterschied man – nach Klassen – die *Galveston*-Klasse mit zwei Schiffen, die nicht auch noch zu Flottenflaggschiffen umgebaut wurden, d.h. vorne zwei Drillingstürme 15,2 cm behielten, und die *Little-Rock*-Klasse, die infolge der Erweiterung der Brücke einen 15,2-cm-Turm abgeben mußte. Diese Klasse bestand aus vier Schiffen. Innerhalb jeder dieser beiden Klassen gab es aber auch noch Unterschiede in der Lenkwaffen-Hauptbewaffnung. Eine Einheit der *Galveston*-Klasse (CLG-3 selbst!) und zwei der *Little-Rock*-Klasse (CLG-4 und 5) erhielten die schwere Talos-Anlage auf dem Achterschiff, die übrigen drei Einheiten (CLG-8, 6 und 7) die Terrier-II-Anlage. Die leichte Flak wurde beim Umbau völlig entfernt. Von den 12,7 cm-Doppeltürmen verblieben auf der *Galveston* Klasse immerhin noch drei (einer vor und zwei neben dem Brückenaufbau) und auf der *Little-Rock*-Klasse nur der vor der Brücke. Je ein FLG Mk 34 und Mk 37 wurden beibehalten. Als einziges bekanntes Merkmal der alten *Cleveland*-Klasse verblieben die dünnen, recht hohen und dicht beieinander stehenden Schornsteine.

Die achteren Aufbauten wurden nach den Erfordernissen des jeweiligen Lenkwaffensystems ganz neu gestaltet. Der Doppelstarter Mk 10 befand sich hier achtern auf dem Hauptdeck, und die Nachladung der FK erfolgte aus dem dahinter untergebrachten Nachlademagazin. Ganz unterschiedlich war hier bei den beiden Klassen – die bei Vergleichen stets zusammen betrachtet werden müssen – die Bemastung. Die Terrier-Schiffe der beiden Klassen erhielten je drei Vierbeingittermaste, von denen der mittlere der höchste war. Eine Ausnahme bildete CLG-8 *Topeka,* die als einziges Schiff vorn einen Dreibeinmast führte, und dies auch dann noch, als bereits das schwere Radargerät des Typs SPS-37A darauf montiert war. Die drei Talos-Schiffe erhielten vorn und hinter dem achteren Schornstein je einen Vierbeingittermast, während anstelle des achteren Mastes eine erhöhte Radarplattform vorgesehen war. Aus vorlicher Lage, d.h. wenn der Typ des Starters oder die achteren Aufbauten nicht genau erkannt werden konnten, erkannte man die Talos-Schiffe daran, daß sie ihre FRESCAN-3-D-Radarantenne stets an der höchsten Stelle, d.h. auf dem mittleren Mast führten. Im Gegensatz dazu befand sich auf den Terrier-Schiffen die 3-D-Antenne stets auf dem achteren Mast. All diese Kreuzer fungierten als Flaggschiffe von Kreuzer-Zerstörerverbänden, CLG-4 und 5 lange Jahre auch als Flaggschiffe der 6. bzw. 7. Flotte, mit auswärtigen Häfen als Heimathafen.

Bei diesen Schiffen erfolgte im Gegensatz zur *Boston*-Klasse keine Rückklassifizierung als CL. Lediglich wurde ab 1975 die Kennung von *Little Rock* und *Oklahoma City* von CLG auf CG geändert.

Sowohl bei dieser wie bei der *Little-Rock*-Klasse fehlten jegliche U-Jagdmittel, d.h. es gab weder eine Sonaranlage noch U-Jagd-Waffen an Bord. Der Umbau dieser beiden Schiffe erfolgte zwischen 1956 und 1960.

Galveston (CLG-3) gehörte mit zu den ersten Lenkwaffen-Teilumbauten, bei denen – ähnlich wie bei der *Boston*-Klasse – die Hälfte der Haupt- und Mittelartillerie erhalten blieb, die jedoch niemals 7,6-cm-Flak erhielten. Dieses Foto entstand am 11. Januar 1959 während der Einfahrperiode. Die Geschütz-FL-Elektronik entspricht dem Standard der ersten Nachkriegsjahre: Mk 34/Mk 13 für die Hauptartillerie, Mk 37/Mk 25 für die 12,7-cm-Flak. Zum Lenkwaffensystem Talos gehörend, findet man zweifach die Kombination SPG-49/SPW-2. Die Ortungs-Radarantennen sind gut zu unterscheiden: SPS-10 und SPS-17 auf dem vorderen Gittermast, SPS-42 und TACAN URN-3 auf dem mittleren und SPS-8B auf der erhöhten Plattform. Für alle mit der Lenkwaffenanlage Talos ausgestatteten Schiffe galt die Regel, daß das 3-D-Radar (hier SPS-42) auf dem höchsten Mast aufgestellt war. Auch hier findet man den Justiermast auf der Schanz. USN

Galveston (CLG-3)

28. 5. 58	Wiederindienststellung, nunmehr als CLG-3,
30. 6. 58	Beginn der ausführlichen Probefahrten vor Norfolk, einschließlich des ersten Talos-Abschusses von einem Schiff der U.S. Navy am
24. 2. 59,	danach ab
17. 3. 59	Sonder-Werftaufenthalt bei Philadelphia N.Sh.,
7/59	Vertrags-Abnahmefahrt vor Norfolk,
4. 1. 60	Operationen Ostküste,
2/60	Ansprengungs-Versuche vor den Bahamas,
25. 3. 60–24. 10. 60	Werftliegezeit in Philadelphia,
6. 1. 61–1. 3. 61	technische Auswertung der Talos-Anlage für das »Bureau of Weapons«; Endabnahme vor Kuba,
8. 5. 61–21. 7. 61	weitere Auswertungen der Talos-Anlage,
30. 8. 61–23. 9. 61	Werftüberholung bei Philadelphia N.Sh., dabei Modifikation der Talos-Feueranlage,
23. 7. 62	Wechsel in den Pazifik; zu CRUDESFLOT 9 am
24. 8. 62,	danach Operationen Westküste,
10/63	als Flaggschiff CRUDESFLOT 9 bei der 7. Flotte,
16. 4. 63	Rückkehr Westküste,
10/64–2/65	Werftüberholung,
4. 6. 65	Abfahrt in den Westpazifik; Vietnam, Südchinesische See; Trägerbegleitschutz,
18. 12. 65	Rückkehr Westküste,
1/66	Operationen Westküste und Hawaii,
31. 7.–4. 11. 66	Werftüberholung bei Long Beach N.Sh.,
13. 2. 67	zeitweiliger Wechsel zur atlantischen Flotte; Einsatzfahrt ins Mittelmeer mit COMCRUDESFLOT 10 an Bord,
11. 3. 67	bei der 6. Flotte,
30. 8. 67	Rückkehr nach Newport,
10. 9. 67	Rückkehr nach San Diego; Operationen Westküste,
25. 5. 70	Außerdienststellung.

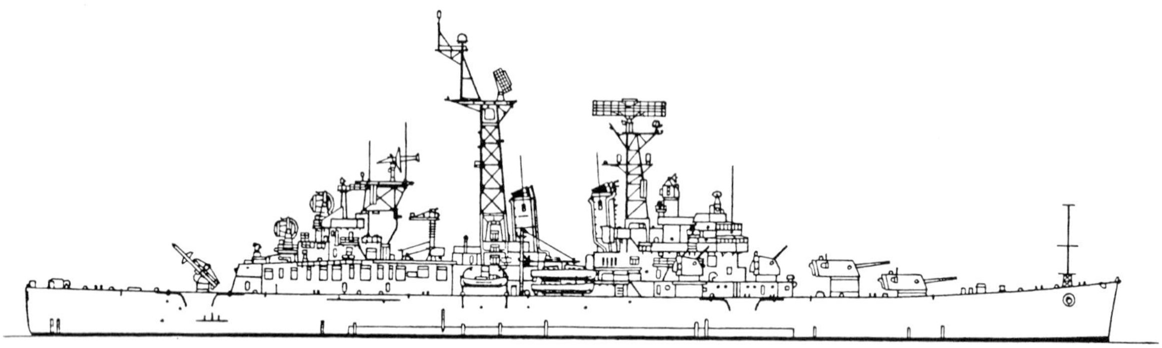

Galveston (CLG-3), Aussehen etwa zwischen 1963 und 1967. (KDS)

Ebenfalls in Breitseite fotografiert: *Galveston* am 16. Juni 1962 im Bereich der Marinewerft Philadelphia. Innerhalb von dreieinhalb Jahren wurde nahezu die ganze Ortungselektronik ausgetauscht: auf dem vorderen Gittermast befinden sich jetzt SPS-10 und SPS-37A. Der mittlere Gittermast wurde verstärkt und umgestaltet. Darauf ruht jetzt die recht große Antenne SPS-39A und TACAN SRN-6. Auf der Plattform sitzt jetzt SPS-30. Zu beachten ist das FK-Übernahmegerät zwischen dem mittleren Mast und dem hohen Elektronikaufbau. Das langgestreckte Talos-FK-Magazin ist durchweg zwei Decks hoch und fällt ganz leicht nach achtern ab. USN

Topeka (CLG-8)

26. 3. 60	Wiederindienststellung, nunmehr als CLG-8,
7/60	Wechsel zur Westküste,
8–10/60	Einfahrprobefahrten vor der südkalifornischen Küste; in den darauffolgenden drei Jahren zwei Einsatzfahrten zur 7. Flotte im Westpazifik, alternierend mit Werftüberholungen und lokalen Operationen entlang der Westküste,
3/64	dritte Westpazifik-Fahrt; ab
8/64	Beginn des Einsatzes vor Vietnam; Mitte
11/64	Rückkehr nach Long Beach; zwölf Monate lang Operationen Westküste und Manöver im Rahmen der 1. Flotte,
29. 11. 65	Abfahrt in Richtung Vietnam, dort Seeüberwachungsaufgaben und Küstenbeschuß,
28. 5. 66	Rückkehr nach Long Beach; fünf Monate Operationen Westküste,
31. 10. 66– 13. 3. 67	Werftaufenthalt, u. a. zur Modernisierung der Waffen- und Antriebsanlagen,
1. 8. 67	temporärer Wechsel in den Atlantik,
12.–13. 8. 67	in Norfolk kommt COMCRUDESFLOT 12 an Bord,
14. 8. 67	Abfahrt zur 6. Flotte ins Mittelmeer,
22. 8. 67	anstelle von *Galveston* (CLG-3) Flaggschiff von TG 60.2,

Drei Jahre vor der Außerdienststellung machte *Galveston* eine Einsatzfahrt ins Mittelmeer, wobei am 13. Mai 1967 dieses Foto entstand. Neu ist hier nur die veränderte 3-D-Antenne, die Ähnlichkeit aufweist mit der zu SPS-52 gehörigen. Auf dem mittleren Mast weht die Kommandoflagge des »Commander Cruiser-Destroyer Flottilla 10«, eines Konteradmirals. Pa

12. 1. 68	durch *Columbus* (CG-12) abgelöst; Ende des Mittelmeereinsatzes,
29. 1. 68	Rückkehr nach Long Beach,
2. 2.–15. 3. 68	Werftüberholung bei Long Beach N.Sh.,
15. 3. 68	endgültiger Wechsel zur Atlantikflotte,
21. 3. 68	Ankunft in Mayport,
29. 6. 68	Abfahrt zur zweiten Mittelmeerfahrt; dort *Columbus* (CG-12) abgelöst,
9. 12. 68	erneut durch *Columbus* abgelöst,
19. 12. 68	Rückkunft in Mayport,
5. 6. 69	Außerdienststellung.

Topeka (CLG-8), aufgenommen in den ersten Jahren nach dem Umbau, in jedem Falle vor Mitte 1963. In bezug auf die Umbauform entspricht *Topeka* weitgehend dem Vorbild *Galveston;* zum Unterschied von dieser erhielt *Topeka* achtern eine Terrier-Lenkwaffenanlage. Offiziell ist nie zum Ausdruck gekommen, warum *Topeka* vorne nur einen Dreibeinmast erhielt und nicht einen Gittermast. Auf diesem ruhte ursprünglich SPS-17, SPS-10 und TACAN URN-3. Nur relativ kurz befand sich SPS-8B auf dem mittleren Mast. Achtern dürfte es sich vermutlich um SPS-42 handeln. USN

Dank dem Vorhandensein von ausreichend Rohrwaffen beteiligte sich *Topeka* vor der Küste von Vietnam an der Feuerunterstützung der eigenen Truppen. Zweimal wechselte das Schiff vom Pazifik zur Atlantikflotte, wobei auch zwei Einsatzfahrten ins Mittelmeer unternommen wurden. Dieses Foto wurde am 1. Juli 1963 vor der Marinewerft in San Francisco aufgenommen, als das Schiff mit moderneren Radargeräten die Werft verließ, d. h. mit SPS-37A und SPS-30. Etwa 1967 kam dann achtern noch die zu SPS-52 gehörende Antenne anstelle von SPS-42. Es ist bemerkenswert, daß – im Gegensatz zu den übrigen umgebauten *Clevelands* – *Topeka* nur neun Jahre Dienstzeit hinter sich brachte. USN

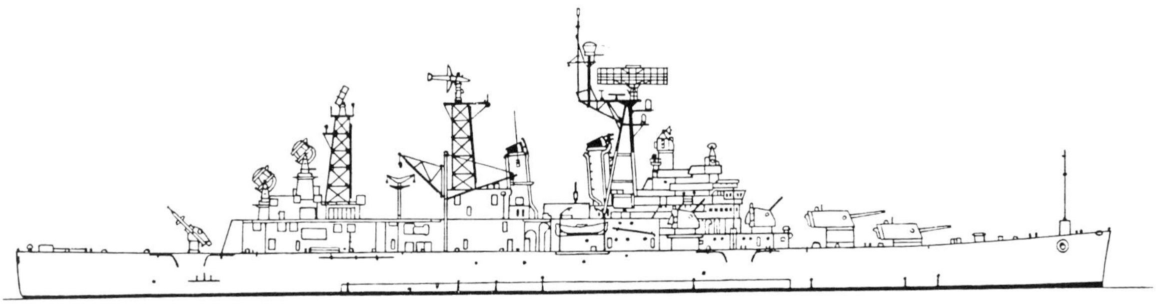

Topeka (CLG-8), Aussehen vor 1967, d. h. bevor SPS-52-Radar auf den achteren Gittermast gesetzt wurde. Einziger CLG mit einem Dreibeinmast vorne. (KDS)

CLG *Little-Rock*-Klasse

Die vier Schiffe dieser Klasse stellten Flaggschiff-Umbauvarianten der *Cleveland*-Klasse dar, verbunden mit der Installation von Lenkwaffenanlagen. CLG-6 und 7 erhielten Terrier, CLG-4 und 5 Talos. Die Nachlademagazine konnten 120 bzw. 46 FK aufnehmen. Charakteristisch für diese Klasse war die langgezogene zweigeschossige Brücke, deren untere die Admiralsbrücke war, sowie nur je ein 15,2-cm- bzw. 12,7-cm-Turm vor der Brücke. Der Umbau erfolgte hier zwischen 1957 und 1960. Die beiden Terrier-Schiffe wurden zuerst außer Dienst gestellt, die beiden Talos-Einheiten folgten bis 1980. Auch hier wurde die Radarelektronik während der langen Dienstzeit stets dem neuesten Stand angepaßt.

Es ist bemerkenswert, daß Mitte der 50er Jahre insgesamt 13 Schiffe der *Cleveland*-Klasse für den Umbau als Lenkwaffenschiffe ausgesucht waren. Außer den Einheiten, die dann auch wirklich umgebaut wurden, waren dies; *Birmingham* (CL-62), *Vincennes* (CL-64), *Pasadena* (CL-65), *Miami* (CL-89), *Astoria* (CL-90), *Amsterdam* (CL-101) und *Atlanta* (CL-104). Indessen soll sich der Umbau dieser relativ schlanken Schiffe als nicht ganz problemlos herausgestellt haben, so daß nur sechs Schiffe tatsächlich umgebaut wurden. Die Umbaumaßnahmen waren denn auch bei weitem nicht so gründlich wie die bei der *Albany*-Klasse. Auf dem Achterschiff konnte ein Hubschrauber mitgeführt, nicht jedoch im Hangar untergebracht werden. Dieser diente der Unterbringung der Verkehrsboote. Als erstes der umgebauten CLG verließ *Topeka* bereits nach 9 Jahren die Flotte. Nach 20jähriger Dienstzeit folgte als letztes Schiff *Oklahoma City*.

Noch vor der Wiederindienststellung am 27. April 1960 schräg von achtern aufgenommen: *Little Rock* (CLG-4) nach Umbau. Gut zu erkennen sind auf dieser scharfen Aufnahme: die Maserung von SPS-2-Radar (auf der Plattform), das etwas abfallende Aufbaudeck, der mit Übungs-FK versehene Talos-Starter Mk 7 Mod 0 und der IFF-Balken Mk X auf der Antenne SPS-17. Die große Funkantenne befand sich von Anbeginn auf der Back. Zu beachten ist auch die große Ähnlichkeit der Radarbeleuchter SPG-49 mit SPQ-5 (siehe auf *Canberra)*. USN

Little Rock (CLG-4)

3. 6. 60	Wiederindienststellung, nunmehr als CLG-4; Einfahrprobefahrten in der Karibik; Schießübungen mit der Lenkwaffenanlage Talos,
9. 2. 61	Abfahrt zur 6. Flotte ins Mittelmeer,
9/61	Rückkehr Ostküste,
1962–65	jährlich eine Fahrt ins Mittelmeer (1962 als Flaggschiff) im Wechsel mit Operationen im Nordatlantik und entlang der Ostküste,
1966	Verbleib an der Ostküste, einschließlich Werftüberholung,
1/67	Wiederaufnahme der jährlichen Mittelmeerfahrten in Flaggschiff-Funktion; Wechsel des Heimathafens von Villefranche, Südfrankreich, nach Gaeta, Italien,
5/67	Nahost-Krieg,
8. 6. 67	israelische Streitkräfte attackieren USS *Liberty* (AGTR-5); *Little Rock* leistet dem beschädigten Schiff Hilfe und übernimmt Verwundete,
1968	weiter bei der 6. Flotte im Mittelmeer,
27. 8. 70	Abfahrt zur Ostküste; über Newport und Yorktown, Va., Fahrt nach Boston,
12. 10. 70– 19. 4. 71	Werftinstandsetzung bei Boston N.Sh.; danach Operationen Ostküste und Karibik,
1. 12. 71	von Newport aus Abfahrt ins Mittelmeer,

9. 12. 71	Ankunft bei der 6. Flotte in Rota; bis
14. 4. 72	Operationen mit der 6. Flotte,
15. 4. 72	Abfahrt zur Ostküste,
23. 4. 72	Ankunft Norfolk; zeitweilig Flaggschiff 2. Flotte; Operationen Ostküste,
9–10/72	mit COM 2nd Fleet an Bord Teilnahme an den NATO-Manövern »Strong Express«,
10.–12. 10. 72	Aufenthalt in Hamburg,
26. 10. 72	Rückkunft in Norfolk,
8. 12. 72– 15. 5. 73	Werftinstandsetzung bei Boston N.Sh.; ab
16. 5. 73	in Newport Vorbereitung für Übersee-Einsatz,
15. 8. 73	Abfahrt ins Mittelmeer,
26. 8. 73	Ankunft Rota,
29. 8. 73	in Gaeta Flaggschiff des COM 6th Fleet anstelle von *Springfield* (CLG-7),
10–11/73	Spezialoperationen mit TF 60 anläßlich der Nahostkrise; danach Operationen im Mittelmeer, bis
27. 8. 76,	dann am
28. 8. 76	als Flaggschiff der 6. Flotte abgelöst durch *Albany* (CG-10),
1. 10. 76	Rückkunft Philadelphia,
22. 11. 76	Außerdienststellung; später Denkmalsschiff in Buffalo, N.Y.

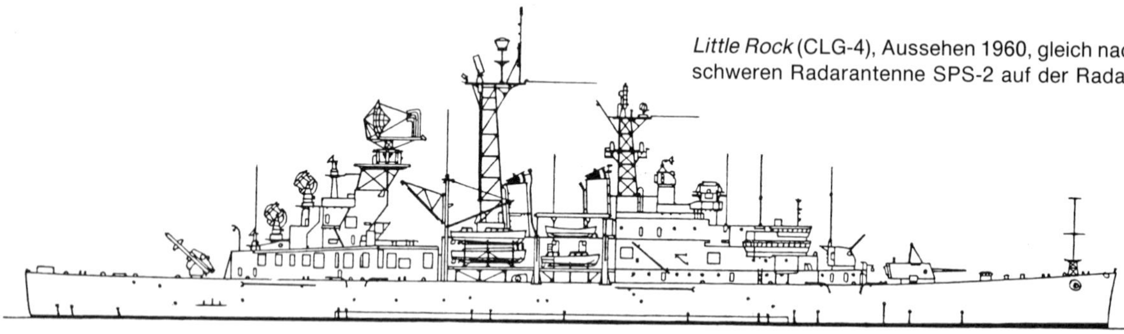

Little Rock (CLG-4), Aussehen 1960, gleich nach dem Umbau, mit der schweren Radarantenne SPS-2 auf der Radarplattform. (KDS)

Etwa Mitte 1962 im Mittelmeer aufgenommen: *Little Rock* schräg von vorne. Hier wird der umfassendere Umbau der als Flottenflaggschiffe eingerichteten Kreuzer deutlich: Die zweistöckige Brücke wurde – unter Wegfall des 15,2-cm-Turmes B – nach vorne erweitert. Die Brückenaufbauten wurden auch an den Seiten erweitert, so daß hier für die 12,7-cm-Flak kein Platz mehr war. SPS-2-Radar befindet sich noch – für eine kurze Zeit – auf der Plattform, vorne aber ruht jetzt SPS-37A. Zur Erkennung aus der Luft wurde auf der Decke des 15,2-cm-Turmes die Kennummer angebracht. USN

Oklahoma City (CLG-5)

7. 9. 60	Wiederindienststellung, nunmehr als CLG-5; nach Einfahrprobefahrten Operationen Westküste als erstes Talos-Schiff der Pazifikflotte; u. a. Flaggschiff CRUDIV 3 sowie CRUDESFLOT 9; ab
20. 12. 60	im Westpazifik, dort Flaggschiff der 7. Flotte,
12. 6. 61	Rückkehr Westküste,
14. 12. 61	Werftüberholung bei Long Beach N.Sh.,
7. 7. 64	Westpazifik; Flaggschiff der 7. Flotte,
6/65	Beginn der Feuerunterstützung vor Vietnam; nach zweieinhalb Jahren Flaggschiff-Tätigkeit am
15. 12. 66	Rückkehr Westküste; Werftüberholung bei San Francisco N.Sh.,
7/67	Operationen Westküste,
20. 12. 68	Ankunft Japan, 7. Flotte; Aufnahme der permanenten Operationen von Yokosuka aus,
1968–74	Operationen Westküste, u. a. auch vor Vietnam,
4–5/75	Evakuierung aus Vietnam,

Oklahoma City (CLG-5) entsprach in Aussehen und Ausstattung weitgehend *Little Rock,* nur war hier anfangs SPS-8B-Radar anstelle von SPS-2 angebracht. Diese Aufnahme, auf der FLG Mk 34 noch zu sehen ist, entstand im Februar 1962 im japanischen Hafen Kobe. TM

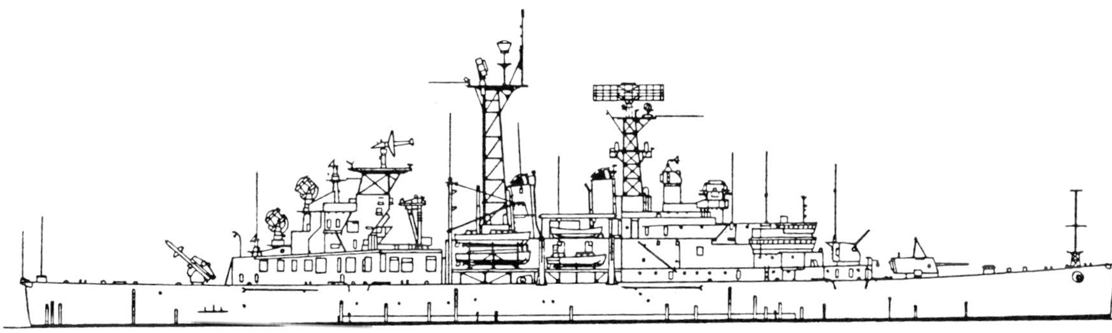

Little Rock, Aussehen ab etwa 1963; SPS-30-Radarantenne findet man jetzt an Stelle von SPS-2 und SPS-37 A an Stelle von SPS-17. (KDS)

Ebenfalls im Mittelmeer aufgenommen: *Little Rock* im Jahre 1974. Bereits ab 1967 operierte das Schiff ohne 3-D-Radarantenne, an deren Platz nunmehr eine Satellitenantenne kam. Zeitweilig – wie hier zu sehen ist – fehlte auch TACAN; 1976 konnte man dann wieder TACAN URN-20 beobachten. Neben der Satellitenantenne weht die Kommandoflagge des Kommandanten der VI. Flotte. P&L

1975–78	weiterhin Operationen und Manöver im Westpazifik,
4–6/78	Besuchsfahrten nach Korea, Guam, Australien, Singapur,
1979	Besuche in Korea, Hong Kong, Inchon, Singapore, Thailand,
5. 10. 79	COM 7th Fleet wechselt auf LCC-19 *Blue Ridge* über,
18. 10. 79	auf dem Wege zur Westküste Ankunft Pearl Harbor,
31. 10. 79	Besuch von San Francisco,
6. 11. 79	letzte Salve aus 15,2-cm-Rohren und letzter Talos-Abschuß bei der Navy,
7. 11. 79	Ankunft San Diego,
15. 12. 79	Außerdienststellung.

Einen merkwürdigen Status hat *Oklahoma City* gegenwärtig. Das Schiff ist aus der Namensliste der U. S. Navy gestrichen, es liegt jedoch mit fast allen Waffen und Elektronik, nur unwesentlich konserviert, in Bremerton, wovon das vorliegende Foto zeugt, das im Juli 1983 aufgenommen wurde. Nach einem Abkommen zwischen der U. S. Navy und dem Stadtrat von Bremerton soll das Schiff anstelle der zu reaktivierenden *Missouri* (BB-63) als Touristenattraktion verwendet werden. Hiernach würde sich die Stadt Bremerton zu verpflichten haben, das Schiff in einem solchen Zustand zu erhalten, daß es bei Bedarf jederzeit reaktiviert werden könnte. WD

Vom Dezember 1968 bis Oktober 1979 war *Oklahoma City* in Yokohama, Japan, beheimatet. Vorliegendes Foto wurde etwa 1978 aufgenommen, als das Schiff längst das FLG Mk 34 abgegeben hatte, aber auch die 3-D-Antenne, an deren Stelle nun eine Satellitenantenne zu sehen ist. Auf der Radarplattform befindet sich SPS-30 und eine Navigationsantenne. USN

Providence (CLG-6)

17. 9. 59	Wiederindienststellung, nunmehr als CLG-6; nach Einfahrprobefahrten vor Kuba Wechsel zur Pazifikflotte am
29. 7. 60,	danach Operationen Westküste,
10/60–31. 3. 61	im Westpazifik bei der 7. Flotte; danach Operationen Westküste,
5/62	zweite Fahrt in den Westpazifik; Flaggschiff der 7. Flotte anstelle von *Oklahoma City* (CLG-5); erst
8/64	Rückkehr zur Westküste,
10/64	Übungsfahrten Westküste,
1–6/65	Werftüberholung und Ergänzung der elektronischen Ausstattung; für den Rest von
1965	Verbleib bei der 1. Flotte an der Westküste,
1. 12. 66	in Yokosuka erneut Flaggschiff der 7. Flotte anstelle von *Oklahoma City* (CLG-5),
1967–68	u. a. Küstenbeschuß vor Vietnam; Besuche in Hong Kong, Taiwan, Korea, Thailand,
8. 10. 68	zusammen mit BB-62 *New Jersey* beim Küstenbeschuß in Vietnam,
11/68	Besuche in Australien und Neuseeland,
26. 11. 68	von *Oklahoma City* (CLG-5) als Flaggschiff der 7. Flotte abgelöst,
12/68	über Australien Besuche
1/69	in Neuseeland, Tahiti,
17. 1. 69	Ankunft San Diego,
1969–71	Operationen Westküste; ab
7. 2. 69	als Flaggschiff des COM 1th Fleet,
4/69	Übungen im Gebiet von Hawaii,
11. 4. 72	Abfahrt in den Westpazifik; ab
29. 4. 72	für sieben Monate vor Vietnam bei Küstenbeschuß,
18. 12. 72	Rückkehr nach San Diego,
1. 7. 73	Außerdienststellung.

Springfield (CLG-7)

2. 7. 60	Wiederindienststellung, nunmehr als CLG-7,
7–11/60	Einfahrprobefahrten vor Neu-England und Kuba,
4. 12. 60	Abfahrt ins Mittelmeer zur 6. Flotte,
14. 12. 60	*Des Moines* als Flaggschiff der 6. Flotte abgelöst; mit Ausnahme einer Werftzeit
11. 5.–	bei Boston N.Sh.,
15. 12. 63	die übrige Zeit bis
1967	permanent im Mittelmeer, mit Heimathafen Villefranche-sur-Mer an der französischen Riviera,
28. 1. 67	als Flaggschiff der 6. Flotte durch *Little Rock* (CLG-4) abgelöst; Fahrt über England zur Ostküste,
16. 2. 67	Ankunft Boston,
2–8/67	Werftüberholung,
1. 9. 67	*Newport News* (CA-148) als Flaggschiff der 2. Flotte abgelöst; Besuche europäischer Häfen,
6. 11. 67	Rückkehr nach Norfolk; zehn Monate Operationen Ostküste,
12. 9. 68	Abfahrt zu NATO-Manövern im Nordatlantik,
1. 11. 68	Rückkunft in Norfolk,
8. 7. 69	*Newport News* (CA-148) wird erneut Flaggschiff der 2. Flotte,
14. 1. 70	*Springfield* wird erneut Flaggschiff der 2. Flotte,
8/70	erneut durch *Newport News* als Flaggschiff abgelöst,
10. 8. 70	Abfahrt ins Mittelmeer,
22. 8. 70	*Little Rock* (CLG-4) als Flaggschiff der 6. Flotte abgelöst; danach drei Jahre lang permanent ins Mittelmeer,
1. 9. 73	durch *Little Rock* als Flaggschiff abgelöst,
14. 9. 73	Rückkunft Boston,
15. 5. 74	Außerdienststellung.

Providence (CLG-6) ist beispielhaft für das Aussehen der Flaggschiff-Umbauten mit einer Terrier-Lenkwaffenanlage an Bord. Dieses Foto entstand am 6. Juni 1966 an der amerikanischen Westküste. Im Gegensatz zu den Talos-Schiffen führen Terrier-Kreuzer ihr 3-D-Gerät auf dem dritten Gittermast. Aus der Ferne kann SPQ-5 von SPG-49 nur daran unterschieden werden, daß bei SPQ-5 die beiden assoziierten Antennen SPW-2 fehlen. *Providence* ist das einzige Schiff der *Cleveland*-Umbauten, das niemals SPS-37A hatte. USN

Springfield (CLG-7) operierte nach dem großen Umbau im atlantischen Bereich und wechselte sich mehrfach mit *Little Rock* und *Newport News* als Flaggschiff der II. und VI. Flotte ab. Etwa zwei Jahre nach der zweiten Indienststellung wurde *Springfield* hier in La Valletta auf Malta fotografiert, und zwar am 28. März 1963. Pa

Dieses Detailfoto wurde im Dezember 1969 vom Munitionstransporter *Butte* (AE-27) aus aufgenommen, von dem gerade Munition während der Fahrt an *Springfield* abgegeben wird. Frage: Weshalb werden die Granaten so weit nach achtern transferiert, wenn sich die beiden einzigen Geschütztürme ganz vorne befinden? Wahrscheinlich, weil sich die einzige Station zur In-See-Belieferung so weit achtern befindet. Es wäre interessant zu wissen, auf welchen komplizierten Wegen dann die Munition nach vorne gekarrt werden mußte. Gut zu beobachten ist hier auch das zweistöckige Gestell zur Unterbringung der Verkehrsboote. Der Bootsladebaum befindet sich unmittelbar darüber. USN

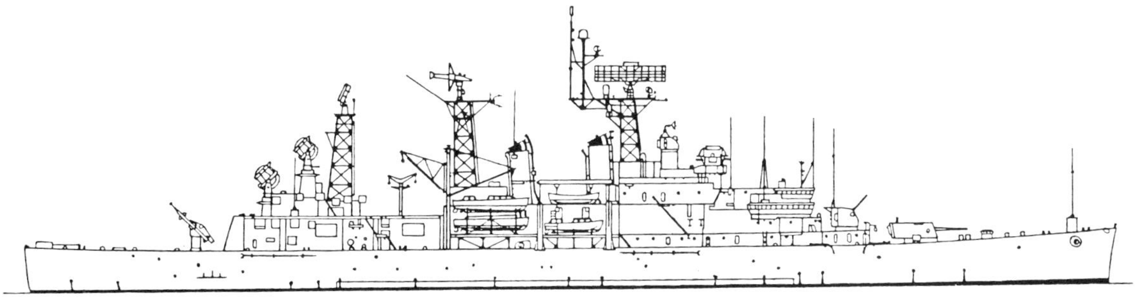

Springfield (CLG-7), Aussehen ab 1963. (KDS)

Diese Detailaufnahme der *Springfield* entstand 1967 während des Besuches des Kommandanten der II. Flotte in Amsterdam. Die Barkasse ruht zwischen den Masten auf dem Oberdeck. Bemerkenswert ist die große Anzahl der Verkehrsboote. Im Vergleich zu 1963 ist die Ortungselektronik ausgewechselt: auf dem Vordermast TACAN SRN-6, SPS-37A und ECM-Antennen, auf dem mittleren Mast SPS-30 und eine Navigationsantenne, auf dem achteren Mast die damals neue Antenne, die später zu SPS-52 gehörig sein wird, die aber hier mit der SPS-39-Anlage gekoppelt ist. Te

Drei Jahre lang war *Springfield* permanentes Flaggschiff der VI. Flotte im Mittelmeer. Während dieser Periode wurde das Schiff hier am 11. Dezember 1971, zweieinhalb Jahre vor der Außerdienststellung, vor Toulon aufgenommen. Zahlreiche Verkehrsboote, davon die Barkasse des Kommandanten der VI. Flotte neben dem achteren Gittermast. Als »Gast« weilt auf dem Achterschiff ein leichter Hubschrauber des Marine Corps vom Typ UH-1.
Zu bemerken ist noch, daß auf diesem Schiff SPS-10-Radar recht hoch, direkt unterhalb der TACAN-Anlage, angebracht ist. MB

CG *Albany*-Klasse

Die Totalumbauten von zwei Einheiten der *Baltimore*-Klasse und einer der *Oregon-City*-Klasse stellten seinerzeit einen neuen Höhepunkt in der Technologie der Kriegsschiffe überhaupt dar. Nach den Teilumbauten der *Boston*-Klasse (CAG-1) zu Lenkwaffenschiffen der ersten Generation ging man hier ganz neue Wege. Sämtliche bislang vorhandenen Waffen und Aufbauten wurden entfernt, und auf den blanken Schiffskörpern wurden völlig neue, nach im Strömungslabor erprobten Formen konzipierte Aufbauten gesetzt. Eigentlich sollten diese drei Schiffe als Vorstufe zur Schaffung einer neuen Klasse von Lenkwaffenkreuzern betrachtet werden. Sie wurden jedoch erst 1962 bis 1964 wieder in Dienst gestellt, während CGN-9 *Long Beach* als (atomgetriebener) Einzelgänger bereits 1961 fertiggestellt wurde. Mit der eigenwilligen Anordnung von insgesamt vier Lenkwaffenanlagen waren diese Einheiten die schlagkräftigsten Lenkwaffenschiffe der Flotte. Die neu konzipierten Aufbauten waren zumeist aus Leichtmetallegierungen gefertigt. Der über zwei Drittel der Schiffslänge reichende Aufbautenblock ist hier fast durchweg zwei Decks hoch. Die kastenartige, vorn abgerundete Brücke ist ungewöhnlich hoch und überlagert damit die Lenkwaffen-Leitgeräte. Achtern wurde eine Radarplattform angebracht. Absolut neu und auf amerikanischen Schiffen einmalig war damals die Verwendung von zwei sehr hohen Mast-/Abgasschornstein-Kombinationen, die daraufhin unter der Bezeichnung »Mack« zum festen Bestandteil der Schiffserkennung wurden. Diese Macks überragen die ohnehin

schon sehr hohe Brücke beträchtlich und dienen zur Aufnahme von steuerbaren Rauchabzugsklappen, von Lüftungsröhren und von Radarantennen samt deren Zuleitungen. Sie ragen dabei ca. 32 m über das Hauptdeck hinaus. An beiden Enden der Aufbauten, also vorn und achtern, befinden sich je ein Talos-Doppelstarter vor dem dazugehörigen Nachlademagazin, das jeweils 46 Flugkörper aufnehmen kann. Die beiden Tartar-Doppelstarter Mk 11 befinden sich hier in der ungewöhnlichen Aufstellung an den Bordkanten, seitlich von der Brücke. Die darunterliegenden FK-Magazine fassen je 40 FK. Wie auch CGN-9, so erhielten diese drei Einheiten eine integrierte U-Jagd-Komponente in Form

- einer Rumpfsonaranlage SQS-23,
- von zwei Drillingssätzen von U-Jagdtorpedorohren Mk 32,
- von einem Achtfach-U-Jagdwerfer ASROC.

Erwähnenswert ist, daß diese Schiffe ursprünglich acht ballistische Polaris-FK erhalten sollten, die im Mittelschiff untergebracht worden wären. Später sollten dann Marschflugkörper des Typs Regulus II hier zum Einsatz kommen. Beide Vorhaben wurden aufgegeben, als klar wurde, daß die strategischen U-Schiffe (SSBN) die einzigen Navy-Schiffe sein würden, die über ballistische FK verfügen sollten. Es war zunächst nicht geplant, diese Schiffe nach dem erfolgten CG-Umbau mit irgendwelchen Geschützen auszurüsten. Erst auf Veranlassung des damaligen Präsidenten der USA, John F. Kennedy, wurden auf jedem Schiff zur Selbstverteidigung zusätzlich zwei antiquierte 12,7-cm-L/38-Einzelkanonen in offenen Lafetten seitlich des achteren Mack installiert, dazu noch je ein FLG Mk 56.

Nach diesem Muster sollten nach ursprünglichen Plänen noch mehr Einheiten umgebaut werden. Zu den ersten drei Umbauten sollten angeblich *Oregon City* (CA-122), *Fall River* (CA-131) und *Chicago* (CA-136) gehören. Später sollten *Rochester* (CA-124) und *Bremerton* (CA-130) hinzukommen. Letzlich kamen aber anstelle der beiden erstgenannten *Albany* (CA-123) und *Columbus* (CA-74). Die beiden restlichen Umbauten entfielen, einmal aus Kostengründen, dann aber auch, weil sich herausgestellt hat, daß auch kleinere, von vornherein als Lenkwaffenschiffe gebaute Einheiten über eine beträchtliche FK-Kapazität verfügen können. Da bei diesem Umbaumodell ein Hangar nicht vorgesehen war, konnte nur ein Hubschrauber auf dem Achterdeck zeitweilig mitgeführt werden. Die eingeplante Höhe des Brückenaufbaus sowie der Zwischenraum zwischen demselben und der vorderen Gruppe von FL-Geräten war die Folge der Einwirkung des Rückstrahls der beiden Tartar-Anlagen.

Da beim Umbau auch Räume für einen Verbandsstab vorgesehen wurden, wurden diese Schiffe vorzugsweise auch als Flottenflaggschiffe verwendet. So fungierte *Albany* jahrelang als Flaggschiff der 2. und der 6. Flotte, *Chicago* als Flaggschiff der 3. Flotte.

Die Aufgabe des relativ gewichtigen und letztlich obsoleten Talos-Systems diktierte an erster Stelle die Aussonderung dieser Schiffe. Man hütete sich jedoch, die beiden letzten zur Aussonderung vorgesehenen Schiffen (CG-10 und 11) allzu rasch zu verschrotten. *Columbus* dagegen ging allzu schnell den Weg des alten Eisens, wogegen *Albany* und *Chicago* nach der Aussonderung im Jahre 1980 zunächst vorübergehend aus der Schiffsliste gestrichen, dann aber wieder aufgenommen und zur Reserveflotte verlegt wurden. Man hütete sich hierbei, den in der nahen Vergangenheit begangenen Fehler zu wiederholen, noch verwendungsfähige Schiffe (s. CV-42 *F. D. Roosevelt* und CG-12 *Columbus)* viel zu schnell zur Verschrottung freizugeben. Ein Teil der Mitschuld trifft zweifellos auch den damaligen Kongreß, ohne dessen Zustimmung kein größeres U.S.-Schiff gestrichen werden kann.

◁
Die Total-Umbauten der *Albany*-Klasse markierten zu Beginn der 60er Jahre so etwas wie eine Revolution bei den Kriegsschiffentwürfen. Alles was an Aufbauten auf den Schiffskörper der vormaligen Schweren Kreuzer aufgesetzt wurde, war total neu und ungewohnt. Die Erfordernisse der FL-Elektronik diktierten die Einplanung einer sehr hohen Brücke, und dementsprechend hoch mußten auch die Mast/Schornstein-Kombinationen, Mack genannt, ausfallen. Schiffe dieser Klasse gehören zu den ersten der U.S. Navy, die – zunächst – ohne jegliche Rohrwaffen fertiggestellt wurden. Dieses am 2. Januar 1963 während der Einfahrzeit aufgenommene Luftbild des Leitschiffes *Albany* (CG-10) vermittelt einen Eindruck von diesem eigenwilligen Umbau. Die achtern angebrachte Plattform deutet darauf hin, daß auch hier ursprünglich geplant war, SPS-2-Radar aufzustellen. Zu beachten ist der bullige Talos-Starter Mk 12 Mod 0 und die dahinter befindlichen Leitgeräte SPG-49/SPW-2. Da von vornherein auch als Flaggschiffe konzipiert, gibt es hier je ein Brückendeck für die Schiffsführung und für einen Verbandsführer im Admiralsrang. Auf dem vorderen Mack befindet sich 3-D-Radar SPS-39, auf dem achteren Luftraum-Suchradar SPS-43A, dagegen sind noch keine »highfinder«-Antennen an Bord.
USN

3. 11. 62 Wiederindienststellung, nunmehr als CG-10,
1–7/63 Ausrüstung, Versuche mit den Lenkwaffenanlagen, Systemtests, Einfahrprobefahrten, FK-Schießübungen,
1. 8. 63 Ende der Werftzeit bei Boston N.Sh.; Operationen Ostküste und in der Karibik,
10/63 Abnahme-Versuchsfahrten,
29. 11. 63 Abfahrt zur ersten Mittelmeer-Einsatzfahrt,
23. 5. 64 Ankunft Norfolk,
29. 6. – 26. 7. 64 Werftinstandsetzung bei Norfolk N.Sh.; danach Operationen Ostküste,
3. 10. – 21. 10. 64 Besuchsfahrt nach Amsterdam; danach wieder Operationen Ostküste,
24. 5. 65 zweite Abfahrt ins Mittelmeer,
11. 10. 65 Rückkunft in Norfolk; Operationen Ostküste,
4. 3. 66 dritte Abfahrt ins Mittelmeer,
25. 10. 66 Rückkunft Norfolk; Operationen Ostküste und Karibik,
1. 2. 67 Ankunft Boston N.Sh. zur AAW Modernisierung,
27. 6. 69 Heimathafen-Wechsel nach Mayport; bis
2/70 Operationen Ostküste,
24. 2. 70 Abfahrt zur vierten Einsatzfahrt bei der 6. Flotte,
16. 9. 70 Rückkunft in Mayport; kurze Fahrten vom Heimathafen aus,
7. 2. 71 Abfahrt zum fünften Mittelmeereinsatz,
24. 7. 71 Rückkunft in Mayport; Operationen und Übungen Ostküste,
1. 9. 72 Wechsel des Heimathafens nach Boston; ab
5. 9. 72 Teilnahme an der Arktik-Übung »Strong Express«,
2.–5. 10. 72 Besuch in Rotterdam,
9. 10. 72 sechste Ankunft im Mittelmeer, Operationen im Rahmen der 6. Flotte,
15. 2. 73 Rückkunft in Boston; vom Heimathafen aus kurze Fahrten,
30. 5. 73 temporärer Wechsel des Heimathafens nach Philadelphia,
6. 7. 73 Beginn Werftüberholung bei Philadelphia N.Sh.; Modernisierung der Talos- und der Tartar-Anlagen u. a. m.,
31. 5. 74 Ende der Werftüberholung; ein Tag zuvor Wechsel des Heimathafens nach Norfolk; beschränkte Operationen Ostküste und in der Karibik,
16. 9.–3. 12. 74 in der Werft Norfolk N.Sh.; Modifizierung als Flottenflaggschiff,
27. 1. 75 *Albany* wird Flaggschiff des COM 2nd Fleet anstelle von *Newport News* (CA-148),
11. 5. 75 Schiff in Boston; sowjetischer Botschafter Dobrinin als Gast des COM 2nd Fleet an Bord,
12.–17. 5. 75 *Albany* ist Gastschiff während des Besuches zweier sowjetischer DDG in Boston,
15. 5. 75 der CNO Admiral Holloway besucht *Albany;* ab
22. 5. 75 Operationen und Übungen von Norfolk aus,
26. 9.–9. 10. 75 NATO-Manöver »Ocean Safari«,
9. 10.–4. 11. 75 Besuche in Oslo, Hamburg, Rotterdam, Brest, Portsmouth, Rosyth; danach Fortsetzung des Manövers »Ocean Safari«,
10. 12. 75 Rückkunft Norfolk,
13. 12. 75 COM 2nd Fleet geht von Bord,
1. 1.–5. 5. 76 Werftinstandsetzung bei Norfolk N.Sh.,
5–7/76 lokale Operationen Ostküste und Karibik,
10. 8. 76 siebente Fahrt ins Mittelmeer,
7. 9. 76 *Albany* löst *Little Rock* (CG-4) als Flaggschiff des COM 6th Fleet ab; Heimathafenwechsel nach Gaeta, Italien,
1976–80 ständig im Mittelmeer; Operationen mit der 6. Flotte, unterbrochen durch Hafenbesuche,
8. 5. 80 Ankunft von *Puget Sound* (AD-38) in Gaeta,
28. 5. 80 *Puget Sound* wird Flaggschiff des COM 6th Fleet,
12. 6. 80 Abfahrt von Lissabon zur Ostküste,
21.–22. 6. 80 in New York,
27. 6. 80 Rückkunft in Norfolk,
29. 8. 80 Außerdienststellung.

Diese Aufnahme entstand am 11. August 1966 im Mittelmeer. Sie veranschaulicht, wie hoch die Aufbauten über den schlanken Schiffskörper hinausragen, was durch die Verwendung von Leichtmetall-Legierungen überhaupt erst möglich wurde. Als »Nachrüstung« erhielt *Albany* auf beiden Seiten des achteren Mastes eine 12,7-cm-Kanone L/38 und ein FLG Mk 56. Sowohl auf der Brücke als auch auf der Plattform befindet sich jetzt eine SPS-30-Antenne. Zu bemerken ist, daß hier die SPS-39-Antenne auf der Achterkante der Mack-Plattform steht, SPS-10-Radar jedoch davor.
USN

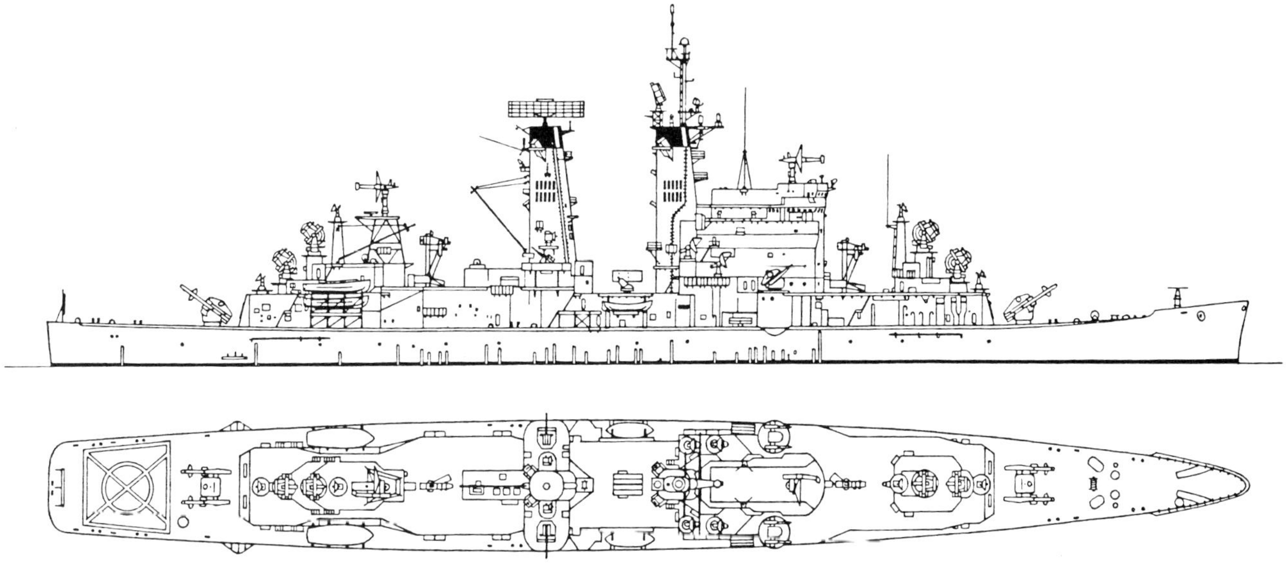

Albany (CG-10), Aussehen ab Anbringung der 12,7-cm-Geschütze bis zur Modernisierung 1968. (KDS)

Albany, aufgenommen Ende Juni 1976 in Norfolk. Nun wurde auch die achtere SPS-30-Antenne entfernt und an deren Stelle eine Satellitenantenne aufgestellt, die dann bis zur Außerdienststellung an Bord blieb.
Te

Ab Februar 1967 verbrachte *Albany* längere Zeit in der Marinewerft in Boston, wo die gesamten Lenkwaffenanlagen auf den neuesten Stand gebracht wurden. Diese undatierte Aufnahme entstand nach dieser Modernisierung, etwa 1968. Einzige äußere Evidenz besteht in den Veränderungen im oberen Bereich des vorderen Mack, wo jetzt SPS-48-Radar vor der Rah angebracht ist, sowie in der Entfernung der auf der Brücke aufgestellten SPS-30-Antenne – bester Beweis dafür, daß SPS-48 manche Höhenbereichsfunktionen von SPS-30 mit übernommen hat. Die Höhe des Brückenaufbaus ist nicht zuletzt auch durch die seitliche Aufstellung der Tartar-Starter Mk 11 bestimmt, von denen man einen hier samt den beiden Radarbeleuchtern SPG-51 beobachten kann.
Zu bemerken ist noch die an der Oberkante von SPS-43A angebrachte IFF-Antenne. USN

Dieses Foto der *Albany* entstand Mitte Mai 1975 in Boston, wo der Kreuzer, damals Flaggschiff des Kommandanten der II. Flotte, Gastschiff beim Besuch zweier sowjetischer Lenkwaffen-Zerstörer gewesen ist, bei welcher Gelegenheit auch der sowjetische Botschafter Dobrinin an Bord ging. Am Schiff selbst sind gegenüber 1968 keine Veränderungen festzustellen. USN

Ohne sichtbare Veränderungen: eine sehr klare und interessante Aufnahme der *Albany*, etwa 1980, in Messina. Der auf dem Achterschiff des Kreuzers sichtbare Hubschrauber, ein Sea King, ist die persönliche Maschine des Kommandanten der VI. Flotte. GP

Ähnlich wie die *Oklahoma City* wurde *Albany* nach der offiziellen Außerdienststellung in eine Art von Zustand der Bereitschaftsreserve versetzt, wobei vermutlich nur wenige Bereiche konserviert wurden, während ansonsten alle Waffen und Sensoren (mit Ausnahme von SPS-48 und der auf der Plattform befindlichen Satellitenantenne!) an Bord behalten wurden. Das vorliegende Foto wurde im Juli 1983 aufgenommen; es zeigt die *Albany*, hoch im Wasser liegend, an seinem jetzigen Liegeplatz, außerhalb des Stützpunktes, in Norfolk. WD

Chicago (CG-11)

2. 5. 64	Wiederindienststellung, nunmehr als CG-11; Einfahrprobefahrten; bis Anfang
1965	Operationen Westküste,
18. 1.–16. 4. 65	Werftzeit bei San Francisco N.Sh.; danach Übungsfahrten Westküste verbunden mit Spezial-Lenkwaffentests; Reservisten- und Kadetten-Trainingsfahrten,
10/65	Übungsfahrt nach Hawaii; ab
1/66	Operationen Westküste mit der 1. Flotte,
20. 4.–12. 5. 66	Vorbereitung für Übersee-Einsatz,
12. 5. 66	Beginn der ersten Einsatzfahrt in den Westpazifik,
17. 5. 66	Ankunft Pearl Harbor,
1. 6. 66	Ankunft Yokosuka, COMCRUDESFLOT 11 geht an Bord, ab
15. 6. 66	Einsatz vor der Vietnam-Küste, vor allem als Radar-Stationsschiff im Rahmen des PIRAZ-Konzeptes, mit Zwischenbesuchen in Hong Kong, Subic Bay, Okinawa, Taiwan, Yokosuka und Sasebo,
27. 11.– 7. 12. 66	Nonstop-Fahrt zur Westküste mit Zwischenbetankung durch *Sacramento* (AOE-1),
8. 12. 66	Ankunft San Diego,
1–8/76	Operationen Westküste mit Zwischenbesuchen in Alaska und Kanada, zeitweilig als Flaggschiff der 1. Flotte,
1.–27. 9. 67	Vorbereitung für Übersee-Einsatz,
11. 10. 67	zweite Abfahrt in den Westpazifik über Pearl Harbor, Yokosuka, Okinawa und Subic Bay; ab
12. 11. 67	auf PIRAZ-Station im Golf von Tonking, mit Zwischenaufenthalten in Hong Kong, Subic Bay und Singapore; Anfang
2/68	unterbrochen durch PIRAZ-Aufenthalt in japanischen Gewässern, anläßlich der Kaperung von *Pueblo* (AGER-3) durch die Nordkoreaner; ab
1. 5. 68	über Guam und Pearl Harbor Fahrt zur Westküste,
15. 5. 68	Ankunft in San Diego; Operationen Westküste,
1. 7.–15. 12. 68	Werftinstandsetzung bei Long Beach N.Sh., ab
1/69	Operationen Westküste,
13. 2. 69	ab Long Beach Abfahrt zur dritten WESTPAC-Einsatzperiode, über Pearl Harbor und Subic Bay,
11. 3. 69	auf PIRAZ- und SAR-Station im Golf von Tonking, mit Zwischenaufenthalten in Japan, Hong Kong, Okinawa und Subic Bay,
30. 8. 69	von Subic Bay aus Rückfahrt zur Westküste über Guam und Pearl Harbor,
17. 9. 69	Ankunft San Diego; Operationen Westküste,
1–8/70	Operationen Westküste,
9. 9. 70	vierte Abfahrt in den Westpazifik über Pearl Harbor und Guam; ab
3. 10. 70	Operationen in vietnamesischen Gewässern, mit Zwischenaufenthalten in Yokosuka, Hong Kong und Subic Bay,
24. 2. 71	Abfahrt zur Westküste über Guam und Pearl Harbor,
11. 3. 71	Ankunft San Diego; Operationen Westküste, darunter ab
1. 7. 71	Kadettenfahrt nach San Francisco, Seattle und Pearl Harbor,
4. 8. 71	Rückkunft in San Diego; Operationen Westküste,
6. 11. 71	fünfte Abfahrt in den Westpazifik mit COMCRUDESFLOT 3 an Bord; Zwischenhalt in Guam und Subic Bay,

Dieses am 27. Juni 1971 in San Diego aufgenommene Foto zeigt, daß inzwischen SPS-39-Radar vorübergehend gegen die SPS-52-Antenne ausgetauscht wurde, wobei vermutlich das Innenleben von SPS-39 zunächst erhalten blieb. LRC

6. 12. 71	Ankunft in vietnamesischen Gewässern; dort Operationen im Golf von Tonking mit Zwischenbesuchen in Singapore, Subic Bay und Hong Kong,	14. 12. 73	wieder einsatzbereit,
28. 4. 72	COMCRUDESFLOT 3 geht von Bord,	1/75	Operationen Westküste,
9. 5. 72	mit einem Talos-FK ein MiG-Flugzeug abgeschossen,	21. 5. 75	sechste Abfahrt in den Westpazifik; Zwischenaufenthalt in Pearl Harbor, Yokosuka und Subic Bay, von da am
21. 6. 72	Abfahrt zur Westküste über Guam und Pearl Harbor,	25. 6. 75	Abfahrt in den Indischen Ozean und in die Arabische See mit Besuchen in Karatschi, Mombasa, Mauritius und Singapore,
8. 7. 72	in San Diego; ab	11.–29. 9. 75	in Subic Bay, ab
5. 7. 72	Wechsel des Heimathafens nach Long Beach; ab	30. 9. 75	Operationen mit der 7. Flotte, dabei Besuche in Hong Kong, Manila, Yokosuka,
25. 8. 72	Werftüberholung bei Long Beach N.Sh.,	17. 11. 75	ab Subic Bay Abfahrt zur Westküste über Guam und Pearl Harbor,
30. 6. 73	Wechsel des Heimathafens nach San Diego,		
1. 9. 73	Ende der einjährigen Werftzeit,		

Obwohl in der Kennummernsequenz gleich hinter *Albany* rangierend, war der Umbau von *Chicago* (CG-11) – im Gegensatz zu *Columbus* – erst eineinhalb Jahre nach *Albany* abgeschlossen. Dieses in der Bucht von San Francisco im September 1964 aufgenommene Foto zeigt, daß im Gegensatz zu den beiden Schwesterschiffen von vornherein sowohl die beiden 12,7-cm-Geschütze wie auch die beiden FLG Mk 56 und SPS-30 an Bord waren. Hier scheint Divisionsappell gehalten zu werden. USN

14. 12. 75	Ankunft San Diego; Operationen Westküste,
3/76	Manöver mit britischen, kanadischen und neuseeländischen Streitkräften,
13. 4. 76	zusammen mit einer amphibischen Gruppe siebente Abfahrt in den Westpazifik; unterwegs gemeinsame Übungen,
3. 5. 76	Ankunft Yokosuka; Übungen im Rahmen einer Trägerkampfgruppe mit *Midway* (CV-41); Operationen bei der 7. Flotte,
27. 9. 76	von Subic Bay Abfahrt zur Westküste über Guam und Pearl Harbor,
16. 10. 76	Ankunft San Diego; ab
11/76	Übungen und Operationen Westküste,
6. 9. 77	achte Abfahrt in den Westpazifik,
30. 9. 77	Ankunft Subic Bay; Operationen bei der 7. Flotte, mit Besuchen in Taiwan, Hong Kong, Inchon, Singapore und Thailand,
16. 3. 78	von Subic Bay über Guam und Pearl Harbor Abfahrt zur Westküste,
7. 4. 78	Ankunft San Diego; Operationen Westküste,
24. 7.–	Werftinstandsetzung bei Long Beach N.Sh., dabei
24. 10. 78	Talos-Anlage außer Betrieb gesetzt, jedoch Tartar-Anlagen überholt; danach Operationen Westküste,
30. 5. 79	in Begleitung von *Kitty Hawk* (CV-63) neunte Abfahrt in den Westpazifik über Pearl Harbor; Übungen im Bereich Hawaii,
4. 7. 79	Ankunft Subic Bay; Operationen mit der 7. Flotte; zwischendurch Besuche in Pusan, Hong Kong und Sidney,
27. 11. 79	von Subic Bay Abfahrt zur Westküste über Pearl Harbor,
17. 12. 79	Ankunft San Diego,
1. 3. 80	Außerdienststellung.

Wie man sieht, wurde die achtere SPS-30-Antenne auf *Chicago* zum Ende der Dienstzeit nicht entfernt. Sie ist noch gegenwärtig vorhanden. Die vorliegende Aufnahme vom August 1980 zeigt *Chicago* an ihrem vorerst letzten Liegeplatz in Bremerton, Wash. Damals war das Schiff aus der Namensliste gestrichen, und in Verbindung damit wurde auch die Kennummer »11« entfernt. Der Name *Chicago* war dann an ein neues U-Schiff der SSN-688-Klasse vergeben worden. Diese Maßnahme wurde später rückgängig gemacht; *Chicago* befand sich bis Ende Januar 1984 offiziell bei der Reserveflotte. WD

Diese etwas körnige Aufnahme vom Juni 1975 zeigt, daß *Chicago* eine der SPS-30-Antennen abgegeben hat, mit Sicherheit deswegen, weil zwischenzeitlich SPS-48 an Bord gekommen ist. Das Schiff passiert hier gerade Point Loma am Ausgang des Hafens von San Diego. USN

Columbus (CG-12) wurde hier in der ersten Jahreshälfte 1963 aufgenommen. Erst im November 1963 wurden in der Marinewerft Puget Sound nachträglich die beiden 12,7-cm-Geschütze und die beiden SPS-30 eingebaut. USN

Columbus (CG-12)

1. 12. 62	Wiederindienststellung, nunmehr als CG-12,
3–6/63	Einfahrprobefahrten entlang der Westküste,
11/63	das Schiff verläßt nach Einbau von SPS-30-Radar und zwei 12,7-cm-Geschützen endgültig die Umbauwerft Puget Sound N.Sh. und verlegt nach San Diego,
12/63–3/64	Operationen Westküste mit der 1. Flotte mit kurzem Aufenthalt
4–5/64	bei Long Beach N.Sh.,
5. 8. 64–6. 2. 65	Einsatzfahrt in den Westpazifik,
3–12/65	Operationen Westküste; ab
10. 1. 66	Wechsel zur atlantischen Flotte,
2/66	Flaggschiff des COMCRUDESFLOT 8; Operationen Ostküste,
3/66	NATO-Manöver Nordatlantik,
15. 10. 66	*Columbus* löst *Albany* bei der 6. Flotte im Mittelmeer ab,
4/67	Rückkehr zur Ostküste; bis
12/67	Operationen Ostküste,
3. 1. 68	zweite Einsatzfahrt ins Mittelmeer,
16. 7. 68	Rückkehr nach Norfolk,
7–10/68	Werftinstandsetzung bei Boston N.Sh.,
1. 12. 68	Flaggschiff COMCRUDESFLOT 10,
2. 12. 68	Abfahrt zur dritten Einsatzfahrt ins Mittelmeer,
5/69	Rückkehr nach Newport, COMCRUDESFLOT 10 geht von Bord,
13. 6.–2. 9. 69	Werftinstandsetzung bei Norfolk N.Sh.,
8. 10. 69	Flaggschiff COMCRUDESFLOT 2, Abfahrt zur vierten Mittelmeer-Einsatzperiode,
18. 3. 70	Rückkehr nach Norfolk,
17. 4.–6. 7. 70	Werftinstandsetzung bei Norfolk N.Sh.,
6. 9. 70	fünfte Ankunft im Mittelmeer; COMCRUDESFLOT 8 an Bord für neun Tage,
1. 3. 71	Rückkehr nach Norfolk,
12. 4.– 13. 10. 71	Werftüberholung bei Norfolk N.Sh.,
10/71–5/72	Operationen Ostküste,
17. 5. 72	sechste Ankunft im Mittelmeer bei der 6. Flotte,
18. 10. 72	Rückkehr nach Norfolk; ein Jahr Operationen Ostküste,
2. 11. 73	zum siebten Mal im Mittelmeer,
31. 5. 74	Rückkehr nach Norfolk; Vorbereitung zur Außerdienststellung,
31. 1. 75	Außerdienststellung.

Columbus wurde in mancher Hinsicht stiefmütterlicher behandelt als die beiden Schwesterschiffe. Wegen ihrer Flagg-Einrichtung waren CG-10 und CG-11 oft und lange Flottenflaggschiffe, *Columbus* jedoch nicht. Auch machte *Columbus* keine AAW-Modernisierung durch wie *Albany*. Dieses Foto wurde am 15. Dezember 1968 in Genua aufgenommen, wobei festgestellt werden kann, daß sich die SPS-39-Antenne noch auf dem vorderen Mast befindet. Bemerkenswert ist die Anbringung des ASROC-Starters ganz hoch auf dem Mitteldeck, dort, wo ursprünglich Regulus postiert werden sollten. LGr

Diese schöne Luftaufnahme der *Columbus* ist leider undatiert. Bemerkenswert ist die Mitnahme zahlreicher Autos und deren Unterbringung auf dem Dach des FK-Magazins. Die 12,7-cm-Geschütze sind nach den Seiten ausgeschwenkt. USN

Ab Ende der 60er Jahre führte *Columbus* dann gar kein FRESCAN-Radar mehr, während beide SPS-30-Antennen bis zur Aussonderung im Jahre 1974 an Bord blieben. Im Gegensatz zu den Schwesterschiffen wurde *Columbus* recht rasch verschrottet. Dieses schöne Foto entstand am 21. September 1972 an der französischen Riviera. P&L

CGN *Long-Beach*-Klasse

Berücksichtigt man, daß bereits während des Zweiten Weltkrieges und kurz danach die Wasserverdrängung sowohl der Schweren wie auch der Leichten Kreuzer die 10000-ts-Grenze beträchtlich überschritten hat, so läßt sich die Reklassifizierung des größten Teiles der vormaligen DLG/DLGN am 30. 6. 1975, deren Wasserverdrängung mehr oder weniger bei 10000 ts und darunter lag, eher mit deren Stellungswert im Rahmen der Flotte erklären. *Long Beach* dagegen war mit seinen über 17000 ts sicherlich der einzige »echte« neue Kreuzer des Jahrzehnts der aufblühenden Lenkwaffen-Ära der 50er und 60er Jahre, obgleich dieses Schiff ursprünglich nur eine »Fregatte« mit 7800 ts Wasserverdrängung werden sollte,

In der seinerzeitigen Euphorie der Umstellung der bordgestützten Luftverteidigung von Fla-Geschützen auf Lenkwaffen ging es dann aber unter anderem vor allem darum, einen Kreuzertyp zu entwickeln, der für die Begleitung und den ausreichenden Fla-Schutz von atomgetriebenen Flugzeugträgern konzipiert sein sollte, bei dem es aber auf relativ gleichbleibend hohe Geschwindigkeit und Seeausdauer, gepaart mit einer Überfülle an Flugkörper-Kapazität, ankam. Da die Entwicklung von Atomreaktoren für Überwasserschiffe ab ca. 9000 ts inzwischen bis zur Einsatzreife gediehen war, wählte man auch für dieses Schiff Atomantrieb. Bei der Zuteilung der Baunummer (= Kennung) gab es ebenfalls Änderungen: Im Oktober 1956 wurde das einzige bewilligte Schiff dieser Klasse – das ursprünglich *Brooklyn* heißen sollte – als CLGN-160 klassifiziert; 1957 änderte man die Bezeichnung in CGN-160, vereinte dann aber im Juli 1957 alle Lenkwaffen-Kreuzer

Diese Luftaufnahme von *Long Beach* (CGN-9) stammt aus den ersten Wochen der Dienstzeit des Schiffes, im letzten Jahresdrittel 1961. Hier fehlen noch die vier senkrechten Antennen SPS-33 sowie die beiden 12,7-cm-Geschütze. In der Schiffsmitte, hinter dem ASROC-Starter, befindet sich der dünne Schornstein der bordeigenen Müllverbrennungsanlage. Dies war der Zustand, in dem *Long Beach* Ende Januar 1962 in Bremerhaven zu Besuch weilte.
USN

zu einer Baunummernreihe und änderte abermals die Kennung in CGN-9.

Nach dem Entwurf entstand ein Schiff mit sehr schlankem Schiffskörper, etwas abgerundetem Heckspiegel und hochgezogenem Vordersteven. In der Höhe der vorderen Lenkwaffenstarter findet man Knickspanten. Der Aufbautenblock ist durchgehend von recht weit vorne bis zu 4/5 der Schiffslänge nach achtern. Das vordere Drittel der Aufbauten umfaßt zwei FK-Magazine, vor bzw. auf denen je ein Terrier-Doppelstarter Mk 10 installiert ist. Beide Magazine fassen insgesamt 120 FK des Musters Standard SM-1 ER. Das achtere Ende der Aufbauten war bis 1979 einem Magazin für 46 Talos-FK vorbehalten. Darauf befand sich die umfangreiche Leit- und Kontroll-Elektronik (je zwei SPG-49 und SPW-2), dahinter der Talos-Starter Mk 12. Typisch für dieses Schiff ist der kastenartige Brückenaufbau, dessen sieben Decks durch einen Aufzug verbunden sind und dessen Form ein wenig der der Insel des ersten Atom-Trägers *Enterprise* (damals CVAN-65) zur Zeit der Fertigstellung ähnelt. Der Grund hierfür ist der große Platzbedarf für die großen Flächenantennen des Radarsystems SPS-32/33, die an den Flanken der Brückenaufbauten senkrecht befestigt wurden. Der langgestreckte mittlere Teil des Aufbautendecks sollte weiteren Waffensystemen vorbehalten werden. Zuerst war die Aufstellung eines Starters für den Marschflugkörper Regulus II vorgesehen. Dann sollten noch acht Startrohre für die ballistischen Polaris-FK senkrecht eingelassen werden. Beide Vorhaben wurden jedoch 1961 aufgegeben. Wie sehr auch dieser Kreuzer in zweiter Linie Aufgaben der Sicherung gegen Unterseeschiffe übernehmen muß, ersieht man daraus, daß auch U-Jagd-Waffen installiert wurden; ein ASROC-Werfer sowie beidseitig je drei UTR Mk 32, etwa in Höhe der Brücke. Eine Bugsonaranlage SQS-23 ist ebenfalls vorhanden. Dort wo ursprünglich der Regulus-Starter vorgesehen war, wurde das Aufbaudeck durchgezogen, so daß mehr geschlossener Raum entstand. Darauf montierte man Anfang 1963 beiderseits je ein Einzelgeschütz des Kalibers 12,7 cm L/38 Mk 30. Dies soll auf Veranlassung des damaligen Präsidenten Kennedy geschehen sein, dem es als ehemaligem Seeoffizier allmählich unheimlich wurde, daß all diese mächtigen und kostbaren Atomschiffe sich nicht einmal gegen ein angreifendes kleines Schnellboot wehren konnten. Mit Ausnahme der Verwendung von stärkeren und widerstandsfähigeren Schiffbaustählen in

Long Beach, aufgenommen am 1. April 1963. Das Schiff ist zunächst komplett mit SPS-33-Radar, den beiden 12,7-cm-Geschützen und den beiden FLG Mk 56. Es ist ausreichend Platz vorhanden, um auch noch einige Autos mitzunehmen. Vor der TACAN-Antenne ist SPS-10-Radar gut zu erkennen. USN

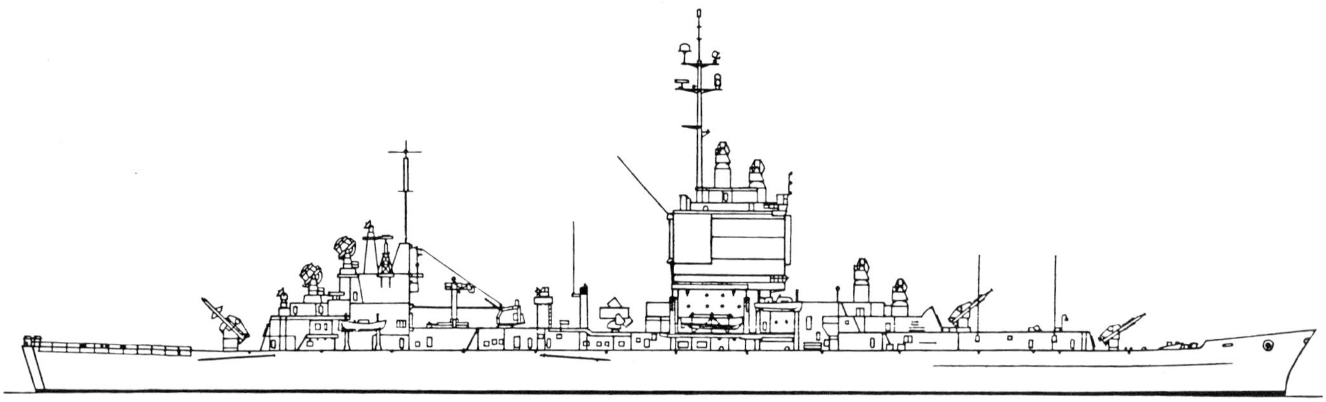

Long Beach (CGN-9), Aussehen nach April 1963, als die ergänzende Bewaffnung und Elektronik angebracht wurden. Das Munitions-Übernahmegerät FAST befindet sich zwischen den Geschützen und den achteren Aufbauten. (KDS)

Verbindung mit Leichtmetallaufbauten vermißt man heute die früher bei Kreuzern übliche Panzerung. Trotzdem verzeichnet man eine durch den Gewichtsanteil der Kampfsysteme größer gewordene Wasserverdrängung.

Das Schiff erhielt die computergesteuerte Kommando-Auswertungs- und Übermittlungsanlage NTDS, die fortan auf zahlreichen größeren Schiffen installiert wurde. *Long Beach* blieb Einzelgänger seiner Klasse und wird als erstes Überwasser-Atom-Kriegsschiff der Welt in die Marinegeschichte eingehen. Daß Atomschiffe ebenfalls einen »Schornstein« haben können, ist daran zu erkennen, daß *Long Beach* hinter dem ASROC-Gerät einen kleinen Rauchabzug besitzt, der zur schiffseigenen Müllverbrennungsanlage gehört. Müll wird aus naheliegenden Gründen nicht mehr über Bord geworfen, sondern soweit möglich vollständig verbrannt.

Auf *Long Beach* kann achtern ein Hubschrauber landen. Eine ständige Stationierung ist wegen des fehlenden Hangars nicht möglich. Das Schiff ist zur Mitnahme eines kleineren Stabes eingerichtet. Es verfügt über einen Diesel-Notantrieb, der im Falle, daß die Atom-Antriebsanlage ausfallen sollte oder das Reaktoren abgeschaltet werden müssen, auf die Antriebswellen geschaltet werden kann, so daß das Schiff mit eigener Kraft langsam weiterzufahren vermag. Die Reaktoren selbst gleichen sehr denen auf der *Enterprise*. Mit der ersten Uranladung fuhr *Long Beach* 167000 sm, die Kerne wurden 1965/66 ersetzt.

Nach Indienststellung bei der Atlantischen Flotte folgte bereits im Januar 1962 eine Fahrt nach Europa. Während der Werftliegezeit 1962/63 erfolgte die nachträgliche Installation von SPS-33-Radar und der beiden 12,7-cm-Einzeltürme sowie der beiden Gechütz-FL-Anlagen Mk 56. Im August 1963 folgte eine Mittelmeerfahrt, danach ab Mai 64, zusammen mit *Enterprise* und *Bainbridge*, die Bildung der »Nuklear Task Force 1«. Vom Juli bis zum Oktober 1964 folgte eine gemeinsame Reise dieses Kampfverbandes um die Weltkugel. Die Operationen beinhalteten den üblichen Flugbetrieb des Trägers ohne normalen Flotten-Nachschub in See. Die durchschnittliche Geschwindigkeit betrug damals 25 kn. Nach der Rückkehr von der Weltreise blieb *Long Beach* zunächst weiterhin an der Ostküste und wurde im Februar 1966 zur Westküste verlegt. Vor der Vietnam-Küste wurde *Long Beach* zur Leitung der über dem Festland operierenden Flugzeuge eingesetzt. 1968 schoß das Schiff selbst mit Talos-FK zwei MiG-Flugzeuge über dem Festland ab.

Die seinerzeitigen Baukosten betrugen hier 332,9 Mio $, was zu Anfang der 60er Jahre für einen Nicht-Flugzeugträger sehr viel Geld war.

Mit Rücksicht auf ihre guten schiffbaulichen Qualitäten beabsichtigte die Navy, die *Long Beach* insgesamt 40 Jahre in Dienst zu behalten, d.h. etwa bis zum Jahre 2002. Als die Idee von der Schaffung von »Strike Cruisers« mit mehreren Kampfsystemen aufkam, unter denen vor allem die AEGIS/Mk-26-Kombination, aber auch die Verwendung des Marsch-FK Tomahawk an erster Stelle stand, plante die Navy 1977 ernstlich, auch die *Long Beach* ab Anfang der 80er Jahre als »Strike Cruiser« umzubauen (siehe Foto). Aus den Etats FY 77, 78 und 79 sollten hierfür insgesamt 783 Mio $ bereitgestellt werden. Diese Maßnahme war auch deswegen schon notwendig, weil nach Auslaufen der Talos-Produktion die Lenkwaffenanlage Mk 12 auf dem Achterschiff nutzlos geworden war und entfernt werden mußte. Wie manch eine gestartete Initiative der Navy wurde auch dieser Umbau letztlich von der Carter-Regierung abgesagt, nicht ohne Versicherung, *Long Beach* würde zwischen 1979 und 1981 einem bescheideneren Umbau unterzogen, der aus dem Unterhaltungs- und Instandsetzungsfonds finanziert würde. Dies hat sich nunmehr in Etappen vollzogen. Bereits Anfang 1980, als *Long Beach* eine Einsatzfahrt in den Westpazifik unternahm, präsentierte sie sich noch mit den bisher geführten Radaranlagen, die inzwischen durch SPS-48 und 49 ersetzt wurden. Die beiden FL-Anlagen SPG-49/SPW-2 wurden entfernt und anstelle des ebenfalls entfernten Starters Mk 12 findet man jetzt zwei Vierrohr-Starter für Harpoon-FK. Die Installation der AEGIS-Anlage steht offensichtlich nicht mehr auf dem Programm, und auch die beiden Mk-10-Starter werden noch an Bord bleiben. SQS-23-Sonar wird jedoch durch SQQ-23 PAIR ersetzt. 1981 bis 1983 wurde *Long Beach* in der Marinewerft Puget Sound im Bremerton umgebaut.

Long Beach (CGN-9)

9. 9. 61	Indienststellung; im Atlantik,
2. 10.– 16. 12. 61	Einfahrprobefahrten,
28. 12. 61– 5. 1. 62	Lenkwaffenschießübungen vor Puerto Rico,
15. 1. 62	Besuch in Bremerhaven, in Frankreich und auf den Bermudas,
7. 2. 62	Rückkehr Ostküste,
4/62	Frühjahrsmanöver als Flaggschiff des CINCLANT, Admiral Dennison; währenddessen Inspektion durch Präsident J. F. Kennedy und Vizepräsident L. B. Johnson; danach Mitte
1962	Werftaufenthalt zur Anbringung von ergänzender Ausrüstung, u. a. der beiden 12,7-cm-Geschütze,
6. 8.–20. 12. 63	erste Einsatzfahrt ins Mittelmeer,
12/63–4/64	Operationen Ostküste,
28. 4. 64	zweite Abfahrt ins Mittelmeer; dort
13. 5. 64	mit USS *Enterprise* (CVAN-65) und *Bainbridge* (DLGN-25) Zusammenschluß zur »Nuclear Task Force 1«. Verbleib im Mittelmeer bis
31. 7. 64,	dann über Gibraltar Antritt des Verbandes zur Umrundung der Weltkugel (Operation »Sea Orbit«). *Long Beach* besuchte dabei Karachi, Melbourne, Wellington, Rio de Janero,
3. 10. 64	Rückkehr zur Ostküste,
8/65–2/66	Werftinstandsetzung in Newport News,
28. 2. 66	Abfahrt via Panamakanal in den Pazifik; Wechsel zur Pazifischen Flotte,
15. 3. 66	Ankunft Long Beach; im Sommer
1966	Operationen Westküste,
7. 11. 66	erste Abfahrt in den Westpazifik; vornehmlich vor der Vietnam-Küste,
8.–27. 4. 67	Besuch in Sidney,
4. 7. 67	Rückkehr zur Westküste,
15. 4. 68	zweite Abfahrt nach Vietnam; dort vornehmlich zur Radarüberwachung und zur Leitung der eigenen Flugzeuge eingesetzt,
16. 11. 68	Rückkehr Westküste,
3/70–Ende 71	Werftüberholung bei Mare Island N.Sh.; danach Operationen Westküste,

Dies ist eines der letzten amtlichen Fotos der *Long Beach* vor der ersten Phase des Umbaus im Jahr 1978. Auf dem Achterschiff sind mehrere Lüftungsaustritte so angebracht, daß davor – bis zum achteren Talos-Starter – noch eine Hubschrauberfläche abgesteckt werden konnte. Entlang der Achterkante des Brückenaufbaus verläuft die Ableitung für die Kabel der Radarantennen. Als zusätzliche Radarantenne befindet sich jetzt auch SPS-12 auf der Spitze des vorderen Mastes. Über die Seiten der Brückennocke ragen die ECCM-Antennen WLR-6 hinaus.
USN

3/72	dritte Einsatzfahrt in den Westpazifik; Einsatz u. a. im Golf von Tonking bis
11/72	danach beständiger Wechsel zwischen Operationen an der Westküste und Einsatzfahrten bei der 7. Flotte,
1–6/76	Werftüberholung bei Puget Sound N.Sh.,
9/76	siebente Fahrt in den Westpazifik; dabei auch gemeinsame Manöver mit Australien und Neuseeland sowie mit *Enterprise* und *Bainbridge* Operationen im Indischen Ozean,
28. 3. 77	Rückkehr nach San Diego,
4. 4. 78	achte Einsatzfahrt in den Westpazifik, dabei auch Operationen im Indischen Ozean mit *Enterprise* und *Truxtun,*
27. 10. 78	Rückkehr nach San Diego,
1–4/79	Werftzeit in Bremerton, dabei Ausbau der kompletten Talos-Ausrüstung und Installation von zwei Harpoon-Startern; danach Operationen Westküste, Manöver mit der kanadischen Marine,
7. 1. 80	Abfahrt zur neunten Einsatzfahrt in den Westpazifik,
11. 7. 80	Rückkehr nach San Diego,
30. 8. 80	Beginn der Umbauperiode bei Puget Sound N.Sh. (»mid-life conversion«),
9. 9. 81	20. Indienststellungsjubiläum in der Werft gefeiert,
11/82	nach Umbau wieder in See,
3/83	nach Umbau und Ausrüstung definitiv von Puget Sound N.Sh. nach San Diego umgezogen,
8/83	Operationen Westküste.

Während dieses Zwischenstadiums entstand im August 1980 in San Diego diese Aufnahme der *Long Beach*. Der Schiffsname steht auf dem Heckspiegel in schwarzer Schrift. WD

Bei der gleichen Gelegenheit aufgenommen: die beiden vor dem Austritt des Talos-Magazins aufgestellten Harpoon-Vierfachstarter sind zu sehen. Die beiden Scharniere für die Öffnungsklappen des Magazins sind noch vorhanden. WD

Vor der kalifornischen Küste im Juni 1979 aufgenommen: *Long Beach* nach Beendigung der Phase I der »mid-life conversion«. Die komplette Talos-Anlage wurde entfernt; ansonsten keine sichtbaren Veränderungen. SPS-12-Radar ist jetzt deutlich zu erkennen. USN

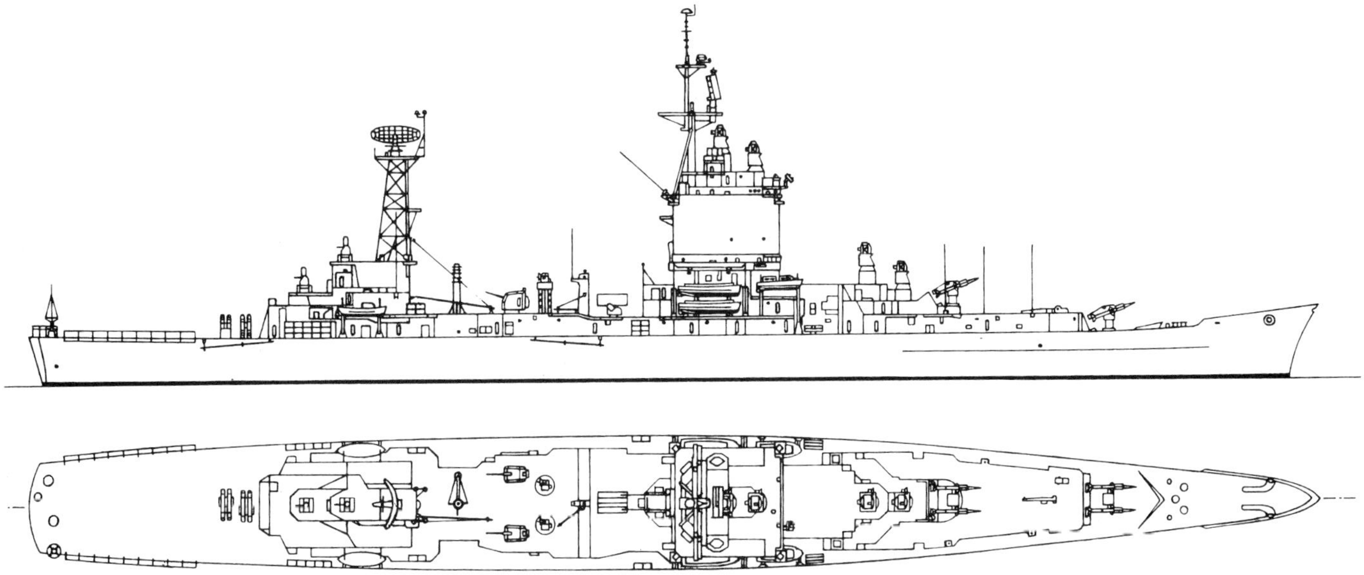

Long Beach, Aussehen nach März 1983, d. h. nach Abschluß des Halbzeit-Umbaus. Es ist aus dem Decksplan ersichtlich, daß die Aufbauten bis zum ersten Aufbaudeck breiter sind als bei den früheren Kreuzerklassen. Sie erstrecken sich über den größten Teil der Schiffslänge.

Drei Jahre später, im Juli 1983, ebenfalls in San Diego aufgenommen: *Long Beach* nach Ende der Umbauphase II. Die Scharniere der Nachladeklappen wurden entfernt, der Austritt ist offensichtlich dichtgeschweißt. Neu ist der Vierbeingittermast achtern, während der vordere Mast umgestaltet und mit zwei Stützbeinen versehen wurde. Der Schiffsname wurde jetzt in heller Farbe aufgetragen. WD

Bei der gleichen Gelegenheit aufgenommen: Der schlanke Bug der *Long Beach* mit erhöhtem Schanzkleid. Das FK-Übernahmegerät vor dem oberen Mk-10-Starter ist aufgerichtet. Gut sichtbar sind die beiden neu hinzugekommenen ESM-Anlagen SLQ-32(V)3 und SPS-48-Radar. WD

Die markanteste Veränderung nach dem Umbau liegt in der Anbringung des neuen Vierbeingittermastes als Basis für die Radarantenne SPS-49. SLQ-32 ist hier deutlich im Bild. Die beiden 12,7-cm-Kanonen sowie die FLG Mk 56 wurden auch weiterhin beibehalten. WD

Auf bisher keinem U. S.-Schiff wurde eine so geringe Entfernung zwischen zwei Phalanx-Anlagen Mk 15 beobachtet wie auf *Long Beach*. Allerdings ist der Bestreichungswinkel hier doch beträchtlich eingeschränkt, so daß gegen von vorne kommenden gegnerischen FK keine Abwehrmöglichkeit gegeben ist. WD

Was einst noch Kreuzer war bzw. werden sollte

CB *Alaska*-Klasse

Dies war ein bei der U.S. Navy neu entwickelter Schiffstyp, der durch einen gewissermaßen verständlichen Irrtum überhaupt entstanden ist. Nach Berichten, die sich jedoch später als unrichtig erwiesen haben, sollen die Japaner vor dem Zweiten Weltkrieg geplant haben, ein der Klasse der deutschen Panzerschiffe *(Deutschland*-Klasse) ähnliches Schiff zu bauen. Zu jener Zeit hatte die USN nichts Ähnliches in ihrem Schiffsinventar, was bei entsprechend hoher Geschwindigkeit eine gewisse Panzerung, aber auch zugleich Geschütze schwereren Kalibers aufweisen konnte. Hätten die Japaner damals diesen Typ tatsächlich herausgebracht, so wäre dieser – wie die übrigen Überwasserschiffstypen auch – von den amerikanischen Trägerflugzeugen bekämpft worden. Die Trägerwaffe hatte allerdings zu jenem Zeitpunkt noch nicht ihre volle Entfaltung erreicht.

Somit wurden also aus dem Etat FY40 sechs »Large Cruisers« zum Bau vergeben, »Große Kreuzer« also, die mehr sein sollten als Schwere Kreuzer, die aber nach ihrem Entwurf letztlich das wurden, was man damals landläufig als »Schlachtkreuzer« bezeichnete. Als später ermittelt wurde, daß die Japaner die ihnen zugeschriebenen Panzerschiffe doch nicht bauten, war es bereits zu spät, den begonnenen Bau der ersten beiden Einheiten zu stoppen. Zwei der begonnenen Einheiten, *Alaska* (CB-1) und *Guam* (CB-2), wurden so rechtzeitig fertiggestellt, daß sie noch in Zusammenwirkung mit Kreuzern und Trägern am Kriege teilnehmen konnten.

Der Bau von *Hawaii* (CB-3) wurde 1947 bei einem Fertigstellungsgrad von ca. 82% eingestellt. CB-4 bis 6 *(Philippines, Puerto Rico* und *Samoa)* wurden 1943 erst gar nicht begonnen.

Das Backbordmuster des Schemas 32/1d sieht man auf diesem Foto, das am 30. Juli 1944 vor der Marinewerft Philadelphia aufgenommen wurde. Kurz nach der Fertigstellung wurde hier FLR Mk 4 gegen Mk 12/22 ausgetauscht. USN

Es kann angeblich nicht mehr rekonstruiert werden, ob dieser Schiffstyp auf besonderes Betreiben des Präsidenten F. D. Roosevelt entwickelt wurde. Die Navy selbst war jedenfalls froh, endlich so große Kreuzer zu haben, die nicht an die Beschränkungen durch die Flottenverträge gebunden waren. Sie unterstützte den Bau dieser Schiffe, von denen sie hoffte, sie würden letztlich die alten Schweren Kreuzer mit dem Kaliber 20,3 cm ersetzen.
Vom Aussehen her ähnelte dieser Typ eher Schlachtschiffen, vom Konzept her entsprach er jedoch eher den Anforderungen, die die Navy an Kreuzer stellte. Hierfür spricht, daß diese Schiffe nur eines statt zwei Ruder hatten und daß großer Wert auf die wettergeschützte Unterbringung der Aufklärungsflugzeuge gelegt wurde. Aus Konstruktionsgründen (Achterschiff war nicht tief genug) konnte dies – in Anlehnung an die Vorkriegs-Kreuzerklassen – nur durch Nutzung des vorhandenen Raumes in der Schiffsmitte geschehen, nicht jedoch durch einen Unterdeckhangar wie bei *Wichita* und den *Brooklyns.*
Die Tatsache, daß sich diese Schiffe bereits bei Kriegsende überlebt hatten, war offensichtlich der Grund für die rasche Aussonderung Anfang 1947. Um so fragwürdiger erschienen Informationen, wonach noch 1945/46 Absichten bestanden haben sollen, auf diesen Schiffen auf der Schanz ein einzelnes Katapult zu installieren, und zwar unter Wegfall der beiden in der Schiffsmitte befindlichen, an deren Stelle beiderseitig noch ein weiterer Doppelturm 12,7 cm L/38 hätte aufgestellt werden sollen.
Die 30,5-cm-L/50-Drillingstürme waren speziell für diese Klasse entwickelt worden. Da sie sonst an keiner Stelle eingeführt wurden, war ihre Entwicklung und Instandhaltung nicht besonders wirtschaftlich.
Da *Alaska* und *Guam* erst Mitte 1944 fertiggestellt wurden, entfielen bis Kriegsende größere Modifikationen. Obwohl sie letztlich nicht denjenigen Aufgaben zugeführt werden konnten, für die sie vorgesehen waren, waren diese Schiffe in der Endphase des Zweiten Weltkrieges wertvolle Bestandteile der Trägerkampfgruppen, allein schon wegen ihrer relativ hohen Geschwindigkeit und wegen der Masse an Fla-Geschützen, die sie einsetzen konnten.
Der vom Stapel gelaufene Rumpf der *Hawaii* wurde immerhin noch 15 Jahre lang aufbewahrt, ehe er 1960 verschrottet wurde. Zunächst wollte man das Schiff als Lenkwaffenträger fertigstellen, später war man sehr nahe dran, daraus ein Hauptquartierschiff (ähnlich CLC-1 *Northampton)* zu machen, das die Kennung CBC-1 geführt haben würde. Es gab dafür schon sehr exakte Vorstelllungen, wie aus dem Modellfoto ersehen werden kann. Unter mehreren untersuchten Alternativen wurde letztlich die auf diesem Modellfoto dargestellte gewählt. Zum Unterschied von *Northampton* sollte *Hawaii* keine amphibische Kommandokomponente besitzen, sondern reines Flotten- bzw. Verbands-Flaggschiff werden. Pläne aus dem Jahr 1952 sehen den Wegfall aller 30,5-cm-Türme vor. Als Hauptartillerie sollten zwölf 12,7-cm-L/54-Einzeltürme Mk 42 mit Radarfeuerleitung installiert werden. Das langgestreckte Achterschiff sollte dann doch noch einen Unterdeckhangar für zwei Hubschrauber erhalten, die mittels eines Aufzuges gehoben werden sollten. Darüber sollte sich eine Hubschrauber-Landefläche befinden. Die damals aufkommenden Ortungsradaranlagen SPS-2, SPS-3 und SPS-8A sollten ebenso installiert werden, dazu offensichtlich nicht mehr als zwei FLG Mk 67 (für zwölf Geschütze!). Auch hier sollte es zahlreiche Funkantennen geben, die denen auf der *Northampton* ähneln sollten. Ein solcher Fertigbau hätte zu jener Zeit ca. 50 Mio $ gekostet. Dies vor allem war Grund dafür, daß im Herbst 1952 das CBC-Projekt zunächst verschoben, und 1954 – bei Beginn der Umbau-Ära der Lenkwaffenschiffe – komplett suspendiert wurde.

Kennung	Name	Etat	Kiellegung	Bauwerft	Verbleib
CB-3	*Hawaii*	40	20. 12. 1943	New York S.B.	17. 2. 1947 Bau eingest.
CB-4	*Philippines*	40		New York S.B.	24. 6. 1943 Bau suspend.
CB-5	*Puerto Rico*	40		New York S.B.	24. 6. 1943 Bau suspend.
CB-6	*Samoa*	40		New York S.B.	24. 6. 1943 Bau suspend.

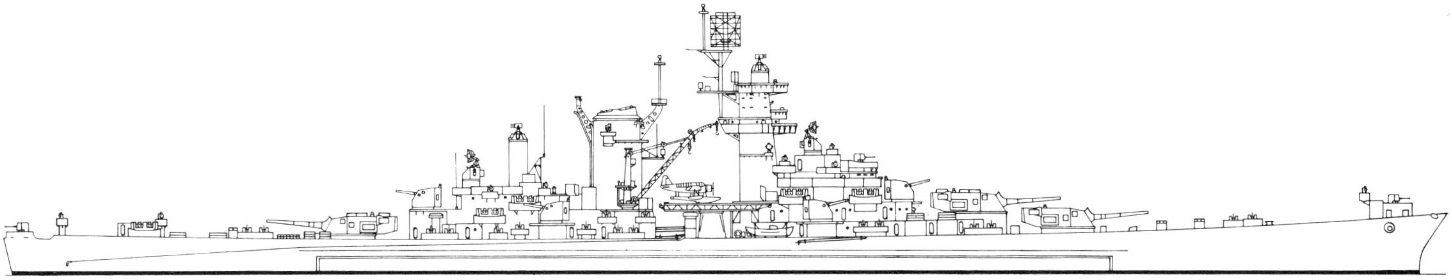

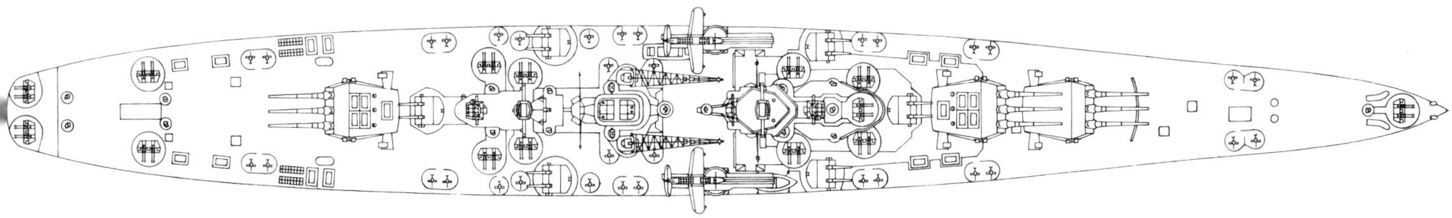

Alaska (CB-1), Aussehen kurz vor Kriegsende im Juni 1945.

Das Leitschiff der beiden »Großen Kreuzer«, *Alaska* (CB-1), blieb nur knapp zweieinhalb Jahre im Dienst; das Schiff wurde aufgenommen in Camden, N.J., bei Krängungsversuchen, und zwar am 5. Juni 1944, 12 Tage vor der Indienststellung. Der Tarnanstrich nach Schema 32/1d ist schon aufgetragen. Rückkehr zu seitlich angebrachten Flugzeugkatapulten. Zwei Kombinationen FLG Mk 38/FLR Mk 8 Mod 1. FLG Mk 37 erhielten vorerst noch FLR Mk 4. SK- und SG-Radar auf der vorderen Maststenge. Zwei Antennenstützen am Schornstein, die vordere für SG-Radar, die achtere für Funkantennen. Der Gefechtsturm hat Ähnlichkeit mit denen von damals modernen Schlachtschiffen. USN

Alaska (CB-1)

17. 6. 44	Indienststellung; nach ausführlichen Einfahrprobefahrten
13. 1. 45	in Pearl Harbor zu PACFL,
15. 2.–12. 3. 45	Iwo Jima,
15., 16., 25. 2. 45	mit der 5. Flotte Angriffe auf Honshu und Nansei Shoto,
17. 3.–28. 5. 45	Okinawa,
16. 7.–7. 8. 45	mit der 3. Flotte Operationen gegen japanische Heimatinseln; bis zum
14. 11. 45	Besetzung Japans, Chinas und Koreas,
17. 2. 47	Außerdienststellung.

Am 28. September 1944, wurde dieses Steuerbordfoto der *Alaska* aufgenommen; obwohl sich das Schiff noch im Stadium der Probefahrten befindet, blättert der Tarnanstrich am Vorschiff schon stark ab. Auf den Katapulten findet man Kingfisher-Aufklärer. USN

Offensichtlich gleich nach der Ankunft in Pearl Harbor wurde *Alaskas* Anstrich gemäß Schema 22 umgeändert. Dieses Foto wurde am 19. Januar 1945 vermutlich in den Gewässern um Hawaii aufgenommen. USN

Guam (CB-2)

17. 9. 44	Indienststellung; Einfahrprobefahrt vor Trinidad,
17. 1. 45	Abfahrt zur Pazifikflotte,
8. 2. 45	Ankunft Pearl Harbor,
13. 3. 45	in Ulithi zu TF 58
18. 3. 45	Trägerbegleitschutz bei Kyushu und Shikoku; bis zum
22. 3. 45	Begleitschutz für den schwer beschädigten Träger *Franklin,*
6/45	zu TG 38.4; ab
13. 6. 45	Okinawa,
16. 7.–7. 8. 45	Flaggschiff TF 95, Ostchinesische See,
7. 8. 45	erneut Okinawa; bei Kriegsende als Flaggschiff der »North China Force«, Okkupation chinesischer Häfen,
8. 9. 45	Abfahrt zur Okkupation Koreas,
14. 11. 45	Abfahrt zur Westküste mit Kriegsteilnehmern an Bord,
15. 12. 45	Abfahrt zur Ostküste,
17. 2. 47	Außerdienststellung.

Nach Vollendung einer scharfen Drehung präsentiert sich *Guam* hier am 13. November 1944, noch in atlantischen Gewässern. Man kann sich nur schlecht vorstellen, daß der Bug-Flakstand bei schwerer See bemannt werden konnte. USN

Ein Backbord-Breitseitfoto der *Guam,* aufgenommen vor der Marinewerft in Philadelphia am 25. Oktober 1944 während der Einfahrperiode. USN

Guam (CB-2) war noch drei Monate kürzer in Dienst als *Alaska.* Das Steuerbordmuster des Schemas 32/7c macht deutlich, wie durch Tarneffekte schon auf nahe Distanz der Eindruck eines nach achtern sinkenden Schiffes entstehen kann. Die Signalflaggen wurden zum Trocknen aufgehängt. Das Foto wurde in den letzten Wochen des Jahres 1944 aufgenommen. USN

CLC *Northampton*-Klasse

Unmittelbar nach dem Zweiten Weltkrieg zog die Navy die Konsequenzen aus den zahlreichen Erfahrungen, die sie während des Krieges mit ihren amphibischen Flaggschiffen (damals als AGC klassifiziert!) gemacht hatte. Dies waren zu jener Zeit Hauptquartierschiffe, von denen aus amphibische Operationen geleitet wurden. Die AGC waren zunächst umgebaute Handelsschiffe, deren Innenräume als Nachrichtenübermittlungs- und Stabszentren hergerichtet waren und alles enthielten, was notwendig war

- für einen Seebefehlshaber, um die aus sehr vielen Landungs- und Unterstützungsschiffen zusammengesetzte Landungsflotte »im Griff« zu haben und zweckmäßig zum Einsatz zu bringen,
- für einen Landbefehlshaber, um seine auf den Landungsfahrzeugen eingeschifften Truppen an Land zu bringen und mit ihnen solange in Befehlsverbindung zu bleiben, bis sein eigener Stab auf dem Festland Fuß gefaßt hatte.

Aus dieser Aufgabenstellung ergaben sich die Haupteigenschaften der AGC, die letztlich in der Gegenwart ihre Nachfolger fanden in den beiden LCC der *Blue Ridge*-Klasse:

- Sie mußten geräumig sein, nicht nur um ausreichend Wohn- und Arbeitsräume für die eigenen Besatzungen zu haben, sondern auch solche für die zahlreichen Stabsangehörigen der Marine, des Marine Corps und des Heeres, die während der Landungsphase an Bord waren,
- sie mußten über ausreichend Sender und Empfänger, Kommandomittel und Ortungsanlagen verfügen, um ihre Rolle als Stabsschiff zu erfüllen.

18 AGC waren während des Zweiten Weltkrieges auf diese Weise erfolgreich tätig, und es ist bemerkenswert, daß die Japaner offensichtlich deren Wert nicht in der ganzen Konsequenz erkannt haben, sonst hätten sie bei Ende des Krieges mehr unternommen, um diese Schiffe, deren Kriegsverluste außerordentlich niedrig waren, zu vernichten.

Nach dem Krieg erkannte man die Notwendigkeit der Schaffung von modernen Kommandoschiffen, jedoch nunmehr mit veränderten Vorzeichen. Es wurde deutlich, daß nicht nur im amphibischen Bereich die Konzentration der Kommandomittel auf einem Spezialschiff notwendig sei, sondern zunehmend auch in der Organisation der Task Forces, also der schnellen Flugzeugträger-Verbände. Die Gesamtführung eines solchen an Schiffen reichen Verbandes und vor allem der an Bedeutung stets zunehmenden »Air Groups« auf den Trägern machte besondere Schiffe notwendig, weil die hierfür erforderlichen elektronischen Mittel auf anderen Überwasserschiffen nicht vorhanden waren und auf den Trägern selbst wegen räumlicher Engpässe nicht untergebracht werden konnten, ohne hierfür z.B. wichtigen Hangarraum zu opfern.

Das Führungsschiff *Northampton* (CLC-1, später CC-1) spielte während der nur 17 aktiven Dienstjahre bei den U.S.-Streitkräften eine besondere Rolle. Es gab hier weniger Veränderungen in struktureller Hinsicht, als solche bei der Bewaffnung und insbesondere bei der Elektronik. Man war bestrebt, dieses Schiff stets mit den wirksamsten Nachrichtenverbindungs- und Ortungsanlagen auszustatten; somit wurde *Northampton* zugleich zum Experimentierfeld auf diesem Gebiet. Dies ist eines der ersten Fotos des damals in der Konzeption einzig vorhandenen Schiffes. Bemerkenswert ist hier der gegenüber den Original-*Albanys* durchgehend um ein Deck erhöhte Schiffskörper. Der vordere Antennenmast wurde lange Zeit als der »längste ungestützte Mast der Flotte« bezeichnet. Die Aufnahme wurde 1953, vermutlich noch vor der Indienststellung gemacht; das Schiff liegt sehr hoch im Wasser. Die diversen Ortungsantennen wurden noch nicht angebracht. USN

Die Wahl eines geeigneten Schiffskörpers, der zu einem solchen Kommandoschiff fertiggebaut werden konnte, fiel auf die vierte Einheit der *Oregon City*-Klasse, der noch unfertigen CA-125 *Northampton.* Im Juli 1946 fiel die Entscheidung über den Weiterbau als Hauptquartierschiff mit Flaggschiff-Einrichtung.
Der Bau von CA-125 war am 11. August 1945 bei einem Baustand von 56,2% vorerst eingestellt worden. Nach Fertigung der Baupläne wurde am 1. Juli 1948 der Weiterbau freigegeben, dies jedoch nach einem ganz veränderten Entwurf. Das Schiff wurde zu CLC-1 umklassifiziert; die Abkürzung für ein taktisches Kommandoschiff wurde neu eingeführt. Zielsetzung war die Schaffung eines Hauptquartier- bzw. Stabsschiffes, das im Kriegsfall auch den Präsidenten der USA samt den wichtigsten Kommandostäben aufnehmen und atombombengeschützt beherbergen konnte. Die amtliche Kürzung NECPA bedeutete hierbei »National Emergency Command Post Afloat«. Die Indienststellung erfolgte am 7. März 1953. Während die Grund-

maße, die Maschinenanlage und der größte Teil der Panzerung beibehalten wurden, änderte sich das Aussehen des Schiffes gegenüber den älteren Schwesterschiffen völlig. Der Schiffskörper wurde auf ganzer Länge um ein Deck erhöht, um möglichst viel geschlossenen Raum zu gewinnen. Die ohnedies hohe Brücke erhielt noch einen Turmmast, auf dem im Laufe der Dienstzeit verschiedene Radargeräte Aufstellung fanden. Der Schornstein ähnelte dem der älteren Schwesterschiffe. Die achteren Aufbauten erhielten ebenfalls einen Turmmast zur Unterbringung von elektronischen Anlagen. All dies führte zu einer erhöhten Wasserverdrängung von 17200 ts (voll beladen). Mehrere Nachrichtenverbindungsantennen wurden u.a. auch auf dem Hauptdeck aufgerichtet. Ungewohnt war die Aufstellung eines 38 m hohen Antennenmastes zwischen dem Bug und dem vordersten 12,7-cm-Geschütz. Die Bewaffnung entsprach natürlich nicht mehr der der drei Schwesterschiffe, sondern beschränkte sich auf die damals modernsten Fla-Geschütze: vier der gerade eingeführten vollautomatisch nachladbaren 12,7-cm-Flak L/54 Mk 42 sowie vier Zwillingslafetten des Kalibers 7,6 cm L/50, die nach einiger Zeit durch vier Doppeltürme des Kalibers 7,6 cm L/70 ersetzt wurden. Im Laufe der Dienstzeit wurde jedoch diese mächtige Fla-Ausrüstung mehrfach reduziert, einmal aus Gewichtsgründen, dann aber auch, weil immer mehr Innenräume benötigt wurden, die man aus den nicht mehr benötigten Munitionsmagazinen gewann. So wurden 1962 erst die vier 7,6-cm-Geschütztürme L/70 entfernt, später – 1968 – zwei der vier 12,7-cm-Geschütze L/54, danach nochmals eines, so daß bei Ende der Verwendung die ganze Bewaffnung nur noch aus einer einzigen 12,7-cm-Kanone auf dem achteren Aufbaudeck bestand. Die vorn angebrachten Kanonen wurden aus der Schiffsachse jeweils nach Backbord bzw. Steuerbord versetzt, um wegen des davor aufgestellten Antennenmastes ein besseres Schußfeld zu gewinnen. 1963 wurde die Kennung von CLC-1 in CC-1 geändert, und die amtliche Bezeichnung lautete nunmehr »Natio-

Als Flaggschiff des »Commander Strike Force, Atlantic Fleet« weilte *Northampton* in englischen Gewässern, als im Juli 1955 dieses Foto aufgenommen wurde. Hier kann die voll zur Entfaltung gekommene Elektronikausstattung beobachtet werden: SPS-2 auf dem Gefechtsturm vorne, darunter auf einer Konsole SPS-6B; auf dem achteren Gefechtsturm vorerst und vorläufig SPS-3, dahinter und etwas tiefer SPS-8A. Die FL-Kombination Mk 67/FLR Mk 25 auf der Brücke war für alle vier 12,7-cm-Geschütze zuständig. Für jeden 7,6-cm-Zwilling gibt es ein FLG Mk 56. In den ersten Jahren der Verwendung der *Northampton* waren Lenkwaffenanlagen noch nicht operativ eingeführt. Daher spielten die Rohrwaffen noch eine größere Rolle. *Northampton* war eines der ersten Schiffe, auf dem die seinerzeit neuen, vollautomatischen 12,7-cm-Flak L/54 Mk 42 zur Aufstellung kamen. Es muß erwähnt werden, daß diese Türme damals ihre eigenen Kontrollgeräte sowohl für die Seeziel- wie für die Fla-Komponente hatten. Bis zur Einführung der ebenso vollautomatischen 7,6-cm-Doppeltürme L/70 vergingen seit der Fertigstellung des Schiffes gut vier Jahre; so lange behalf man sich mit Doppellafetten des Kalibers 7,6 cm L/50. Der achtere Gefechtsturm ist hier noch hell angestrichen.
WL

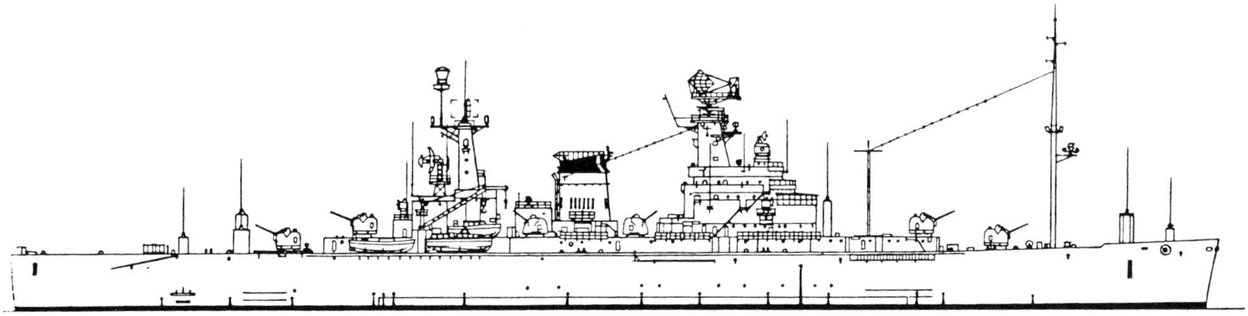

Northampton (CLC-1), Aussehen nach 1959, d.h. nach Installation der 7,6-cm-Doppeltürme L/70. (KDS)

nal Command Ship«. Da an Bord ca. 60 Sender und Empfänger waren, andererseits das Schiff recht schnell war, konnte es sehr gut mit Trägergruppen gekoppelt werden. Lange Zeit war *Northampton* Flaggschiff der 2., aber auch zeitweilig der 6. Flotte, bevor sie am 14. Januar 1970 zur Reserveflotte verlegt wurde. Die Radarelektronik wechselte ebenfalls mehrmals im Laufe der Jahre. Bis etwa 1963 enthielt der vordere Turmmast SPS-2, die damals schwerste Bord-Luftüberwachungsantenne. Hiernach wechselten sich an dieser Stelle mehrmals Spezialantennen ab; zuletzt befand sich an dieser Stelle eine sehr große Parabolantenne, die möglicherweise für den Satellitenempfang bestimmt war. Ein weiterer, zwischen Geschützturm B und Brücke aufgestellter Antennenmast enthielt zuletzt eine Abwandlung der SK-2-Antenne, die wahrscheinlich auch für Empfang auf große Distanz eingerichtet war. Der achtere Turmmast beherbergte anfangs SPS-3, eine Spezialantenne, danach SPS-12 und SPS-29. SPS-8A befand sich bis zum Ende der aktiven Dienstzeit an Bord. Auf dem Achterschiff konnten Hubschrauber sowohl landen wie auch wettergeschützt mitgeführt werden. Bezüglich der mitgeführten Ausstattungen wird auf die nachfolgenden Bildunterschriften verwiesen. Die Feuerleitung der 12,7-cm-Geschütze erfolgte durch ein einziges, auf der Brücke auf-

Am 14. August 1956 vor Toulon aufgenommen: *Northampton* im Mittelmeer bei der VI. Flotte. Eine Admiralsbarkasse liegt auf dem Hauptdeck seitlich der achteren Aufbauten. Der achtere Gefechtsturm ist jetzt schwarz angestrichen. SPS-6B ist zwischenzeitlich entfernt worden; anstelle von SPS-3 sieht man jetzt SPS-12. Die 7,6-cm-Doppeltürme L/70 haben die L/50-Lafetten ersetzt. MB

gestelltes FLG Mk 67, das noch vor dem Ende der Dienstzeit entfernt wurde.
Im Zusammenhang mit den ursprünglichen Plänen um den Fertigbau dieses Schiffes sind noch einige zusätzliche Fakten von Interesse. Bei der Wahl des vorhandenen Schiffsrumpfes hat man den eines Schweren Kreuzers vorgezogen, weil er stabiler ist und mehr Chancen bietet, ihm noch ein Deck mehr »auf den Buckel zu schnallen«.
Schon an sich war dieser Schiffstyp geräumiger als einer der zahlreichen Leichten Kreuzer der *Cleveland*-Klasse. Da ein Kommandoschiff auch die Eigenschaften eines Task-Force-Flaggschiffes haben sollte, war eine entsprechend hohe Geschwindigkeit Voraussetzung. Vor dem Abschluß der baureifen Planung war vorgesehen, dieses Schiff mit sechs Doppeltürmen des damals in Entwicklung befindlichen 12,7-cm-Geschützes L/54 zu bewaffnen, wie es u.a. auch für die Schlachtschiffe der *Montana*-Klasse vorgesehen war. Dann aber entschied man doch – ebenfalls noch vor Abschluß des baureifen Entwurfes –, sechs Einzeltürme 12,7 cm L/54 des neuen Modells Mk 42 aufzustellen. Letztlich wurde diese Anzahl jedoch auf nur vier Türme reduziert. Auch sollte *Northampton* ursprünglich auf der Schanz ein Flugzeugkatapult erhalten, doch sehr bald wurde dieses Vorhaben suspendiert, und CLC-1 wurde zum ersten Schiff der U.S. Navy, das eine Spezialeinrichtung zur wetterfesten Mitnahme von Hubschraubern (Hangar im Achterschiff!) erhielt.
Ausgehend vom Raumbedarf der AGC, die man während des Krieges eingesetzt hatte, schien zunächst der zur Verfügung stehende Raum auf der *Northampton* auszureichen. Als dann aber klar wurde, welche zusätzlichen Aufgaben man diesem Schiff aufzubürden gedachte – es sollte in erster Linie für die Bedürfnisse seiner Operationszentrale gebaut werden –, kam die Erkenntnis, daß der Raumbedarf nur dann gesichert werden könnte, wenn das Schiff ein komplettes zusätzliches Deck erhielt.
Ein weiteres Problem bildete die Unterbringung der erforderlichen Funkantennen. Um die für die Antennenleistung erforderliche Länge zu sichern, mußten die beiden Antennenmaste vor und hinter den beiden vorderen Geschützen aufgestellt werden. Entsprechend der hohen Anzahl an vorhandenen Hochfrequenz-Funkgeräten sah es zunächst aus, als wenn an die 50 Peitschenantennen hätten angebracht werden müssen. Nachdem es dann aber gelungen war, Breitbandantennen zu entwickeln, genügte die Aufstellung von fünf Sende- und fünf Empfangsantennen. Der Ordnung halber soll noch festgehalten werden, daß *Northampton* noch ein zweites FLG Mk 67 erhalten sollte, das auf dem Aufbau achteraus vom achteren Turmmast zur Aufstellung gekommen wäre. Später wurde hierauf zugunsten der Radarantenne SPS-8A verzichtet. Auf *Northampton* konnte mit SPS-2 die größte Bord-Radarantenne installiert werden, wie sie von den damaligen Flugzeugträgern nicht hätte aufgenommen werden können. Und SPS-2 hatte immerhin eine horizontale Ortungsreichweite von ca. 300 Meilen. Die dieses Gerät ergänzende Antenne SPS-3 – eigentlich eine Experimentalantenne – hat sich nicht bewährt; sie wurde nur noch auf den beiden ersten Lenkwaffenkreuzern *Boston* und *Canberra* installiert. SPS-2 kam nur noch mit einem Exemplar auf *Little Rock* (CLG-4), und zwar nur so lange, bis festgestellt wurde, daß die viel leichteren Antennen, die darauf folgten, nämlich SPS-29/37/43, eine doppelt so große Ortungsreichweite hatten. Diese Antennen konnten jedoch wegen ihrer z.T. geringeren Abmessungen auch auf Flugzeugträgern angebracht werden. Wie wichtig die Placierung der Funkantennen war, kann man schon daraus ersehen, daß man noch vor der Fertigstellung des Schiffes auf zwei der sechs vorgesehenen Geschütze Mk 42 verzichtete, damit hierdurch mehr Platz für die Antennen gewonnen würde. Die leichte Flak war auf sechs 20-mm-Maschinenflak beschränkt; es ist jedoch nicht nachweisbar, ob sich diese kleinen Geschütze jemals an Bord befunden haben.
Mit der Verwendung der neuen Kennung (später in CC geändert) sollte der große Unterschied bei der Aufgabenstellung im Vergleich mit den vormaligen AGC dokumentiert werden.
Mit der Aufgabe des CC-Konzeptes hat die Navy aus »Kostenwirksamkeitsgründen« auf eines ihrer wichtigsten Kontroll- und Befehlsmittel zur See verzichtet.

Northampton (CLC-1)

7. 3. 53	Indienststellung als CLC-1, dann Versuchsschiff der »Operational Development Force« bis
9/54,	dann zu »Battleship/Cruiser Force Atlantic Fleet«,
10–11/54	Flaggschiff COMPHIBLANT,
12/54–3/55	Flaggschiff Com VI. Fleet,
1. 9.–22. 10. 55	Flaggschiff »Commander Strike Force, Atlantic Fleet« für ca. 15 Jahre alternativ mit anderen Aufgaben
11/55–1/56	Werftzeit bei Norfolk N.Sh., dann zu CRUDIV 6,
4/56	sechs Monate im Mittelmeer bei der VI. Flotte; im Sommer
1957	Beginn von Kadetten-Übungsfahrten; dazwischen immer wieder NATO-Manöver im Nordatlantik mit Besuchen europäischer Staaten,
15. 4. 61	Umklassifizierung als CC-1, danach Verbleib für die nächsten zehn Jahre bei der Atlantikflotte, u.a. auch mit Fahrten ins Mittelmeer,
14. 1. 70	Außerdienststellung.

Im September 1957 besuchte *Northampton* nach Abschluß eines NATO-Manövers Portsmouth, England, bei welcher Gelegenheit dieses Foto aufgenommen wurde. Keine sichtbaren Veränderungen gegenüber 1956. Auf dem vordersten Antennenmast befindet sich SPS-10-Radar. WL

Mit dem Kommandanten der II. Flotte an Bord besuchte *Northampton* an der Spitze eines größeren Verbandes (u.a. *Newport News* und mehrere Zerstörer) 1958 Hamburg, bei welcher Gelegenheit diese Aufnahme entstand. Eine Abfall-Schute verunschönt das Bild. Te

Wiederum ein Jahr später: *Northampton,* aufgenommen 1959 in englischen Gewässern. Auf dem achteren Turmmast findet man nun SPS-29-Radar sowie TACAN URN-3. Mehrere Funkantennen im Bereich der achteren 12,7-cm-Türme verringern deren Bestreichungswinkel. RPh

Diese Aufnahme der *Northampton* muß noch vor dem April 1961 gemacht worden sein, da sie als Kennung »CLC-1« angibt. Auf der Spitze des achteren Turmmastes befindet sich TACAN URN-3 oder SRN-6.
USN

Diese Aufnahme entstand am 7. September 1961, als *Northampton* bereits als CC-1 klassifiziert war. An der Vorderkante des Schornsteins befindet sich eine ECM-Antenne, auf dem achteren Turmmast nunmehr TACAN SRN-6.
USN

Bis zum 28. bzw. 29. August 1963, als diese beiden Fotos irgendwo im Atlantik aufgenommen wurden, fanden bei der *Northampton* etliche Veränderungen statt, die das Aussehen des Schiffes wesentlich beeinflußt haben. Nach zehn Jahren verschwand SPS-2-Radar vom vorderen Turmmast. Was an dieser Stelle jetzt steht, kann nicht exakt klassifiziert werden. Es scheint sich dabei um eine selbständige IFF-Anlage zu handeln. Ein gesonderter Radarmast unterstützt eine modifizierte SK-2-Antenne, die zum Empfang von Signalen aus der Troposphäre bestimmt sein soll. Eine einschneidende Maßnahme: Zur Gewinnung von mehr geschlossenen Räumen aus den Geschoßmagazinen wurden die vier anfälligen und schwer instandzusetzenden 7,6-cm-Türme L/70 entfernt. Der Kreuzer operiert ständig unter dem Schutz der eigenen Flugzeuge und Lenkwaffenschiffe; eine so hohe Anzahl von Rohrwaffen erscheint nicht so dringend erforderlich. Es sieht so aus, als wenn ein Mk-56-FLG hinter dem achterenAufbau beibehalten wurde, um das Feuer der beiden achteren 12,7-cm-Kanonen zu kontrollieren. USN

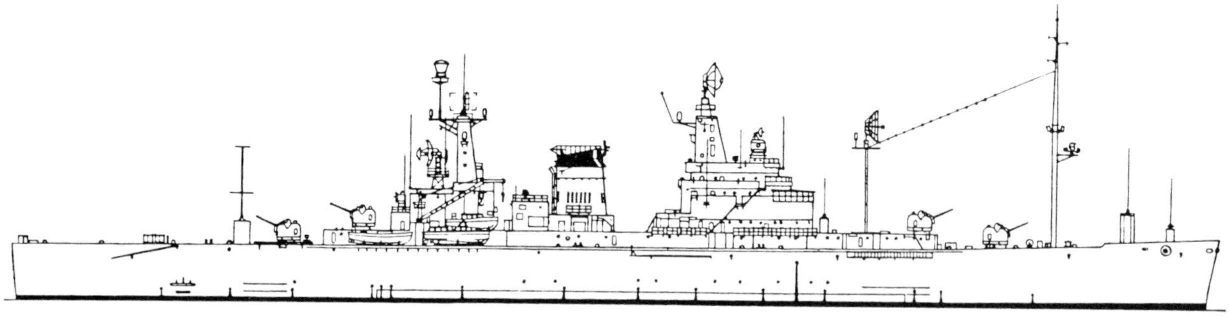

Northampton, Aussehen etwa Juni 1964, als die 7,6-cm-Geschütze und SPS-2-Radar bereits entfernt waren. (KDS)

Dieses am 4. Juni 1964 aufgenommene Foto zeigt *Northampton* während der In-See-Versorgung durch das Kühlschiff *Alstede* (AF-48). Anstelle des IFF-Gerätes auf dem vorderen Turmmast findet man jetzt eine zweite gemaserte Parabolantenne. Zu beachten ist die recht große abgesteckte Hubschrauberfläche auf dem Hauptdeck. USN

Im Laufe der letzten Dienstjahre erfuhr *Northampton* weitere Veränderungen bei der Elektronik und Reduktionen der 12,7-cm-Geschütze. Vorliegendes Foto soll 1968 aufgenommen worden sein; jedenfalls zeigt es das letzte Aussehen des Schiffes vor der Aussonderung. Nur das achtere überhöhte Geschütz ist noch vorhanden (in X-Position). Der Aufbau vor der Brücke wurde vergrößert und erhöht. Der vordere Turmmast erhielt nochmals eine neue Spezial-Parabolantenne, wogegen FLG Mk 67 entfernt wurde. USN

CLK *Norfolk*-Klasse

Aus den Erfahrungen, die insbesondere bei Ende des Zweiten Weltkrieges aus der U-Boot-Jagd gemacht wurden, und aufgrund der fortgeschrittenen U-Boot-Technologie der damaligen Zeit, ergab sich die Notwendigkeit, U-Boote durch Schiffe zu jagen, die nicht nur schnell genug dafür waren, sondern die auch eine größere Seeausdauer hatten, die in jedem Fall ozeangängig waren und die mehr U-Jagdwaffen mitführen konnten. Sie sollten zugleich aber auch gute Fla-Schiffe sein, um Zerstörerverbände auch gegen feindliche Flugzeuge verteidigen zu können. Diese Schiffe mußten daher größer sein als die bis dato gebauten Zerstörer. Alles aber, was größer war als Zerstörer, galt damals noch berechtigterweise als Kreuzer. Es wurde also – parallel zur Kategorie CLAA bei den Fla-Kreuzern – die Kategorie CLK (= Light Cruiser, Hunter Killer) eingeführt. Am 1. September 1949 wurde CLK-1 *Norfolk* auf Stapel gelegt und am 29. Dezember 1951 seinem Element übergeben. Der Schiffskörper hatte Ähnlichkeit mit dem der *Atlanta*-Klasse. Beim Entwurf sollen angeblich bereits Erfahrungen aus den Atombombentests bei Bikini ihren Niederschlag gefunden haben. Der Bau der *Norfolk* lief in etwa parallel mit dem Bau der vier Großzerstörer der *Mitscher*-Klasse, die ähnliche Aufgaben erfüllen sollten, jedoch etwas kleiner waren.

Infolge der höher gewordenen Geschwindigkeiten von getauchten U-Booten ergab sich nach Kriegsende die Notwendigkeit, diese auf etwas größere Distanz als bis dahin zu bekämpfen. An entsprechenden Waffen wurden zu dieser Zeit bei der U.S. Navy entwickelt:

- Der U-Jagd-Raketenwerfer Mk 108 (Weapon Able, später in Weapon Alfa umbenannt),
- die U-Jagd-Torpedorohre Mk 23 und Mk 24, aus denen drahtgesteuerte U-Jagd-Torpedos lanciert werden konnten.

Dies wurden dann auch zunächst die Hauptwaffen der *Norfolk*. Mit vier Mk-108-Werfern war das Schiff zur gleichzeitigen konzentrierten Bekämpfung von auch mehreren Zielen unter Wasser befähigt. Die *Mitscher*-Klasse hatte nur zwei solche Werfer, zahlreiche da-

Norfolk (DL-1) blieb Einzelgänger. Man beabsichtigte, ihn als U-Jagdkreuzer mit der Kennung CLK einzusetzen. Dennoch ging man dann doch davon ab, die Kreuzer-Gattung mit Aufgaben zu konfrontieren, die in den Wirkungsbereich von Zerstörern fielen. Die erstmals bei *Norfolk* eingeführte Kennung DL demonstrierte, daß hier eine neue Kategorie von Großzerstörern zwischengeschaltet wurde, die dann bis 1975 die – an sich falsche – Bezeichnung »Frigates« führte. Es erscheint plausibel, daß ein so neuer Schiffstyp länger erprobt werden muß als ein bewährter. Hier sieht man *Norfolk* am 29. August 1953 vor der Marinewerft Philadelphia, also über fünf Monate nach der Indienststellung, jedoch immer noch in »light condition«, recht hoch im Wasser liegend, mit SPS-6-Radar. Die beiden vor der Brücke aufgestellten Mk-108-Werfer gehörten zu U-Jagd-Waffen, die ansonsten niemals auf Kreuzern eingesetzt wurden. Die ersten Jahre fuhr *Norfolk* mit vier Dopellafetten 7,6 cm L/50. Auf diesem Foto sieht man auch eine 20-mm-Oerlikon auf dem Seitendeck; es darf jedoch bezweifelt werden, daß jemals 16 Oerlikons an Bord waren, wie amtlich behauptet wurde. Bemerkenswert ist der recht große Bootskran und die zahlreichen Verkehrsboote. USN

mals sogenannte Geleitzerstörer (DDE) erhielten ein bis zwei Mk 108.

Norfolk wurde zwar als Kreuzer begonnen, jedoch bereits 1951, während der Bauzeit als DL-1 (= Destroyer Leader) zurückgestuft, wobei zugleich auch die vier Schiffe der *Mitscher*-Klasse von DD ebenfalls zu DL heraufgestuft wurden. Später, 1955, wurde mit der Beibehaltung der Kennung DL die Gattung der »Frigates« geschaffen. Somit blieb zur damaligen Zeit *Norfolk* das einzige Schiff, das letztlich kein Kreuzer war und dennoch einen damals nur Kreuzern vorbehaltenen Städtenamen führte.

Auf einem der ersten damals veröffentlichten Modellfotos konnte man feststellen, daß *Norfolk* – wie die *Mitscher*-Klasse auch – vier der damals neuen Geschütze des Kalibers 12,7 cm L/54 Mk 42 erhalten sollte. Indessen wurden um diese Zeit herum die neu entwickelten 7,6-cm-Doppeltürme L/70 frontreif, eine Waffe, die sich in der Praxis nicht bewährt hat, da sich die Instandhaltung im Verhältnis zum geringen Kaliber als zu aufwendig erwiesen hat. Somit kam dieses Geschütz nur in geringeren Stückzahlen auf die Schiffe, blieb aber auf der *Norfolk* bis zur Außerdienststellung erhalten. Vor der Übernahme der L/70-Geschütze führte *Norfolk* jedoch eine Zeitlang vier offene Doppellafetten 7,6 cm L/50.

Zeitweilig fuhr *Norfolk* als E-DL-1 (E für »Experimental«) und auf ihr wurden neue Waffen erprobt. Die 20-mm-Flak wurde entfernt, die Mk 24 UTR stillgelegt, wofür dann 6 UTR Mk 32 an Bord kamen, die noch gegenwärtig zur Standardausstattung von U-Jagd-Schiffen gehören. Als etwa 1960 auf *Norfolk* der erste ASROC-Starter installiert wurde, entfernte man die beiden achteren Mk-108-Werfer. Viel später wurden dann auch die beiden vorderen ausgebaut. 1958 wurde die Rumpfsonaranlage SQS-23 erstmalig installiert. Eine Zeitlang wurde erwogen, neben den *Mitschers* auch dieses Schiff zum Lenkwaffenzerstörer umzubauen, mit Tartar-Startern auszurüsten und als DDG zu reklassifizieren.

Zu Beginn der Dienstzeit waren hier die Radarantennen SPS-6 und 12 sowie die Spezialantenne SPS-26 installiert. Die beiden letzten wurden später entfernt und SPS-6 gegen SPS-29 ausgetauscht.

Ein leider undatiertes, jedoch eher nach 1956 aufgenommenes Foto der *Norfolk,* nunmehr mit 7,6-cm-Doppeltürmen L/70 und SPS-12-Radar auf dem achteren Mast. Direkt unterhalb des achteren Schornsteins, auf Hauptdeckshöhe sieht man die Austritte von vier Torpedorohren Mk 24 aus den Aufbauten. Hier wird auch sichtbar, daß zwei FLG Mk 56 zur Leitung der 7,6-cm-Geschütze bestimmt sind. Keine Landemöglichkeit für Hubschrauber. Im Hintergrund sieht man *Newport News* (CA-148). USN

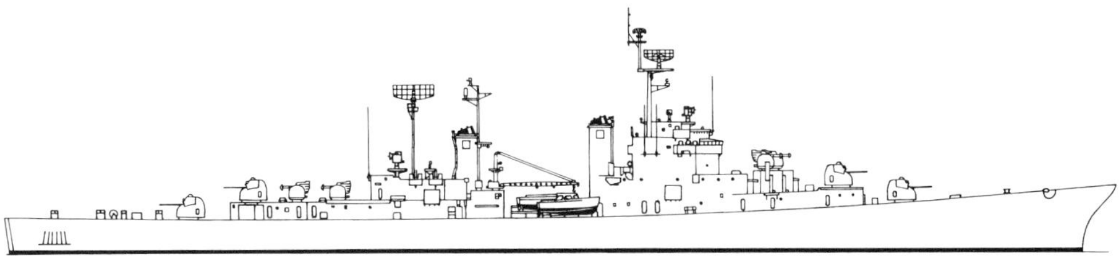

Norfolk (DL-1), Aussehen 1955.
Radarantennen: SPS-6 auf dem vorderen, SPS-12 auf dem achteren Mast.

Norfolk (CLK-1)

4. 5. 53	Indienststellung als DL-1,
2/54	Einfahrprobefahrt in der Karibik, Verbleib im Atlantik,
1955–57	wechselweise Flaggschiff von DESFLOT 2, 4 und 6,
1956–57	Flaggschiff COMDESLANT,
6/57	Teilnahme an der internationalen Flottenparade am Hampton Roads,
1959	Ersatz der acht 7,6-cm-L/50-Geschütze gegen die neuen L/70,
1960	Erprobungsschiff für ASROC; im Herbst
1961	als Flaggschiff einer CRUDESFLOT Teilnahme an gemeinsamen Manövern mit südamerikanischen Streitkräften, UNITAS II; bis
1966	jährliche Wiederholung des Einsatzes bei UNITAS, hauptsächlich als Flaggschiff des COMSOLANT,
1962	als Flaggschiff des COMDESLANT,
28. 11.–16. 12. 66	Flaggschiff bei Manövern LANTFLEX 66, im Herbst
1967	Flaggschiff des COMSOLANT bei UNITAS VIII,
17. 4.–15. 10. 68	bei der »Middle East Force« im Persischen Golf,
10/68	Rückkehr nach Norfolk,
15. 1. 70	Außerdienststellung.

Dieses ebenfalls undatierte Foto wurde vermutlich in der zweiten Jahreshälfte 1957 aufgenommen; es ist bekannt, daß ab August 1957 die erste FRESCAN-Anlage, SPS-26 an Bord kam; sie ist hier auf einem Podest hinter dem achteren Schornstein zu sehen. Zwei nicht abgedeckte ECM-Antennen ruhen auf einem Schornsteinmast. Auf diesem Foto wird gerade noch deutlich, daß die beiden vorderen Mk-108-Werfer nicht parallel zueinander aufgestellt sind, sondern daß derjenige an Backbord etwas nach vorne versetzt ist. Bemerkenswert ist hier die relativ hohe Brücke. USN

Dieses Foto der *Norfolk* entstand am 21. August 1964. Auf dem Schornsteinmast befinden sich ECM-Antennen, neben dem Brückenaufbau U-Jagd-Torpedorohre Mk 32 in Dreiergruppen. Die alten Torpedorohre Mk 24 sind stillgelegt worden. USN

Während ihrer 17jährigen Dienstzeit war *Norfolk* mehrfach Testschiff für Waffen und Geräte. Vorliegendes Foto zeigt das Schiff im Jahre 1962, hier bereits mit SPS-37-Radar auf dem vorderen Mast. Seit 1960 wurden die beiden achteren, inzwischen veralteten Mk-108-Werfer entfernt und an deren Stelle der erste ASROC-Achtfachstarter aufgestellt, wie er in den 24 Jahren danach zu Dutzenden auf Kreuzern, Zerstörern und Fregatten installiert wurde. Die Austritte der Backbord-TR Mk 24 sind hier offensichtlich mit heller Persenning verhängt. USN

CVL *Independence*-Klasse

Aus der Auflistung der Leichten Kreuzer der *Cleveland*-Klasse ist bereits ersichtlich, daß neun begonnene Rümpfe dieser Klasse nach Umplanung als Flugzeugträger (CV) fertiggestellt wurden. 1943 erhielten dann diese Schiffe die Kürzung CVL (leichte Flugzeugträger). Es handelt sich dabei um

CVL-22	*Independence*	ex CL-59	*Amsterdam*
CVL-23	*Princeton*	ex CL-61	*Tallahassee*
CVL-24	*Belleau Wood*	ex CL-76	*New Haven*
CVL-25	*Cowpens*	ex CL-77	*Huntington*
CVL-26	*Monterey*	ex CL-78	*Dayton*
CVL-27	*Langley* (ex *Crown Point)*	ex CL-85	*Fargo*
CVL-28	*Cabot*	ex CL-79	*Wilmington*
CVL-29	*Bataan*	ex CL-99	*Buffalo*
CVL-30	*San Jacinto*	ex CL-100	*Newark*

Die ehemalige *Cabot* (ex CVL-28) befindet sich noch im aktiven Dienst bei der spanischen Marine als Hubschrauberträger *Dédalo.* Fünf verbliebene Einheiten wurden 1959 als AVT (Flugzeugtransporter) reklassifiziert und Anfang der 60er Jahre verschrottet. Zwei weitere Einheiten, CVL-24 und -27 dienten sieben bzw. zwölf Jahre bei der französischen Marine als *Bois Belleau* und *Lafayette,* bevor sie an die amerikanische Marine zurückgegeben und verschrottet wurden.
Die Fertigstellung dieser Schiffe entsprach der dringenden Forderung der Navy nach rasch verfügbaren Flugzeugträgern, da das Bauprogramm der schweren Träger der Klasse *Essex* noch nicht voll zur Wirkung kam. In der Tat kamen bereits 1943 alle neun Träger der *Independence*-Klasse in Dienst. Jeder von ihnen hatte zwei Katapulte und 45 Flugzeuge. Gestaut konnten jedoch bis zu 90 Flugzeuge transportiert werden. Eine Einheit *(Princeton)* ging nach japanischen Flugzeug-Bombardement bei Leyte verloren.

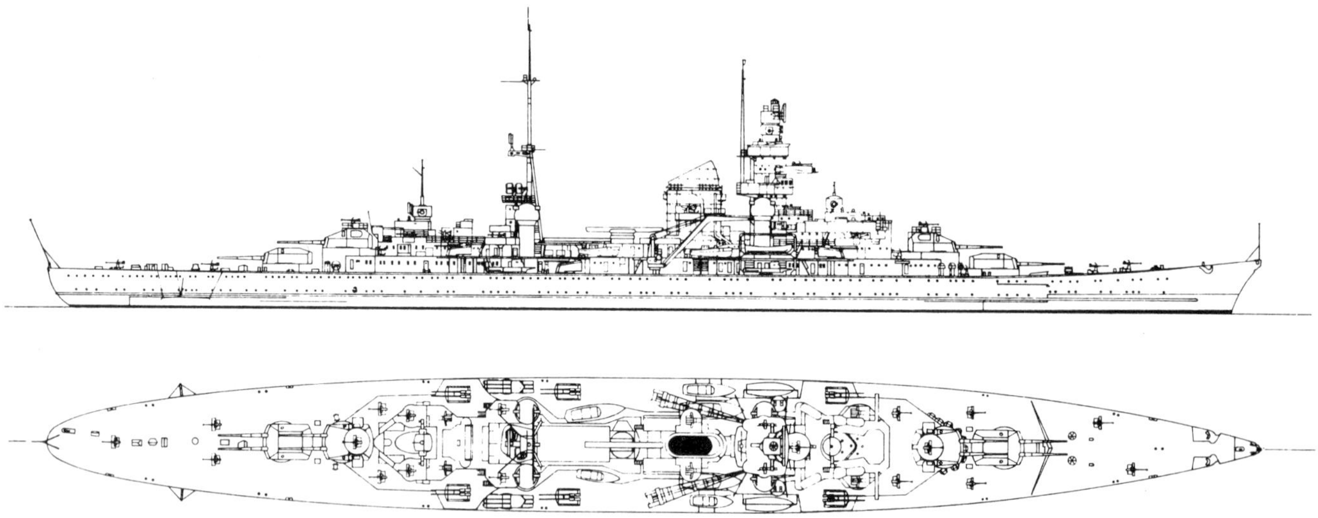

Prinz Eugen (IX-300), Aussehen 1945, kurz vor der Übergabe an die U. S. Navy. (MR)

IX-300 *Prinz Eugen*

Es ist bekannt, daß der deutsche Schwere Kreuzer *Prinz Eugen* als Kriegsbeute eine Zeit als USS *Prinz Eugen* im Dienste der amerikanischen Marine stand. Nachdem der Kreuzer 5/45 in Kopenhagen vor den Engländern kapituliert hatte, wurde er durch eine Anordnung der Potsdamer Konferenz den Vereinigten Staaten als Kriegsbeute zugesprochen. Das Schiff erhielt die USN-Kennung IX-300 (für: »unklassifizierte Fahrzeuge«) und fuhr unter einer gemischten deutsch-amerikanischen Besatzung nach Philadelphia, wo ein halbes Jahr lang dessen Hochdruck-Heißdampfturbinen und andere Einrichtungen ausgiebig inspiziert wurden. 7/46 wurde *Prinz Eugen* via Panamakanal zu den Marshall-Inseln geschleppt, wo es mit relativ geringen Beschädigungen die Atombombentests bei Bikini überstand. Daraufhin wurde das Schiff in die Nähe von Kwajalein geschleppt, wo es 12/46 kenterte und im flachen Wasser versank.

Prinz Eugen (IX-300) aufgenommen im Jahre 1945.

Der ehemalige Schwere Kreuzer der deutschen Kriegsmarine *Prinz Eugen* erhielt die amerikanische Kennung IX-300, behielt aber seinen Namen bis zum Schluß. Hier sieht man das Schiff während der Vorbereitungen zur Teilnahme an den Atombombenversuchen im Bikini-Atoll. Die beiden vorderen 20,3-cm-Rohre sind bereits ausgebaut. Auf der Brücke befinden sich zusätzlich zwecks Erprobung installierte amerikanische Geräte. Der Wasserpaß wurde hier ziemlich hochgezogen. Zu beachten sind einige auf der Außenhaut angebrachte Markierungen. USN

IX-304 *Atlanta*

Nachdem der Leichte Kreuzer *Atlanta* (CL-104) seit Mitte 1949 eingemottet bei der Reserveflotte lag und eigentlich kaum noch eine Chance bestand, daß das Schiff jemals reaktiviert würde, wurde es dann 5/64 als IX-304 umklassifiziert, dabei »entmottet« und einem Spezial-Umbau unterzogen. Sämtliche Aufbauten, Schornsteine und Geschütze wurden bis auf das Hauptdeck entfernt. Danach wurden zahlreiche Bauelemente und Geräte auf der Hauptdeckfläche installiert. Das Schiff erhielt die Bezeichnung »Shock test target ship« und wurde nachfolgend Versuchen durch Über- und Unterwassersprengungen ausgesetzt. Zwei komplette Brückenaufbauten, wie sie auf Schweren Fregatten (DLG) benutzt wurden, sowie zwei »mack's« wurden installiert, die noch verbleibende freie Fläche wurde mit zahlreichen elektronischen Geräten, Waffen und Booten gespickt. Nach einer Reihe von Ansprengungsversuchen, mit denen etwa 1965 begonnen wurde, wurde *Atlanta* 1970 durch Sprengung versenkt.

Als Testschiff hatte das Schiff 169 Mann Besatzung sowie 60 Ziviltechniker an Bord. Nur eine der beiden Antriebsanlagen, mit denen die beiden äußeren Schrauben angetrieben wurden, wurde aktiviert. Außen sichtbar wurden – vom Bug zum Heck – aufgestellt:

Gar wundersam war das Aussehen des ehemaligen Leichten Kreuzers *Atlanta,* der hier am 1. Dezember 1964, nach dem erfolgten Umbau zum Anspreng-Testschiff, aufgenommen wurde. Letztlich wurde das Schiff bei einem direkten Ansprengversuch aus dem Wasser gehoben; es zerbrach in zwei Teile und versank über Bug und Heck. Die einzelnen zu Testzwecken aufgestellten Bauteile und Geräte werden nachfolgend im Klassen-Text vorgestellt. USN

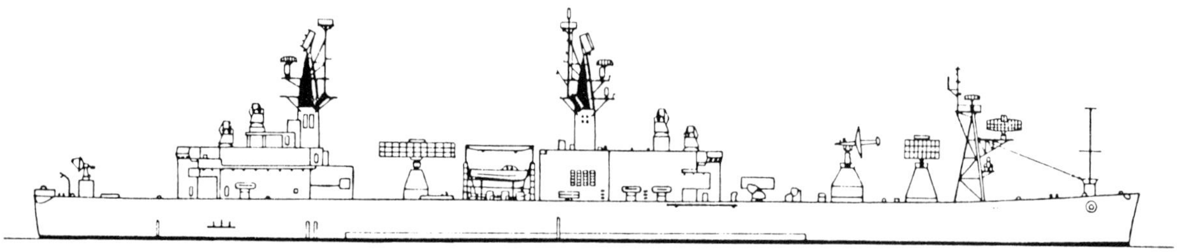

Atlanta (IX-304), Aussehen nach dem bis Ende 1964 durchgeführten Umbau als Testschiff für Ansprengungsversuche. (KDS)

- an üblicher Stelle eine Hochleistungs-Nachrichtenverbindungs-Antenne,
- ein Standardmast für FRAM-Zerstörer mit den Radarantennen SPS-40 und SPS-21,
- auf den beiden Barbetten der 15,2-cm-Geschütze befanden sich zwei Kegelstümpfe, auf denen sich SPS-37- bzw. SPS-30-Radar befanden,
- dahinter wurde ein ASROC-U-Jagdwerfer aufgestellt, zusammen mit (davor) der Andeutung eines Nachlademagazines für Torpedos,
- auf den gegen Schockwirkung verstärkten hohen Aufbauten findet man zwei Radarbeleuchter SPG-55 und auf dem Mack SPS-42-Radar sowie IFF-, ECM-, LORAN- und Funkantennen, desgleichen Navigationsradar SPS-10D,
- seitlich der vorderen Aufbauten waren UTR Mk 32 sowie je zwei Gestelle mit Rettungsflößen aufgestellt,
- zwischen den Aufbautenblöcken befanden sich die langen UTR Mk 25, eine schwere Davit-Anlage mit Verkehrsbooten sowie ein Kegelstumpf mit der langen Radarantenne SPS-37A,
- dann wiederholt sich wieder der Aufbautenblock wie vorne,
- auf der Schanz wurde ein kleiner Unterbau mit Radarbeleuchter SPG-51 aufgestellt.

Der Umbau des Schiffes soll nicht mehr als 4 Mio $ gekostet haben. Die ausgiebigen Ansprengungsversuche fanden im November 1964 vor der Küste von Kalifornien statt. Eine zweite Serie gab es im Frühjahr 1965 vor Hawaii.

AG-191 *Spokane*

Der seit 1949 eingemottete Fla-Kreuzer *Spokane* (CLAA-120) war dazu auserkoren worden, 1966/67 als Sonar-Versuchsschiff umgebaut zu werden. Dabei wäre die Bugpartie zur Aufnahme eines Sonarwulstes eingerichtet worden, und der Rumpf selbst hätte die dazugehörigen Darstellungsgeräte aufnehmen sollen. Alle Geschütze wären dabei entfernt worden. Das Schiff wäre unter Zivilbesatzung des »Military Sealift Service« gefahren, und es war bereits als T-AG-191 reklassifiziert worden. Der Umbau sollte bis Ende 1967 abgeschlossen sein, er wurde jedoch nicht begonnen, obwohl Vorbereitungen bereits eingeleitet worden waren. Möglicherweise waren fehlende Geldmittel der Grund für die Stornierung des Umbaus. Das Schiff wurde dann 4/72 gestrichen.

Der ehemalige Kreuzer *Spokane,* nun als AG-191 klassifiziert, wurde hier im Jahre 1973, kurz vor der Verschrottung, aufgenommen. Die alte Kennummer 120 ist noch sichtbar. Angesichts des bevorstehenden Umbaus als Sonar-Versuchsschiff mit MSC-Zivilbesatzung wurden etwa 1966 sämtliche Waffen und Geräte von Bord genommen. INRO

Abkürzungs- und Stichwort-Verzeichnis

Die Bedeutung der meisten, in diesem Buch vorkommenden, Abkürzungen und Stichworte wird bei den laufenden Texten erläutert. Ein Teil davon wurde hier noch einmal in alphabetischer Reihenfolge erfaßt.

Abkürzung bzw. Stichwort	englische Bedeutung	deutsche Bedeutung
AN/SPS-. . .		Volle Kennzeichnung von Ortungs-Radaranlagen auf Schiffen der U. S. Navy. Wird zumeist mit »SPS-. . .« abgekürzt und steht immer mit einer Zahl in Verbindung
ASROC	Anti-Submarine Rocket	Raketengesteuerter U-Jagdtorpedo oder Wasserbombe; auch Bezeichnung für den Werfer selbst
BPDMS	Basic Point Defence Missile System	Abkürzung für Nahabwehrbereichs-Lenkwaffenanlagen mit (z. Zt.) Sea-Sparrow-Flugkörpern
CA	Heavy Cruiser	Kennbuchstaben für Schwere Kreuzer
CAG	Heavy Cruiser, Guided Missile	Kennbuchstaben für Lenkwaffenkreuzer, die einen Teil ihrer Haupt-Artillerie (20,3 cm) behalten haben
CB	Large Cruiser	Kennbuchstaben für Große Kreuzer
CG	Guided Missile Cruiser	Kennbuchstaben für Kreuzer, deren Hauptbewaffnung nur aus Lenkwaffen besteht
CGN	Guided Missile Cruiser, Nuclear Powered	Kennbuchstaben für Lenkwaffen-Kreuzer mit Atomantrieb
CIWS	Close-in Weapon System	Sammelbegriff für voll-elektronisch gesteuerte Geschütz-Schnellfeueranlagen als letzte Abwehr gegen anfliegende Flugzeuge und FK
CL	Light Cruiser	Kennbuchstaben für Leichte Kreuzer
CLG	Light Cruiser, Guided Missile	Kennbuchstaben für Lenkwaffenkreuzer, die ihre 15,2-cm-Hauptartillerie zum Teil beibehalten haben
CRUDESFLOT	Cruiser-Destroyer Flottilla	Flotille, zusammengesetzt aus Kreuzern und Zerstörergeschwadern; gegenwärtig als »Cruiser-Destroyer Group« (CRUDESGRU) bezeichnet
CRUDIV	Cruiser Division	Kreuzer-Division; alte Bezeichnung, als Kreuzer für sich in Divisionen gegliedert waren
CVL	Light Aircraft Carrier	Kennbuchstaben für leichte Flugzeugträger, u. a. für solche, die ursprünglich Kreuzer werden sollten
DASH	Drone-Anti-Submarine Helicopter	Unbemannte, ferngelenkte Hubschrauber-Drohne der 60er Jahre für die U-Jagd
DL	Destroyer Leader (Frigate)	Kennbuchstabe für Großzerstörer
ESM	Electronic Countermeasures (passive)	Elektronische Gegenmaßnahmen (passiv)
ECM	Electronic Countermeasures (active)	Elektronische Gegenmaßnahmen (aktiv)
ECCM	Electronic Counter-Countermeasures	Abwehr von elektronischen Gegenmaßnahmen
FLG		Feuerleitgerät
FLR		Feuerleitradar
FK		Flugkörper (Sammelbegriff für alle ungelenkten und gelenkten Raketen)
FRAM	Fleet Rehabilitation and Modernization Program	Umfangreiches Schiffs-Modernisierungsprogramm der frühen 60er Jahre
IFF	Identification Friend/Foe	Elektronische Anlage zur Freund/Feind-Unterscheidung
IX	Unclassified Miscellaneous	Kennbuchstaben für »sonstige Hilfsschiffe«, sehr oft auch Versuchsschiffe
L/54		Kaliber x 54 = Rohrlänge bei Geschützen

Abkürzung bzw. Stichwort	englische Bedeutung	deutsche Bedeutung
LAMPS	Light Airborne Multipurpose System	U-Jagdsystem auf Kreuzern, Zerstörern und Fregatten, basierend auf den Hubschaubertypen SH-2 (LAMPS I) und SH-60 (LAMPS III)
Mack	»Mast and Stack«	Gängige Abkürzung für auf modernen Schiffen verwandte Mast/Schornstein-Kombination
Mk 8 Mod. 1	Mark 8 Model 1	Seriennummer und Version einer Waffe oder eines Gerätes
NTDS	Naval Tactical Data System	Ab 1960 eingeführtes, datenverarbeitendes Kommando- und Darstellungsgerät auf größeren Schiffen
Radar	Radio Detecting and Ranging	Allgemeine Abkürzung für Funkmeß-Ortungsverfahren
PIRAZ	Positive Identification Radar Advisory Zone	Abkürzung für Radar-Überwachungs-Stationen von Kriegsschiffen
SAM SSM	Ship/Air Missile Ship/Ship Missile	Ältere und überholte, jedoch immer noch gebräuchliche Kurzbezeichnungen für Schiff/Luft- bzw. Schiff/Schiff-Flugkörper
SAR	Search and Rescue	Abkürzung als Sammelbegriff für Such- und Rettungsaktionen von in Seenot Geratenen mittels Schiff oder Hubschrauber bzw. Flugzeug
SUM	Ship/Underwater Missile	Schiffs-Unterwasser-Flugkörper zur Bekämpfung von U-Schiffen
Sonar		Unterwasser-Ortung durch Funkmeßverfahren
SPS-. .		Standard-Prefix bei Ortungs-Radargeräten ab etwa 1950
SPG-. . .		Standard-Prefix bei Geschütz- und Lenkwaffen-Feuerleitgeräten
SPQ-. . .		Wie vorstehend
SRN-. . .		Standard-Prefix bei TACAN-Antennen
TACAN	Tactical Air Navigation Aid	Schiffsgestützte Navigationshilfe für Flugzeuge und Hubschrauber
TACTAS	Tactical Towed Acoustic Sensor System (auch: Tactical Towed Array Sonar)	Kürzung für die tiefen-verstellbaren Schlepp-Sonaranlagen SQR-18 und SQR-19
TR		Torpedorohr für lange Schiffstorpedos zur Schiffsbekämpfung
USA	United States of America	Geläufige Abkürzung für die Vereinigten Staaten von Nordamerika
USN	United States Navy	Abkürzung für die Marine der Vereinigten Staaten
USS	United States Ship	Prefix für ein kommissioniertes Schiff der U. S. Navy
USNS	United States Naval Ship	Prefix für ein nicht kommissioniertes Schiff der USN mit Zivilbesatzung des »Military Sealift Command«
URN-. . .		Standard-Prefix bei TACAN-Antennen
UTR		Torpedorohr für kurze U-Jagdtorpedos, oder lange Torpedorohre Mk 24 und Mk 25 für drahtgesteuerte, lange U-Jagdtorpedos
VDS	Variable Depth Sonar	Abkürzung für ältere, tiefenverstellbare Sonaranlagen

Tabellenteil

Anmerkungen zu den nachfolgenden Übersichten A und B

Übersicht A = Technische Angaben und Antriebsanlage

Diese Übersicht ist klassenweise angeordnet. Zu den einzelnen Spalten ist folgendes auszuführen:

Kenn-Nummer, Schiffsklasse
Hier ist die Kenn-Nummer des Klassen-Leitschiffes aufgeführt, sowie der Name des Leitschiffes, d. h. desjenigen Schiffes mit der niedrigsten Kenn-Nummer innerhalb der Klasse, dies ohne Rücksicht darauf, daß es innerhalb der U. S. Navy in dieser Hinsicht auch andersartige Handhabungen gegeben hat.

Wasserverdrängung
ist angegeben in tons zu je 1016 kg. Die Angaben über die Wasserverdrängung können nur als Annäherungswert betrachtet werden, da sie von Quelle zu Quelle unterschiedlich sind.

Höhenangaben
werden in m angegeben und auf volle Dezimeter auf- bzw. abgerundet. Die Höhenangaben stammen aus einer offiziellen Quelle; sie können daher als zuverlässig angesehen werden. Die Meß-Bezugslinie ist hier die Wasserlinie; es ist jedoch leider nicht bekannt, ob sich die Messung auf das voll beladene Schiff bezieht, oder auf die Standard-Verdrängung. Bei den nach dem Zweiten Weltkrieg erbauten Klassen fehlen leider die Höhenangaben.

Abmessungen
wurden in Dezimetern auf- bzw. abgerundet. Der Tiefgang bezieht sich in der Regel auf das voll beladene Schiff, es muß aber klargestellt werden, daß die Angaben über den Tiefgang von Quelle zu Quelle schwanken. Insbesondere ist nicht bekannt, ob hierbei – wo infragekommend – die Sonarwulste mit eingeschlossen sind oder nicht.

Besatzung
Auch hier sind die Angaben von Quelle zu Quelle unterschiedlich. Auch die in dieser Übersicht aufgeführten Zahlen stellen nur Annäherungswerte dar. Mitunter geben dieselben die maximal mögliche Belegung wieder, andere wiederum die Soll-Zahl der Besatzung. In der Praxis jedoch – insbesondere in Friedenszeiten – ist die tatsächliche Zahl der Besatzungsmitglieder von einem Tag zum anderen unterschiedlich. Sofern bekannt, wird die Zahl der Offiziere und der Mannschaften durch einen Schrägstrich getrennt. Die Besatzungen waren in Kriegszeiten stets wesentlich größer als im Frieden.

Panzerung
gab es nur bei den bis etwa Ende des Zweiten Weltkrieges erbauten schweren wie leichten Kreuzern. Sie war nicht durchgehend gleich stark, was aus den Zahlen, die in der Übersicht in mm angegeben sind, hervorgeht. Die Angaben über die Panzerung entstammen zuverlässigen Quellen. Es ist (noch!) nicht bekannt, ob bei den Nachkriegs-Lenkwaffenumbauten die Vertikalpanzerung zwecks Verringerung des Gesamtgewichtes möglicherweise ganz oder zum Teil entfernt wurde. USS *Long Beach* (CGN-9) wurde aus stärkerem Schiffbaustahl gefertigt, als die zuvor gebauten Kreuzer; hier gibt es keine Panzerplatten aus Stahl. Es ist jedoch vorgesehen, lebenswichtige Anlageteile dieses Schiffes etwa 1985 durch Kevlar-Kunststoff-Panzerplatten zu schützen, die etwa dreimal so leicht sind, wie Stahlplatten.

Antriebsanlage
Da mit Ausnahme der *Long Beach* sämtliche hier behandelten Kreuzer Dampfturbinenantrieb hatten, entfällt in der Übersicht eine entsprechende Hinweisspalte. Die Antriebsanlage von CGN-9 besteht aus zwei Druckwasser-Reaktoren C1W und zwei Satz Getriebeturbinen. Der Vortrieb besteht aus zwei Wellen. Die Stärke der Antriebsanlage beträgt 80.000 WPS.

Die Stärkenangabe der Antriebsanlagen erfolgt in PS; sie bezieht sich hier zumeist auf einen Durchschnittswert, da bei unterschiedlichen Wasserverdrängungen und bei unterschiedlichem Ausfahren der Antriebsanlage auch verschiedene PS-Stärken erreicht werden. Dies gilt sinngemäß auch für die erzielten Geschwindigkeiten, die von diversen Faktoren abhängig sind und von Schiff zu Schiff unterschiedlich sein können. Auch die Angaben über die Reichweite bei unterschiedlichen Geschwindigkeiten und über den Treibstoffvorrat schwanken von Quelle zu Quelle.

Übersicht B = Baudaten, Bewaffnung

Diese Übersicht ist schiffsweise innerhalb der einzelnen Klassen angeordnet.

Etat
Ab Beginn der sog. »Washington«-Kreuzer erscheint in dieser Spalte das Jahr, in dem der Bau eines Schiffes autorisiert und finanziert ist.

Baudaten
Über die Baudaten der einzelnen Schiffe (Kiellegung, Stapellauf, Indienststellung, Außerdienststellung und Streichung) herrscht bei den diversen Quellen weitgehend Übereinstimmung. Wieder-Indienststellungen und Wieder-Außerdienststellungen werden in den Normal-Spalten unterhalb der ersten Zahl dokumentiert.

Bewaffnung
Die Kaliber der größeren Geschütze werden in cm, die der leichten Maschinenflak in mm angegeben. Es wird versucht, für jedes Schiff die wechselnden Bewaffnungen, bezogen auf ein bestimmtes Jahr, anzuzeigen. Angaben über die Grund-Bewaffnung entstammen zumeist amtlichen Quellen, während versucht wurde, die während des Krieges entstandenen Veränderungen bzw. Ergänzungen aufgrund von Foto-Auswertungen zu dokumentieren.*

Dies gilt sinngemäß auch für die Torpedorohre, Katapulte und Flugzeuge.

In der Spalte **Bemerkungen**
sind letztlich all solche Angaben zusammengefaßt, die in den vorher erwähnten Spalten nicht mehr gebracht werden konnten. Die dort angebrachten ** haben waagerechte Wirkung, d. h. sie beziehen sich jeweils nur auf das eine Schiff.

---

* Hierbei hat mein Mitarbeiter, Herr Elmar Vitt, eingehende Forschungen betrieben, vor allem was die während des Zweiten Weltkrieges operierenden Schiffe betrifft.

Technische Angaben und Antriebsanlage

Kenn-Nummer	Schiffs-Klasse	Wasserverdrängung Standard	Wasserverdrängung voll beladen	Höhenangaben in m Bug / Schornstein	Höhenangaben in m Heck / Mast	Abmessungen in m Länge über alles	Abmessungen in m größte Breite	Abmessungen in m Tiefgang	Besatzung im Frieden	Besatzung im Krieg	Panzerung, in mm horizontal	Panzerung, in mm vertikal	Panzerung, in mm Artillerie	Panzerung, in mm Kommandoturm	Antriebs-Leistung PS	Geschw. Kn	Reichweite sm/bei Kn	Bemerkungen F=Brennstoffvorrat ts
CL-4	*Omaha*	7.050	9.150	10,1 20,7	4,0 33,5	167,8	16,9	6,1	458		76	38	51	51	90.000	34	10.000/15	F=2068
CA-24	*Pensacola*	9.097	11.512	8,8 22,0	5,2 45,5	178,5	19,9	5,9	631		75	51	38 25	203	107.000	32,5	10.000/15	F=2116 max.
CA-26	*Northampton*	9.006	11.420	10,1 23,2	6,1 42,1	183,0	20,1	5,9	617 29+30+31: 734 + Stab		25 51	76	38 57	203	107.000	32,5	10.000/15	F=1417–2108
CA-33	*Portland*	10.258	12.755	10,1 23,8	5,5 39,1	185,9	20,1	6,4	807 35:917		51 51	102 76	76 51	203	107.000	32,5	10.000/15	F=1417–2125
CA-32	*New Orleans*	10.136	12.463	8,8 22,9	4,9 35,4	179,2	18,8	6,9	868		76 51	102–127 37	127	165	107.000	32,7	10.500/15	F=1241–1861
CL-40	*Brooklyn*	9.767 49+50: 10.569	12.207 49+50: 13.300*	8,2 20,4	7,0 35,4	185,4	18,8	6,9	868	50: 47/1276	76 51	102-127 38	127	165	100.000	32,5	10.000/15	F=1321–1982 *50 nach Zurüstung 1942=14.219 ts
CA-45	*Wichita*	10.589	13.015	9,2 22,3	7,6 34,5	185,4	18,8	7,2	929		76 51	127 38	127–152 38	203	100.000	33	10.000/15	F=1323–1094
CL-51	*Atlanta*	6.718	8.340	8,8 20,7	4,0 34,8	165,1	16,2	6,3	26/597	63/785	51	89	38 25	95	75.000	32,5	8.500/15	F=1360
CL-95	*Oakland*	6.718	8.340	8,8 20,7	4,0 34,8	165,1	16,2	6,3	26/597	63/785	51	89	38 25	95	75.000	32,5	8.500/15	F=1360
CL-55	*Cleveland*	11.744	14.131	8,2 23,5	6,7 34,5	186,0	20,2	7,5	54/938	70/1285	76 51	127 38	127	165	100.000	32,5	11.000/15	F=1507–2100
CL-106	*Fargo*	11.744	14.131	8,2	6,7 32,3	186,0	20,2	7,5	54/938	70/1285	76 51	127 38	127 76	165	100.000	32,5	11.000/15	F=1507–2100
CA-68	*Baltimore*	14.472	17.031	10,1 26,2	7,6 34,2	205,3	21,6	7,3	59/1083	61/1085 mit Stab: 78/1555	76 51	152	152 76	203	120.000	33	10.000/15	F=1200–2250
CA-122	*Oregon City*	14.472	17.031	10,1	7,6	205,3	21,6	7,3	59/1083	mit Stab: 85/1660	76 51	152	152 76	203	120.000	33	10.000/15	F=1200–2250
CA-134	*Des Moines*	17.255	20.934			218,4	23,0	7,9	60/1240	mit Stab: 103/1565	76 51	203 152	152	203	120.000	33	10.500/15	F=3006
CL-144	*Worcester*	14.700	17.997		31,1	207,1	21,5	7,5	70/1286 mit Stab: 99/1302	mit Stab 1.700	76 51	152 76	102	165	120.000	33	8.000/15	F=2400
CAG–1	*Boston*	13.300	17.500			205,3	21,3	7,6	80/1650						120.000	33	9.000/15	F= ~ 2.600
CLG-3	*Galveston*	10.670	14.600			186,0	20,0	7,8	67/1010						100.000	31,5	7500/15	F= ~ 2.500
CLG-4	*Little Rock*	10.670	14.600			186,0	20,0	7,8	67/945 mit Stab 70/1000						100.000	31,5	7.500/15	F= ~ 2.500
CG-10	*Albany*	13.700	17.500			205,3	21,6	8,2	60/950 mit Stab 85/1120						120.000	32,5	7.000/15	F=2.500
CGN-9	*Long Beach*	14.200	17.350			219,8	22,3	9,4	60/950 mit Stab 80/1080						~ 80.000	30+	~ 800.000	F=Uran

Kenn Nummer	Schiffs-Klasse	Wasserverdrängung Standard	Wasserverdrängung voll beladen			Abmessungen in m Länge über alles	größte Breite	Tiefgang	Besatzung im Frieden		Panzerung, in mm horizontal	vertikal	Artillerie	Kommandoturm	Antriebs-Leistung PS	Geschw. Kn	Reichweite sm/bei Kn	Bemerkungen F=Brennstoffvorrat ts
CB-1	*Alaska*	29.779	34.253			246,4	27,8	9,7	1517		105 57	127 230	127 324	230	150.000	33	12.000/15	F=3619
CLC-1	*Northampton*	13.000	17.204			206,2	21,7	8,1	227/1448*						120.000	32		* + Stab 165/275
CLK-1	*Norfolk*	5.556	8.315			164,7	16,5	7,9*	42/504						80.000	34	6.000/20	*mit SQS-26-Sonardom F=1180

Kennung	Schiffsname	Etat	Kiellegung	Stapellauf	in Dienst	außer Dienst	gestrichen	Bauwerft
CL-4	*Omaha*		6. 12. 1918	14. 12. 1920	24. 2. 1923	1. 11. 1945	28. 11. 1945	Seattle D.D.
CL-5	*Milwaukee*		13. 12. 1918	24. 3. 1921	20. 6. 1923	20. 4. 1944*	16. 3. 1949**	Seattle D.D.
CL-6	*Cincinnati*		15. 5. 1920	23. 5. 1921	1. 1. 1924	1. 11. 1945	1946	Seattle D.D.
CL-7	*Raleigh*		16. 8. 1920	25. 10. 1922	6. 2. 1924	2. 11. 1944	1946	Bethlehem Quincy
CL-8	*Detroit*		10. 11. 1920	29. 6. 1922	31. 7. 1923	11. 1. 1946	1946	Bethlehem Quincy
CL-9	*Richmond*		16. 2. 1920	29. 9. 1921	2. 7. 1923	21. 12. 1945	21. 1. 1946	Cramp Philadelphia
CL-10	*Concord*		29. 3. 1920	15. 12. 1921	3. 11. 1923	12. 12. 1945	1946	Cramp Philadelphia
CL-11	*Trenton*		18. 8. 1920	16. 4. 1923	19. 4. 1924	19. 12. 1945	1946	Cramp Philadelphia
CL-12	*Marblehead*		4. 8. 1920	9. 10. 1923	8. 9. 1924	1. 11. 1945	28. 11. 1945	Cramp Philadelphia
CL-13	*Memphis*		14. 10. 1920	17. 4. 1924	4. 2. 1925	17. 12. 1945	8. 1. 1946	Cramp Philadelphia
CA-24	*Pensacola*	25	27. 10. 1926	25. 4. 1929	6. 2. 1930	26. 8. 1946	10. 11. 1948*	New York N.S.
CA-25	*Salt Lake City*	25	9. 6. 1927	23. 1. 1929	11. 12. 1929	29. 8. 1946	18. 6. 1948	New York N.S.
CA-26	*Northampton*	27	12. 4. 1928	5. 9. 1929	17. 5. 1930	Kriegs-verlust*	13. 1. 1943	Bethlehem Quincy
CA-27	*Chester*	27	6. 3. 1928	3. 7. 1929	24. 6. 1930	10. 6. 1946	1. 3. 1959	New York S.B.
CA-28	*Louisville*	27	4. 7. 1928	1. 9. 1930	15. 1. 1931	17. 6. 1946	1. 3. 1959	Puget Sound N.S.
CA-29	*Chicago*	27	10. 9. 1928	10. 4. 1930	9. 3. 1931	Kriegs-verlust*	22. 2. 1943	Mare Island N.S.
CA-30	*Houston*	27	1. 5. 1928	7. 9. 1929	17. 6. 1930	Kriegs-verlust*	8. 5. 1942	Newport News S.B.

Jahr	Bewaffnung			Katapulte	Flugzeuge	Bemerkungen
	Hauptbewaffnung	Übrige Bewaffnung	Torpedorohre			
1939 1943 1945	12-15,2 cm L/53 10-15,2 cm L/53 10-15,2 cm L/53	8-7,6 cm L/50, 2 Dreipfünder, 8 MG 1/2” 8-7,6 cm L/50, 12-28 mm, 8-20 mm 8-7,6 cm L/50, 6-40 mm, ca. 14-20 mm	6**	2	2	** anfangs 10 TR
1939 1943 1944	12-15,2 cm L/53 10-15,2 cm L/53 10-15,2 cm L/53	wie CL-4 wie CL-4 wie CL-4	6 ***	2	2	* 20. 4. 1944 an Sowjetunion = *Murmansk* ** Rückkehr nach USA *** wie CL-4
1939 1942 1944	10-15,2 cm L/53 10-15,2 cm L/53 10-15,2 cm L/53	wie CL-4 wie CL-4 wie CL-4	6 **	2	2	** wie CL-4
1939 1942 1945	10-15,2 cm L/53 10-15,2 cm L/53 10-15,2 cm L/53	wie CL-4 wie CL-4 1945 wie vorstehend	6 **	2	2	** wie CL-4
1939 1942 1945	10-15,2 cm L/53 10-15,2 cm L/53 10-15,2 cm L/53	wie CL-4 wie CL-7 wie 1942	6 ** ***	2	2	** wie CL-4 *** TR 1945 entfernt
1939 1943 1945	12-15,2 cm L/53 10-15,2 cm L/53 10-15,2 cm L/53	wie CL-4 wie CL-4 1945 wie vorstehend	6 **	2	2	** wie CL-4
1939 1945	12-15,2 cm L/53 10-15,2 cm L/53	wie CL-4 wie CL-4, 1945	6 **	2	2	** wie CL-4
1939 1943 1945	12-15,2 cm L/53 10-15,2 cm L/53 10-15,2 cm L/53	wie CL-4 wie CL-4 1945 wie vorstehend	6 **	2	2	** wie CL-4
1939 1944	10-15,2 cm L/53 10-15,2 cm L/53	wie CL-4 wie CL-4 1945	6 **	2	2	** wie CL-4
1939 1944	12-15,2 cm L/53 12-15,2 cm L/53	wie CL-4 wie CL-4 1945	6 **	2	2	** wie CL-4
1939 1941 1945	10-20,3 cm L/55 10-20,3 cm L/55 10-20,3 cm L/55	8-12,7 cm L/25, 2 Dreipfünder, 8 MG 1/2” 8-12,7 cm L/25, 16-28 mm, 9-20 mm 8-12,7 cm L/25, 28-40 mm, 22-20 mm	6 **	2 ***	4	* gesunken nach radiologischen Tests. ** TR vor dem Kriege entfernt; *** Stb.-Katapult wurde 1945 entfernt
1939 1944 1945	10-20,3 cm L/55 10-20,3 cm L/55 10-20,3 cm L/55	8-12,7 cm L/25, 2 Dreipfünder, 8 MG 1/2” 8-12,7 cm L/25, 24-40 mm, 21-20 mm wie vorstehend, jedoch 20-20 mm	6 **	2	4	** wie CA-24 *** wie CA-24
1930 1939	9-20,3 cm L/55 9-20,3 cm L/55	4-12,7 cm L/25 8-12,7 cm L/25, 2 Dreipfünder, 8 MG 1/2”	6 **	2	4	* 30. 11. 1942 bei Tassafaronga ** 6 TR bereits 1935 entfernt
1930 1939 1945	wie CA-26 wie CA-26 wie CA-26	wie CA-26 wie CA-26 8-12,7 cm L/25, 8-40 mm, 26-20 mm	6 **	2 ***	4	** wie CA-26 1942 auch 16-28 mm, *** ab 5/1945 nur 1 Katapult
1931 1939 1942 1945	wie CA-26 wie CA-26 wie CA-26 wie CA-26	wie CA-26 1930 wie CA-26 1939 8-12,7 cm L/25, 16-28 mm, ?-20 mm 8-12,7 cm L/25, 8-40 mm, 26-20 mm	6 **	2***	4	** wie CA-26 *** ab 4/1945 nur 1 Katapult
1939 1942	wie CA-26 wie CA-26	wie CA-26 8-12,7 cm L/25, 16-28 mm, 20-20 mm	6 **	2	4	* 30. 1. 1943 bei den Salomonen ** wie CA-26
1939 1942	wie CA-26 wie CA-26	wie CA-26 1939 8-12,7 cm L/25, 16-28 mm, 8 MG 1/2”	**	2	4	* 1. 3. 1942 in der Java-See ** wie CA-26

Baudaten, Bewaffnung

Kennung	Schiffsname	Etat	Kiellegung	Stapellauf	in Dienst	außer Dienst	gestrichen	Bauwerft
CA-31	*Augusta*	27	2. 7. 1928	1. 2. 1930	30. 1. 1931	16. 7. 1946	1. 3. 1959	Newport News S.B.
CA-33	*Portland*	29	17. 2. 1930	21. 5. 1932	23. 2. 1933	12. 7. 1946	1. 3. 1959	Bethlehem Quincy
CA-35	*Indianapolis*	29	31. 3. 1930	7. 11. 1931	15. 11. 1932	Kriegs-verlust*	1. 8. 1945	New York S.B.
CA-32	*New Orleans*	29	14. 3. 1931	12. 4. 1933	15. 2. 1934	10. 2. 1947	1. 3. 1959	New York N.S.
CA-34	*Astoria*	29	1. 9. 1930	16. 12. 1933	28. 4. 1934	Kriegs-verlust*	2. 11. 1942	Puget Sound N.S.
CA-36	*Minneapolis*	29	27. 6. 1931	6. 9. 1933	19. 5. 1934	10. 2. 1947	1. 3. 1959	Philadelphia N.S.
CA-37	*Tuscaloosa*	30	3. 9. 1931	15. 11. 1933	17. 8. 1934	13. 2. 1946	1. 3. 1959	New York S.B.
CA-38	*San Francisco*	30	9. 9. 1931	9. 3. 1933	10. 2. 1934	10. 2. 1946	1. 3. 1959	Mare Island N.S.
CA-39	*Quincy*	33	15. 11. 1933	19. 6. 1935	9. 6. 1936	Kriegs-verlust*	2. 11. 1942	Bethlehem Quincy
CA-44	*Vincennes*	33	2. 1. 1934	21. 5. 1936	24. 2. 1937	Kriegs-verlust*	2. 11. 1942	Bethlehem Quincy
CL-40	*Brooklyn*	33	12. 3. 1935	30. 11. 1936	30. 9. 1937	30. 1. 1947	*	New York N.S.
CL-41	*Philadelphia*	33	28. 5. 1935	17. 11. 1936	23. 9. 1937	3. 2. 1947	9. 1. 1951*	Philadelphia N.S.
CL-42	*Savannah*	33	31. 5. 1934	8. 5. 1937	10. 3. 1938	3. 2. 1947	1. 3. 1959	New York S.B.
CL-43	*Nashville*	33	24. 1. 1935	2. 10. 1937	6. 6. 1938	24. 6. 1946	*	New York S.B.

Jahr	Bewaffnung: Hauptbewaffnung	Übrige Bewaffnung	Torpedo-rohre	Kata-pulte	Flug-zeuge	Bemerkungen
1939 1945	wie CA-26 wie CA-26	wie CA-26 1939 8-12,7 cm L/25, 24-40 mm, 20-20 mm	**	2***	4	** wie CA-26 *** 1945 Katapulte entfernt; hatte 1942 auch 16-28 mm
1934 1942 1943 1945	9-20,3 cm L/55 9-20,3 cm L/55 9-20,3 cm L/55 9-20,3 cm L/55	8-12,7 cm L/25, 8 MG 1/2" 8-12,7 cm L/25, 16-28 mm, 12-20 mm 8-12,7 cm L/25, 20-40 mm, 18-20 mm 8-12,7 cm L/25, 24-40 mm, 12-20 mm		2	4	
1934 1942 1944 1945	wie CA-33 wie CA-33 wie CA-33 wie CA-33	wie CA-33 1934 8-12,7 cm L/25, 16-28 mm, 12-20 mm *** 8-12,7 cm L/25, 20-40 mm, 19 20 mm 8-12,7 cm L/25, 24-40 mm, 14-20 mm ****		2**	4	* 30. 7. 1945 bei Leyte. ** 1945 nur noch 1 Katapult. *** Ende 1942 = 24-28 mm, 16-20 mm. **** Mitte 1945 nur noch 8-20 mm
1939 1942 1945	wie CA-33 wie CA-33 wie CA-33	wie CA-33 1934 8-12,7 cm L/25, 16-28 mm, 13-20 mm 8-12,7 cm L/25, 24-40 mm, 28-20 mm		2*	4	* 1945 nur noch 1 Katapult
1939 1941	wie CA-33 wie CA-33	wie CA-33 1934 8-12,7 cm L/25, 16-28 mm, ca. 8-20 mm		2	4	* 9. 8. 1942 bei Savo Island
1939 1945	wie CA-33 wie CA-33	wie CA-33 1934 8-12,7 cm L/25, 16-40 mm, ca. 8-20 mm		2	4	
1939 1945	wie CA-33 wie CA-33	wie CA-33 1934 8-12,7 cm L/25, 24-40 mm, 16-20 mm		2	4	
1934 1940 1942 1944	wie CA-33 wie CA-33 wie CA-33 wie CA-33	8-12,7 cm L/25, 8 MG 1/2" wie vorstehend + 4-7,6 cm L/50 8-12,7 cm L/25, 16-28 mm, 12-20 mm 8-12,7 cm L/25, 24-40 mm, 26-20 mm		2	4	
1936 1942	wie CA-33 wie CA-33	wie CA-38 1934 8-12,7 cm L/25, 16-28 mm, 8-20 mm		2	4	* 9. 8. 1942 bei Savo Island
1939	wie CA-33	wie CA-33 1934		2	4	* 9. 8. 1942 bei Savo Island
1939 1945	15-15,2 cm L/47 15-15,2 cm L/47	8-12,7 cm L/25, 8 MG 1/2" ** 8-12,7 cm L/25, 28-40 mm, 20-20 mm		2	4	* 9. 1. 1951 an Chile = *O'Higgins* ** Ende 1941 auch 8-28 mm
1939 1942 1945	wie CL-40 wie CL-40 wie CL-40	wie CL-40 1939 8-12,7 cm L/25, 16-28 mm, ?-20 mm 8-12,7 cm L/25, 28-40 mm, 20-20 mm		2	4	* 21. 8. 1951 an Brasilien = *Barroso*
1939 1945	wie CL-40 wie CL-40	wie CL-40 1939 8-12,7 cm L/38, 28-40 mm, 24-20 mm		2	4	
1939 1942 1945	wie CL-40 wie CL-40 wie CL-40	wie CL-40 1939 8-12,7 cm L/25, 16-28 mm, ?-20 mm 8-12,7 cm L/25, 28-40 mm, 18-20 mm		2	4	* 9. 1. 1951 an Chile = *Prat*

Kennung	Schiffsname	Etat	Kiellegung	Stapellauf	in Dienst	außer Dienst	gestrichen	Bauwerft
CL-46	*Phoenix*	34	15. 4. 1935	12. 3. 1938	3. 10. 1938	3. 7. 1946	*	New York S.B.
CL-47	*Boise*	34	1. 4. 1935	3. 12. 1936	12. 8. 1938	1. 7. 1946	*	Newport News S.B.
CL-48	*Honolulu*	34	10. 9. 1935	26. 8. 1937	15. 6. 1938	3. 2. 1947	1. 3. 1959	New York N.S.
CL-49	*St. Louis*	35	10. 12. 1936	15. 4. 1938	19. 5. 1939	20. 6. 1946	*	Newport News S.B.
CL-50	*Helena*	35	9. 12. 1936	27. 8. 1939	18. 9. 1939	Kriegs-verlust*	15. 7. 1943	New York N.S.
CA-45	*Wichita*	34	28. 10. 1935	16. 11. 1937	16. 2. 1939	3. 2. 1947	1. 3. 1959	Philadelphia N.S.
CL-51	*Atlanta*	38	22. 2. 1940	6. 9. 1941	24. 12. 1941	Kriegs-verlust*	13. 1.1943	Federal Kearny
CL-52	*Juneau I*	38	27. 5. 1940	25. 10. 1941	14. 2. 1942	Kriegs-verlust*	13. 1. 1943	Bethlehem Quincy
CL-53	*San Diego*	38	27. 3. 1940	26. 7. 1941	10. 1. 1942	4. 11. 1946	1. 3. 1959	Bethlehem Quincy
CL-54	*San Juan*	38	15. 5. 1940	6. 9. 1941	28. 2. 1942	9. 11. 1946	1. 3. 1959	Bethlehem Quincy
CL-95	*Oakland*	40	15. 7. 1941	23. 10. 1942	17. 7. 1943	1. 7. 1949	1. 3. 1959	Bethlehem San Francisco
CL-96	*Reno*	40	1. 8. 1941	23. 12. 1942	28. 12. 1943	4. 11. 1946	1. 3. 1959	Bethlehem San Francisco
CL-97	*Flint*	40	23. 10. 1942	25. 1. 1944	31. 8. 1944	6. 5. 1947	1. 9. 1965	Bethlehem San Francisco
CL-98	*Tucson*	40	23. 12. 1942	3. 9. 1944	3. 2. 1945	11. 6. 1949	1. 6. 1966	Bethlehem San Francisco
CL-119	*Juneau II*	43	15. 9. 1944	15. 7. 1945	15. 2. 1946	22. 3. 1955	1. 11. 1959	Federal Kearny
CL-120	*Spokane*	43	15. 11. 1944	22. 9. 1945	17. 5. 1946	27. 2. 1950	15. 4. 1972	Federal Kearny
CL-121	*Fresno*	43	12. 2. 1945	5. 3. 1946	27. 11. 1946	17. 5. 1949	1. 4. 1965	Federal Kearny
CL-55	*Cleveland*	40	1. 7. 1940	1. 11. 1941	15. 6. 1942	7. 2. 1947	1. 3. 1959	New York S.B.
CL-56	*Columbia*	40	19. 8. 1940	17. 12. 1941	29. 7. 1942	30. 11. 1946	1. 3. 1959	New York S.B.
CL-57	*Montpelier*	40	2. 12. 1940	12. 2. 1942	9. 9. 1942	24. 1. 1947	1. 3. 1959	New York S.B.
CL-58	*Denver*	40	26. 12. 1940	4. 4. 1942	15. 10. 1942	7. 2. 1947	1. 3. 1959	New York S.B.
CL-60	*Santa Fe*	40	7. 6. 1941	10. 6. 1942	24. 11. 1942	19. 10. 1946	1. 3. 1959	New York S.B.
CL-62	*Birmingham*	40	17. 2. 1941	20. 3. 1942	29. 1. 1943	2. 1. 1947	1. 3. 1959	Newport News S.B.
CL-63	*Mobile*	40	14. 4. 1941	15. 5. 1942	24. 3. 1943	9. 5. 1947	1. 3. 1959	Newport News S.B.
CL-64	*Vincennes II*	40	7. 3. 1942	17. 7. 1943	21. 1. 1944	20. 3. 1947	1. 4. 1966	Bethlehem Quincy
CL-65	*Pasadena*	40	6. 2. 1943	28. 12. 1943	8. 6. 1944	12. 1. 1950	1. 12. 1970	Bethlehem Quincy
CL-66	*Springfield*	40	13. 2. 1943	9. 3. 1944	9. 9. 1944	31. 1. 1950	s. CLG-7	Bethlehem Quincy
CL-67	*Topeka*	40	21. 4. 1943	19. 8. 1944	23. 12. 1944	18. 6. 1949	s. CLG-8	Bethlehem Quincy

Jahr	Bewaffnung: Hauptbewaffnung	Bewaffnung: Übrige Bewaffnung	Bewaffnung: Torpedo-rohre	Kata-pulte	Flug-zeuge	Bemerkungen
1939 1945	wie CL-40 wie CL-40	wie CL-40 8-12,7 cm L/25, 8-40 mm, 19-20 mm		2	4	* 17. 10. 1951 an Argentinien = *General Belgrano* (1956)
1939 1945	wie CL-40 wie CL-40	wie CL-40 1939 8-12,7 cm L/25, 24-40 mm, 18-20 mm		2**	4	* 11. 1. 1951 an Argentinien = *Nueve de Julio* **1/1945 nur noch 1 Katapult
1939 1942 1945	wie CL-40 wie CL-40 wie CL-40	wie CL-40 1939 8-12,7 cm L/25, 8-28 mm, 12-20 mm 8-12,7 cm L/38, 28-40 mm, 20-20 mm		2	4	
1940 1942 1945	wie CL-40 wie CL-40 wie CL-40	8-12,7 cm L/38, 8 MG 1/2" 8-12,7 cm L/38, 16-28 mm, ?-40 mm, ?-20 mm 8-12,7 cm L/38, 28-40 mm, 8-20 mm		2	4	* 9. 1. 1951 an Brasilien = *Tamandaré*
1940 1943	wie CL-40 wie CL-40	wie CL-49 1940 8-12,7 cm L/38, 16-40 mm, 12-20 mm		2	4	* 6. 7. 1943 bei Kula Gulf
1939 1945	9-20,3 cm L/55 9-20,3 cm L/55	8-12,7 cm L/38, 8 MG 1/2" 8-12,7 cm L/38, 24-40 mm, 18-20 mm		2	2	
1942	16-12,7 cm L/38	12-28 mm, 8-20 mm	8			* 13. 11. 1942 bei Guadalcanal
1942	wie CL-51	wie CL-51	8			* 13. 11. 1942 bei Guadalcanal
1942 1944	wie CL-51 wie CL-51	16-28 mm, 8-20 mm 10-40 mm, 15-20 mm, vorher nur 8-40 mm	8			
1942 1944	wie CL-51 wie CL-51	wie CL-53 14-40 mm, 9-20 mm	8			
1943 1945	12-12,7 cm L/38 12-12,7 cm L/38	16-40 mm, 14-20 mm 24-40 mm, 16-20 mm	8*			* 1945 entfernt
1943 1945	wie CL-95 wie CL-95	16-40 mm, 16-20 mm 16-40 mm, 16-20 mm	8			
1944	wie CL-95	16-40 mm, 16-20 mm	8			
1945	wie CL-95	16-40 mm, 16-20 mm	8**			** 1945 entfernt
1946 1952	wie CL-95 wie CL-95	28-40 mm 14-7,6 cm L/50				
1946	wie CL-95	28-40 mm				
1946	wie CL-95	28-40 mm				
1942 1943	12-15,2 cm L/47 12-15,2 cm L/47	12-12,7 cm L/38, 12-40 mm, 20-20 mm 12-12,7 cm L/38, 28-40 mm, 13-20 mm		2	4	
1943	wie CL-55	wie CL-55		2	4	
1943	wie CL-55	12-12,7 cm L/38, 24-40 mm, 17-20 mm		2	4	
1945	wie CL-55	wie CL-57		2	4	
1943	wie CL-55	wie CL-57, jedoch 21-20 mm		2	4	
1943	wie CL-55	12-12,7 cm, 28-40 mm, 21-20 mm		2	4	
1943	wie CL-55	wie CL-62		2	4	
1944	wie CL-55	12-12,7 cm, 24-40 mm, 21-20 mm		2	4	
1944	wie CL-55	wie CL-64		2*	4	* 1948 nur noch Backbord-Katapult
1944	wie CL-55	wie CL-64		2*	4	* wie CL-65
1945	wie CL-55	12-12,7 cm L//38, 28-40 mm, 10-20 mm		2	4	

Baudaten, Bewaffnung

Kennung	Schiffsname	Etat	Kiellegung	Stapellauf	in Dienst	außer Dienst	gestrichen	Bauwerft
CL-80	*Biloxi*	40	9. 7. 1941	23. 2. 1943	31. 8. 1943	18. 5. 1946	1. 9. 1961	Newport News S.B.
CL-81	*Houston II*	40	4. 8. 1941	19. 6. 1943	20. 12. 1943	15. 12. 1947	1. 3. 1959	Newport News S.B.
CL-82	*Providence*	40	27. 7. 1943	28. 12. 1944	15. 5. 1945	14. 6. 1949	s. CLG-6	Bethlehem Quincy
CL-83	*Manchester*	40	25. 9. 1944	5. 3. 1946	29. 10. 1946	27. 6. 1956	1. 4. 1960	Bethlehem Quincy
CL-86	*Vicksburg*	40	26. 10. 1942	14. 12. 1943	12. 6. 1944	30. 6. 1947	1. 10. 1962	Newport News S.B.
CL-87	*Duluth*	40	9. 11. 1942	13. 1. 1944	18. 9. 1944	25. 6. 1949	1. 1. 1960	Newport News S.B.
CL-89	*Miami*	40	2. 8. 1941	8. 12. 1942	28. 12. 1943	30. 6. 1947	1. 9. 1961	Cramp Philadelphia
CL-90	*Astoria II*	40	6. 9. 1941	6. 3. 1943	17. 5. 1944	1. 7. 1949	1. 11. 1949	Cramp Philadelphia
CL-91	*Oklahoma City*	40	8. 12. 1942	20. 2. 1944	22. 12. 1944	30. 6. 1947	s. CLG-5	Cramp Philadelphia
CL-92	*Little Rock*	40	6. 3. 1943	27. 8. 1944	17. 6. 1945	24. 6. 1949	s. CLG-4	Cramp Philadelphia
CL-93	*Galveston*	40	20. 2. 1944	22. 4. 1945	Bau fertiggestellt, jedoch nicht mehr in Dienst gestellt		s. CLG-3	Cramp Philadelphia
CL-101	*Amsterdam*	41	3. 3. 1943	25. 4. 1944	8. 1. 1945	30. 6. 1947	2. 1. 1971	Newport News S.B.
CL-102	*Portsmouth*	41	28. 6. 1943	20. 9. 1944	25. 6. 1945	15. 6. 1949	1. 12. 1970	Newport News S.B.
CL-103	*Wilkes Barre*	42	14. 12. 1942	24. 12. 1943	1. 7. 1944	9. 6. 1947	15. 1. 1971	New York S.B.
CL-104	*Atlanta*	42	25. 1. 1943	6. 2. 1944	3. 12. 1944	1. 7. 1949	s. IX-304	New York S.B.
CL-105	*Dayton*	42	8. 3. 1943	19. 3. 1944	7. 1. 1945	1. 3. 1949	1. 9. 1961	New York S.B.
CL-106	*Fargo*	42	23. 8. 1943	22. 2. 1945	9. 12. 1945	14. 2. 1950	1. 3. 1970	New York S.B.
CL-107	*Huntington*	42	4. 10. 1943	8. 4. 1945	23. 2. 1946	15. 6. 1949	1. 9. 1961	New York S.B.
CA-68	*Baltimore*	40	26. 5. 1941	28. 7. 1942	15. 4. 1943	31. 5. 1956	15. 2. 1971	Bethlehem Quincy
CA-69	*Boston*	40	30. 6. 1941	26. 8. 1942	30. 6. 1943	12. 3. 1946	s. CAG-1	Bethlehem Quincy
CA-70	*Canberra*	40	3. 9. 1941	19. 4. 1943	14. 10. 1943	7. 3. 1947	s. CAG-2	Bethlehem Quincy
CA-71	*Quincy II*	40	9. 10. 1941	23. 6. 1943	15. 12. 1943 31. 1. 1952	19. 10. 1946 2. 7. 1954	1. 10. 1973	Bethlehem Quincy
CA-72	*Pittsburgh*	40	3. 2. 1943	22. 2. 1944	10. 10. 1944 25. 9. 1951	7. 3. 1947 28. 8. 1956	1. 7. 1973	Bethlehem Quincy
CA-73	*St. Paul*	40	3. 2. 1943	16. 9. 1944	17. 2. 1945	5. 5. 1971	1. 12. 1973	Bethlehem Quincy
CA-74	*Columbus*	40	28. 6. 1943	30. 11. 1944	8. 6. 1945	8. 5. 1959	s. CG-12	Bethlehem Quincy
CA-75	*Helena*	40	9. 9. 1943	28. 4. 1945	4. 9. 1945	29. 6. 1963	1. 1. 1974	Bethlehem Quincy
CA-130	*Bremerton*	42	1. 2. 1943	2. 7. 1944	29. 4. 1945 23. 11. 1951	9. 4. 1948 29. 7. 1960	1. 10. 1973	New York S.B.

Jahr	Bewaffnung Hauptbewaffnung	 Übrige Bewaffnung	 Torpedo-rohre	Kata-pulte	Flug-zeuge	Bemerkungen
1943	wie CL-55	12-12,7 cm L/38, 24-40 mm, 21-20 mm		2	4	
1944	wie CL-55	wie CL-80		2	4	
1945	wie CL-55	12-12,7 cm L/38, 28-40 mm, 10-20 mm		2	4	
1946 1948 1952 1955	wie CL-55 wie CL-55 wie CL-55 wie CL-55	12-12,7 cm L/38, 28-40 mm wie vorstehend 12-12,7 cm L/38, 16-7,6 cm L/50 wie vorstehend		1*	2	* 1948 nur noch Backbord-Katapult; 1951 auch dieser nicht mehr vorhanden
1944	wie CL-55	12-12,7 cm L/38, 28-40 mm, 10-20 mm		2	4	
1945	wie CL-55	wie CL-86		2	4	
1944	wie CL-55	wie CL-86		2	4	
1944	wie CL-55	wie CL-86		2	4	
1945	wie CL-55	wie CL-86		2	4	
1945	wie CL-55	wie CL-86		2	4	
1946	wie CL-55	12-12,7 cm L/38, ?-40 mm		*		* fraglich, ob Katapulte installiert
1945	wie CL-55	wie CL-86		2	4	
1945	wie CL-55	wie CL-86		2*	4	* 1946 nur noch Backbord-Katapult
1945	wie CL-55	wie CL-86		2	4	
1945	wie CL-55	wie CL-86		2	4	
1945	wie CL-55	wie CL-86		2*	4	* 1948 nur noch Backbord-Katapult
1946	wie CL-55	12-12,7 L/38, 28-40 mm, 21-20 mm		2*	4	* 1948 nur noch Backbord-Katapult
1946	wie CL-55	wie CL-106		2*	4	* wie CL-106
1943 1955	9-20,3 cm L/55 9-20,3 cm L/55	12-12,7 cm L/38, 48-40 mm, 24-20 mm wie vorstehend, jedoch ohne 20 mm		2*	4	* Anfang der 50er Jahre Katapulte entfernt
1943	wie CA-68	wie CA-68 1943		2	4	
1943	wie CA-68	wie CA-68 1943		2	4	
1944 1952	wie CA-68 wie CA-68	wie CA-68 1943 12-12,7 cm L/38, 48-40 mm		2*	4	* ab 1951 keine Katapulte mehr
1944 1955	wie CA-68 wie CA-68	wie CA-68 1943, jedoch 22-20 mm 12-12,7 cm L/38, 20-7,6 cm L/50		2*	4	* ab 1951 keine Katapulte mehr
1945 1951 1969	wie CA-68 wie CA-68 wie CA-68	wie CA-72 1944 12-12,7 cm L/38, 20-7,6 cm L/50 10-12,7 cm L/38, 12-7,6 cm L/50		2*	4	* ab 1950 keine Katapulte mehr
1945 1959	wie CA-68 wie CA-68	wie CA-72 1944 12-12,7 cm L/38, 20-7,6 cm L/50		2*	4	* ab 1949 keine Katapulte mehr
1945 1953 1957 1963	wie CA-68 wie CA-68 wie CA-68 wie CA-68	wie CA-72 1944 12-12,7 cm L/38, 20-7,6 cm L/50 12-12,7 cm L/38, 18-7,6 cm L/50, 3 Regulus I 12-12,7 cm L/38, 14-7,6 cm L/50		2*	4	* ab Anfang der 50er Jahre keine Katapulte mehr
1945 1952 1955 1960	wie CA-68 wie CA-68 wie CA-68 wie CA-68	12-12,7 cm L/38, 48-40 mm, 28-20 mm 12-12,7 cm L/38, 48-40 mm 12-12,7 cm L/38, 20-7,6 cm L/50 12-12,7 cm L/38, 14-7,6 cm L/50		2*	4	* ab ca. 1951 keine Katapulte mehr

Baudaten, Bewaffnung

Kennung	Schiffsname	Etat	Kiellegung	Stapellauf	in Dienst	außer Dienst	gestrichen	Bauwerft
CA-131	*Fall River*	42	12. 4. 1943	13. 8. 1944	1. 7. 1945	31. 10. 1947	19. 2. 1971	New York S.B.
CA-132	*Macon*	42	14. 6. 1943	15. 10. 1944	26. 8. 1945 16. 10. 1950	12. 4. 1950 10. 3. 1961	1. 11. 1969	New York S.B.
CA-133	*Toledo*	42	13. 9. 1943	6. 5. 1945	27. 10. 1946	21. 5. 1960	1. 1. 1974	New York S.B.
CA-135	*Los Angeles*	42	28. 7. 1943	20. 8. 1944	22. 7. 1945 27. 1. 1951	9. 4. 1948 15. 11. 1963	1. 1. 1974	Philadelphia N.S.
CA-136	*Chicago II*	42	28. 7. 1943	20. 8. 1944	10. 1. 1945	6. 6. 1947	s. CG-11	Philadelphia N.S.
CA-122	*Oregon City*	42	8. 4. 1944	9. 6. 1945	16. 2. 1946	15. 12. 1947	1. 11. 1970	Bethlehem Quincy
CA-123	*Albany*	42	6. 3. 1944	30. 6. 1945	15. 6. 1946	30. 6. 1958	s. CG-10	Bethlehem Quincy
CA-124	*Rochester*	42	29. 5. 1944	28. 8. 1945	20. 12. 1946	10. 8. 1961	1. 10. 1974	Bethlehem Quincy
CA-134	*Des Moines*	42	28. 5. 1945	27. 9. 1946	16. 11. 1948	14. 7. 1961		Bethlehem Quincy
CA-139	*Salem*	42	4. 7. 1945	25. 3. 1947	14. 5. 1949	30. 1. 1959		Bethlehem Quincy
CA-148	*Newport News*	43	1. 11. 1945	6. 3. 1948	29. 1. 1949	27. 6. 1975	30. 7. 1978	Newport News
CL-144	*Worcester*	43	29. 1. 1945	4. 2. 1947	26. 6. 1948	19. 11. 1958	1. 12. 1970	New York S.B.
CL-145	*Roanoke*	43	15. 5. 1945	16. 6. 1947	4. 4. 1949	31. 10. 1958	1. 12. 1970	New York S.B.

Jahr	Bewaffnung			Katapulte	Flugzeuge	Bemerkungen
	Hauptbewaffnung	Übrige Bewaffnung	Torpedorohre			
1945	wie CA-68	wie CA-130 1945		2	4	
1945 1946 1954 1958	wie CA-68 wie CA-68 wie CA-68 wie CA-68	wie CA-130 1945 12-12,7 cm L/38, 36-40 mm 12-12,7 cm L/38, 20-7,6 cm L/50 12-12,7 cm L/38, 14-7,6 cm L/50, 3 Regulus I		2*	4	* Katapulte bereits 1948 ersetzt durch erhöhte Hubschrauber-Plattform (diese wurde bald entfernt)
1946 1947 1952 1956	wie CA-68 wie CA-68 wie CA-68 wie CA-68	12-12,7 cm L/38, 44-40 mm, 28-20 mm 12-12,7 cm L/38, 36-40 mm 12-12,7 cm L/38, 20-7,6 cm L/50 12-12,7 cm L/38, 14-7,6 cm L/50, 3 Regulus I		2*	4	* ca. 1950 Katapulte entfernt
1945 1952 1958 1962	wie CA-68 wie CA-68 wie CA-68 wie CA-68	12-12,7 cm L/38, 48-40 mm, 28-20 mm 12-12,7 cm L/38, 16-7,6 cm L/50 12-12,7 cm L/38, 14-7,6 cm L/50, 3 Regulus I wie vorstehend, jedoch ohne Regulus		2*	4	* Katapulte Anfang der 50er Jahre entfernt
1945	wie CA-68	12-12,7 cm L/38, 48-40 mm, 28-20 mm		2	4	
1946	wie CA-68	12-12,7 cm L/38, 48-40 mm, 20-20 mm		2	4	
1946 1950 1957	wie CA-68 wie CA-68 wie CA-68	wie CA-122 1946 12-12,7 cm L/38, 16-7,6 cm L/50 wie vorstehend		2*	4	* ca. 1949 nur noch Backbord-Katapult 1950 keine Katapulte mehr
1946 1953 1956	wie CA-68 wie CA-68 wie CA-68	wie CA-122 1946 12-12,7 cm L/38, 20-7,6 cm L/50 wie vorstehend		2*	4	* ab ca. 1950 keine Katapulte mehr
1948 1950 1959	9-20,3 cm L/55 9-20,3 cm L/55 9-20,3 cm L/55	12-12,7 cm L/38, 20-7,6 cm L/50**, einige 20 mm 12-12,7 cm L/38, 24-7,6 cm L/50 12-12,7 cm L/38, 22-7,6 cm L/50		2*	4	* 1949 keine Katapulte mehr ** anfangs fehlten 4-7,6 cm
1949 1952	wie CA-134 wie CA-134	wie CA-134 1948 12-12,7 cm L/38, 24-7,6 cm L/50				
1949 1962 1966 1974	wie CA-134 wie CA-134 wie CA-134 wie CA-134	wie CA-134 1948 12-12,7 cm L/38, 16-7,6 cm L/50 nur noch 8-7,6 cm L/50 keine 7,6 cm L/50 mehr				
1948 1958	12-15,2 cm L/47 12-15,2 cm L/47	24-7,6 cm L/50, 12-20 mm 22-7,6 cm L/50		2*		* Katapulte noch 1948 entfernt
1949 1958	wie CA-144 wie CA-144	wie CL-144 1948 wie CL-144 1958				

Baudaten, Bewaffnung

Kennung	Schiffsname	Etat	Beginn des Umbaus	Ende des Umbaus	in Dienst	außer Dienst	gestrichen	Umbauwerft
CAG-1	*Boston*		11. 4. 1952	4. 10. 1955	1. 11. 1955	5. 5. 1970	6. 5. 1974	New York S.B.
CAG-2	*Canberra*		30. 6. 1952	1. 6. 1956	15. 6. 1956	16. 2. 1970	30. 6. 1978	New York S.B.
CLG-3	*Galveston*		15. 8. 1956	14. 9. 1959	28. 5. 1958	25. 5. 1970	21. 12. 1973	Philadelphia N.S.
CLG-8	*Topeka*		18. 8. 1957	14. 4. 1960	26. 3. 1960	5. 6. 1969	8. 12. 1973	New York N.S.
CLG-4	*Little Rock*		30. 1. 1957	6. 5. 1960	3. 6. 1960	29. 11. 1976	29. 11. 1976*	Philadelphia N.S.
CLG-5	*Oklahoma City*		21. 5. 1957	31. 8. 1960	7. 9. 1960	15. 12. 1979	15. 12. 1980*	Bethlehem Quincy Coast Steel S. Francisco
CLG-6	*Providence*		1. 6. 1957	3. 12. 1959	17. 9. 1959	1. 7. 1973	30. 6. 1978	Boston N.S.
CLG-7	*Springfield*		1. 8. 1957	6. 1. 1960	2. 7. 1960	15. 12. 1973	30. 6. 1978	Bethlehem Quincy
CG-10	*Albany*		2. 1. 1959	2. 11. 1962	3. 11. 1962	29. 9. 1980	1984*	Boston N.S.
CG-11	*Chicago*		1. 7. 1959	1. 12. 1963	2. 5. 1964	1. 3. 1980	31. 1. 84*	San Francisco N.S.
CG-12	*Columbus*		1. 6. 1959	30. 11. 1962	1. 12. 1962	31. 1. 1975	9. 8. 1976	Puget Sound N.S.
CGN-9	*Long Beach*	57	2. 12. 1957	14. 7. 1959	9. 9. 1961			Bethlehem Quincy
CB-1	*Alaska*	40	17. 12. 1941	15. 8. 1943	17. 6. 1944	17. 2. 1947	1. 6. 1960	New York S.B.
CB-2	*Guam*	40	2. 2. 1942	12. 11. 1943	17. 9. 1944	17. 2. 1947	1. 6. 1960	New York S.B.
CLC-1	*Northampton*	42	31. 8. 1944	27. 1. 1951	7. 3. 1953	14. 1. 1970	1. 12. 1977	Bethlehem Quincy
CLK-1	*Norfolk*	41	1. 9. 1949	29. 12. 1951	4. 3. 1953	15. 1. 1970	1. 11. 1973	New York S.B.

Jahr	Bewaffnung: Hauptbewaffnung	Übrige Bewaffnung	Torpedo-rohre	Kata-pulte	Flug-zeuge	Bemerkungen
1955	6-20,3 cm L/55	10-12,7 cm L/38, 12-7,6 cm L/50, 4 Terrier$_2$ Mk 10				
1957	6-20,3 cm L/55	wie vorstehend, jedoch 8-7,6 cm L/50				
1970	6-20,3 cm L/55	wie vorstehend, Terrier stillgelegt				
1957	wie CAG-1	wie CAG-1, 1957				
1970	wie CAG-1	10-12,7 cm L/38, 8-7,6 cm L/50, Terrier stillgelegt				
1958	6-15,2 cm L/47	6-12,7 cm L/38, 2 Talos$_2$ Mk 7				
1970	6-15,2 cm L/47	wie vorstehend				
1960	6-15,2 cm L/47	6-12,7 cm L/38, 2 Terrier$_2$ Mk 9				
1969	6-15,2 cm L/47	wie vorstehend				
1960	3-15,2 cm L/47	2-12,7 cm L/38, 1 Talos$_2$ Mk7				* seit 21. 6. 1977 Denkmalsschiff in Buffalo, N.Y.
1976	3-15,2 cm L/47	wie vorstehend				
1960	3-15,2 cm L/47	2-12,7 cm L/38, 1 Talos$_2$ Mk 7				* Nach erfolgter Streichung weiter mit fast voller Bewaffnung und Ausrüstung in Bremerton aufbewahrt. Dort vermutlich Denkmalsschiff
1979	3-15,2 cm L/47	wie vorstehend				
1959	3-15,2 cm L/47	2-12,7 cm L/38, 1 Terrier$_2$ Mk 9				
1973	3-15,2 cm L/47	wie vorstehend				
1960	3-15,2 cm L/47	2-12,7 cm L/38, 1 Terrier$_2$ Mk 9				
1973	3-15,2 cm L/47	wie vorstehend				
1962		1 Talos$_2$ Mk 12, 2 Tartar$_2$ Mk 11, 1 ASROC$_8$	6 MK 32			* nach Außerdienststellung zunächst gestrichen, dann wieder in die Schiffsliste aufgenommen; in Reserve; 1984 gestrichen
1963	2-12,7 cm L/38	wie vorstehend				
1980	2-12,7 cm L/38	wie vorstehend, jedoch Talos, ~ 1978 stillgelegt				
1964	2-12,7 cm L/38	1 Talos$_2$, Mk 12, 2 Tartar$_2$, Mk 11, 1 ASROC$_8$	6 MK 32			* wie vorstehend, wird voraussichtlich Museumsschiff in Chicago
1980	2-12,7 cm L/38	wie vorstehend, jedoch Talos, ~ 1978 stillgelegt				
1962	wie CG-10	wie CG-10 1962	6 MK 32			
1975	wie CG-10	wie CG-10 1963				
1961		2 Terrier$_2$, Mk 10, 1 Talos$_2$ Mk 12, 1 ASROC$_8$	6 Mk 32			
1962	2-12,7 cm L/38	wie vorstehend	wie vorst.			
1983	2-12,7 cm L/38	2 Terrier$_2$ Mk 10, 2 Phalanx$_6$, 1 ASROC$_8$, 2 Harpoon $_4$	wie vorst.			
1944	9-30,5 cm L/50	12-12,7 cm L/38, 56-40 mm, 34-20 mm		2	4	
1944	wie CB-1	wie CB-1		2	4	
1953	8-12,7 cm L/54	8-7,6 cm L/50				
1958	wie 1953	8-7,6 cm L/70				
1968	1-12,7 cm L/54	–				
1953	8-7,6 cm L/50	8-20 mm, 4 Mk 108 Weapon Alfa	8 Mk 24			
1957	8-7,6 cm L/70	4 Mk 108^2 Weapon Alfa	wie vorst.			
1960	8-7,6 cm L/70	2 Mk 108 Weapon Alfa, 1 ASROC $_8$	6 Mk 32			
1970	8-7,6 cm L/70	1 ASROC$_8$	wie vorst.			

Anmerkungen zur nachfolgenden Übersicht »Schiffselektronik und Tarnanstriche«

Diese Übersicht wurde nach bestem Wissen vornehmlich aufgrund von Foto-Auswertungen zusammengestellt. Ein nicht geringer Teil der Informationen entstammt amtlichen oder halbamtlichen Quellen oder Dokumentationen aus der einschlägigen Literatur.

Bei den elektronischen Anlagen wurden vor allem Ortungs- und Feuerleitanlagen erfaßt, die für die Schiffserkennung von Bedeutung waren. Kleinere Feuerleitgeräte wurden dort erfaßt, wo deren Vorhandensein ausgewiesen ist. Sonaranlagen findet man nur auf Schiffen der Klassen, *Long Beach, Albany* und *Norfolk.* Nicht erfaßt wurden die zahlreichen kleineren und kleinen Antennen für die Freund/Feind-Unterscheidung (IFF), für die Störung der gegnerischen elektronischen Maßnahmen u. a. m. Die ECM-Elektronik erhielt ihre besondere Bedeutung in den 60er und 70er Jahren.

In Verbindung mit der nachfolgenden Übersicht wird nachdrücklich auf die detaillierten Ausführungen in den Abschnitten »Elektronische Anlagen« sowie »Farb- und Tarnanstriche« hingewiesen.

Erfordernisse bei der Raumnutzung in der nachfolgenden Übersicht machten eine raumsparende Darstellung, insbesondere der Feuerleitanlagen erforderlich. Bei den Lenkwaffenkreuzer-Klassen wurde für den zusammenfassenden Begriff »Feuerleitanlage« die Kürzung »FLA« gesetzt. Die Kürzung »RF« bei alten Kreuzerklassen bedeutet »Rangefinder« (= E-Meßgerät). Hinter der Kürzung »FLA« folgen nach einem Schrägstrich die Angaben über die Radar-Beleuchter, z. B.: »1FLA Mk 77/2 SPG-49/2 SPW-2«. Bei den älteren Klassen werden die Feuerleitgeräte (FLG) dem assoziierten Feuerleitradar (FLR) vorangesetzt, z. B. »Mk 34/Mk 8 Mod. 1«. Bei den Angaben über die FLR Mk 4 in Verbindung mit dem FLG Mk 33 findet man hinter der Angabe »Mk 4« ein »o.« (für »oben«) bzw. ein »v.« (für »vorgehängt«) als zusätzliche Information über die Art der Anbringung des FLR Mk 4 auf den relativ schwach gebauten FLG Mk 33.

Bei den Angaben über »dazzle«-Tarnanstriche steht vor dem Schrägstrich die Nummer des Tarnschemas, dahinter die Bezeichnung des Musters, z. B. »32/1d«.

Bei Einführung der 40-mm-Bofors-Flak wurden hierfür in entsprechender Anzahl – für jede Lafette ein – FLG Mk 51 eingeführt, die später z. T. durch Mk 63 ersetzt wurden. Auf die Auflistung der Mk-51- und der Mk-63- Geräte wird daher in der folgenden Übersicht zum Teil verzichtet.

Schiffselektronik und Tarnanstriche

Kenn-Nr.	Name	Ortungs-Radaranlagen		Feuerleitung FLG/FL-Radar		Tarnung	
		Jahr	Geräte	Jahr	Geräte	Jahr	Schema/Muster
CL–4	*Omaha*			1940	Mk 16 RF		
		2/43	SC-2, SG	2/43	2 Mk 3, div. Mk 50/Mk 10 div. Mk 44	2/43	22
CL–5	*Milwaukee*			1940	Mk 16 RF		
		1942	SC-1, SG	1942	1 Mk 3, div. Mk 50/Mk 10 div. Mk 44		
		8/43	SK, 2 SG	8/43	2 Mk 3 sonst wie oben	8/43	22
CL–6	*Cincinnati*			1940	Mk 16 RF		
		7/42	CXAM-1, SG	7/42	1 Mk 3, div. Mk 50/Mk 10 bzw. Mk 14, div. Mk 44	7/42	12 »splotch«
		3/44	SK, 2 SG	3/44	2 Mk 3, div. Mk 50/Mk 10 bzw. Mk 14	3/44	22
CL–7	*Raleigh*			1940	Mk 16 RF	12/41	1
		7/42	SC-1	7/42	1 Mk 3, div. Mk 50/Mk 10 bzw. 14, div. Mk 44	7/42	11 od. 21
		5/44	SK, 2 SG	5/44	2 Mk 3, div. Mk 50/Mk 10 bzw. 14	5/44	32/1d
CL–8	*Detroit*			1940	Mk 16 RF		
		2/42	SC-1	2/42	1 Mk 3, angebl. 2 Mk 50/ Mk 10, div. Mk 44	2/42	1 oder 11
		8/42	SC, SG	8/42	1 Mk 3 sonst wie oben	8/42	21
		4/44	SK, 2 SG	4/44	2 Mk 3, angebl. 2 Mk 50/ Mk 10	4/44	33/3d
		1/45	SK, 2 SG	1/45	wie oben	1/45	21
CL–9	*Richmond*			1940	Mk 16 RF		
		11/42	SC-1, SG	11/42	1 Mk 3, vermutl. 2 Mk 50/Mk 10 bzw. 14, div. Mk 44, vermutlich 2	11/42	evtl. 14
		6/44	SK, 2 SG	6/44	2 Mk 3, sonst wie oben, aber ohne Mk 44	6/44	32/3d
		1945	SK, 2 SG	1945	wie oben	1945	21

Kenn-Nr.	Name	Ortungs-Radaranlagen		Feuerleitung FLG/FL-Radar		Tarnung	
		Jahr	Geräte	Jahr	Geräte	Jahr	Schema/Muster
CL–10	*Concord*			1940	Mk 16 RF		
		11/42	SC-1, SG	11/42	1 Mk 3, vermutl. 2 Mk 50/Mk 10 bzw. 14, div. Mk 44, vermutlich 2	11/42	22
		1943	SC, SG	1943	2 Mk 3, vermutl. 2 Mk 50/Mk 10 bzw. Mk 14, div. Mk 44, vermiutlich 2	1943	22
CL–11	*Trenton*			1940	Mk 16 RF		
		5/43	SC-1, SG	5/43	1 Mk 3, vermutl. 2 Mk 50/Mk 10 bzw. Mk 14, div. Mk 44, vermutlich 2	5/43	22
		8/44	SK, 2 SG	8/44	2 Mk 3, sonst wie oben aber ohne Mk 44	8/44	32/2f
		1945	SK, 2 SG	1945	wie oben	1945/46	21
CL–12	*Marblehead*			1940	Mk 16 RF	5/42	evtl. 14
		10/42	?, SG	10/42	1 Mk 3, vermutlich 2 Mk 50/Mk 10 bzw. Mk 14, div. Mk 44, vermutlich 2	10/42	22
		5/44	SK, 2 SG	5/44	2 Mk 3, sonst wie oben aber ohne Mk 44	5/44	22
CL–13	*Memphis*			1940	Mk 16 RF	1941	evtl. 1
		11/42	CXAM-1, SG	11/42	2 Mk 3, vermutl. 2 Mk 50/ Mk 10, bzw. Mk 14, div. Mk 44, vermutlich 2	11/42	22
		6/45	SK, 2 SG	6/45	2 Mk 3, sonst wie oben aber ohne Mk 44	10/44 +6/45	22
CL–24	*Pensacola*			1927	2 Mk 18, 2 Mk 19	5/42	11
		8/40–1/43	CXAM	8/42 +1/43	2 Mk 35/1 Mk 3, 2 Mk 33/ Mk 4, vermutl. 4 Mk 44	8/42	21
	Anmerkung: 10/45 befanden sich auf *Pensacola* insgesamt 8 FLR Mk 28	5/43 +10/43	SK, 2 SG	5/43 +10/43	2 Mk 35/2 Mk 3, 2 Mk 33/ Mk 4, 6 Mk 51	10/43	33/10d
				5/44	wie oben aber 8 Mk 51	5/44	32/14d
		5/44	SK, 2 SG	6/45 +10/45	2 Mk 35/2 Mk 28, 2 Mk 33/ Mk 28, 4 Mk 63/Mk 28, ca. 5 Mk 51	10/45	21
		7/45 +10/45	SK, 2 SG, SP				
CA–25	*Salt Lake City*			1927	2 Mk 18, 2 Mk 19	12/41	3+5
		5/43	SK, 2 SG	5/43	2 Mk 35/2 Mk 3, 2 Mk 33/ Mk 4 o., etliche Mk 51	5/43	21
		1/44	SK, 2 SG	1/44	wie oben	10/43	21
		6/44	SK, 2 SG	6/44	wie oben, jedoch 2 Mk 33 /Mk 4 v./o., 8 Mk 51	1/44	21
						6/44	33/14d
		12/45	SK, 2 SG	12/45	wie oben	12/45	21
CA–26	*Northampton*			1934	1 Mk 24, 2 Mk 19	12/41	1 + 5
		6/41	CXAM		1 Mk 31/2 Mk 3, 2 Mk 33/	11/42	21
		11/42	CXAM-1	11/42	Mk 4 o., vermutl. 4 Mk 44		
CA–27	*Chester*			1934	1 Mk 24, 2 Mk 19, später Mk 31		
		4/41	CXAM	8/42	1 Mk 18 RF/2 Mk 3, 2 Mk 33/Mk 4 o./v., verm. 4 Mk 44	8/42	11 od. 21
		7/43	SC, 2 SG	7/43	wie oben	7/43	11 od. 21
		10/43	SK, 2 SG	10/43	wie oben aber ohne Mk 44	10/43	21
		11/44	SK, 2 SG	11/44	wie oben	11/44	32/9d
		5/45	SK, 1 SG, SP	5/45	2 Mk 34/13, 2 Mk 33/Mk 28, mehrere Mk 63/Mk 28	5/45	21

Kenn-Nr.	Name	Ortungs-Radaranlagen		Feuerleitung FLG/FL-Radar		Tarnung	
		Jahr	Geräte	Jahr	Geräte	Jahr	Schema/Muster
CA–28	*Louisville*			1934	1 Mk 24, 2 Mk 19, später Mk 31		
		4/42	SC	5/42	1 Mk 18/2 Mk 3, 2 Mk 33/ Mk 4 o., vermutlich einige Mk 44	5/42	21
		12/43	SK, 2 SG	12/43	2 Mk 34/Mk 8, 2 Mk 33/ Mk 4 v.	12/43	32/6d
		7/45	SK, 2 SG, SP	7/45	Mk 34/Mk 8 Mod. 3, 2 Mk 33/Mk 28	4/45	22
CA–29	*Chicago*			1934	1 Mk 24, 2 Mk 19, später Mk 31		
		8/40	CXAM hinten				
		12/42	CXAM vorne	12/42	1 Mk 18/2 Mk 3, 2 Mk 33/ Mk 4 o., 4 Mk 51	12/42	14 od. 21
CA–30	*Houston*	11/41	CXAM	1934	1 Mk 24, 2 Mk 19, später Mk 31		
				1939	2 Mk 31, 2 Mk 33		
CA–31	*Augusta*			1938	1 Mk 24, 2 Mk 19, 1 Mk 18, 1 Mk 22		
		8/41	CXAM-1				
				1941	2 Mk 33 statt Mk 19		
		4/42	erster Satz SG, CXAM-1	4/42	MK 31/Mk 3, 2 Mk 33	1942	22
		11/42	CXAM-1, 2 SG	11/42	Mk 18/2 Mk 3, 2 Mk 33/ Mk 4 o.	11/42	17
		1944	SK, 2 SG	1944	2 Mk 34/Mk 8, 2 Mk 33/ Mk 4 o./v.	1/44	22
		1945	SK, 2 SG	1945	wie oben aber statt Mk 33 2 Mk 37/Mk 28		
CA–33	*Portland*			1935	1 Mk 27, 2 Mk 19, 3 Mk 18		
		5/42	SC, SG	5/42	2 Mk 18/2 Mk 3, 2 Mk 33/ Mk 4 o., vermutlich einige Mk 44		
		5/43	SK, 2 SG	5/43	wie oben jedoch ohne Mk 44	4/43	21
		11/43	SK, 2 SG	11/43	2 Mk 18/Mk 3, 2 Mk 33/ Mk 4 o.		
		7/44	SK, 2 SG	7/44	2 Mk 34/Mk 8, 2 Mk 33/ Mk 28	7/44	33/7d
		9/45	SK, 2 SG	9/45	wie oben	9/45	22
CA–35	*Indianapolis*	4/42	SG	1935	1 Mk 27, 2 Mk 19, 3 Mk 18		
		12/42	SA. SG	4/42	2 Mk 18/2 Mk 3, 2 Mk 19	4/42	evtl. 11
		5/43	SK, 2 SG	5/43	2 Mk 18/2 Mk 3, 2 Mk 19 6 Mk 51	12/42 –5/43	21
		5/44	SK, 2 SG	5/44	wie oben		32/7d
		12/44	SK, 2 SG	12/44	2 Mk 34/Mk 8, 2 Mk 33/Mk 28, mindest. 6 Mk 51	5/44 –11/44	22
		7/45	SK, 2 SG	7/45	wie oben aber Mk 34 mit Mk 8 Mod. 3, 4 Mk 63/ Mk 28	12/44	22
						7/45	22
CA–32	*New Orleans*			1934	2 Mk 31, 2 Mk 28		
		11/42	SC	11/42	2 Mk 31/2 Mk 3, 2 Mk 33		
		8/43	SK, 2 SG	8/43	2 Mk 31/2 Mk 3, 2 Mk 33/ Mk 4 o.	7/43	21
		3/45	SK, 1 SG, SP	3/45	wie oben, aber 2 Mk 37/Mk 28, vermutlich einige Mk 63	3/45	22
CA–34	*Astoria*			1937	2 Mk 31, 2 Mk 33		
		1942	SC	1942	2 Mk 31/2 Mk 3, 2 Mk 33 evtl. einige Mk 44	7/41– 8/42	21

Kenn-Nr.	Name	Ortungs-Radaranlagen		Feuerleitung FLG/FL-Radar		Tarnung	
		Jahr	Geräte	Jahr	Geräte	Jahr	Schema/Muster
CA-36	*Minneapolis*			1937	2 Mk 31, 2 Mk 28		
		3/43	SC	3/43	2 Mk 31/2 Mk 3, 2 Mk 33/ Mk 4 v./o.	1942	21
		9/43	SK, 2 SG	9/43	wie oben	9/43	Sonder-Tarnung als DD
		4/45	SK, 2 SG	4/45	wie oben		
CA-37	*Tuscaloosa*			1937	2 Mk 31, 2 Mk 28	1941	12 (?)
		10/42	SC, 2 SG	10/42	2 Mk 31/2 Mk 3, 2 Mk 33, evtl. einige Mk 44	10/42	12 »splotch«
		1/44	SK, 2 SG	1/44	2 Mk 31/2 Mk 3, 2 Mk 33/ Mk 4 o.		
		11/44	SK, 2 SG	11/44	2 Mk 31/2 Mk 3, 2 Mk 33/Mk 28	11/44	33/13d
		12/45	SK, 2 SG, evtl. SP	12/45	wie oben	12/45	22
CA-38	*San Francisco*			1934	2 Mk 31 Mod. 13+14, 2 Mk 28		
		3/42	SC-1	3/42	2 Mk 31/2 Mk 3, 2 Mk 33, 4 Mk 44	5/42	11
		12/42	SC-1	12/42	wie oben		
	* je ein Mk 51 FLG für jeden 40-mm-Vierling plus 6 extra Mk 51 für 12,7-Geschütze	2/43	SC-3, SG	2/43	2 Mk 31/2 Mk 3, 2 Mk 33/ Mk 4 o., 4 Mk 51	2/43	21
		10/44	SK, 2 SG	10/44	2 Mk 31/2 Mk 3, 2 Mk 33/ Mk 28, evtl. 12 Mk 51	10/44	33/13d
		10/45	SK, 2 SG	10/45	2 Mk 31/2 Mk 28, 2 Mk 33/ Mk 28, 12 Mk 51*	10/45	22
CA-39	*Quincy*			5/40	2 Mk 31, 2 Mk 33 *		
	* als erster Kreuzer	5/42	SC	5/42	2 Mk 31/2 Mk 3, 2 Mk 33	5/42	12
CA-44	*Vincennes*				wie CA-39	1942	12 »splotch«
CA-45	*Wichita*			1939	2 Mk 34, 2 Mk 33		
				6/41	2 Mk 34/2 Mk 1 (FA), 2 Mk 33		
		1942	SC	1942	2 Mk 34/2 Mk 1, 2 Mk 33/ Mk 4 o.	1942	12
		11/43	SK, 2 SG	11/43	2 Mk 34/2 Mk 1, 2 Mk 33/ Mk 4 v.	11/43	22
		11/45	SK, 1 SG	11/45	2 Mk 34/2 Mk 13, 2 Mk 33/ Mk 28	11/45	22
CL-40	*Brooklyn*			1938	2 Mk 31, 2 Mk 33		
		9/43	SC-2, 2 SG	9/43	2 Mk 31/Mk 3 (klein), 2 Mk 33/Mk 4 v.	5/43	22
CL-41	*Philadelphia*			1938	2 Mk 31, 2 Mk 33		
	* Ersteinsatz von FLR Mk 3 (klein)			10/41	2 Mk 31/2 Mk 3*, 2 Mk 33		
		8/42	SC	8/42	2 Mk 31/2 Mk 3 (klein), 2 Mk 33/Mk 4 v.	1942	12
		4/43	SC	4/43	2 Mk 31/2 Mk 3 (klein), 2 Mk 33/Mk 4 v., ein. Mk 44	4/43	22
		9/45	SK, 2 SG, SP	9/45	2 Mk 34/13, 2 Mk 33/ Mk 4 v.	1/45	22
CL-42	*Savannah*			1938	2 Mk 31, 2 Mk 33		
		8/42	SC, 2 SG	8/42	2 Mk 31/2 Mk 3 (klein) 2 Mk 33/Mk 4 v.	1/43	22
		4/43	SC-2, 2 SG	4/43	wie oben		
		1945	SK, 2 SG	1945	2 Mk 34/Mk 8, 2 Mk 37/ Mk 12/22	1945	22
CL-43	*Nashville*			1939	2 Mk 31, 2 Mk 33		
		12/42	SC	12/42	2 Mk 34/2 Mk 3 (klein), 2 Mk 33/Mk 4 v.	1942	12
		7/43	SK, 2 SG	7/43	2 Mk 34/Mk 8, 2 Mk 33/ Mk 4 v.,	1943/44	16 »Thayer«
		1945	SK, 2 SG	1945	2 Mk 34/Mk 13, 2 Mk 33/ Mk 28	1945/ 1946	21

Kenn-Nr.	Name	Ortungs-Radaranlagen		Feuerleitung FLG/FL-Radar		Tarnung	
		Jahr	Geräte	Jahr	Geräte	Jahr	Schema/Muster
CL–46	*Phoenix*			1938	2 Mk 31, 2 Mk 33		
		9/43	SK, 2 SG	9/43	2 Mk 34/2 Mk 3 (klein),	1944	32/5d
					2 Mk 33/Mk 4 v.		
CL–47	*Boise*			1938	2 Mk 31, 2 Mk 33		
		1942	?	1942	2 Mk 34/2 Mk 3 (klein),	10/44	22
					2 Mk 33/Mk 4 v.		
		1/45	SK, 2 SG	1/45	2 Mk 34/Mk 13, 2 Mk 33/	1/45	21
					Mk 28		
CL–48	*Honolulu*			1938	2 Mk 31, 2 Mk 33		
		1/42	?	1/42	2 Mk 34/1 Mk 3, 2 Mk 33		
				10/42	wie oben aber 2 Mk 3		
		11/43	SK, 2 SG	11/43	2 Mk 34/Mk 8 Mod. 1+3,	11/43	32/2c
					2 Mk 33/Mk 4 v.		
		11/44	SK, 2 SG	11/44	wie oben		
CL–49	*St. Louis*			1939	2 Mk 34, 2 Mk 33		
		3/42	SC	3/42	2 Mk 34/Mk 3 (klein),		
					2 Mk 33/Mk 4 v.		
		10/43	SC-2, 2 SG	10/43	wie oben	10/43	21
		10/44	SK-2, 2 SG	10/44	2 Mk 34/Mk 8 Mod. 1,	10/44	32/2c
					2 Mk 33/Mk 28		
		11/45	SK-2, 2 SG	11/45	wie oben	11/45	21
CL–50	*Helena*			1939	2 Mk 34, 2 Mk 33		
		7/42	SC-1, 1 SG	7/42	2 Mk 34/Mk 3 (klein)	7/42	21
					2 Mk 33/Mk 4 v.		
CL–51	*Atlanta* * Schema 12: Schiffskörper einfarbig, Aufbauten gesprenkelt	1942	SC-1	1942	2 Mk 37/Mk 4 3 Mk 44	1942	12*
CL–52	*Juneau* * Schema 12: zuerst 4/42 über alles gesprenkelt, dann Ende 1942, Schiffskörper mit Klecksen, Aufbauten gesprenkelt	1942	SC-1	1942	2 Mk 37/Mk 4 3–4 Mk 44	1942	12*
CL–53	*San Diego*	3/42	SC-1, SG	3/42	2 Mk 37/Mk 4	1/42	12
					4 Mk 44	1/44	21
		1/44	SC-2, 2 SG	1/44	2 Mk 37/Mk 12/22, 4 Mk 51	10/44	33/24d
		10/45	2 SG	10/45	wie oben	10/45	21
CL–54	*San Juan*	2/42	SC-1, SG	2/42	2 Mk 37/Mk 4		
					4 Mk 44		
		1942	SC-1, 2 SG	1942	wie oben	6/42	12
		10/44	SC-2, 2 SG	10/44	2 Mk 37/Mk 12/22, 6 Mk 51	10/44	32/22d
CL–95	*Oakland* * Ersteinsatz von Mk 63	7/43	SC-2, 2 SG	7/43	2 Mk 37/Mk 4, 8 Mk 51	1942–	21
		7/45	SC-2, 2 SG	7/45+	2 Mk 37/Mk 12/22, etwa	1945	
		+11/45		11/45	4 Mk 63*, 4 Mk 51		
CL–96	*Reno*	1/44	SC-2, 2 SG	1/44	2 Mk 37/Mk 4, 8 Mk 51	12/43	31a/24d
		1945	SC-2, 2 SG	1945	2 Mk 37/Mk 12/22 möglicherweise einige Mk 63		
CL–97	*Flint*	8/44	SC-2, 2 SG	8/44	2 Mk 37/Mk 12/22	8/44	33/22d
		11/45	SC-2, 2 SG	11/45	wie oben, möglicherweise einige Mk 63	11/45	friedensgrau
CL–98	*Tucson*	2/45	SC-2, 2 SG	2/45	2 Mk 37/Mk 12/22, 8 Mk 51, möglicherweise einige Mk 63	2/45	21
CL–119	*Juneau*	1947	SK-2, SP	1947	2 Mk 37/Mk 12/22		
		8/48–1951	SG-6, SP	8/48–1951	2 Mk 37/Mk 25, evtl. 6 Mk 63		
		2/52–1954	SPS-6B, SP	2/52–1954	2 Mk 37/Mk25, 2 Mk 56/ Mk 35		

Kenn-Nr.	Name	Ortungs-Radaranlagen		Feuerleitung FLG/FL-Radar		Tarnung	
		Jahr	Geräte	Jahr	Geräte	Jahr	Schema/Muster
CL–120	*Spokane*	6/46 8/49	SK-2, 2 SG, SP SK-2, 2 SG, SP	6/46 8/49	2 Mk 37/Mk 12/22, evtl. einige Mk 63 2 Mk 37/Mk 25, sonst wie oben		
CL–121	*Fresno*	11/46 +6/47	SK-2, SP	11/46 +6/47	2 Mk 37/Mk 12/22, evtl. einige Mk 63		
CL–55	*Cleveland*	1943 1/44 1945	SC ? SK-2, 2 SG	1/44 1945	2 Mk 34/Mk 3, 2 Mk 37/ Mk 4, evtl. einige Mk 51 2 Mk 34/Mk 13, 2 Mk 37/ 12/22	5/42 1943–3/46	12 »splotch« 22
CL–56	*Columbia*	11/42 1/44 1/45	2 SG SC-2, 2 SG SK, 2 SG	11/42 1/44 1/45	2 Mk 34/Mk 3, 2 Mk 37/ Mk 4 2 Mk 34/Mk 3, 2 Mk 37/ Mk 4 2 Mk 34/Mk 8 Mod. 1, 2 Mk 37/Mk 12/22	1942 11/42 1/44 10/44 5/45	12 21 22 33/1d 22
CL–57	*Montpelier*	11/42 6/44 1945	SC, 1 SG SC-2, 2 SG SK-2, 2 SG	11/42 6/44 1945	2 Mk 34/Mk 8 Mod. 1, 2 Mk 37/Mk 4 wie oben 2 Mk 34/Mk 8 Mod. 1, 2 Mk 37/Mk 12/22	8/42 +11/42 6/44 10/44 1945	12 »splotch« 22 32/11a 22
CL–58	*Denver*	1/43 5/44	2 SG SK, 2 SG	1/43 5/44	2 Mk 34/Mk 3, 2 Mk 37/ Mk 4 2 Mk 34/Mk 8 Mod. 1, 2 Mk 37/Mk4	1942 11/42-5/44	21 33/3d
CL–60	*Santa Fe*	1/43 5/43 1945/46	SC-2, SG SK, 2 SG SK-2, SG	1/43 5/43 1945/46	2 Mk 34/Mk 8 Mod. 1 2 Mk 37/Mk 4 wie oben 2 Mk 34/Mk 13, 2 Mk 37/ Mk 12/22	1/43 5/43 -1945	12 »splotch« 21
CL–62	*Birmingham*	2/43–11/43 2/44–10/44 1945	SC-2, SG SK, 2 SG SK, SG, SP	2/43–11/43 2/44 10/44 1945	2 Mk 34/Mk 8 Mod. 1, 2 Mk 37/Mk 4 wie oben 2 Mk 34/Mk 8 Mod. 1, 2 Mk 37/Mk 12/22	2/43 11/43 2/44–10/44 1/45 1945	22 21 33/6d 22 21
CL–63	*Mobile* * ab 1944/45 eines der ersten FLG Mk 63 erhalten	5/43 10/43 1/46	SC-2, SG SC-2, 2 SG SK, SG	5/43 10/43 1/46	2 Mk 34/Mk 8 Mod. 1, 2 Mk 37/Mk 4 wie oben 2 Mk 34/Mk 13, 2 Mk 37/ Mk 12/22, etliche Mk 63*	4/43 10/43 –1946	22 21
CL–64	*Vincennes*	2/44 4/45–1946	SK, 2 SG SK, 2 SG	2/44 4/45–1946	2 Mk 34/Mk 8 Mod. 1, 2 Mk 37/Mk 4 2 Mk 34/Mk 8 Mod. 3 2 Mk 37/Mk 12/22	1/44 4/45–1946	33/3d 22
CL–65	*Pasadena*	7/44–1946 1947/49	SK-2, 2 SG SK-3, SP	7/44–1946 1947/49	2 Mk 34/Mk 8 Mod. 1, 2 Mk 37/Mk 12/22 wie oben	6/44 2/45 2/46	32/24d 32/24d 21
CL–66	*Springfield*	9/44–5/46 1948	SK-2, 2 SG SR-3, SP	9/44 1948	2 Mk 34/Mk 8 Mod. 1, 2 Mk 37/Mk 12/22 wie oben	9/44 5/46	33/24d 22
CL–67	*Topeka*	3/45	2 SG	3/45	2 Mk 34/Mk 8 Mod. 1, 2 Mk 37/Mk 12/22	3/45	33/24d
CL–80	*Biloxi*	9/43	SK, 2 SG	9/43	2 Mk 34/Mk 8 Mod. 1, 2 Mk 37/Mk 4	9/43 4/45	21 32/6d

Kenn-Nr.	Name	Ortungs-Radaranlagen		Feuerleitung FLG/FL-Radar		Tarnung	
		Jahr	Geräte	Jahr	Geräte	Jahr	Schema/Muster
CL–81	*Houston*	1/44– 6/44 10/44	SK, 2 SG SK, 2 SG	1/44– 6/44 10/44	2 Mk 34/Mk 8 Mod. 1 2 Mk 37/Mk 4 wie oben, jedoch Mk 37/ Mk 12/22	1/44 –10/44 8/46	32/1d 22
CL–82	*Providence*	5/45– 1947	SK-2, 1 SG, SP	5/45– 1947	2 Mk 34/Mk 13, 2 Mk 37/ Mk 12/22	5/45	22
CL–83	*Manchester*	1945– 10/46 11/46– 4/48 5/51 10/52 3/55	SK, SP SK-2, SG, SP SPS-6B, SR-3, SP SPS-6B, SP SPS-6B, SPS-8A	1945– 10/46 11/46– 4/48 5/51 10/52 3/55	2 Mk 34/Mk 13, 2 Mk 37/ Mk 12/22 wie oben 2 Mk 34/Mk 13, 2 Mk 37/ Mk 25 2 Mk 34/Mk 13, 2 Mk 37/ Mk 25, 4 Mk 56/Mk 35 wie oben	1946	13
CL–86	*Vicksburg*	7/44 10/45	SK, 2 SG SK, SG	7/44 10/45	2 Mk 34/Mk 8 Mod. 1, 2 Mk 37/Mk 12/22 2 Mk 34/Mk 13, 2 Mk 37/ Mk 12/22	7/44 10/45	33/6d 22
CL–87	*Duluth*	10/44– 6/45 6/47	SK-2, 2 SG SK-2, SG, SP	10/44– 6/45 6/47	2 Mk 34/Mk 8 Mod. 1 2 Mk 37/Mk 12/22 wie oben	10/44 6/45 1/47	32/11a 22 21
CL–89	*Miami*	3/44 2/46	SK, 2 SG SK, 2 SG	3/44 2/46	2 Mk 34/Mk 8 Mod. 1, 2 Mk 37/Mk 4 2 Mk 34/Mk 8 Mod. 1, 2 Mk 37/Mk 12/22	3/44 7/45- 2/46	32/1d 22
CL–90	*Astoria*	10/44 1946/48	SK, 2 SG SR-3, SP	10/44 1946/48	2 Mk 34/Mk 8 Mod. 1, 2 Mk 37/Mk 12/22 2 Mk 34/Mk 13, 2 Mk 37/ Mk 12/22	10/44	33/24d
CL–91	*Oklahoma City*	4/45– 2/46	SK-2, 2 SG	4/45– 2/46	2 Mk 34/Mk 13, 2 Mk 37/ Mk 12/22	4/45– 2/46	22
CL–92	*Little Rock*	1946/48	SK-2, SG, SP	1946/48	2 Mk 34/Mk 13, 2 Mk 37/ Mk 12/22	7/45	22
CL–93	*Galveston*	1945	SK-2, SG, SP	1945	2 Mk 34/Mk 13, 2 Mk 37/ Mk 12/22	1945	22
CL–101	*Amsterdam*	10/45	SK-2, 2 SG	10/45	2 Mk 34/Mk 13, 2 Mk 37/ Mk 12/22	1/45 10/45	31a/10c 12 mod.
CL–102	*Portsmouth*	7/45 1946/47	SK-2, SG, SP SG-6, SP	7/45 1946/47	2 Mk 34/Mk 13, 2 Mk 37/ Mk 12/22 wie oben	7/45– 5/46	22
CL–103	*Wilkes Barre*	8/44– 7/45 1946 2/49	SK, 2 SG SK-2, SP SR-3, SP	8/44– 7/45 1946 2/49	2 Mk 34/Mk 8 Mod. 1, 2 Mk 37/Mk 12/22 2 Mk 34/13, 2 Mk 37/ Mk 25 wie oben	7/44 7/45	32/24d 21
CL–104	*Atlanta*	11/44 1946/47	? SK-2, 2 SG	11/44 1946/47	2 Mk 34/Mk 8 Mod. 1 2 Mk 37/Mk 12/22 2 Mk 34/Mk 13, 2 Mk 37/ Mk 25	11/44 1945	33/24d 21
CL–105	*Dayton*	4/45 1946- 4/48	SK-2, 2 SG SK-2, SP	4/45 1946– 4/48	2 Mk 34/Mk 13, 2 Mk 37/ Mk 12/22 wie oben	4/45 1946	22 22
CL–106	*Fargo*	12/45– 4/46 4/49 1949	SK-2, SP SR-3, SP SPS-6B, SP	12/45– 4/46 4/49 1949	2 Mk 34/Mk 13, 2 Mk 37/ Mk 25, Bereitschafts-FLG Mk 55 wie oben wie oben	4/46	22

Kenn-Nr.	Name	Ortungs-Radaranlagen		Feuerleitung FLG/FL-Radar		Tarnung	
		Jahr	Geräte	Jahr	Geräte	Jahr	Schema/Muster
CL–107	*Huntington*	3/46 4/48	SK-2, SG, SP SR-3, SP	3/46 4/48	2 Mk 34/Mk 13, 2 Mk 37/ Mk 12/22, Bereitschafts-FLG Mk 55 2 Mk 37/Mk 25, sonst wie oben	3/46	22
CL–144	*Worcester*	6/48–10/49 8/50 7/51–8/54 7/55–6/56	SG-6, SR-3, SP SG-6, SPS-6B, SP SPS-6B, SP SPS-6B, SPS-8A	6/48–10/49 8/50 7/51–8/54 7/55–6/56	2 FLR Mk 13 (ohne Mk 34), 4 Mk 37/Mk 25 wie oben wie oben, dazu 4 Mk 56/ Mk 35, 9 Mk 51 wie oben		
CL–145	*Roanoke*	4/49–3/51 3/52 2/53 4/55–2/58	SG-6, SP SPS-6B, SP SPS-6B, SR-3, SP SPS-6B, SPS-8A	4/49 3/52 2/53 2/58	2 FLR Mk 13 (ohne Mk 34), 4 Mk 37/Mk 25, 4 Mk 56/ Mk 35, 9 Mk 51 wie oben wie oben wie oben		
CA–68	*Baltimore*	7/43–8/44 10/44 7/52 6/53 9/54 1956	SK, 2 SG SK, 2 SG SPS-6B, SG SPS-6B, SG SPS-6B, SPS-8A SPS-6B, SPS-8A	7/43–8/44 10/44 7/52 6/53 9/54 1956	2 Mk 34/Mk 8 Mod. 1, 2 Mk 37/Mk 4 2 Mk 34/Mk 8 Mod. 1, 2 Mk 37/Mk 12/22 wie oben wie oben 2 Mk 34/Mk 13, 2 Mk 37/ Mk 25 wie oben, jedoch noch 6 Mk 56/Mk 35	6/43 10/44	21 32/16d
CL–69	*Boston*	6/43 5/44 8/45	2 SG SK, 2 SG SK, SP, 1 SG	6/43 5/44 8/45	2 Mk 34/Mk 8 Mod. 1, 2 Mk 37/Mk 4 wie oben 2 Mk 34/Mk 13, 2 Mk 37/ Mk 12/22	6/43 5/44 5/45–3/46	21 21 22
CA–70	*Canberra*	10/43 12/44 10/45	2 SG SK, 2 SG SK, SP	10/43 12/44 10/45	2 Mk 34/Mk 8 Mod. 1, 2 Mk 37/Mk 4 wie oben 2 Mk 34/Mk 13, 2 Mk 37/ Mk 12/22	10/43 12/44 10/45	21 32/18d 22
CA–71	*Quincy*	12/43–4/44 1946 1948 1952/54	SK, 2 SG SK, 2 SG SR-3, SP SPS-6B	12/43–4/44 1946 1948 1952/54	2 Mk 34/Mk 8 Mod. 1, 2 Mk 37/Mk 4 2 Mk 34/Mk 8 Mod. 1, 2 Mk 37/Mk 12/22 2 Mk 34/Mk 13, 2 Mk 37/ Mk 12/22 wie oben	12/43 4/44 1946	21 32/18d 22
CA–72	*Pittsburgh*	10/44 9/45 12/52–4/53 10/55	SK, 2 SG SK-2, 1 SG, SPS-6B, SP SPS-6B, SPS-8A	10/44 9/45 12/52–4/53 10/55	2 Mk 34/Mk 8 Mod. 1, 2 Mk 37/Mk 12/12 wie oben 2 Mk 34/Mk 13, 2 Mk 37/ Mk 12/22 2 Mk 34/Mk 13, 2 Mk 37/ Mk 25, 4 Mk 56/Mk 35	10/44 9/45	32/18d 21
CA–73	*St. Paul*	1946 1947/48 9/51 5/53 4/48 6/59 7/67	SK– 2, SP SG–6, SP SPS-6B, SP SPS-6B, SP SPS-12, SPS-8A SPS-37, SPS-8A SPS-37, SPS-8A	9/51 5/53 4/48 6/59 7/67	2 Mk 34/Mk 13, 2 Mk 37/ Mk 25, 4 Mk 56/Mk 35 wie oben wie oben wie oben wie oben		

Kenn-Nr.	Name	Ortungs-Radaranlagen		Feuerleitung FLG/FL-Radar		Tarnung	
		Jahr	Geräte	Jahr	Geräte	Jahr	Schema/Muster
CA–74	*Columbus*	8/45	SK-2, 1 SG, SP	8/45	2 Mk 34/Mk 13, 2 Mk 37/ Mk 12/22	8/45	21
		11/49	SR-3, SP	11/49	wie oben		
		1955	SPS-6B	1955	wie oben, jedoch 2 Mk 37/Mk 25		
		8/57	SPS-12, SPS-8A	8/57	wie oben, jedoch noch 6 Mk 56/Mk 35		
		3/59	SPS-12, SPS-8A	3/59	wie oben		
CA–75	*Helena*	9/45	SK-2, SP	8/47	2 Mk 34/Mk 13, 2 Mk 37/ Mk 12/22	1946	21
		8/47	SR-3, SP				
		7/53–8/54	SPS-6B, SP	7/53–8/54	2 Mk 34/Mk 13, 2 Mk 37/ Mk 25, 6 Mk 56/Mk 35		
		2/57	SPS-6B	2/57	1 SPQ-2, sonst wie oben		
		1/59	SPS-12	1/59	wie oben, jedoch nur 1 Mk 34		
		1960–9/61	SPS-37A, SPS-12, SPS-10	1960–9/61	oben		
		1963	SPS-37A, SPS-12, SPS-10	1963	wie oben, jedoch jetzt ohne SPQ-2		
CA–122	*Oregon City*	2/46	SK-2, 1 SG, SP	2/46	2 Mk 34/Mk 13, Mk 37/ Mk 12/22	1945–2/46	22
CA–123	*Albany*	6/49	SK-2, SP	1949	2 Mk 34/Mk 13, 2 Mk 37/ Mk 25, 6 Mk 56/Mk 35		
		1949	SR-3, SP				
		11/50	SG-6, SP	11/50	wie oben		
		2/56–11/57	SPS-12, SPS-8A	2/56–11/57	wie oben		
CA–124	*Rochester*	12/46	SP	12/46	2 Mk 34/Mk 13, 2 Mk 37/ Mk 12/22		
		4/48	SR-3, SP	4/48	wie oben		
		1/51	SG-6, SP	1/51	wie oben		
		1952–3/54	SPS-6B, SP	1952–3/54	2 Mk 34/Mk 13, 2 Mk 37/ Mk 25, 6 Mk 56/Mk 35		
		2/56	SPS-12, SPS-8A	2/56	wie oben		
		8/60	SPS-12, SPS-8A	8/60	wie oben, jedoch nur 1 Mk 34		
CA–130	*Bremerton*	4/47	SK-2, 1 SG, SP	4/47	2 Mk 34/Mk 13, Mk 37/ Mk 12/22		
		1951–1957	SPS-6B, SPS-8A	1951	2 Mk 34/Mk 13, 2 Mk 37/ Mk 25, 6 Mk 56/Mk 35		
CA–131	*Fall River*	8–10/45	SK-2, SP	8–10/45	2 Mk 34/Mk 13, 2 Mk 37/ Mk 12/22	1945	21
CA–132	*Macon*	10/46–4/47	SK-2, SP	10/46–4/47	2 Mk 34/Mk 13, 2 MK 37/ Mk 12/22		
		7/48	SR-3, SP	7/48	2 Mk 34/Mk 13, 2 Mk 37/ Mk 12/22, 4 Mk 56/Mk 35		
		1950–4/54	SPS-6B (erste operative Verwendung), SP	1950–4/54	2 Mk 34/Mk 13, 2 Mk 37/ Mk 25, 6 Mk 56/Mk 35		
		1960	SPS-6B	1960	1 SPQ-2, 2 Mk 34/Mk 13, 2 Mk 37/Mk25, 6 Mk 56/ Mk 35		
CA–133	*Toledo*	12/46	SP	12/46	2 Mk 34/Mk 13, 2 Mk 37/ Mk 12/22		
		10/51	SPS-6B, SP	10/51	2 Mk 34/Mk 13, 2 Mk 37/ Mk 25, 6 Mk 56/Mk 35		
		10/55–1959	SPS-12	1/55 1959–	1 SPQ-2, sonst wie oben		

Kenn-Nr.	Name	Ortungs-Radaranlagen		Feuerleitung FLG/FL-Radar		Tarnung	
		Jahr	Geräte	Jahr	Geräte	Jahr	Schema/Muster
CA–135	*Los Angeles*	8/51–4/52	SPS-6B, SP	8/51–4/52	2 Mk 34/Mk 13, 2 Mk 37/Mk 12/22		
		5/54	SPS-6B, SP	5/54	wie oben		
		1955	SPS-12	1955	1 SPQ-2, 1 Mk 34/Mk 13, 2 Mk 37/Mk 25, 4 Mk 56/Mk 35		
		4/60–10/61	SPS-37A, SPS-10, SPS-12	1960	SPQ-2, 1 Mk 34/Mk 13, 2 Mk 37/Mk 25, 4 Mk 56/Mk 35		
CA–136	*Chicago*	1/45 5/45	SK-2, 2 SG	1/45–5/45	2 Mk 34/Mk 13, 2 Mk 37/Mk 12/22	5/45	21
CA–134	*Des Moines*	11/48–10/49	SR-3, SP	11/48–10/49	2 Mk 54/Mk 13, 4 Mk 37/Mk 25, 4 Mk 56/Mk 35		
		8/50	SPS-6B, SP	8/50	wie oben		
		1953	SPS-6B, SPS-8A	1953	wie oben		
		12/59	SPS-6B, SPS-8A	12/59	wie oben		
CA–139	*Salem*	1949	SR-3, SP	1949	wie CA-134		
		1950	SG-6, SP	1950	wie oben		
		5/51	SPS-6B, SP	5/51	wie oben		
		6/52	SPS-6B, SPS-8A, SPS-10	6/52	wie oben		
		1/57	SPS-12, SPS-8A, SPS-10	1/57	wie oben		
CA–148	*Newport News*	1949	SR-3, SP	1949	wie CA-134		
		1950–9/51	SG-6, SP	1950–9/51	wie oben		
		1958	SPS-6B, SPS-8A	1958	wie oben		
		1961–1975	SPS-37, SPS-8A, SPS-6B, SPS-10	1961–1975	wie oben		
CB–1	*Alaska*	6/44	SK, 2 SG	6/44	2 Mk 38/Mk 8 Mod 1, 2 Mk 37/Mk 12/22, einige Mk 57	6/44	32/1d
						3/45	22
CB–2	*Guam*	10/44	SK, 2 SG	10/44	2 Mk 38/Mk 13, 2 Mk 37/Mk 12/22, einige Mk 57	9/44	32/7c
						3/45	22
CLC–1	*Northampton*	3/53	SPS-2, SPS-3, SPS-8A	3/53	1 Mk 67/Mk 25		
		12/54	SPS-2, SPS-3, SPS-8A	12/54	1 Mk 67/Mk 25, 4 Mk 56/Mk 35		
		7/55	SPS-2, SPS-3, SPS-6B, SPS-8A	7/55	wie oben		
		8/56–9/57	SPS-2, SPS-12, SPS-8A, SPS-10	8/56–9/57	wie oben		
		1959–9/61	SPS-2, SPS-37, SPS-8A, SPS-10	1959–9/61	wie oben		
	*Spezialantenne, vermutlich aus SK-2 adaptiert	1962	SPS-2, SPS-37, SPS-8A, SPS-10, (SK-2)*	1962	1 Mk 67/Mk 25		
		8/63	SPS-37, SPS8A, SPS-10, (SK-2)	8/63	wie oben		
		6/64	SPS-37, SPS-8A, SPS-10, (2 SK-2)	6/64	wie oben		
		1968	SPS-37, SPS-8A, SPS-10, 1 Parabolantenne	1968	kein FLG mehr an Bord		
DL-1	*Norfolk*	8/53	SPS-6B	8/52	2 Mk 56/Mk 35, Sonar SQG-1		
		1955	SPS-6B, SPS-12	1955	wie oben		
		8/57	SPS-6B, SPS-26	8/57	wie oben, sonar SQS-4		
		1962–1965	SPS-37, SPS-10	1962–1965	wie oben, sonar SQS-26		

Kenn-Nr.	Name	Ortungs-Radaranlagen		Feuerleitung FLG/FL-Radar		Tarnung	
		Jahr	Geräte	Jahr	Geräte	Jahr	Schema/Muster
CAG−1	*Boston*	1/56– 10/57	SPS-6B, SPS-8A, SPS-10, CXRX	1/56– 10/57	1 FLA Mk 71/2Mk 25 Mod. 7 1 Mk 34/Mk 13, 1 Mk 37/ Mk 25, 6 Mk 56/Mk 35		
		7/60	SPS-29, SPS-8A, SPS-6B SPS-10, CXRX	7/60	wie oben, jedoch 2 SPQ-5 statt Mk 25 Mod. 7		
	* SPS-37A auf Plattform	1962/63	SPS-37A*, CXRX, SPS-6B, SPS-8A, SPS-10	1962/63	wie oben		
	** SPS-37A auf Großmast	9/64	SPS-37A**, CXRX, SPS-30, SPS-10	9/64	wie oben		
		9/68– 11/69	SPS-37A, SPS-30, SPS-10	9/68– 11/69	wie oben		
CAG−2	*Canberra*	8/56– 4/57	SPS-6B, SPS-12, SPS-8A, CXRX	8/56– 4/57	1 FLA Mk 71/2 SPQ-5, 1 Mk 34/Mk 13, 1 Mk 37/ Mk 25, 6 Mk 56/Mk 35		
		6/57– 1/61	SPS-29, SPS-13, SPS-6B CXRX, SPS-10	6/57– 1/61	wie oben		
		2/65– 7/65	SPS-37A, SPS-30, SPS-10 (CXRX)	2/65– 7/65	wie oben		
		2/68– 1970	SPS-37A, SPS-30, SPS-10	2/68– 1970	wie oben		
CLG−3	*Galveston*	1/59	SPS-17, SPS-10, SPS-42, SPS-8B	1/59	1 FLA Mk 77/2 SPG-49/ 2 SPW-2, 1 Mk 34/Mk 13, 1 Mk 37/Mk 25		
		6/62– 5/69	SPS-37A, SPS-30, SPS-39A, SPS-10	6/62– 8/69	wie oben		
CLG−4	*Little Rock*	1960	SPS-17, SPS-2, SPS-10, SPS-39	1960	1 FLA Mk 77/2 SPG-49/ 2 SPW-2, 1 Mk 34/Mk 13, 1 Mk 37/Mk 25		
		5/62	SPS-37A, SPS-2, SPS-10, SPS-39	5/62	wie oben		
		4/67– 1976	SPS-37A, SPS-30, SPS-10	4/67– 1976	wie oben		
CLG−5	*Oklahoma City*	2/60– 2/62	SPS-17, SPS-8B, SPS-10, SPS-39	2/60	wie CLG-4		
		1967– 1975	SPS-37A, SPS-30, SPS-10	1967	wie oben, jedoch ohne Mk 34/Mk 13		
CLG−6	*Providence*	11/59	SPS-17, SPS-8B, SPS-10, SPS-42	11/59	1 FLA Mk 73/2 SPQ-5, 1 Mk 34/Mk 13, 1 Mk 37/ Mk 25		
		7/65	SPS-29, SPS-8B, SPS-10, SPS-39A	7/65	wie oben		
		5/71	SPS-29, SPS-52, SPS-10	5/71	wie oben		
CLG−7	*Springfield*	7/60	SPS-17, SPS-8B, SPS-10, SPS-42	7/60	1 FLA Mk 73/2 SPQ-5, 1 Mk 34/Mk 13, 1 Mk 37/ Mk 25		
		3/64	SPS-37A, SPS-30, SPS-10 SPS-42	3/64	wie oben		
		1967– 12/71	SPS-37A, SPS-30, SPS-10 SPS-52	1967– 12/71	wie oben		
CLG−8	*Topeka*	1960/61	SPS-17, SPS-8B, SPS-10, SPS-42	1960/61	1 FLA Mk 73/2 SPQ-5, 1 Mk 34/Mk 13, 1 Mk 37/ Mk 25		
		7/63– 7/66	SPS-37A, SPS-30, SPS-10 SPS-42	7/63– 7/66	wie oben		
		9/67	SPS-37A, SPS-30, SPS-10 SPS-52	9/67	wie oben		

Kenn-Nr.	Name	Ortungs-Radaranlagen		Feuerleitung FLG/FL-Radar		Tarnung	
		Jahr	Geräte	Jahr	Geräte	Jahr	Schema/Muster
CGN–9	*Long Beach*	1962	4 SPS-32/33, SPS-10	1962	1 FLA Mk 77/2 SPQ-49/ 2 SPW-2, 2 FLA Mk 76/ 4 SPG-55, Sonar SQS-23		
		4/63	4 SPS-32/33, SPS-10	4/63	wie oben, jedoch noch 2 Mk 56/SPG-35		
		6/66	4SPS-32/33, SPS-12, SPS-10	6/66	wie oben		
		1979	4 SPS-32/33, SPS-12 SPS-10	1979	wie oben, jedoch ohne FLA Mk 77		
		1983	SPS-48, SPS-49, SPS-65	1983	wie oben		
CG–10	*Albany*	1/63	SPS-43A, SPS-10, SPS-39	1/63	2 FLA Mk 77/2 SPG-49/ 2 SPW-2, 2 FLA Mk 74/ 2/SPG-51, 2 Mk 56/ SPG-35, Sonar SQS-23		
		8/66	SPS-43A, SPS-10, SPS-39, 2 SPS-30	8/66	wie oben		
		1970	SPS-43A, SPS-10, SPS-48 SPS-41, 1 SPS-30	1970	wie oben		
		1973	SPS-43A, SPS-10, SPS-48, SPS-41, 1 SPS-30	1973	wie oben		
		6/76–1980	SPS-43A, SPS-10, SPS-48	6/76–1980	wie oben		
CG–11	*Chicago*	5/64–5/65	SPS-43A, SPS-10, SPS-39, 2 SPS-30	5/64–5/65	wie CG-10		
		3/71	SPS-43A, SPS-10, SPS-52, 2 SPS-30	3/71	wie oben		
		6/75–1980	SPS-43A, SPS-10, SPS-48, 1 SPS-30	6/75–1980	wie oben		
CG–12	*Columbus*	3/63	SPS-43A, SPS-10, SPS-39,	3/63	wie CG-10		
		12/64	SPS-43A, SPS-10, SPS-39 2-SPS-30	12/64	wie oben		
		10/65–12/08	SPS-43A, SPS-10, SPS-52, 2 SPS-30	10/65 –12/68	wie oben		
		9/72–1976	SPS-43A, SPS-10, 2 SPS-30	9/72–1976	wie oben		

Literaturverzeichnis

E. Bagnasco / G. Giorgerini: Navi in Guerra, Bramante Editrice, Milano, 1974

R. V. B. Blackman: The World's Warships, Macdonald, London, 1958 + 1963

A. Bredt / G. Albrecht: Weyers Flottentaschenbuch, Verlag J. F. Lehmanns bzw. Bernard & Graefe, München, verschiedene Jahrgänge

R. V. B. Blackman / J. Moore: Jane's Fighting Ships, Macdonald und Jane's London, verschiedene Jahrgänge

W. H. Cracknell: Warship Profile 28, CA-35 Indianapolis, Windsor, Berkshire, 1973

P. C. Cocker: Building Warship Models, Charleston, S.C., 1974

Conway's All the World's Fighting Ships 1922–1946, Conway-Verlag, London, 1980

Conway's All the World's Fighting Ships 1947–1982, Conway-Verlag, London, 1983

C. D. Corse, Jr.: Introduction to Shipboard Weapons, United States Naval Institute, Annapolis, 1975

L. Davison: United States Cruisers, II. Auflage, Pensacola, Fla., 1975

Chr. Ellis: Warship Camouflage 1939–1945, Kristall Productions, Henley-on-Thames, 1975

N. Friedman: Naval Radar, Conway-Verlag, London, 1981

N. Friedman: U.S. Naval Weapons, Conway-Verlag, London, 1983

N. Friedman: Modern Warship, Conway-Verlag, London 1979

J. C. Fahey: The Ships and Aircraft of the U.S. Fleet, sämtliche Auflagen, Eigenvertrieb bzw. U.S. Naval Institute, Annapolis, Md.

G. Giorgerini: Gli Incrociatori della Seconda Guerra Mondiale, Verlag Ermanno Albertelli, Parma, 1974

G. Giorgerini u. a.: Storia della Marina, Profili, Band 8 bis 10, Fabbri Editori, Milano, 1978

M. Hori: U.S. Navy in 1961, Tokyo, 1961

Ch. Hansen: USS San Francisco, a technical history, Eigenvertrieb, 1978

B. Ireland: Warships of the World, Major Classes, Verlag IAN ALLAN, Shepperton, 1976

P. Klepsch / S. Breyer: Die fremden Flotten im 2. Weltkrieg und ihr Schicksal, J. F. Lehmanns Verlag, München, 1968

Leeward Publications: Battle Damage Report CL-50 Helena, Annapolis, 1979

H. T. Lenton: American Battleships, Carriers and Cruisers, II. Auflage, Macdonald & Co. Ltd., London, 1970

Maru Graphic: U.S. Cruisers, Tokyo, 1976

S. E. Morison: History of United States Naval Operations in World War II, Band I - XV

Naval History Division: Dictionary of American Naval Fighting Ships, 8 Bände, Washington, D.C., 1959–1981

Naval History Division: Offizielle Gliederung der Seestreitkräfte 1939–1945, Washington, D.C.

Office of Naval Intelligence: O.N.I. 54, U.S. Cruisers, Washington, D.C., 1943; Nachdruck durch Trident-Modelle, Maria Enzersdorf, 1977

Office of Naval Intelligence: O.N.I. 222-US, Washington, D.C. 1945; Nachdruck durch Floating Drydock, Philadelphia, 1981

M. D. van Orden: The Book of the United States Ships, Verlag Dodd, Mead & Co., New York, 1969

A. Preston / D. + H. Lyon: II. Weltkrieg, Kampfschiffe, Lizenzausgabe Verlag Wehr und Wissen, Bonn, 1976

H. Pemsel: Von Salamis bis Okinawa, J. F. Lehmanns Verlag, München, 1975

R. T. Pretty: Jane's Weapon Systems, diverse Auflagen, Verlag Macdonald & Jane's, London

Rapidfire! Final Edition; CA-148 Newport News, Bordzeitung, Norfolk, 1974

J. S. Rowe / S. L. Morison bzw. N. Polmar: Ships and Aircraft of the U.S. Fleet, Auflagen 9 - 12, U.S. Naval Institute, 1972 bis 1981, Annapolis, Md.

J. Rohwer / G. Hümmelchen: Chronik des Seekrieges 1939–1945, Stalling-Verlag Oldenburg und Hamburg, 1968

L. Sowinski: USN Camouflage, Heft 1 + 2, 1976 + 1977, The Floating Drydock, Philadelphia, Pa.

P. H. Silverstone: U.S. Warships in World War II, Verlag IAN ALLAN, Shepperton, 1965

St. Terzibaschitsch: Die Kreuzer der U.S. Navy 1942–1975, Stalling-Verlag Oldenburg und Hamburg, 1975

St. Terzibaschitsch: Seemacht USA, Verlag Bernard & Graefe, München, 1982

Fr. Uhlig: Naval Review, div. Jahrgänge, U.S. Naval Institute, Annapolis, Md.

A. Wetterhahn: Flotten-Revue 1948, Band I und II USA, seinerzeitiger Vertrieb Paul Schmalenbach, Bremen, 1948/1949

B. Weddertz: Dictionary of Naval Abbreviations, U.S. Naval Institute, Annapolis, Md. 1970

Zeitschriften

U.S. Naval Institute Proceedings, Annapolis, Md. - Monatszeitschrift

Ships of the World, Tokyo, Monatszeitschrift

Surface Warfare Magazine, Washington, D.C. - Zweimonatszeitschrift

Warship, Conway-Verlag, London - Vierteljahreszeitschrift
Warship International, USA - Vierteljahreszeitschrift

Schiffsnamenverzeichnis

Kursiv gedruckte Schiffsnamen weisen auf Schiffsklassen hin, normal gedruckte auf die Lebensläufe der einzelnen Schiffe. Die Seitenzahlen hinter bereits benannten, jedoch nicht fertiggebauten Einheiten weisen auf Tabellen hin, in denen die entsprechenden Schiffe aufgeführt sind. Bei bereits benannten Kreuzern, die später als leichte Flugzeugträger fertiggestellt wurden, sind beide Schiffsnamen erfaßt.

Die deutschen Kriegsschiffe

Biographien – ein Spiegel der Marinegeschichte von 1815 bis zur Gegenwart

In 7 Bänden, jeweils im Großformat 21 x 27 cm, in Efalinleinen

Band 1
2. Auflage, 188 Seiten, mit 113 Schiffs- und Personenportraits. Eine Geschichte der deutschen Marine als Einführung

Band 2
152 Seiten, mit 92 Schiffs- und Personenportraits

Band 3
152 Seiten, mit 102 Schiffs- und Personenportraits

Band 4
152 Seiten, mit 102 Schiffs- und Personenportraits

Band 5
153 Seiten, mit 110 Schiffs- und Personenportraits

Band 6
152 Seiten, mit 120 Schiffs- und Personenportraits

Band 7
217 Seiten (erweitert um Bundesmarineteil), 118 Schiffs- und Flugzeugfotos sowie 8 Portraits. Dieser Band enthält auch das Schiffs- und Personenregister für das gesamte Werk.

In allen Bänden ist jeweils auf den Vorsätzen eine Gesamtübersicht über die Entwicklung der Kriegsschiffstypen bis heute wiedergegeben.

Das Gesamtwerk informiert zunächst in alphabetischer Reihenfolge über alle Kriegsschiffe: beginnend mit dem Kanonenboot/Kreuzer *Adler* bis hin zum Torpedofahrzeug *Zieten* von 1876. Es folgen Sammelkapitel: Zerstörer (soweit sie keinen Namen tragen), Hilfskreuzer, Kanonenschaluppen/Kanonenjollen, Kleinkampfmittel, Landungsfahrzeuge, Minenschiffe, Minensuchboote, Schnellboote, Schulschiffe, Spezialschiffe und Tender, Entwicklung der Torpedos und der Torpedowaffe, Troß- und Versorgungsschiffe, Vermessungs- und Forschungsschiffe, Versuchs- und Erprobungsboote, Seeluftstreitkräfte, Nachträge und Neubauten seit 1979. Dem folgt das Organisationsschema nebst Stellenbesetzung der Bundesmarine. Ein Gesamtschiffs- und -personenregister sowie eine große Literaturübersicht schließen das siebenbändige Werk ab.

»... Es wäre aber zuwenig, wollte man diese Bücher lediglich als Sammlung von Daten zum Schiffslebenslauf sehen; sie sind mehr. Wie ein Mosaik setzt sich dem Leser die Geschichte der deutschen Marine und die Geschichte des Seekrieges in zwei Weltkriegen und einigen kleinen Scharmützeln davor und dazwischen zusammen. Gleichzeitig werden die weltweite Entwicklung der Seemächte und deren Interessen und so manche politischen Zusammenhänge durch die Schiffsschicksale transparent.« *Deutsche Küstenschiffahrt*

»... Wer, wie der Rezensent, zwei Wochen lang im Benutzersaal des Bundesarchivs/Militärarchivs in Freiburg/Breisgau hinter wahren chinesischen Mauern staubiger Aktenstapel kameradschaftlich Seite an Seite mit einem der Verfasser dieses großartigen Werkes bei eigener Quellensuche von früh bis spät gearbeitet hat, der weiß, mit welcher Akribie und fachmännischen Zuverlässigkeit für dieses Werk recherchiert wird, das, nach seinem Abschluß, zu einem absolut unentbehrlichen Handwerkszeug aller Freunde der deutschen Marinen zu zählen sein wird ...«
Hamburger Rundbrief

»... Die Reihung erfolgt alphabetisch, nicht nach Typen, chronologisch ist sie nur bei Schiffen gleichen Namens. Das Schiff wird jeweils mit einem Foto und den wichtigsten Daten vorgestellt, dann aber folgt ein Text, der beinahe im Plauderton eine Unzahl dicht gepackter Informationen bringt. Motive für Entwurf und Bau, Einsätze, Kommandanten, historischer Hintergrund und Auslandsreisen ...« *Marine – gestern, heute*

Koehlers Verlagsgesellschaft Steintorwall 17 · 4900 Herford

Die beiden oberen Zeichnungen zeigen das Aussehen von USS *Wichita* (CA-45) im November 1944, die untere das Aussehen von USS *Long Beach* (CGN-9) ab 1983.

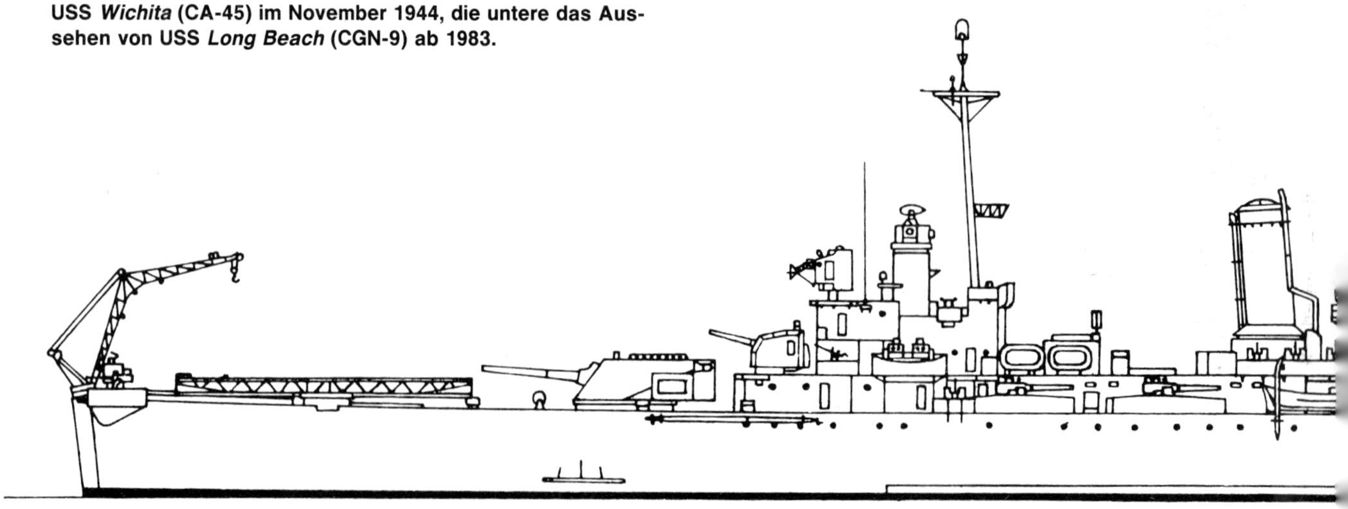

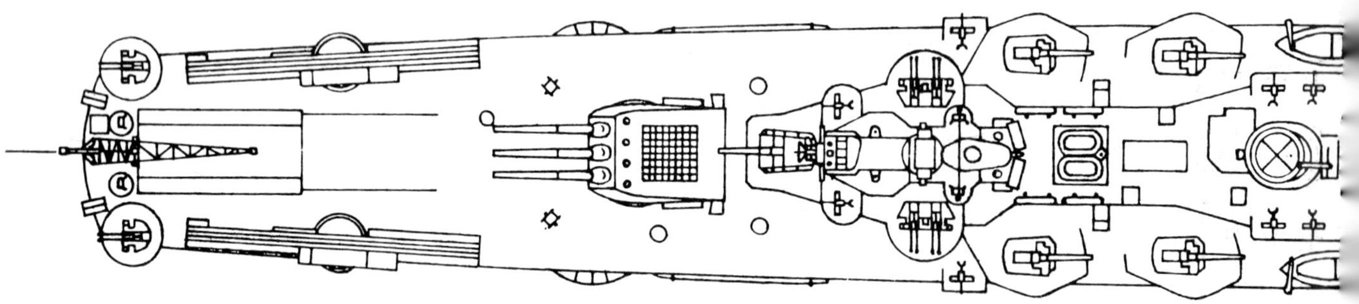

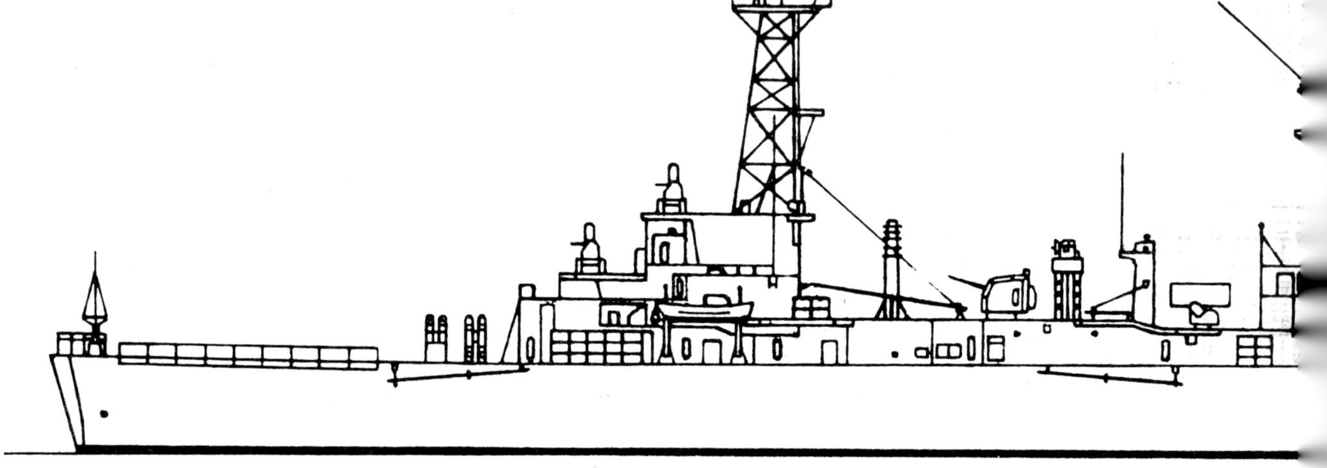